U0678828

歷代碑誌彙編

唐代墓誌彙編（修訂本）

六

周紹良 主編
趙超 副主編

上海古籍出版社

唐代墓誌彙編

天寶

天寶〇〇一

【蓋】失。

【誌文】

□□□□□行冀州參軍張府君墓誌文并序」

□□□□本南陽人也，蓋黃帝之後。芳華載殷，繼生忠良，代茂」□冕，留侯借箸成策，博望尋河著勳，七葉珥於貂蟬，三台傳」於金虎，莫大之業，曷可與京乎？高祖文立，隋朝蜀王府騎兵」參軍；祖爽，隋文林郎、明九經出身；父知亮，皇銀青光禄大」夫、使持節撫州刺史、上柱國；並棟梁于邦，鹽梅于鼎，宏謀爲」一時之准，長策作百代之標。夔龍比肩，周邵接武，或以終濟」天下，或以始擅其身，出處不違，語默斯在，崇堂之義，實屬我」公乎？公黃裳匪躬，青眼捍俗，詩書禮樂，袁彦伯之文宗；弓劍」旌旗，晉司空之武庫。才高位下，委命順時，去開元廿二年授」冀州參軍，從班例也。劉靈一石，自有竹林之交；

孫楚九江，豈」乏文章之伍。其智駱驛，其辯縱横。俯遊豪傑之間，高蹈王侯」之上。命不我與，逝川謂何。以開元廿九年十一月七日寢疾」于洛陽縣金塘鄉之莊居，時年五十有三也。屬纊倏爾，徹簀」忽焉，鄰人息春，邑老罷社。即以天寶元年正月廿六日安厝」于河南縣界張陽村北原先人之舊墳，禮也。有二夫人，皆素」亡，曰滎陽鄭氏，太原王氏，今皆合祔公焉。二夫人之德並存」乎舊誌耳。寒林蕭瑟，每積悲風；高隴嵯峩，常飛苦霧。卜宅得」青烏之兆，送終日白馬之交，適來其時乎？適去其順也。嗣子」璿、玠、瑶等，禮因義感，孝自天生，顧悌絶漿，非唯七日；高柴泣」血，豈只三年。殆毀性而滅身，實含酸而茹毒。天地永隔，日月」遄流，想巨海而成田，恐高岸以爲谷。刻石作記，銘在兹乎？」我公德行，代莫不聞，質潤金玉，操挺松筠。才高九德，學奥□」墳，嶷爾獨秀，卓然不羣。」

（河南千唐誌齋藏石）

天寶〇〇二

【蓋】　失。

【誌文】

唐故右威衛兵曹參軍王府君墓誌銘序」

公諱泠然，字仲清，太原人也。昔在周靈王太子晉御六龍之」駕，遊九天之上，世人旌其道化，以王子之後，因爲氏焉，公則」其後裔也。若乃弈葉連華，軒冕繼軌，則詳乎舊史，故此略而」不書。公之父曰義諶，皇博州清平縣主簿。主簿之父曰行」儉，皇宋州碭山縣令。公則清平之仲子也。學爲儒宗，文爲」詞伯，七歲見稱於鄉黨，廿則賓於王庭，以秀才擢第，授東宮」校書郎，滿秩，移右威衛兵曹參軍。其調補也，皆登甲科選，天」下以爲美談，所著篇什，到今稱之，洛陽猶爲之紙貴。而禄不」家食，行必先人，方冀濟川，胡寧逝水，以開元十二年十二月」十八日不禄於位，享年卅有三。夫人河東裴氏，諱溥，字湛露，」皇鄂王文學脩謹之女也。坤儀降靈，巽象成德，女儀淑慎，婦」則柔嘉，内以孝聞，外流貞譽，昊天不惠，早喪哲夫，矢兮栢舟，」終年蓬首。以天寶元年正月十九日寢疾，終於都恭安里之」私第，春秋卌有九。越以其月之晦，合葬于邙山平樂之原，禮」也。息女曰仙官，女於安定皇甫濬；次女曰仙葩，並孝因天性，」色養無違，病則致憂，九月不脱簪帶；喪過於禮，七日不入水」漿。哀感行人，痛深陟屺。余忝夫人之私也，敢忘景行，恭而爲」銘，詞曰：」

斌斌夫子，實爲髦士，有才無命，去其上齒。抑抑夫人，儀範」六親，享年不永，何負於神。哀哀孤女，恃怙無所，胡然不天，」禍罹於汝。廡廡北邙，埋此貞良，人世已矣，刊石傳芳。」

（周紹良藏拓本　河南千唐誌齋藏石）

天寶〇〇三

【蓋】失。

【誌文】

唐故左金吾將軍范陽張公墓誌銘并序

公諱嘉祐，范陽人，相國河東公季弟。曾祖長度，光禄勳；祖俊興，贈慈州刺史；考思義，贈秦州都督；皆果行毓德，揚名養正。公挺質美秀，資性强植，生秦長晉，武毅直方，學不師授，言無宿諾，相國深器異之。弱冠武舉及第，充祔廟輦脚，補右領軍司戈，換同軌府果毅，知含嘉倉幹，其出内轉伊川府折衝。時西戎不賓，北狄欵塞，除鄯州別駕，未之，擢拜忻州刺史。雁關之陽，人用小康矣。假銀印朱紱，以旌課最，牧守寵章，自公始也。尋加朝散大夫，遷并州司馬，副燕公軍使，經略太原，節制河外，中權聳然，翳公以輯。俄兼衛尉少卿，進副大使。恤人理劇，訓戎料敵，人到于今稱之。轉光禄少卿。晉京上黨，省方肆覲，徼巡惟警，忠公在擇，拜右金吾將軍，錫金章紫綬。當元昆爲中書令，君子以爲兄相弟將，一門雙美。行在中非言貶補陽府折衝。無何河東自户部復左台州，乃相與登臨形勝，賞樂歲月。河東有北平之役，公承制放還。洎喪哲兄，禮有加等，復除都水使者，仍作副使。公規模大壯，巧思絶倫，瀍洛斗門，咸自所創。尋授率更令。皇子並建，或引賓僚，初拜義府司馬，抵諱，改棣王府。縱容曳裾，優遊置醴。未幾，除相州刺史。殷人心訛，鄴守氣餒。公載杖忠信，政若神明，煩苛止除，廢典咸秩，特降璽書，賜紫金魚袋，入計，遷左金吾將軍。州人思之，刻石紀德。公自遠闕廷，重紆天眷，感念惟昔，砥節礪名，始表才昇，不以私進，中令之友愛，金吾之授受，復歸□□，克雪冤謗，亦有由焉。昊天降喪，廿九年十月甲辰，終於安邑里私第，□從心以一矣。嗚呼！國殄乃望，家亡其寶，言旋鞏洛，祖載鎬京，遺孤在疚，霜婦銜恤，□天枚卜從兆，以天寶元年二月甲申遷窆東都漢原。夫人河東□氏，先公而終，合祔，禮也。惟公負超俗之資，多名教之樂，喪祭匍匐，賓遊□□，望之有難犯之色，久而見託孤之心。積而能散，貴則思止，問一以知十，由中而及外，爰自幼稚，秉訓元昆，存無少違，歿有過慼，弗忘慎獨，蘊是經濟，爲難能也。方散二疎之金，翻夢兩楹之奠，哀哉！嗣子寶節，荼蓼惟深，霜露□□，終謀密慼，用播徽猷。銘曰：

長河演慶，中條降神，挺生恭乂，□□□紳。或出或處，既損既益，再執金吾，復靚閨籍。云胡不整，而遘閔凶，□出□□□□洛東。平昔陟望，今兹密邇，天道何知，生涯到此。式躊躇□□□□□□□□□天

（録自《古誌石華》卷十一）

天寶〇〇四

【蓋】失。

【誌文】

大唐京兆府萬年縣尉王□夫人山東崔氏殯墓銘，天寶元年三月十二日掩坎。」

（録自《陝西金石志》卷十二）

天寶〇〇五

【蓋】失。

【誌文】

大唐故朝議郎行相州臨河縣令上柱國賈公墓誌銘并序」　秘書省校書郎太原王弼文」

公諱令琬，河南洛陽人也。其先借秦上書，爲漢才子。曾祖」晃，皇岐州司户參軍；祖純，皇夔州大昌

縣令；父嘉賓，正」議大夫、行石州別駕；或參卿有命，主諸司存；或不言而理，或」別乘爲政，世濟其德。惟公繼之。公文學泉深，」形神高邁，禮能周物，義必在公。解褐金城公主府典籤。將命」異域，匪躬之故，臨事專對，行人奉辭。使迴，改試右威衛倉曹。」無何，轉左威衛倉曹。環列蘭錡，實司我庾，又遷左司禦率府」長史，授相州臨河縣令。畢昴之間，虞夏之故，惟黎媮薄，惟政」其難。自公下車，庭無留事。或曰：操刀大邑，人之庇也，」卓魯之惠，公實得之。三年有成，褫簪歸告，嗚呼！天道」無親，常與善人，釁及君子，乃虛言耳。開元廿九年十一月廿」五日遘疾，終于洛陽毓財里之私第，春秋五十有五。以天寶」元年三月廿八日葬于北邙平陰鄉之原，禮也。公每」誡致盈必損，多藏厚亡。臨歿有言，命以薄斂。公之儉」德，舉二可知。嗣子崇裕，左衛率府親衛；次子朝采，前國子明」經；孝德惟深，克成負荷，昊天罔極，過隙纏哀，爰訪小人，式揚」清懿。俾夫陵移谷變，時高梁道之名；陰魄陽魂，恒對晏嬰之」像。銘曰：

公之生也，蘭有其芳；公之逝也，劍沉其光。出國門兮」望高崗，愁青松兮思白楊。天長地久兮德音孔臧，樵蘇不至」兮多歷星霜。」

（北京圖書館藏拓本）

天寶〇〇六

【蓋】　朱夫人誌

【誌文】

大唐故兗州瑕丘縣令崔府君夫人吴縣君朱氏墓誌銘并序」

夫人諱　字　，吴郡錢唐人也。昔以忠仕漢，留折檻而表帝」庭；棄綬還吴，不顧金而捐相位。制軍建業，抱鼓摧鋒；人物臨」川，秋風辭籜。忠烈世有，衣冠業嗣。曾祖長仁，隋水部員外郎、」朝請大夫、司勳侍郎；祖延度，隋尚書倉部郎中；父景微，有不」羣之量，堅白守真，咸昭彰文德，休有耿光，國寶家聲，充美天」下。夫人體資冲素，朗鑒睿清，箴史前聞，姆訓動則。既笄而歸」我君，事姑能成婦道，志秉憂勤之德，服有澣濯之衣，用孝立」慈，深仁誠敬。若永錫爾類，合姜詩之道也；友其琴瑟，旌德曜」之賢也；夙夜匪懈，助盛吉之恩也；七子均養，叶鳲鳩之仁也。」猗歟淑美，内外式瞻。恩制而我君拜朝散大夫，授吴縣君，」從寵命也。數載而家君即世，三年而銜恤居喪，精心道門，以」家屬子。從代耕之養，遂賦昇輿，展膝下之歡，行和遠覽。嗚呼！」終始成禮，大耋行暮，遺言餘教，撫誨不爽。遂捨錢十萬，克脩」勝果，造端不二，深悟業緣，以開元廿八年十一月壬午朔十」日辛卯終於汴州歸仙里第，享年八十四。（廿九年八月己卯／天寶元年四月乙亥）朔（卅／廿三）日（戊申／丁酉）權歸窆于河南府洛陽縣清風鄉平樂北原，禮」也。西瞻愛子之墳，南接府君之壟，玄夜不晨，青松已拱。子希」先等，痛凱風之吹棘，臨寒泉而陟屺，慘積身世之哀，恨絶幽」明之理。銘曰：

滔滔江漢，虎據山靈，降資聖善，内則我」庭。於穆不已，昭昭令德，婦道可師，母儀取式。清尚其節，貞順」其規，閨門道訓，天下名垂。園塋洛邑，旌旐夷門，地悲泉咽，天」慘山昏。寒荄覆壟，脩栢陰垣，慈庭永隔，泣血長冤。」

（周紹良藏拓本）

天寶〇〇七

【蓋】　大唐故趙府君墓誌銘

【誌文】

大唐故朝散大夫登州司馬趙府君墓誌銘并序」府君諱巨源，字巨源，天水郡人也。系自軒頊，族興周晉，洪瀾濬遠，芳瓞」緜長，鶩華轂者摩肩，拖朱纓者繼武，並光油素，豈俟縷陳。高祖卧龍，周」秦、涼二州刺史，池陽縣開國公；曾祖覽，隋安平郡太守，襲池陽公；祖行」德，皇江、松、武、邵、婺五州刺史，湘陰縣開國男；考仁果，韓王府録」事參軍，出廣州洊安縣令；並功蓋一時，道高千古，鍾鼎旌其盛列，謡頌」播其英聲。府君總九德之純懿，應二象之冲和，牆岸崇深，器宇宏邈，挺」珪璋之温質，摛黼黻之華文。出言必信，可行於蠻貊；踐行以仁，不侮於」臺隷。加以孝友之性，禀之自然，忠厚之風，詎資外奬。釋褐豐、涼二府法」曹參軍，察姦伏之獄，照心可見；遇盤錯之政，投刃皆虛。吏不敢欺，人而」知禁，歷博州清平縣長，申韋絃於百里，敷信義於四人，導禮齊德，舉直」措枉，示之好惡，宣以惠和。又轉黄、登二州司馬，職列題輿，位膺展驥，蒲」密結去思之詠，海沂有獲賴之謡，政不煩苛，務存廉靜，每行縣録囚，平」反者十八九焉。福祐冥資，由是制加朝散大夫，洎秩滿言歸，弟」如衡泌，豈意曦駕西迫，閲川東逝，奄發啓予之歎，俄覩屬纊之禮。以天」寶元年三月十八日謝於新安縣白土川之第，春秋九十有四。夫人弘」農楊氏，隋恭帝後，酆國公孫，派皇族之浚源，承積祐之嘉慶，柔和以性，」孝友自天，出言可則，立行成範，婦德貴於宗親，母儀盛於方策，嗟夫！尺」波電謝，寸晷星流，生涯幾何，遽從運往。以開元二十八年八月十七日」終於登州官舍，時年七十有四。嗚呼！輔仁斯爽，悲龍劍之先殁；同穴攸」歸，用周公之合葬。越以天寶元年四月二十三日葬於白土川之北原，」禮也。嗣子琬等，集蓼茹荼，殆將毁滅。演忝猶子，夙承獎導，在林遺訓，畢」代不追，流涕興慈，終天永奪，懼陵谷遷易，田海斯貿，敢刊貞琰，徽猷永」固。銘曰：」洪源緜邈，茂緒遐長，英髦弈葉，文物昭彰，瓊田蘭畹，比潤均芳。其一。銅墨」爰昇，驥途終屈，清明在躬，威恩被物，懸車樂道，衡茅自逸。其二。奄違昭代，」永閟荒原，茫茫曠野，寂寂塋園，追攀靡及，銘誌空存。其三。」

（周紹良藏拓本　開封博物館藏石）

天寶〇〇八

【蓋】失。

【誌文】

故右龍武軍翊府中郎高府君墓誌銘并序」

觀夫武有七德，射有五善，其有能明之者，則我高府君其人矣。」府君諱德，字元光，其先渤海人也，漸離之後。自五馬浮江，雙鵝」出地，府君先代，避難遼陽，因爲遼陽□族。洎隋原鹿走，」唐祚龍興，廓四海而爲家，奄八紘而取俊，府君祖宗，戀」恩歸本，屬乎仗内，侍衛紫宸。方李陵之在匈奴，遂作匈」奴之族；比蘇武之還漢代，長爲漢代之臣。乃祖乃父，有孝有忠，」勤勞王家，多歷年所。府君生而倜儻，長而豪雄，以騎射」見知，以然諾見重，座客恒滿，罇酒不空。懷輔國之心，陳」靜難之略。唐元之初，巨朋間釁，我皇召貔熊，斬梟鏡，從」安區宇，立乎大功。聖恩念勞，授平州白楊鎮將，轉鄜州」之龍交、歧州之杜陽兩府果毅，俄遷陝州之萬歲，降州之長平、」正平，懷州之懷仁，同州之洪泉等五府折衝，擢授右武衛翊府」郎將，超授定遠將軍、右龍武軍翊府中郎，賜紫金魚袋、長上、上」柱國，内帶弓箭。府君雖官授外府，而身奉禁營，每」鑾輿行幸，鳳扆巡遊，校獵從禽，盤遊縱賞，府君常在□」内，親近供奉。簡在帝心，光榮姻族，當言燕頷有志，應爲」萬里之侯；何期馬鬣裁封，忽作九泉之客。以天寶元年二月□」九日終于東京道政里之私第，春秋六十有七。以其年四月廿」三日遷窆于河南梓澤鄉之原，禮也。嗣子前懷州懷仁府別將」等，同二連之善喪，誌九泉而頌德。銘曰：」猗歟豪俠，志力雄强，立功立事，有寵有光。皇恩玉潤，紫」綬金章，魂遊東岱，墳依北邙。冥冥玄夜，蕭蕭白楊，唯凜凜兮壯」氣，將地久兮天長！」

（北京圖書館藏拓本　河南千唐誌齋藏石）

天寶〇〇九

【蓋】　失。

【誌文】

唐故吏部常選滎陽鄭公墓誌銘并序」

公諱璠，字璠，滎陽開封人也。刑部侍郎仁恭之曾」孫，太廟令閬州別駕思賀之孫，尚書屯田郎」彭州長史觀藝之次子。少以祖蔭，補左衛勳衛，常」有大志，不拘小節，每言曰：達則娶於卿相。故踰既」立而未婚。命恒屈於銓衡，幾乎强仕而不偶。孝友」特深於行己，文史足用以佐時，所謂奉義方也。既」而眷戀南陔，隨侍西蜀。以開元廿年九月十四日」遘疾，終於彭州官舍，春秋卅有九。及歸靈舊土，權」殯累年，季弟蓨縣尉琇等，斬剡疚懷，無怙無恃，今」因合祔之舉，永惟同氣之哀。以天寶元年五月」十六日還厝於大塋之壬地，禮也。嗚呼！存不」遠於庭闈，没則侍於墳闕，此孝子之終也。有子」伽陁嗣。夫紀德者尚乎實，陳辭者存乎誠，洎平生」同居，音徽不昧，感深即遠，追爲誌焉。銘曰：」

紛綸胄緒兮世濟名義，命也何言兮有才無位。長」駕未騁兮遠圖不遂，零落其華兮夭□其志。歸靈」東土兮遠日攸暨，遷窆北山兮大塋之次。平生」能孝兮既没猶侍，萬化俄然兮三泉永閟。」

（周紹良藏拓本　河南千唐誌齋藏石）

天寶〇一〇

【蓋】失。

【誌文】

唐故饒州鄱陽縣尉李公之女墓誌銘并序」

維開元廿有五載龍集丁丑八月廿有七」日，故饒州鄱陽縣尉隴西李公之季女，卒」于河内郡武陟縣之別業，春秋廿有一。嗚」呼！唐衛州司馬敬心之曾孫，澧州澧陽縣」尉問禮之孫，辛之出也。母也天只，棄而早」世。自强女事，實近生知，體于中和，禀于上」善，天假淑慎，學成婉娩。由詩禮後動，惟組」紃是工，閨門之中，克擅嘉稱。天乎不弔，慶」善無徵，舟壑夕遷，蕣華朝墜，宗姻少長，雪」涕同悲。以天寶元年七月四日窆于東京」洛陽縣平陰原，從先塋也。兄姊等痛切天」倫，得兹遠日，志厥不朽，勒銘泉門。銘曰：」

彼蒼謂何，殲我淑女，哀哀同氣，泣涕如雨。」禮未移天，形奄歸土，存没從父，於焉萬古。」

（周紹良藏拓本　河南千唐誌齋藏石）

天寶〇一一

【蓋】失。

【誌文】

大唐故寧遠將軍左龍武軍中郎將賜紫金魚袋上柱國張公墓誌并序」

公諱伏生，南陽横之後也。洛交郡長史龍之息也，知内廄供奉□郎伏」德昆也。夫削岑聳構，白水增瀾，含秀氣以資賢，感風雲而契性，往」韋作悖，擾亂秦京，以罄丹誠，贊存社稷。臨危蹈刃，輕百齡而」效節；□□塵清，爲乾元之八柱，功超刻石，帶礪不□勒□太常，標傳萬」古。開元二十三年，授左驍衛郎將，賜紫金魚袋；二十九年，授左龍武軍」中郎將。一承恩寵，數歷榮班，躬挺濯龍，志陪鳳闕。□□」□夜，候五更於玉漏，飂飂迅風，墜八翼於扶摇。俄以丹烏驚景，下崦山」而□息；白馬奔濤，委歸墟而莫□。□天寶元年六月遘疾，終于洛陽金」□之第也，春秋七十。豈意魏將薨逝，先□□門之笑；漢將云亡，處泫□」□之泣。皇□惠顧□多傷悼不輟，賻絹布一百二十段，米粟七」十石，陪葬給儀仗鼓駕，賵饌設祭。惟公爰承□□言慎」自□趫貫三軍，沈謀七德，同志如蘭，堅心如石，寮友□□□爲士則。更」求垂俊相之因，則誠惟應之軍，以身愉有贍」之非，身以想會，空悟真如之實，想則□□。夫人廣平宋氏女也。爰同」華宗，適嬪令族，芳顔方豔，旭雁承春，蕙性早芬，鷄朝奉櫛。鴛桐半殞，一」□一存；玉匣神蛟，還欣兩泛。流孤月於長簟，先懷中折之悲；祔雙劒於」塋域，再申同穴之義。長子孝胤，早映珪璋，幼趨詩禮，仰蒼穹而崩心，□」寒泉而永慟。號天叩地，攀請莫追，貿壤之哀，充窮靡逮。粤以其年歲次」壬午一月癸卯朔，七日己酉，葬於河南縣千金里邙山之南原，禮也。邙」山鬱鬱，逝水滔滔，同齊相之面郊，非楚臣之背邑。春旌戒道，流煙□□；」□□凝□，簫笳轉咽，背逸陌而逶遲，指脩原而難越，故彫金於滕室，□」二儀之不絶。其銘曰：

忠衛玉階，内懷□□。志等□□，金」□□□。肅肅嚴更，兢兢□慓。善統五兵，不註十室。其一。十德高門，七葉」□□。赳赳武夫，爲臣忠賢。軒冕赫弈，榮□□傳。揮戈暮里，谷擴□□。□」烏湍邁，□□□。西鼠享遷，千齡俄□，□寞泉臺，崩□掩禪隴膽景。」

夏　鄉貢進士郭兆撰。」

（河南千唐誌齋藏石）

天寶〇一二

【蓋】失。

【誌文】

大唐故右金吾衛冑曹參軍隴西李府君墓誌銘并序」

右驍衛兵曹參軍王端撰　領軍衛倉曹參軍趙驊書」

公諱符彩，字粲，隴西成紀人也。其先爲理命氏，得一氏昌，子孫其逢英」□世濟。五代祖穆，以盛德元勳，奄有神國，公侯振曜，代莫與京。暴隋□」□，□我大族，或放或殛，不絶如線。我唐廓清宇宙，我家恢復舊□」□之陘厄，悉生才良。曾祖琮，井陘令；祖敬上，衛州司馬；父問政，和州刺」史；咸有令德，代高文儒。公即和州府君第二子也。弱冠，南郊輦脚，解褐」洺州龍興縣尉。時太守齊公崔日用許其明敏，因遺和州府君書曰：公」嘗爲詩云：五文何彩彩，十影忽昂昂。今於符彩見之矣。一考丁和州府」□憂，服闋，選授益州郫縣主簿。郡望邑也，天官以考績逾於三載乃授，」□一載而登，寵才也。秩滿，選授右金吾衛冑曹參軍。未逾年，遘疾，以開」元二十有九年冬十有二日丙午，終於西京永寧里之私第，春秋五十」有八。屬纊之際，無所顧託，曰：啓予手，啓予足。言終而殁。惟公孝友天資，」禮樂代襲，事親能竭其力，喪□能盡其哀，祭祀能極其敬，故鄉黨稱其」孝也。言行有恒，取□有分，不諂貴，無違同，故友朋稱其義也。□□□□」□不暇給，躬自□□□□□□□□□也。長兄早□，敬事□□」□□□□□年秀發，公每撫之流涕曰：祖德不墜，非爾而誰？見爾成名，」□死無恨。故遠邇稱其慈也。及公既殁，二生明而蒙以秀才上第，雖白」□華華，不待竹林之榮；而玄夜悠悠，終無不唅之□矣。初，公有室二，周」室而不孕，將亡三歲，有子一焉，意者其仁不絶嗣乎？夫人博陵崔氏，有」婉□之姿，無偕老之命，抱始孩之子，臨所天之喪，哀號□□，傷感行路。」以天寶元年秋七月辛酉歸葬于洛陽縣平陰鄉邙山之北原，從先塋，」禮也。嗣子比，襁褓呱呱，未克主事，而享祀以潔，宅兆以安，封樹以修，曷」□以備者，夫人之力也。俯託姻末，銘而誌之。其銘曰：」于□君子，仁德之厚。孰云位卑，其行不朽。神道茫昧，而欺其壽。孀妻稚」□□哀哀，佳城鬱鬱兮永久。」

（河南千唐誌齋藏石）

天寶〇一三

【蓋】　大唐故何府君墓誌銘

【誌文】

大唐故左威衛倉曹參軍廬江郡何府君墓誌銘并序　妻隴西辛氏撰。」

君諱簡，字弘操，廬江」人也。曾祖員，祖豪，考珪，不仕；皆好幽靜，避世隱」居。至君博學道高，温恭志肅，以進士及第，解褐揚州高郵主簿。在任潔白能仁，清勤動衆，再」授左威衛倉曹參軍。丁内憂去職。於制悲裂，情」異衆人，惻怛之心不忘，傷腎之意無改。泣常流」血，以類羔柴，居服有儀，同乎敬子。遂成寢疾，已」入膏肓，針乃無瘳，藥攻不及，以天寶元年六月」十九日卒於河南縣敦化坊之里第，春秋五十」有七。君金玉不寶，忠信代之，積聚不祈，多聞」爲富。長聞陋巷人不堪憂，君也處之不改其」樂。以其年七月卅日權殯於城北，禮也。身欲隨」没，幼小不可再孤，一哭之哀，君其知否？是以」栢舟已誓，匪石不移，刊石爲銘，以存終古。辭曰：」

憶昔府君，復禮爲仁，學以脩德，文以立身。篤信於友，」克孝於親，天道何怨？殲此良人。佳城鬱鬱，隴樹依依，」千秋萬歲，長處於兹。」

（録自《芒洛冢墓遺文》卷中）

天寶〇一四

【蓋】失。

【誌文】

唐故隴西李府君墓誌銘并序」

君諱賓，字郎子，隴西城紀人也。以」天寶元年八月八日終於河南府河」南縣樂城里之第，春秋六十有四。即」以其月廿四日遷窆於洛陽縣平陰」鄉之原，禮也。有子等攀號靡訴，徒望」贖於百身；哀□毀生，空怨別於千日。」將恐高天倚杵，松栢摧而爲薪；大海」成桑，陵谷徙而無地。式題貞石，永固」幽泉。其詞曰：」

蕭蕭古木，鬱鬱佳城。白鶴來吊，青烏」塋。雲霾隴月，日落泉亭。天長地久，海」竭山傾。敢勒貞石，用垂頌聲。」

（周紹良藏拓本　河南千唐誌齋藏石）

天寶〇一五

【蓋】失。

【誌文】

唐上殤姚氏墓誌銘并序」

殤子姚氏，無字，號功德藏，河東桑泉人也。昔皇」英儷虞，兆釐降之祉；大姬尚滿，啓神明之祚。公」侯之胤，累存圖諜。曾祖護，隋海州司馬；」祖惠，皇朝青州録事參軍；並王霸之器，」未諧於台鼎；霜露之享，徒感於春秋。」父和章，定遠將軍、守左武衛中郎將、東京皇城」副留守；文武不墮，清明在躬。□□高冠，動文昌」列宿；青龍長劍，爲帝王之股肱。殤子即」中郎公之仲女也。靜質泉明，温輝玉裕，華姿婉」淑，壼訓貞柔。爰自受病之初，誓心□域，將不退」轉，行陁羅尼。何福善無徵，奄然歸化，天寶元年」太歲壬午，八月甲午，夭于皇城尚舍之廨宇，時」年十八。嗚呼哀哉！中郎公感慟，哀過於禮。曰：」昊天不愸遺一女，以榮私門，俾苗而不秀，噫！痛」爾何及。壬寅晦，窆于邙山金谷之原，禮也。銘曰：」

唐虞慶洽，閨門德炳，何享年不永。邙之上，松之」門，弔孤月兮慘繁雲。千齡兮萬祀，表懿兮斯文。」

（周紹良藏拓本　河南千唐誌齋藏石）

天寶〇一六

【蓋】失。

【誌文】

大唐故東京大弘道觀三洞先生張尊師玄宮」誌銘并序」

先生諱乘運，南陽人也。錫胤清河，分流白水，業傳」不朽，史無絶書，積善之榮，其來久矣。先生誕應」元精，特受異氣，弱不好弄，長而彌篤，非禮勿聽，唯」道是從，確乎其心，義不可拔。年十五，制補黄冠，」隸名河南府濟源縣奉仙觀。上以京華勝地，」羽儀藉人，無何，徵居弘道精思之院也。由是王公」卿士，請益丏論，日有萬計，門盈駟牡。先生應接」且勞，幽棲在念，乃詣維嵩，比耆德，授諸秘籙，凡前」後十數，將欲凌碧空，涉紫洞，拍洪崖之肩，把浮丘」之袖。以爲羣生未濟，降志仍留，汲引良多，不可言」也。去天寶首歲秋九月十一日，忽謂猶子仙期曰：」吾頃者同塵，今將上賓，遂據梧如寢，翛然返真。春」秋七十二。悲夫！適來，先生時也；適去，先生順」也。丘則陋矣，謂之何哉？粤以其年月廿八日遷神」於崇邙西原，示人有終，禮也。東臨緱嶺，南指帝鄉，」雲鶴時飛，神仙如在，僕也不佞，敢述玄風。銘曰：

九」霄之中，六合之外，瓊臺森翠，玉房杳藹，先生遊兮！」

（周紹良藏拓本　河南千唐誌齋藏石）

天寶〇一七

【蓋】失。

【誌文】

南海郡番禺縣主簿樊君夫人田氏墓誌銘并序」

夫人姓田氏，魏郡貴鄉人也。其錫姓受氏，列職分」班，家諜詳矣。夫人生而聰敏，長而敦睦，備」窈窕之儀，包繁衍之行。既笄之歲，作嬪樊室，奉舅」姑孝而謹，居娣姒順而和。躬紡績之勤，衣夫不倦；」羞蘋藻之敬，季女恒尸。閨門穆而有光，琴瑟調而」不改。中年晤道，雅契玄關，常讀維摩、法華，誦金剛、」般若，仙舟自超於法海，智刃久斷於魔軍。有子四」人，三男一女，教以紃組，勗之仁義，常希孟母之儀，」思及敬姜之誨。開元廿九載，息女從夫于浙之涘，」言念而往，因如歙川。秋七月才生明，遘疾彌留，終」於郡中之客舍，春秋五十四。天寶元年秋九月歸」櫬于洛陽，冬十月乙酉，遷窆于平樂鄉之北原，依」先兆也。哀子瑱等，痛創巨之已深，叫蒼旻而何及。」女杜氏，茹荼泣血，孺慕崩心，罄家有無，克崇窀穸，」痛泉扃之永翳，思貞石之恒留。託爲銘曰：」

峩峩邙山，望國門兮，悠悠丹旐，指荒村兮。玄堂厚」夕，水無聞兮，千秋萬古，田母墳兮。」

（周紹良藏拓本　河南千唐誌齋藏石）

天寶〇一八

【蓋】失。

【誌文】

唐故處士潁川郡陳府君夫人漁陽郡甯氏墓誌銘并序」

夫人諱　，其先漁陽人也。我國家高祖神堯皇帝」討伐亂逆，自北徂南，則夫人先門，曾是在位，宣力」王室，信美樂土，今爲河南人焉。且康叔之德，文公之惠，殖」之弘允，喜之宣明，或激揚商歌，或卷舒任道，高門繼軌而」昭列，明德與時而會昌。父安，明經甲科，楚州盱眙；贊德充」位，薄匪惟今也。

夫人克覃弘裕，保合大和。纖穠不在於繪」飾，儀止不由於師範，式諆好合，歸我陳公。公諱懿，潁川人」也。性契真宰，心融大和，孰云孔臧，曾是不慭。而夫人榮光」在質，痛毒增懷，撫孺子而含酸，向孀帷而弔影。乃著以善」誘，弘以義方，雖家嬰屢空，而師導不乏。蓋陶之教，孟之徒，」曷能過也。故嗣子曰希望，碩邁弘敏，賢良方正，爰在弱冠，」早著甲科，尉相之滏陽，丞汝之梁縣，皆聲華載路，惠化在」人。每御以版輿，祿以嘗膳。嗚呼！天乎不惠，降此鞠凶？以天」寶元年歲在壬午，月建酉，日庚子，壽終於洛陽睦仁里之私」第，春秋七十有四。以其年十月丁酉，歸于洛陽邙山清風」鄉陽□陳公之故塋，禮也。玄堂蓋祔，式遵先古之儀；塗車」芻靈，方協稱家之禮。銘曰：」

皇王蒸哉！封建厥國兮；股肱良哉，衛有明德兮。子孫繩哉，」焯著令則兮；和鳴鏘哉，休徵允塞兮。天何酷哉？降禍孔棘」兮；神何冥哉，永歸沉默兮！」

（北京圖書館藏拓本）

天寶〇一九

【蓋】失。

【誌文】

唐故正議大夫行袁州別駕上柱國苑府君墓誌銘并序」

公諱玄亮，其先南陽人也。曾祖偘，皇代州長；祖瑋，安州刺史；父師本，」晉州刺史；並昭彰一時，鬱映千古，紆青拖紫，爲龍爲光，既侯且伯，實乃邦彥，才惟代」雄，名類史諜。不有君子，其誰曰剋復□後者乎？則公爲師本之第六子也。幼穎星」象之秀，山岳之靈，長蘊磊落之絕蹤，騁風雲之秀勢，學唯意外，交必心奇，若田文」之聚賓，俾□市義；同季布之然諾，不貴黃金。年登冠儀，宿衛王事，支左屈右，百發」無爽，取近没遠，五容畢陳。解褐授秦州□渡府別將，爲□州都督楊執一所器，遂」從將軍，總管絕漠。時天驕肆蠆，戎騎臨軍，公以匹馬，視□爲千夫之長，氣之所向，」虜無旋戈。將軍拜功，公賞爲右，恩敕遷吉安府左果毅，賜緋魚袋上柱國，遷龍」勒府折衝新泉軍大使。當是時也，蕃王無親，狼虎其性，長驅挫敵，短兵交鋒，異李」牧之備塞，同廣利之深入。天子嘉之，賜紫金魚袋，遷濟北、唐安二府折衝，試松」州別駕都知劍南道節度兵馬使。戰爭必剋，若衛青之開幕；鑾貊是服，信馬援之」南征。朝庭聞之，以公守姚州別駕，未幾因計最京縣，出入龍樓，遷資州別駕。」綸言未旬，邊境多寢，加拜夏州都督府別駕定遠城使知十將兵馬，但以清冰是」□，不以黃金爲累，屬元帥信安郡王英威不鑒，貨賄是求，因懷逐鳥之心，頗畜嚇」□之忿，奏貶爲錦州別駕。公以忠見謫，思賈誼之長沙；地鄰汨羅，弔屈平於湘水。」屬帝上尊號，恩波無私，量移袁州別駕。光華不駐，星歲云周，慈連珠玉之歡，禍」起瓊瓌之夢，曜昧是殆，聽瑩不聰，扶持晤言，反枕而歿，是開元廿九年三月廿三」日宜春郡之宮舍，時年七十矣。嗚呼哀哉！以公之才，豈無霄漢之致；以公之用，豈」無子男之封。蓋所謂時將命違，道與位遠矣。夫人隴西李氏，綺羅鐘鼓，琴瑟笙竽，」燕爾雙飛，每盛宜家之寵；嗎然相敬，永深偕老之儀。及公先亡，孤魂弔影，朝臨氣」咽於晨鷄，暮偯涕零於攜稚，南北鄉關，春秋節序。長子瞻，次子貽，次子賑，次子惟」謹，並學宦東西之遊，未曰奔喪之禮。夫人奉靈櫬之歸路，即艅艎於江流，因依洛」川，營護喪事。且二孤之未立，非夫人者，豈誰而行諸。式從窀穸之儀，爰卜青龍之」□，即以天寶元年十一月十九日安葬於東京平陰鄉之原，禮也。孀妻永慟，送長」□之冥冥；賓朋奠終，睇荒蕪之杳杳。第五子惟慎，次子惟明，姪庭賓皆泣血茹涕，」擊胸撫心，思罔極於蓼莪，祈孝感於大鳥。銘曰：」彬彬君子兮，才學蓋代兮，泠泠風鑒，道德相繼。鳴鏑彎弧兮，武之絕藝，精光滿匣，」明不可蔽。名之大兮宦仍翳，命不利兮時已逝。淒清夜月，蕭瑟秋風，哀哀送此，天」路何窮！」

吏部常選梁普文。」

（周紹良藏拓本　開封博物館藏石）

天寶〇二〇

【蓋】失。

【誌文】

唐故前游擊將軍陝郡忠孝府折衝袁府君墓誌銘并序」

君諱仁爽，字良輔，陳郡汝南人也。五代祖憲，陳尚」書右僕射；曾祖承祐，隋朝散大夫秘書丞；祖遠，皇」冠將軍；天啓其祚，代有英賢，本枝萬年，世葉重秀。」既文武不墜，而冠冕所興。皇考諱文喜，高尚不仕，」歸山讀書，園葵不覩，庭蕪坐生。府君生而英奇，長」而傑出，應制天闕，閱武王庭，擢爲上第，拜左羽衛」長上，轉遷寧州麟寶府右果毅。又應舉，再登甲科，」拜雍州輔德府右果毅。秩滿，遷京兆府周城府左」果毅，又拜陝郡忠孝府折衝都尉，仍充幽州經略」軍副使。俄屬恩制，加游擊將軍。勇冠於時，忠聞」於國，入虎穴而羣兇白首，掃龍庭而萬里清塵。惜」平日月及懸車之歲，林壑謝歸田之吟，嗚呼！春秋」八十有一，卒於都門東之别業也。以天寶元年十」二月一日，葬於洛陽之東原。有子曰庭昭等。哀哀」彼蒼，毀瘠過禮，克修窀穸之事，銘諸封壤之間。銘」曰：

肅肅我祖兮本枝其昌，□子五命兮朱」紱斯皇，何生涯之奄盡，悲隴樹之蒼蒼。」

（北京圖書館藏拓本）

天寶〇二一

【蓋】失。

【誌文】

李君墓誌并序」

君諱字，趙郡人也，因田食税，今爲汲人焉。列姓」受封，皆由德著；論材處位，具見緗圖。豈兹弱翰，」所能申述。祖昇，王父守一，並不慕時榮，唯崇天」爵，鄉閭播譽，宗族推高。君則體識恬和，神情挺拔，」恥有道而無位，遂題橋而入仕。解褐授襄陽郡率」道縣尉。政績纔施，憂虞已及，兩□□發，二豎災纏，」膏肓有加，藥石無救。以天寶元年歲次壬午七」月癸卯朔廿四日景寅，殞命於率道縣之官舍，」春秋卌有九。即以天寶二年歲次癸未正月壬□」朔廿日辛酉宅兆於本郡西北三里之平原而厝焉，」禮也。男子華，雖在捧雉之年，已有成人之量，恐岸谷交變，」景行莫書，聊述徽猷，勒之泉户。其詞曰：」葬後一千七百年有張天安所發。

有生有死，人之大期，嗟乎夫子，亦此長辭。蘭桂」減馥，金玉潛輝，九原列隧，駟馬開扉。銜哀撫劍，墮淚成「碑，無聞寡語，空對漣洏。」

（録自《京畿冢墓遺文》卷中）

天寶〇二二

【蓋】失。

【誌文】

真定縣故縣録事郭彦道墓誌銘并序

君諱彦道，本望太原郡，今爲真定人也。君以神識沉敏，風宇條暢，竹馬全信，零□顯術。家殷金穴，不愈禮節之規；辨□懸河，自得言談之□。斧藻至德，琢磨令範，王方平之作誕，滌想簪裾；仲長統之風□，放情山水。朱霞泛酒，闢東閣以嘯清風；白雪調琴，虚北堂而□明月。嘗被鄉人舉爲縣録事。六長提挈，賓儀式序，□□鹿效□謂當□□□□大德無睽，奉黄裳則□務□□□□朝鉅□郡守□朝任瑯長陸機國史，迺龍□□□；謝弈家風，即□□玉樹。□文□西□武□□莫不表□□常銘勳彝器。□子仁恭□□等陟岵流涕，循陔失緒，□□□□易陵谷□□嗟馬鬣之□塋，卜牛眠而有地，遂以天保*二年正月二十三日□之□□城北五里平原，禮也。青烏宅兆，撫隧□□麗□□未□□歌攀輴動北陸之思，石幽永秘，勒三□□□□埋知九原而不作。式陳盛烈，迺紀銘云。其詞曰：

門稱通德，里號高陽，令聞令望，如珪如璋。放曠山水，婆娑故鄉，不應明貢，誰擢幽芳？□□我祖，早承閥閲，國□□符，家藏金穴。學□楊左，才優顧薛，□若邛山，朗如縣月。德音在耳，清芬未□，玄穹賦命，□我明哲。刊石銘勳，騰視曩烈。

＊「天寶」年號被改刻「天保，」譌作齊誌。

（録自《夢碧簃石言》卷二）

天寶〇二三

【蓋】失。

【誌文】

大唐故安化郡馬嶺□□韋公墓

公諱元倩，字□□□□□□人也。自豕韋命族，鐘鼎承家，蟬聯簡諜，可□□□□祖□隋州□馬。祖隱，檀州刺史；考慈藏，衛尉大□。公幼而□聰，長實茂異，孝爲德本，忠能奉君，□里□□仁，□友沴於信。年始十有三，屬天子事於南郊。公以俎豆述職，厥有成績，□□□於天官。無何，尉滄州樂陵，初筮仕也；□□□潞州屯留，佐庶政也；更□宰慶州馬嶺，□□功也。政洽於下，所莅有方，謂懸□於□□何，奄從於逝水，嗚呼哀哉！天寶□年八月廿三日怛化於馬嶺之官舍，享年□八。家摧梁木，輿櫬空歸，以二年二月廿日□□於長安之畢原，禮也。胤子體温等敢刊□□□之銘曰：

松檟蕭蕭兮畢之原，蔓草□□兮□山門，韋□此地兮何可論！

（録自《關中石刻文字新編》）

天寶〇二四

【蓋】　失。

【誌文】

唐故思邛丞薛君墓誌并序」

君諱文昭，字嘉甫，建陵人也。內性温介，外」儀端和，儒雅之宗，里閈之式。爲思邛丞，以」世難去官。洎歸遘疾，救藥罔瘉，乃以開元」二十九年歲次辛巳九月朔卒于想思埭」之第，春秋四十有六。遂於天寶二年癸未」三月朔殯於歸義縣北都茘山之崗，禮也。」恐時移世易，封土爲陵，勒銘長原，用垂永」識。乃爲銘曰：」

維君懿行，允矣令望，文以績學，」卓然爲章。胡不永年，」悠悠彼蒼，」載之貞石，潛德有光。」

（北京圖書館藏拓本）

天寶〇二五

【蓋】　失。

【誌文】

唐故河南府告成縣主簿上谷縣開國子寇公墓誌銘并序　外甥中山張越撰」

外氏之先，出自黄帝，爰洎于周，世爲司寇。迨衛侯角，因避地上谷，」命官稱氏，漢執金吾威侯子翼十八世以迄于今。公諱鐈，字子美。」高祖牧楚州府君諱暹，曾祖牧歸州府君諱覽，大父題輿曹州府」君諱遠，烈考連率定州府君諱洮，軒冕地清，珪璋才秀，一門冠著」姓之傑，百代爲翰林之宗。公總天元和，含道正氣，能賢濟美，」茂德生知，妙年而智周老成，後進而名超先達。弱冠以孝廉及第，」明年，授崇文館校書郎。編簡不遺，圖書載削，方子雲孟堅宜矣。秩」滿補尉氏尉。文而静，信且嚴，恤齊人，懲政蠹，侔橋玄梅福，當也。極」艱去職，哀毁過禮。服終，拜高陵尉，未就命，轉告成主簿。洎到官，襲」封上谷縣開國子。承軌用譽，時人榮之。振于綱，踈于網，不法懼，用」政康。倫仇香鑿齒，稱哉！辭滿行淹，恤遘霜露，有巨才，無貴仕。比顔」回管輅，悲夫！以唐天寶二年二月廿七日，終于洛陽審教里。稟」命强仕有二歲。夫人范陽盧氏。父景烈，秦州別駕。清族嘉聞，先公」而没。初公之下世，元昆右武衛騎曹參軍坦曰：生死恒理，離合大」情，儻雙魂有知，即二穴何苦。將俟稚孺成立，歲時循環，永言孤翔，」吾所不忍。於此見達人知變，仁者用心，義歟！遂從周公制，開滕公」室，以季春之六日，合祔于金谷原先塋次。嗣子常、當、賞等，伯仲」三秀，長纔十齡，孝誠由衷，動必合禮。越甥也，積釁所鍾，卅年孤孑，」舅氏慈育，何時可忘，痛心悼恩，撫己懷報。顧以親承教誘，夙奉周」旋，紀事非工，效德斯在。銘曰：」

有時無命欲問天，高才短世殲大賢，雙魂此祔閟重泉，古往今」來千萬年。」

堂弟鉦書。」

（北京圖書館藏拓本）

天寶〇二六

【蓋】 失。

【誌文】

大唐故魯郡乾封縣令徐府君墓誌銘并序」

府君諱元隱，字元隱，其先濟陰人也。自九土開疆，百工錫」姓，或雄飛隴上，氣蓋關中；或文溢金箱，詞光玉潤。是用名」垂於城北，昭昭禮容；學茂於江東，落落神器。族望之美，莫」我大焉。曾祖仕隋爲征虜將軍、護羌校尉，忠勇無敵，史」諜備諸。祖以弱歲學成，不仕而卒。父追踪巢許，刻意」老莊，擁萬卷於前楹，守二玄於上德。府君即真公之愛子」也。神聰出性，孝友自天，一覽五行，左文右武。自失太常之」第，主偃忘歸；言從小掾之遊，班超未叙。無何，出踐洛陽縣」録事，鴻磐之義，自此漸焉。御物有聲，遷尚書省水部主事。」能光粉署，名振星郎，鶉火既推，牛刀是割，出拜魯郡乾封」縣令。韋弦有度，清白無私，鸞既棲仁，雉亦馴化。一從秩滿，」梁竦之志生焉；再歷歲時，劉楨之疾臥矣。西山之藥，冥遇」無階；東岱之魂，俄遷有日。以皇唐天寶二年孟夏四月」旬有二日，享年五十有八，卒乎河南府之私第，哀哉！用其」月廿一日權殯于河南縣平樂鄉之陶原，禮也。長子拯等，」號天叩地，泣血絶漿，以爲陵谷遷移，名氏錯滅，祈諸翠石，」勒彼鴻徽。銘曰：」

吉兮凶兮，遽隨從兮，禍兮福兮，倏倚伏兮。公明不淑，賈誼」長悲，金聲罷振，玉樹云披。和嶠之松，王恭之柳，哀哉徐公，」千年不朽。

大唐天寶二年歲在癸未四月廿一日窆。」

（周紹良藏拓本　河南千唐誌齋藏石）

天寶〇二七

【蓋】失。

【誌文】

唐故絳州龍門縣尉沈府君墓誌銘并序　洛陽縣尉陳齊卿撰」

君諱知敏，字仲和，吳興武康人也。其先錫胤聃季，食菜沈」亭，因爲氏焉。若郢賁丘園，高屢徵而不就；友稱英彥，藝三」妙而爲絶。曾祖叔安，皇光禄大夫、刑部尚書、吳興郡」開國公，贈禮部尚書、荆州大都督；祖導之，朝散大夫、益州」都督府司馬；父成福，通議大夫、台州刺史；元勳佐命，鏘金」□玉，周旋禮樂，窮綜典墳，鎮標準於人倫，厥哀榮於存逝。」公即台州府君第三子也。温良克家，檢操傳範，動中規矩，」誰獨無師；行參楷模，言必契道。初以門子，補肅明皇后」挽郎，解褐鄴郡内黄縣尉。敬遵厥職，必順典刑，恭恪臨人，」能盡情僞。秩滿，調補絳縣龍門縣尉。下車未幾，高門忽暇，」豈喪良吏，實去仁人。天寶元年十月九日遘疾，終于龍門」縣之官舍，春秋卌有八。嗚呼！以天寶二年歲次辛未五月」己亥朔十一日己酉，歸窆于洛陽平陰鄉邙山之原禮也。」嗣子晤等，喪期合禮，哀毁過人，啓述家聲，克申世業。銘曰：」振振鼎冑，煌煌邃古，軒裳弈葉，英賢踵武。家傳友悌，政表」公清，昧夫神理，殲此忠貞。」

（北京圖書館藏拓本）

天寶〇二八

【蓋】　失。

【誌文】

唐故文安郡文安縣尉太原王府君墓誌銘并序　宣義郎行河南府永寧縣尉西河靳能撰」

才命者自然冥數，軒冕者儻來寄物，故有修聖智術，講仁義行，」首四科而早世；懷公輔道，藴人倫識，官一尉而卑棲。命與時歟！」才與達歟！不可得而偕歟！公名之涣，字季淩，本家晉陽，宦徙絳」郡，即後魏絳州刺史隆之五代孫。曾祖信，隋朝請大夫，著作佐」郎，皇蒲州安邑縣令；祖表，皇朝散大夫、陽翟丞、瀛州」文安縣令；父昱，皇鴻臚主簿、雍州司士、汴州浚儀縣令。公」即浚儀第四子。幼而聰明，秀發穎晤，不盈弱冠，則究文章之精；」未及壯年，已窮經籍之奥。以門子調補冀州衡水主簿，氣高於」時，量過于衆，異毛義捧檄之色，悲不逮親；均陶潛屈腰之耻，勇」於解印。會有誣人交構，公因拂衣去官，遂優遊青山，滅裂黄綬。」夾河數千里，籍其高風；在家十五年，食其舊德。雅淡珪爵，酷嗜」閑放，密親懿交，惻公井渫，勸以入仕，久而乃從，復補文安郡文」安縣尉。在職以清白著，理人以公平稱，方將遐陟廟堂，惟兹稍」漸磐陸，天不與善，國用喪賢。以天寶元年二月十四日遘疾，終」于官舍，春秋五十有五。惟公孝聞于家，義聞于友，慷慨有大略，」倜儻有異才。嘗或歌從軍，吟出塞，曒兮極關山明月之思，蕭兮」得易水寒風之聲，傳乎樂章，布在人口。至夫雅頌發揮之作，詩」騷興喻之致，文在斯矣，代未知焉。惜乎！以天寶二年五月廿二」日葬於洛陽北原，禮也。

嗣子炎及羽等，哀哀在疚，欒欒其棘。堂」弟永寧主簿之咸，泣奉清徽，託誌幽壤，能忝疇舊，敢讓其詞。銘」曰：

蒼蒼窮山，塵復塵兮；鬱鬱佳城，春復春兮；有斐君子，」閉兹辰兮；吁嗟海内，涕哀辛兮；矧伊密戚，及故人兮。」

（周紹良藏拓本）

天寶〇二九

【蓋】失。

【誌文】

唐故處士范府君及夫人王氏墓誌銘并序」

君諱沼，字禮，上黨長子人也。遠祖因官於此，」遂家焉。原夫禮樂相承，衣冠遞襲，昔時交結，」千里遵期；今日豪華，」一漳流譽。曾祖憲，□」任相州司士參軍；汪汪儒雅，濟濟英聲。祖諱」者，婆娑鄉閈，放曠丘園。君版授本部邑宰。」壽等馮唐，遇齊吕望，位高百里，化洽一同。以天寶」二年六月十九日，春秋八十六，終於私第。夫人」王族，太原播美，曹氏傳芳，開元十六年十一月」庭闈亓卒。嗣子思賓，慈親早喪；已泣血於三」年；嚴父近亡，更絶漿於七日。瞻天靡訴，叩」地無追，以其年其月廿九日剋就吉辰，合葬」於張唐東村西二百步平原，禮也。慈林東鬱，尖」嶺西臨，淰水南觀，漳波北望，素牛躝，朱旐□，」哀慟滿於中川，悲風慘於幽壤。銘曰：」

百年促壽，一生佳影，東注逝川，西仰落景。其一。哀哀孝子，廣廣昊天，崩心泣血，千秋萬年。其二。」

（録自《山右冢墓遺文》）

天寶〇三〇

【蓋】 失。

【誌文】

大唐故王夫人墓誌銘并序　前漢津府長史馬眘言撰并書」

蓋聞樹欲靜而風不止，子欲養而親不待，」□哉是言也。夫人太原之族胤，幼而聰敏，」少負淑姿，以初笄之年，婚國子直監張敬」己，自秦晉匹敵，望金石齊堅。何圖二豎纏」災，百齡俄謝，以天寶二年歲次癸未六月」五日癸酉卒於私第。良夫慼慼，顧靈櫬而」增傷；令子哀哀，瞻壟樹而摧絕。以其年七」月十二日己酉殯于河南縣金谷鄉北邙」里，禮也。哀子悱等號天罔極，叩地無從，恐」陵谷貿遷，時代沿革，謹鐫銘誌，紀之泉壤。」其詞曰：」懿哉夫人，夙有令聞，母儀可則，女誡是遵。」降年不永，奄逝泉門，芳聲雖殄，遺訓猶存。」嗚呼哀哉！天道寧論。」

（周紹良藏拓本　河南千唐誌齋藏石）

天寶〇三一

【蓋】失。

【誌文】

大唐廣福寺靜業和尚墓誌

和尚張氏，法名突，靜業道號也。晉潞人。累代田家子。母遺腹孕十八月，夜方寢，夢道士赤身蹁踊而入，驚呼間，醒而娩，異香撲鼻，經宿乃散。顙高目秀，口方觀聳，眉長接鬢。生朞月，母卒，寄養叔家。三歲叔亦殄。鄰人矜之，輒東食西宿。越八載，年十一，丐食入秦，至終南廣福寺，遂落髮焉。師靈悟者，徒數十人，特奇其貌，親授佛經，日數千言。命習書，三年名大噪。又善畫山水，性嗜靜，閉門磨兜，嘗數日不食，潛窺之，凝神端坐，鼻息俱寂。甫十九歲，無疾而殭，師甚慟之，葬從豐焉。後三載，有相識者，曾遇於長安市。噫！和尚之生奇死異，得道神速，苟非宿根之厚，能如是歟？余與靈悟善，時遊寺中，親瞻豐采，爰誌大凡，深慙不斐。

天寶二年仲秋上旬郭曖譔書。

（録自《陝西金石志》卷十二）

天寶〇三二

【蓋】失。

【誌文】

唐故太府寺平准署明府公墓誌銘并序　范湙撰」

公諱俊，字仁俊，其先陜郡芮城人也，因官居河南府河南縣焉。　祖」匡，考節，並學窮篆素，材備韜鈐，志肥遯以居貞，法□潛而剛剋。　公」器宇神授，德量天資，盡孝敬於父兄，傾信義於朋友，遠無缺望，人」無間言。　弱冠察孝廉。　爰從擊浪，冀六月之鵬軒；　旋偶衝飆，成一朝」之鷁退。　遂俯從臺閣之職，將同歷試之難，陟遐自邇，亦其漸也。　然」一佐烏府，屢變星霜，文墨無差，簿領斯舉，時亞相柱史，咸以公爲」奉公，乃擢名銓衡，式叙榮紉，調補殿中省尚輦局掌輦。　屬國家」居安慮危，在理思亂，雖邊醜貢款，而防閑每殷，遠□扞圉之勞，思」分府庫之積，乃以庫帛十萬兩，支送安西府焉。　上顧謂殿中」監王公曰：　彼安西者，近經汧隴，遠出流沙，若不妙選使臣，曷能利」有攸往？　卿其慮之。　王殿中以公明識獨斷，撝謙衆推，狀自倫比，授」此嘉命。　既而一歷山川，再罹寒暑，統部有則，委輸無私。　朝恩」特臨，遂遷衛尉寺武器令，無何，又遷太府寺左藏令。　帑鏹川流，縞」紵山積，扃鐍斯固，度量是均。　以疾去官，又授平准令。　既拜，固以疾」辭。　嗚呼！　運者懸於天，事者存乎分。　隟無停影，林無靜枝，豈鍼石不」工，諒死生有命。　悲夫！　以天寶二年八月八日終於立德里之私第，」春秋五十有九。　即以其年十月十九日窆殯於北邙山崗，禮也。　嗣」子伯夷，年纔羈貫；　夫人儀氏，痛龍劍之長往，傷鳳德之無追，思紀」遺芳，傳之終古。　銘曰：

於戲哲人，家聲是襲，海量難擬，風情」孤立。　烏臺望美，彤闈譽集，既嘉乃功，何慙榮級。其一。　□惟奉國，孝足」榮親，公道既著，私心亦申。　敦詩悅禮，杖義依仁，方之前烈，良難與」倫。其二。　嘗聞積善，神與之慶，如何斯人，而嬰斯病？無施藥石，長埋龜」鏡，良木既摧，空傳遺令。其三。哀哀孝子，煢煢孀婦，擗地號天，痛心疾」首。思紀遺烈，傳之永久，貞石一刊，斯爲不朽。其四。」

（北京圖書館藏拓本）

天寶〇三三

【蓋】失。

【誌文】

唐故朝散郎行臨海郡樂安縣尉姚君墓誌銘并序　四兄通理撰」

君諱晅，字玢，河東郡虞舜嫡嗣胤裔人也。積襲軒冕，嬋聯」不絶。曾祖威，隋荆州大都督府長史、金紫光禄大夫、河東」郡開國公食邑五百户；祖寶，唐朝議大夫襲河東公行丹」陽郡曲阿縣令；父懷亮，唐召拜殿中侍御史、内供奉，遷少」府監丞、司農寺丞、殿中丞，遷營繕監少留守京檢校薗苑」宫城總監事，攝司衛寺少卿、太中大夫、河東縣開國男。公」襲宿蔭太廟齋郎，縉紳選授臨海郡樂安縣尉。清白幹」濟，郡縣推揖，四考一秩，恒攝鄰縣，數處同贊，爰及司食，當」仁不讓，名不虛傳。天寶元年十一月六日，公春秋五十，寢疾，」薨於所部。郡縣百姓，緇道宿德，禮典恒規，倍增酸鯁。嗣子」二人，追戀罔極，叩地號天，瀝血羸形，荼毒難止，躬自塋墳，」盡禮周備。以天寶二年十月廿日，遷厝河南府河南縣平」樂鄉北邙山之原，禮也。夫宇宙災痛，生人凶釁，隨夜川以」傾逝，與朝露而同盡。西山之景不追，東嶽之期奄殞。銘曰：」

百年已矣，萬事皆空，夜臺無曉，泉扃閉終。寂寥墳壟，遊魂」梓宮，哀哉地下，蒿里途窮。其一。惟公志肅松筠，性汪澄水，敦」奬名教，激勵人事，博聞多識，好學奇美。神降不祥，殛我國」士，岱嶽松摧，崐墟玉墜。其二。嗚呼！德照兮紀功，雕石兮鏤字，」陳其兮軒冕，申其兮簪位，銘鐫兮不朽，永固兮留記。其三。」

天寶二年歲次癸未十月丙寅朔廿日乙酉掩坎禮畢。」

（北京圖書館藏拓本　開封博物館藏石）

天寶〇三四

【蓋】失。

【誌文】

大唐故朝散大夫譙郡司馬瑯邪王府君墓誌銘并序」

府君諱秦客，字元賓，系周儲之仙胤也，得氏與太原同宗，分枝自瑯」邪承緒，今爲瑯邪人也。曾祖續，皇金紫光禄大夫、尚書吏部」侍郎、開府儀同三司；祖德素，皇銀青光禄大夫、閬中郡太守；」父豫，皇侍御史、屯田郎中、正議大夫、東陽郡太守。府君即東」陽第二子也。以門蔭補太廟齋郎，解褐授左清道率府胄曹」參軍，出攝濟陰郡司户參軍，辭滿，拜博陵郡唐昌縣令，經一考，丁東」陽憂去官，執親之喪，哀毁過制。外除，補譙郡譙縣令，次歷魏郡魏縣」令，次授太原府文水縣令，未之任，除瀘川郡司馬。土無耕稼，利在魚」鹽，郡有鹽井兩所，久而若癈，公乃圖復興之道，得可久之宜，計階之」時，具以聞奏，上乃許之。夫夷落荒陬，俗多剽掠，公下車立辟，」一變其風。若時也，縱彼姦徒，入乎臧獲，蓋亦多矣。時採訪按舉其事，」將伏其辜，上自專城，下洎寮屬，從貶黜者，十有八九。而公獨清表節，」卓立不羣，俾人乂康，繄公是賴。無何，遷博平郡司馬，復如前政焉。稍」遷譙郡司馬，尋加朝散大夫。公以利物從政，滅私事人，時採訪惑於」流言奏公，以疾恙罷職。夫其恪慎克孝，清明在躬，不走權門，栖閑至」樂，故自解褐出攝官，佐三郡，宰四邑，必聞其政，不殞其名。方將摶扶」上征，濟美當代，于何昊天不弔，哲人其萎，以天寶二年四月寢疾，歸」真於洛陽仁風里私第，春秋七十三。即以其年十月廿日權窆於洛」陽縣清風鄉北邙南原，禮也。夫人河東薛氏，輔佐以德，淑慎其身。恨」神理之微茫，悲我儀之先逝。厥有令子，昆弟五人：孟曰照之，次曰黯」之，仲曰兼之，叔曰晤微，季曰少微，并荷戟參玄，趨庭稟訓，朱輪華轂，」方期萬石之榮；泣血崩心，俄結二連之痛。思楊親於琬琰，俾旌善於」泉臺。多慚衛玠之才，豈盡戴侯之美，無絕終古，用勒斯文。銘曰：」猗歟淑德，恭懿純一，」清白承家，忠貞爲質。垂天之翼，將九萬以摶扶；」佳城之銘，忽三千而見日。嗚呼哀哉！吾何以律？」

（周紹良藏拓本　河南千唐誌齋藏石）

天寶〇三五

【蓋】失。

【誌文】

大唐故奉義郎行洪州高安縣令護軍崔府君夫人河南獨孤氏墓誌銘并序

夫人河南人也。父諱奉先，果州長史、蜀國公，純粹英靈，傳之勝古，祖姑三代，作配君王。蜀公即唐初元貞皇后父梁王信之嫡孫也。夫人先舅諱大方，海州刺史。公果行育德，作爲人範，無施莫可，家國有聞。夫人德嗣謙柔，惟惟恭敏，周旋□□□□母儀，受訓貴門，□天盛族。前室有女嗣謂繼親鞠育情深若己□□嘖□□□應遘此鞠凶，以天寶二年十月十七日育背於長安縣嘉會里之私第，時年七十。嗚呼哀哉！逝川無歸，窈冥長往，攀慕不及，麋潰五情。嫡子朝議郎、通事舍人内供奉季梁，痛慈顔永隔，五内屠裂，號天叫地，罔極難追。嗚呼哀哉！日月不居，卜其宅兆，歲時不便，未得遷祔先塋，不謂存者生疑，實恐未安泉路。今且於府君塋西北一百五十步得地，以十一月二日庚時權安厝於長安縣義陽鄉義陽原，禮也。昔吴雄葬母，不擇地而塋；今季梁所封，有同於往日。嗚呼哀哉！至通年擇日，遷祔於先塋。季梁自鍾艱罰，觸緒崩摧，悲不及文，扶力銘紀。

仁包四德，誠信百齡，月懸星署，名其永貞。其一。世間難事，爲□繼親，始終如一，憐念日新。其二。萬象有類，天地無依，陟彼岵屺，哀荒失儀。其三。尚存餘喘，將以送終，刊石玄壤，傳紀無窮。其四。

天寶二年十一月二日長子朝議郎通事舍人季梁修并書。　專檢校營事外孫隴西李曙。*

（録自《關中石刻文字新編》卷四）

* 李曙題字一行在石側。

天寶〇三六

【蓋】失。

【誌文】

大唐故五品孫陳府君墓誌銘并序

潁川陳氏子諱周子，丁内艱再月，號泣過度，天寶二年十月廿四日春秋廿，不勝疾而終。同以其年十一月十四日龍集癸未，陪母氏吴興沈夫人葬于壽安積善鄉之原，禮也。噫！冏爾文詞，崪爾翰墨，操札勢絶，繹思致奇，雖學植未周，而靈機頓啓，才有擅於豐麗，體頗長於閑逸，爵禄可謂以觀察吉凶，遂迷其閫奥，方期國華，倏墜家寶。若謙和仁愛，友悌宗親，又不覩其親踈矣。近覽班史，名氏不遺幼善。牙琴絃徽必叩，每良辰清夜，繁於手則山水在側，聆於耳則音韻入懷，亭之千金，不可復見。然卜商豈投於一過，季子安止於三號哉！其所製雜詩及至人無心數賦共一卷，并漆琴一張，置乎槅柎，蓋爾請也。父洛陽縣尉齊卿述焉。銘曰：

有神孰宰，無罪何殃，室家殄悴，蘭桂銷亡。墳松成列，母子相望，一朝歡愛，萬古悽涼。

（録自《陶齋藏石記》卷二十四）

天寶〇三七

【蓋】失。

【誌文】

唐故朝請郎行河南府河清縣主簿左府君墓誌銘并序　前右威衛倉曹參軍張楚金撰」

伊性命源，雖大聖罔究厥極。聰明是與，胡掾其壽；正直是資，侯沮其善；」報應之賾，吾不知其撰。君諱光胤，字子明。其先魯人也，有丘明者，同恥」孔聖，克傳春秋；有伯桃者，死命羊友，焯表信義。漢雄以介特貴，晉思以」文章擢，綿諸葛藟，保世滋大。曾祖瑱，皇朝任隋州司馬；祖儼，皇朝」任齊州臨邑縣令；父玄德，皇朝任申州鍾山尉；咸克家幹蠱，安節艮」背。君則鍾山府君之長子也。敏惠自幼，謙撝及長，忠孝匪誨以□天，淳」和不學而性至。藻繢詞賦，研譚詩禮，珪璋琢而增美，括羽礪而彌入。初」以國子進士擢第，是歲復以岳牧舉策高第，制授濮州鄄城主簿，未」幾，丁太夫人憂，欒棘爲心，荼蓼在茹，志猶内否，禮俯外除，遂以常調」補曹州濟陰尉。無何，丁府君憂，苴斬之節，有加前禮。服滿，拜秘書省」正字。漉黃香之秘籙，刊蔡邕之謬文。秩滿，拜河南府河清主簿，摘發稽」滯，鈎考奸伙，甚稱厥職，翕然有聲。宜其鴻飛大冥，鯤縱巨壑，作主維翰，」爲王蓋臣。何元昇初階，而遽泣折棟？遂以天寶二年六月遇疾，是歲十」有一月壬寅，終於洛陽進德里之私第，春秋卌有七。命也不躋，悲夫！君」惠和厥德，貞淳其性，狎之者曷見喜慍，挹之者寧測淺深，此君之雅量」也。凡二吏縣邑，一掌校理，一簿畿甸，皆判登甲科，策居上第，所在蒞事，」輒有能聲，此君之才識也。余仰君深仁，飲君厚德，契以涉難，期諸庇身。」天匪憖遺，褫我良友，非夫人之慟也，其誰慟歟？嗣子五人，或在童稚，或」居襁褓，瞿瞿靡託，呱呱待哺，神匪據我，天其忍予！乃以天寶二年歲」十二月有七日葬於河南杜郭之原，從先塋也。君平生故人與君厚者」皆愿以賻贈之禮助於塋窆之事，余握札揮涕，輒爲其銘。詞曰：」

繄左君，余之友，才可大，行可久，身雖没，名不朽，山濤存兮言無負。國門」路，邙山前，送君此訣兮千萬年，何居泣，埋玉於窮泉。」

前江夏郡永興尉李新書。」

（周紹良藏拓本　河南千唐誌齋藏石）

天寶〇三八

【蓋】失。

【誌文】

大唐故郴州司士參軍王公墓誌銘并序」

公諱公度，字仙期，瑯琊臨沂人也。系原聖武，肇姓」仙儲，玉鉉承家，金章代襲。列祖伏波將軍，皇祖恒」州刺史，皇考雲安令，或譽重當時，或傳芳國史，門」稱積慶，英彦挺生。公河嶽降神，温良毓德，爰自丱」歲，議日談天，迨乎弱冠，資忠仗義，調補嘉州參軍；」漸乎鴻陸，未騁驥途，又遷郴州司士參軍；清而不」介，嚴而不殘，良牧諏咨，政自公出，人以殷阜，市獄」以清，時論以爲成瑨、岑晊復見於今矣。及留犢言」歸，驪駒入唱，强負攀轅者不可稱計，非夫仁明惠」愛，孰能與於此乎？噫！樂只君子，曾不遐壽，以」天寶二年仲冬次旬之九日，終於洛陽歸仁里之」私第，享年六十有二。踰月壬申，葬於河南之北山，」禮也。嗣子上谷郡參軍子卿等，訓自家傳，孝惟」天性，酷訴穹旻，稱伐泉扃。其詞曰：」於惟碩德，實曰天縱，資孝履忠，宏才利用。任屈」椽曹，器乃邦棟。祥刀未襲，瓊魂入夢。嗚呼蒼旻，」殲我貞淳。時與兆兮咸曰休，備儀衛兮旋于幽。邙」山隱嶙兮何代工？瞻洛背河兮迂且脩。野風憤兮」寒雲愁，佳城一掩兮幾千秋，貞珉再刊兮頌清猷。」

（周紹良藏拓本　河南千唐誌齋藏石）

天寶〇三九

【蓋】失

【誌文】

故和上法昌寺寺主身塔銘并序

稱佛謂何？本期於覺，覺則無念，乃去妄源；歸法謂何？本期於了，了則達彼，乃到真乘。此謂度門，誰能弘矣？故法昌寺主圓濟和上，即其人也。派裔重華之後，生緣讓畔之鄉，總□敏聰，諸法懸解。傳本寺先和上仁藻之密印，承旨出家，遊西京，不住相之緇徒，袒肩受具，法雖示其未捨，心已湛於真如，同須菩提，第一解空，終優波離，不忘持律。十餘霜露，杖錫歸來，充本寺律師。尤高精義，□□徒衆抑進綱維，和上違之恐住著□貽，就□恐福養受損，乃日捨粟麥十萬圭，用補常住。因知僧□豈怠功勤，智慧無涯，倉儲益贍，心符妙用故不滯往來，迹混有爲故不虧崇樹。於本寺爲過往和上建功德塔一十一級。在身心爲砂界含生，持蓮花淨品，日餘一遍，凡卌載。隨因證果，出有入無，千里□緣，從師者如市，一門釋子，落髮者數十人。和上夏五十九，壽八十一，以天寶二載癸未歲冬十二月遘疾，忽於夜曰：吾此室内朗明如晝，此非非相，吾將逝焉。至廿八日，泊如長逝。弟子法燈等，號痛靡及，安神於寺西北一里，護持喪事者繼踵，贈賵助哀者傾城。龍鳥咽而雲悲，虞芮慘而雨泣。身塔創起，琬琰未刊，僕此邑西人，備聞厥事，慙越境而訪拙，課鄙述以成銘。其雄狀龍鱗，疊級玉錯，半插雲漢，常對虛空，此則萬掌合而攸歸，千目迴而悉仰，余不紀矣，獨舉德焉。偈曰：

我師深入度門，玄密藏窅，默誰窺焉？今解形以示滅，吾不知夫所以然。

進士韓詮撰。　進士董光朝書。　趙喬鐫。

（録自《山右石刻叢編》卷七）

天寶〇四〇

【蓋】　失。

【誌文】

汝南郡袁君墓誌并序」

汝南郡袁君者，出自帝舜之胄也。家傳朱紱，代職榮班，遠洎夏」殷之後，世爲諸侯，萬葉相纂者矣。曾祖諱通，隋任鄖」州新鄭縣令，因居此地； 夫人太原王氏，宰武城聞絃哥之遠化，臨」葉縣見鳧舄而雙飛。勁節不渝，歲寒豈慙於松竹； 器等玉壺，冰」淨志洌，未謝於秋霜。名德猶存，身歸泉壤。祖諱翰，夫人」陳氏，退密丘園，含光滅迹，樂道知命，里人曰賢哉。父諱」大勣，志逸煙霞，德齊巢許，高尚其道，不事王侯，子孫偕然； 」夫人滎陽鄭氏，宿因儷偶，恩重義瀰，四德同於恭姜，三從」齊於孟母，其儀不忒，坤令有聞。誰謂隟駟不留，桑榆急景，蘭」馨芳歇，桂樹摧風，大唐開元歲卒于私第。荏苒歲敘，風燭難」停，子孫望而不及，孝思無窮。丘也東西，不可無所，今以天寶三」載二月廿六日改葬于大梁城西南三亭坰前西北去三獸百」步，禮也。面望長川，目杳莽而無際；後臨河水，仙查激浪而浮天。」左帶平原，坰巒紆紛而隱嶙；右瞻嵩少，羣山岌嶪以攢峰。」卜良晨而安厝，得兹拜之勝境。迺爲頌曰：」寒松暮兮色蒼蒼，丘隴隈兮邇大梁。悼流光兮促景□，」恨蒿里兮夜長。其二曰：一閉泉壤，永別高堂，罷東鄰兮相杵，哭南」荄兮斷腸。其三曰：海變桑田，陵谷遽遷，唯令德兮不朽，留」金石兮永傳。」

（録自《中州冢墓遺文》）

天寶〇四一

【蓋】失。

【誌文】

唐故使持節上柱國□君夫人□氏墓誌銘　洛陽進士徐珙撰并書

□□□□壬午元祀季□月六□□故率府郎、上柱國□君壽邱夫人疾終於洛陽永泰里之私第，享年六十。夫人諱教字教。昔先祖仕於宏農，遂家于彼，本望出於河南，其長源茂族，蓋史牒詳矣。曾祖□，隋朝議大夫□州湖城縣令；大父閎，皇朝朝議郎、□州司馬；烈考方，皇朝隱于華山，高尚其事；□積德承慶，根□□克昌□□□人□焉。夫人□温和之心，承柔順之教，忠以□于□陵□□載□□□誠□□宗，其祭如在，事上敬謹，身□□愛下以先□□歲宜室宜家，六親仰其；婦道母道，三德敷聞，鳳凰雙飛，自得龢鳴之樂；琴瑟合調，無忘在御之歡。昔□□□今則見於是矣。嗚呼！信□□□痛君子之先傾；□不□□俾我躬之永謝。福善之應，神何食言；内則云亡，人將安放？惟三祀甲申春□□月乙□朔廿日甲申，葬于河南□□之北原，從祔禮也。長子渙，咸安郡良山縣尉；次曰瞻，並欒欒在疚，□大連喪，哀哀色極逾高柴之毁。珙以情因世故，義叶通家，而二子□求蒙祖述，言不盡意，銘而識之。銘曰：

盛德之後，子孫其昌，惟我夫人，令淑□彰。脩身無忝，宜家有□□□□□今也則之。陟彼岵兮瞻望父，陟彼屺兮瞻望母，□□□□□□居伊水之東，龍門之下，泉扃壹閉，銘兮千古。

（録自《古誌石華》卷十一）

天寶〇四二

【蓋】大唐故吕夫人之誌銘

【誌文】

大唐故東平縣君吕夫人墓誌銘并序」

夫人東平吕氏，鄆人也。其先周太師之後，後」代列于史策矣。曾祖長，隋平原郡長史；祖爽，」皇絳郡龍門縣令；列考非熊，故大理寺評事。」夫人幼齡聰敏，長好詩書，怡色無方，敬事有」别，保和鎮静，封己利貞。笄年適奉隴西李氏。」李公諱禕，游騎將軍、濟王府典軍。夫人出嬪」君子，入奉母儀，刀尺選於女工，盥饋成於婦」道，錯節光必姜之興，潔誠無異己之嫌，以天」寶三載遘疾，二月九日終于洛陽德懋里私」第，春秋卌有七。降年不永，白日將辭，俄就閏」二月三日殯于邙山西北原，禮也。嗚呼哀哉！」玉碎崑山，珠沉漢水，嗣子晏等咸泣血苦心，」茹荼毁性。李公追慟和鳴，感傷夜臺本幽，勒」石成紀，乃爲銘曰：」
大運忽兮，哲婦殁兮，長夜一閉，何幾發兮？其一。其生若浮，其死若休，蘭房永訣，蒿里長幽。其二。」

（周紹良藏拓本　開封博物館藏石）

天寶〇四三

【蓋】　失。

【誌文】

大唐故朝散大夫使持節唐州諸軍事守唐州刺史張公墓誌銘并序」

賾雲火之命氏，究蟲篆之保姓，其若衣裳在笥，亦曷克文縷哉！君諱思鼎，」字□□，河東桑泉人也。泰華東走，黃河西裂，氣阨陜王，地包晉雄，氤氳附」靈，純粹必降，無乃公踶之？曾祖琄，皇蓬州長史；祖楷，皇蔚州司馬；或」鳳鶵遠跖，或驥足高驤。父裕，皇并州石艾縣令，龜蛇抗理，銅墨休風，巽」下馴桑之翟，威伏咆嘞之虎，可謂神君矣。公徇齊其性，金玉其音，入夫子」堂，啓玄關鍵，起穀儒之瘥札，針左史之疚癘，姑匪蜀遷洛賈之蔑文，子虛」上林之訛選，岑崑之峭，百夫之特，不其奥歟？神龍年，郡辟秀才擢第，調補」潞州銅鞮縣尉，下人祇祇，率以聽命，或有譏眢，干非其義，以公坐免。公不」羈之量，誰能籠罩？舉茂才，尋遷宋州宋城縣尉，捷獵殷野，方之湊轂，公緯」而經之謐如也。秩滿，授河南府汜水縣尉，封畿之内，克樹嘉聲。穹蒼不傭，」罹此大戾，丁太夫人苦，棘瘠過禮，柴疚逮絶。服闋，拜京兆府長安縣尉，翼」翼京邑，粤爲陸海，沃納是富，悔悉所生，公猛而濟寬，爰設巨防，厥部冰凛，」肅威霜稜。

尋遷左臺監察御史，歷殿中侍御史，柱鐵司憲，乘驄鍇慝，出按」幽朔，入參宸墀，百寮師師，莫不爾瞻是具。轉尚書司門員外郎，粉署香」闈，星臺鏡懸，授管鍵以啓閉，正貨賄而威禁。遷比部郎中，古則二妙，今咨」壹絶，卓爾朝右，其孰能跖之。改唐州諸軍事唐州刺史，加朝散大夫。憑熊」作守，隨雨濟旱，事不意度，非辜而黜。貶清源郡長史，無何，恩許復職。」嗚呼！兩楹夢奠，二豎興祟，方朔宿耀，盧躭鵠飛，未召拜，以天寶初載歲次」敦藏七月二旬有六日遘癘虐疾，終于郡之官舍，春秋六十七。椎貊噎哭，」吳南罷春，朝廷聞之曰：噫！訶勿祖矣。幼子宜，藐焉始孩，不任纕杖；夫人太」原郭氏，有梁高行之節，蔡伯姜之風，逖自炎陬，輔輿來復。梓櫬東舉，泣閩」歐之萬山；銘旌北飛，駭濤風者九月。青龍甲申，祀灼靈葵，卜唯洛食，以閏」二月乙未朔越八日壬寅窀穸告期，權窆于河南縣之邙山，禮也。嗚呼！陵」谷易遷，式存封樹，栢舟不泛，怨失長河，乃雪涕藏事，刊石紀德。銘曰：」河山氤氳兮厥靈挺生，利建侯兮爲郎爲牧，邁種德如何不吊兮，先良人」之我殄。弱子呱呱兮孀婦擗標以噎，塞墓門掩而不開，奚所之？奚所之？適」兮長夜臺。」

（河南千唐誌齋藏石）

天寶〇四四

【蓋】失。

【誌文】

唐故處士皇甫府君墓誌銘并序」

敘曰：主善爲師，信而好古者，存乎其人。公諱政，其先安」定人也。昔周平王以犬戎之難，公之先祖翼戴王室，東」遷洛邑，遂卜居焉。十九代祖士安，孝爲德本，儉以從禮，垂」裕後昆，餘風未殄。曾祖覽，祖爽，父政，並家世清白，頗聞」詩禮。公行高於時，才能自縱，常以爲軒冕者浮宦之華，」放曠者隱居之志，既不干時而累物，亦後己而先人。如何」禍福無門，昊天不弔，朝露溘至，哲人云亡，以開元廿九年」三月二日寢疾，卒于金谷鄉之私第，春秋七十有一。嗚呼」哀哉！夫人淳于氏，則魯附庸之胤緒也，世濟其美，以守」宗祊，洎于夫人，婉然淑德，與君子而好合，如鼓瑟琴；秉」姆師之柔範，作則閨閫。豈圖舟壑未改，風樹莫停，稟命不」融，即冥長已，以天寶二年九月九日卒于金谷里，春秋六」十有六。即以天寶三載閏二月八日，合祔于北邙之原，禮」也。嗣子恩，積善餘慶，孝道本乎天性；百工惟時，朝夕恪乎」有司。孝於家也既如是，忠於國也又如此，凡今之人，誰其」閒矣！方恐高岸爲谷，流泉爲渟，故題石以紀夫徽猷，庶將」來而不朽。其詞曰：」

日中則仄，月滿則虧，和鳴都泯，何痛如之！父兮鞠我，母兮」育我，榮養未迨，天胡降禍？依依飛旐，習習谷風，背南城之」朝市，向北邙之泉宮。禮以從俗，儉以送終，刻石紀德兮存」□不朽，千秋萬歲兮傳之無窮！」

（周紹良藏拓本　河南千唐誌齋藏石）

天寶〇四五

【蓋】失。

【誌文】

唐故司農主簿范陽盧府君墓誌銘并序　濟陰郡冤句縣尉鄭齊敷撰」

公諱友度，字友度，范陽人也。太公封齊，尚書匡魏，世爲門子，」啓迪前人。公隋吏部尚書凱之曾孫，千牛備身義丘之孫，豪」州鍾離縣丞習訓之仲子。弁髦志學，弱冠知名，善屬文，舉孝」廉擢第，拜德州安陵尉。不旁狎，無戲容，剛腸揚威，吏人敬憚。」嘗爲从叔吏部尚書從愿所器。尋轉北京汶水簿，换東京鞏」縣尉，遷洛陽簿。都邑浩穰，聲華駿發，九德咸事，六司從綱，非」其人孰能宣力於雄劇也！國家以金穀惟峪，大農孔殷，或」時登庸，必以嘉舉，乃擢公爲司農主簿。繇是杜彼奸跡，事無」利回，旬時政乎，帑藏攸給，總其要者，君子韙之。方將邁跡亨」衢，享斯遐紀，命則不永，才其若何！以天寶三載閏二月將既」寢疾，終於道政里之私第，春秋五十有八。忝惟親懿，孰不置」懷，悲夫良人！出涕沱若。其年三月九日，殯於東京城東北原，」禮也。嗣子遡詹等，棘人欒欒，哀毁殆絶，終天靡訴，遷兆何階？」以前人耿光，庶憑刊石。銘曰：」

姜有水，流其祉，食我舊德惟門子兮；命偶時，不能久，」國有位胡能守兮？三仇香，再梅福，金鼎不烹龍泉伏；顔回喪，」夫子哭兮。悠悠彼蒼忍殲良兮，神理茫昧人何常兮。賓主哀，」笳簫咽，撫孤望柩聲殆絶兮；九原地，四尺墳，古人封之垂後」昆兮。」

（北京圖書館藏拓本　開封博物館藏石）

天寶〇四六

【蓋】 失。

【誌文】

大唐故范氏夫人墓誌銘并序

夫人姓范，諱如蓮花，懷河内人也。洎中行佐晉，張禄相秦，滂著大才，曄稱良史，英聲茂閥，奕世存焉。高祖預，祖義慎，父玄琛，並才韻卓犖，風調閑雅，慕梁竦之平生，恐勞郡縣；詠陶潛之歸去，遂樂田園。由是冠冕陵遲，夫人因爲平人也。凝脂點柒，獨授天姿，婦德女功，不勞師氏。始以色事朝請大夫行河内縣令上柱國瑯琊王昇次子前鄉貢明經察，送深目逆，調切琴心。昔温氏玉臺，愿投姑女；漢王金屋，思貯阿嬌。方之寵焉，未足多也。而夫人猶自謂桃根卑族，碧玉小家，每驚齊大非偶，能用鳴謙自牧，舉事必承先意，服勤嘗不告勞。而王公感夫區區，他日益重，雖名齊衣帛，而寵實專房。粤以天寶三載閏二月十四日因口覆瘡中風，終于河南之私第，春秋載卅七。即以其載歲次甲申四月甲午朔十六日己酉葬於大行之陽原，禮也。烈烈哀挽，壘壘孤塋，將懼爲陵，庶存刊石。銘曰：

長夜窮泉兮一閉千年，云誰之思兮令淑殲焉。巫岫雲没兮河陽花死，地久天長兮空存女史。

（録自《金石萃編》卷八十六）

天寶〇四七

【蓋】 失。

【誌文】

大唐故朝散郎試平盧軍司馬賞緋魚袋士府君太原郭夫人墓誌銘」公諱如珪，字瓊，其先出自神農，枝葉分散，因官命族，賜姓曰士，今爲河」內郡人焉。隨季范丐，代禄不絶；莊伯貞子，冠纓相繼。故能光輔五君，克」昌三晉，文武不墜，以迄于今。祖嶷，皇朝散大夫、守大理正、上柱國，哀」敬折獄，明啓刑書，審不疑之平反，樹于公之陰德，出爲潁州司馬，贊六」條而庭閑，佐千里而訟息。父暕，皇朝議大夫、使持節伊州諸軍事伊」州刺史、上柱國，威恩兼著，賞罰能明，萬里無塵，三務狎野。公即刺史之第九息。公侯之子，必復於貴，幼而能仁，長有大量，以爲武定禍亂，衛境」是先。解褐授幽州臨渠府别將，轉拜潞州潞川府别將。公材爲時雄，智」周出俗，范陽郡節度使張守珪慕公文武英傑，幹濟時務，别表授平盧」軍司馬，賞緋魚袋。位不辭賤，禄薄材優，即新館以就班，勗自强而不息。」中權後勁，併在一身；外義内恩，忠孝雙美。夷落驚慴，士卒肅清，久染風」塵，幾踐霜露，勞心貌悴，計慮成災。何期靈藥無徵，仙符失驗，以天寶二」年四月廿九日終於范陽郡薊寧里，春秋五十有九。將軍爲之墮淚，行」路以之傷懷。夫人太原郭氏。細侯敦信於竹騎，林宗擅美於仙舟，父賓，」許州襄城縣丞。夫人即丞公第十二女也。素質清慎，不待飾裝，葛覃修」澣濯之衣，蘋藻觀祭祀之敬，兆諧鳴鳳，慶結乘龍，一家盡以爲宜，九族」於焉光美。夫倡婦順，歷任相從，寢疾彌留，天未悔禍，遂終於平盧軍公」館，春秋卌有四。粤以天寶三載歲次甲申四月甲午朔，廿七日庚申，合」葬於河南府河南縣河陰鄉北邙伯樂之原，禮也。南望帝城，蔓草連」芳於苑樹；北臨津浦，薤歌響接於舟人。楊葉悲風，松塋思月，龍劍與雙」魂共没，馬鬣將千載空存。誕彼二子，岐嶷繼體，孝敬因心，感鞠育之恩，」極號之痛，以爲天長地久，谷變山移，託兹貞琰，勒爲銘記。其詞曰：」

晉卿望族，漢臣華宗，和鳴得地，跳躍相從。詞無不腆，禮有其容，齊眉期」吉，與屍遂凶。其一。夜臺促景，日落高春，生則異室，死必魂同。榮樂未幾，冠」蓋成空，千秋萬歲，水掩泉中。其二。」

嗣子惟政書。」

（周紹良藏拓本）

天寶〇四八

【蓋】失。

【誌文】

唐故河東郡寶鼎縣令會稽孔府君墓誌文并序」

公諱齊參，字齊參，先殷子姓也，以乙配子，故謂之孔，」氏之胤聖者有仲尼焉。至吴侍中潛，避世于會稽，因」爲其郡人也。曾祖德紹，隋河間郡景城縣丞；祖昌」寓，皇朝散大夫、尚書膳部郎中；父祖舜，皇朝散」大夫、梁州都督府司馬。公即司馬府君之冢子。弱冠」孝廉擢第，解褐行宋州參卿事。秩滿，就會有詔置諸」學士，考判之尤者，公翻然中的，□河南府陽翟縣尉。」方慎牧宰，大搜其人，公又對策高等，恩授濮州臨」濮縣令，今上親臨前殿，以束帛遺之，優任賢也。後」轉河東郡寶鼎縣令，凡初考績，春秋五十有二，以天」寶三載三月十一日蓋寢疾，七日而終於官舍。家素」貧儉，單身遂歸。公外兄今工部尚書陸景融，聞公之」亡也，舉手而言曰：孔公正依神好，清畏人知，學可充」於國師，位不登於王佐，人事耶？天命耶？因再慟而遣」使者，其爲名賢見重如此。嗣子全禎、述睿、克讓等，年」未至學，哀過常度，遠期三虎之名，能守伯魚之禮，以」其載四月廿八日，權厝於北邙舊塋之乾位，以從先」大夫於九原，孝之終也。文曰：

生我孔公，邦家」之宗；殲我宰邑，雲冥坐戢。言返東道，歸神北邙，先塋」壘壘，古樹蒼蒼，哀哉嗣子，遵奉遺光。」

（北京圖書館藏拓本）

天寶〇四九

【蓋】失。

【誌文】

大唐故左春坊録事郭公墓誌銘并序」

公諱藥師，廣陵太原人。曾祖養高不仕，名聞郡縣；」祖顒，才惟撫字，特拜新興令；父道，癈書學劍，出塞」平夷，功冠當時，勳錫武尉。公即尉之第八子。少落」經策，遂歷吏途，參掌銓衡，調拜奉乘，教牧多術，察」廄有方，俄榮右春坊主事。清曉應問，儲君察」能，旋遷左春坊録事。總彼樞轄，糺繩無遺，三公見」矜，六局聞畏，進退有禮，朋執式遵。忽悟蛇杯，卧病」龜浦，藥餌無效，皇天酷伐，春秋陸拾，開廿六載季」春二日，終洛陽私第，卜葬邙山。夫人釜陽孫處士」長女。昔配君子，宜其室家，願言有違，及爾前逝，孀」居八歲，均養一心，內外咸欽，痛纏肓疾，天寶三載」六月，奄化閨闈，時載五十有六。嗣子郊社齋郎仲」寧等，哀報昊天，悲幽大夜，兆有吉歲，謀允良辰，以」其載七月十二日，合葬公之舊塋。恐陵谷遷變，亡」魂黯然，鐫石記諸，以傳萬代。」

瀍水東岸，墳塋北邙，珠玉瘞土，琴瑟幽堂。朝遊翠」栢，夕宿白楊，魂消化易，銘固年長。」

天寶三載七月七日吏部常選王去奢書。」

（北京圖書館藏拓本）

天寶〇五〇

【蓋】失。

【誌文】

大唐故左清道率忠武將軍敦煌索公墓誌」

公諱思禮，其先敦煌人也。以地爲一方之性，當晉有五龍之號，盤礴萬里，長河一曲，子孫相繼，誠復于茲，則知夫人應是生，實資其受猛賛食肉，以□飼雄，諒其於時，我何多矣。公唐元時有功，遇飛龍主，定應謀策，當姦雄儗儗，幾仆生命，公眈眈其視，良謂有疇，其仁勇，其義壯，事之經緯，公自由爾。況公歷班資九，悃竭有三，一曰殉公忘私，忠也；二曰不同合謀，誠也；三曰與朋友敦而不愎，不欺重也。

曾達，不仕，以道養高。考孝昭，厥靈祐以遺家，代皇贈隴西郡司馬。公忠武將軍、左清道率府率。代天衡命，以成王業，故曰活人者有後，陰施者必封，無謂漢代修盟，事藏王府，而君子至止，實繁有勳。自公之任有詔特加檢校馮翊郡沙苑監三馬坊使並營田使有日矣，倉庾丘積，雲龍滿山，以公之考庸則有司爲恡，以公之獻可則王臣謇諤。何當正位遞傳，五行更王，膺期受有，清明備躬，莫干他以有求，必下人而服物。噫乎！曷天不弔，無慭於公，天寶三載二月十二日不怛化于長安安定里之私第，享天寶三載八月十二日，殯于京兆龍門鄉，之禮也。嗚呼！公有三子：長曰賓，仲曰獻，季曰言，一雄而武，兩冠乃仕，其長也約，其仲也文，其季也壯，泣血荼内，撫孤魂絶，以知夫死命於主者爲忠，友竭其性者爲孝，人之二事，三子有焉，哀榮之由，洎茲乎畢。乃剋貞石，以其誌之。詞曰：

碩哉公乎，性資懿乎，有大人之量而位卑，有柱石之心而負孤。胡天不慭爲而被謀，厥喪公之良圖。下人曰賢，膺時曰用，非常曰跋，長城曰統，公之有焉，以茲爲重。公乎公乎，邈千載之壯氣，誠帝王之一慟！

（録自《陶齋藏石記》卷二十四）

天寶〇五一

【蓋】大唐太僕卿駙馬都尉河南豆盧公墓誌

【誌文】

大唐故銀青光禄大夫太僕卿駙馬都尉中山郡開國公豆盧公墓誌銘并序　正議大夫行中書舍人侍皇太

子及諸王文章集賢院學士呂向撰」

公諱建，字立言，河南人也。其先與前燕同祖，赫矣帝王之族；至後魏錫姓，蔚爲公侯」之家。厚德殊才，特盛彌茂，暉映近代，薫焯本朝。曾祖皇金紫光禄大夫、行太府」卿、駙馬都尉、上柱國、芮國公懷讓，曾祖母皇長沙公主；祖皇金紫光禄大夫、宗」正卿、上柱邠國公貞松，祖母皇邠國夫人竇氏；父皇正議大夫，丹、延、坊三州刺」史，上柱國，開國公光祚，母皇萬泉縣主薛氏；外祖皇金紫光禄大夫、衛尉卿，駙」馬都尉、上柱國子紹，外祖母皇鎮國太平公主。既而代積勤勞，地參懿密，或以忠」信著，或以孝友聞。鳴玉登朝，則光香散射；擊鍾退食，則親賓縈映。有若長沙之明豔」挺時，太平之寵私掩古，邠國外戚以敦叙致號，萬泉異姓以恩澤就封，傳諜所書，內」外兼貴，未有若斯之極。公神氣清而勁，容體妍而雄，目若珠明，唇如丹豔，玉澤讓膚，」黛色慚髮，舉步生態，動顧成姿，圖畫之所莫如，瓌寶之所難並。而措意幽妙，遣言玄」遠，遊刃有餘，尋環無極。中探古意，沿革而立身；外約今體，委曲而行志。遥通事趣，闇」赴時情，經之以禮樂，洞於合變；緯之以文章，激其符彩。必原於制造，尤愜於商較。至」夫野逸灑散，儻朗森沈，雲卧巖棲，靈仙可近，丹鑪藥銚，事業皆成爾。其孝不違親，義」不忘本，歸名教之樂地，踐坦直之亨衢，與語者瑩其心，來視者滌其目。衆譽洋溢，合」聲昇騰，上召見之，曰可妻也。遂下詔拜駙馬都尉，尚建平公主，加銀青光禄」大夫，授太僕卿，襲中山公。遽接天姻，乃富貴之相逼；重聯帝族，亦才貌之自」取。且鷹鶏犬馬之事，毬射琴壺之類，略見而臻境界，暫習而躋壼閫。其迹也偶用韻」事，其心也恬然晏如，以示物冥，不與塵雜。進陪宮邸之賞，退銜儔列之觀。屬海晏」河清，天長地久，覽勝會之無際，所取未多；知生涯之有窮，豈期太促！享壽三十有」九，以天寶三載三月廿四日，薨於京勝業里之私第。越八月十二日，用國禮葬于咸」陽洪瀆原，去先塋東一里。當彌留也，天醫視疾；及先遠也，星使護喪。降稠疊之」恩榮，增哀慰於存殁。貴主以如賓相遇，且盡平生；送往銜悲，空深噎絶。則別有」情齊骨肉，義比昆弟。伯道無子，何處撫孤？仲尼懷人，寄言題墓。其辭曰：」

天假才，地固有，以人推貌，言復如此。亦道河漢嫁天孫，又聞瀟湘降帝子，遂得」和鳴雙鳳皇，永言比翼同翺翔，何意沉魂迷所適，而令抱影稱未亡。夭爾青春在代」促，悲我素序歸崗曲，聲名富貴雖已全，留戀盛明應不足。擊鼓吹笳驚山川，素車」白馬難周旋，因之而目逐心送，代此以挂劍絶絃。

天寶靈符長樂觀主裴炫書。」

（北京圖書館藏拓本）

天寶〇五二

【蓋】失。

【誌文】

大唐故太中大夫邕府都督陸府君故夫人河南元氏墓誌銘」

太初發泄，象四氣而作則；乾緯溷清，稟五音而成物。錫姓命氏，暨夏禹而」分焉。夫人軒轅之遠宗，拓拔之苗裔，後魏皇始元年昌熾也，衣冠纂襲，銘」列帝圖，鍾鼎相輝，傳諸史册，既英華於異代，復韋曄於當時。故夫吴郡陸」府君諱思本，文才優贍，武藝標能。作牧南征，效智謀於馬援；唯名與器，嗣」家聲於陸機。乃運啓人倫，原夫造化。合二姓之好，笄年結褵；奉三從之義，」異期偕老。誰謂龍劍中缺，同穴遽傷，□承順之恩敬，十有餘載。夫人哀思」逾禮，德義方古。孀居撫字孤幼，無虧於訓章；秉心伏道志行，有凌於□」竹。雖前代賢婦，無以加焉。曾祖諱客師，皇中大夫、澤州刺史，軒冕承□，」蟬聯茂緒，六條分職，五袴成謡，佩犢帶牛，冀侔龔遂；桑枝秀麥，有類張□。」祖諱守節，皇通議大夫、萊州別駕，簪纓世襲，禮樂周才，題輿海沂，化留三」異；佩刀軫譽，威惠兩行。父諱知古，皇朝議郎、資州録事參軍，搢紳令望，」謙撝自沐，鬱矣文翰，懔然風儀，青松獨茂，黄陂萬頃。夫人則府君之第三」女也。外祖郝諱處俊，皇開府儀同三司、中書令、甑山公，獨輔聖朝，燮理」無替，文武奕葉，將相聯華，雅望公才，天下咸許。夫人宗祧帝王之家，外」感公侯之胤，幼而岐嶷，女儀盡洽於閨門；長而移天，婦德曲被於親族。」躍躍草蟲，禮先奉於君子；邕邕巢鵲，頌則美於夫人。豈謂隙駟不停，逝川」何早，生涯倏忽，冥理無欺，遘疾一朝，以今載五月廿二日終於河南縣界」道光里之私第也，春秋卌有六。嗚呼哀哉！夭桃暮落，見惜於青春；若辰殞」霜，早彫於碧樹。羅衣寶帳，遄息夜臺；鸞鏡錦衾，遽收泉壤。八子等敏鍾疊」罰，哀號仰天，一溢充朝，杖而後起，毁瘠骨立，形銷體枯，孝感神明，祭葬」以禮，以天寶三載八月十二日吉辰於河南縣平洛鄉之北原，禮葬也。宅」兆邙山之野，封樹不毛之田，萬古千春，冀同陵谷。其詞曰：」

德配秦晉，結帨乘龍，蘋蘩展敬，桃李姿濃。其一。奉榛中饋，和鳴巾櫛，帝王之」孫，諸侯之室。命之脩短，神理奚恤，永瘞黄泉，長□白日。秋氣兮蒼茫，悲風」兮蕭颸。其二。夫婦有道，合葬非古，奠合生平，刑兮異土。松檟悽兮壠遂，烏兔」馴兮荒圃。其三。嗚呼哀哉！杳杳冥冥，象物而成，貴賤殊品，生死哀榮，刊諸□」石，式紀貞名。其四。」

（周紹良藏拓本　河南千唐誌齋藏石）

天寶〇五三

【蓋】失。

【誌文】

故夜郎郡夜郎縣尉清河崔府君墓誌銘并序」

公諱泌，清河東武城人也。祖暈，皇衡州司户參軍；父説，皇海州東海縣丞。公則東海府君第三子也。」載廿七，辟孝廉擢第，卅六調授宣城郡宣城縣主」簿，奉使洛京，無傷遭謗，謫居斯尉，遠赴南荒。我馬」中乾，僨車亭嶺，因兹成疾，藥餌無徵，春秋卌八，以」天寶二載三月十一日終於南川郡三溪縣公館。」夫人瑯瑘王氏，故朝散大夫海州司馬王昜之長」女也。春秋載卌，以其載八月廿九日於夜郎郡界」聞大哀，氣咽便終。以天寶三載歲次甲申八月辛」卯朔卅日合葬於邙山，禮也。嗣子子容，捧雉之年，」再罹凶釁，家傳孝友，已解稱冤，痛矣痛矣！石不朽矣！」乃爲銘曰：」

清河之盛，姬公之性，伊人福履，此宗詞令。才深命」薄，世事何託？魂無秋還，須悲摇落。婦德母儀，惟賢」之徽，古稱萊婦，今則王姬。告疾南郡，遇哀中遠，一」哭文伯，泉路同歸。翩翩飛旐，哀哀挽哥，人生到此，」知將奈何！」

（周紹良藏拓本）

天寶〇五四

【蓋】失。

【誌文】

河東裴鎬墓誌銘并序」

君諱鎬字千石，河東人也。曾祖承嗣，朝散大夫、梓潼郡通全縣令、」河内郡武德縣令，材之楨也；祖仲將，解褐擢潁川郡許昌縣令，自後累」遷至陽城郡太守右領軍衛將軍、銀青光禄大夫、上柱國、聞喜縣開國」伯、清河郡太守，國之器也；考迅，首調信都郡阜城縣主簿，再遷馮翊郡」韓城縣丞、仙州司士、江陵郡法曹；含章可貞，果行育德，風標孤直，山立特」秀，材高位卑，時所共歎。保食先德，降生於君。君少自偏孤，早失庭訓，及」於成立，皆以天姿。□懷倜儻之奇，出軌度之表，禮且行義，信必由衷，通詩」禮以知言，略史傳而經國，桀出時輩，不可倫齒。以天寶三載，」天子在鎬京，盜起海隅，王師有□。皇帝乃命伊尹之相，是擇朝端；」而昇吉甫之臣，以承廟算。則君之家叔河南尹兼攝御史大夫」公，朝之英也，人之集也，當授命秉節，握兵守律，撫柔邊海，□利邦家，」精擇英豪，慎選子弟，愛君顔閔之行，籍君孫霍之策，公乃内舉，君其」膺行。竭力輸心，□逾節操；率身剋己，必盡公忠。於是幕下參謀，當竭」□蒲之盜；軍還獻凱，方寧蒼海之人。時大夫以君戈戟劬勞，夙夜無」怠，黄裳元吉，朱袚方來，特以賜緋魚袋，用旌勤效。然未及疇庸之奏，」旋聞墊溺之憂，以其載四月甲午朔十四日丁未殞溺於海口，逢天之」慼也。大夫乃捨軍降服，癈日供積，三軍爲之下泣，六郡爲之哀傷。豈」□□□之藻行敏言，含弘屈己，去食存信，惠心利物耶？不然，夫何以及此」□□□咎，殲彼良人，如可贖兮？人百其身。時君之卒歲也，春秋卅。以其」□□甲申秋八冬十一月辛卯庚申朔卅一日庚申，卜兆窆於北邙山梓澤之里陪□」□□□，禮也。青栢白楊，既封乃樹，東四置域，永代銘記。銘曰：

崑山」□□，隨侯寶珠，時人萬代兮爲其珍，我家千里兮唯此駒。何秋霜兮降」□，□春樹兮當摧，悠悠兮身隨逝水，寂寂兮魂歸夜臺。問靈耆兮擇其」□□□青鳥兮安其所埋，千齡兮之後，松風兮哀哀！」

（周紹良藏拓本　河南千唐誌齋藏石）

天寶〇五五

【蓋】　唐故宇文府君墓誌銘

【誌文】

唐故河南宇文府君墓誌銘并序　國子進士周珍撰」

公諱琬，字琬，代郡武川人也。炎帝爲所出之先，普回曰受符」之祖，則有定侯岳峙，文皇龍躍，承家翊魏，開國稱周，奕葉英」華，斯爲盛矣。曾祖洪亮，皇靈州迴樂令；祖楷，皇綏州義合府」左果毅；父延陵，皇朝議大夫授緜州司馬；雖從事鞅掌，而遊」心澹泊，垂裕積慶，實生我公。洪惟執志謙默，有質端偉，義存」展惠，德不近名，空素業能資乏絶，狎朱門匪高軒冕，事親孝」而奉兄友，訓家儉而育子慈，慕君平而取給，欽仲長而不仕，」於是人倫遐矚，聲芳坐馳。族兄故黄門侍郎嘉而悦之，因而」器之。而後朝選。尚其」不干禄能幹人之蠹，匪墆財多克家之」譽，矢死不倦，輸誠靡他。嗚呼！積善無據，享年未永，春秋六十」一，以天寶三載六月五日終新昌里之私第。其載十月廿日，」窆於萬年縣龍首原，禮也。盈里閭而悽慟，及路衢而憯惻，伯」亡友季焉如己，婿違外舅乎猶子，感夫！男明敏而趨德，女柔」麗而有則，未畢婚娶，如何憫凶。夫人天水趙氏，桃李猶春，室」家承式，痛孀嫠而俄及，念遺孤而無怙。嗣子逖、遂等奄茹荼」蓼，永違顏色，既號天靡訴，庶刻石銘休。知余先人之故也，將」悉其事，能旌其德，撫孤泫目，敢不欽承，雖荒唐無取，申梗概」而爲誌矣。銘曰：

和惠因心，謙冲自得，持身無玷，睦親垂」則。其一。昔爲英胄，今在齊人，遐思赤族，不慕朱輪。其二。投迹塵俗，」勞形奔走，和光葆真，人先己後。其三。天乎不傭，罹是鞠凶，俄然」永隔，仰止無從。愁扃荒壠，泣樹孤松，冀星霜兮長垂，令問託」金石矣銘彼高蹤。其四。

宣德郎行左領軍長史曹惟良書。」

（傅熹年藏拓本）

天寶〇五六

【蓋】失。

【誌文】

楊府君墓記」

□君弘農人也，諱令暉。往因參選，附」貫河南府河南縣。抱江海之量，稟山」岳之精，負梁棟之材，懷珠玉之美，上」柱國長男應朝，親侍玉階，第三男重」光，得事金闕，解褐任將作監左校署」丞。公既清素育德，廉儉居躬，每不好」於奢華，亦靡貪於名利。春秋七十有」一，忽瘻痾瘵，藥餌不痊，終於寬政鄉」□。天寶三載，歲在甲申，十一月庚申」朔，十三日壬申，遷厝於金谷鄉景業」村北原，禮也。恐日月長遠，時代遷移，」桑田變易，故立私記焉云爾。」

（周紹良藏拓本　河南千唐誌齋藏石）

天寶〇五七

【蓋】失。

【誌文】

大唐故淮安郡桐栢縣令元公墓誌銘并序　天目山野人白雲子楊光煦撰」

公諱振，字振，河南氏拓拔後也。曾安，晉陵、當途二縣令；祖叔明，」太清府統軍；考齡景，荆王府庫真；開宇承天，澄源濬海，文武經國，」禮樂緯人，繼代克明，鍾德斯美。故少遊太學，以經術登科，拜武」强尉，政邇鴻漸；除正平簿，才屈鸞棲。遷桐栢縣令，懿子□古封」也，克孚時政，允輯人和，周月未踰，休風載路。仲尼菈邑，遽微三」善；宣尼夢奠，旋驚兩楹。春秋六十有七，以天寶三載王春仲閏」十有六日近死魄，終於淮陽官舍。嗚呼！彼蒼匪忱，殲我良宰，俾」人如喪，吁天莫庇。胤子嶧，執射成名，應賓擢第，調京兆府龍栖」府別將，遷西畿壽城府別將。在任聞父寢疾，憂怖匪寧，雲奔長」途，星不遑舍，痛慈顔不待，攀慕幽靈屢絶。水漿不入於口，前哲」可踰；號泣不絶于聲，後賢莫繼。以天寶三載十一月廿六日，從」葬于河南城北金谷原，禮也。龜兆代棄，龍輴星駕，嶺雲無色，松」風有聲。四寸之棺，中都之制空在；雙飛之舄，葉縣之神長往。雖」反壤而樹，恐高岸爲谷，佳城鬱鬱，石可銘乎？其詞曰：」
惟天輔德，允兹必臣，雅操冰映，謙光日新。牛刀方割，驥足未伸，」梁木何壞，舟壑斯淪，風猶在草，跡已成塵。惸惸孤胤，眇眇孀嬪，」藐焉孩稚，鞠未亡人，淚染江竹，心剪郊蓁。隴月徒曉，泉臺不春，」空見啼於枯栢，寧知歲兮大椿！」
姪寂重銘曰：」
嗚呼季父，直哉惟清，陳力就列，俗政人寧。冀霜臺之一迹，何」逝川之不停？志誠無應，雷同有聲，追慕感切，知猶子情。」
長姪寂書。」

（北京圖書館藏拓本）

天寶〇五八

【蓋】失。

【誌文】

大唐故鶴臺府果毅扶風馬府君墓誌銘并序」
府君諱延徽，字徽，馮翊郡扶風人也。家聲祖德，備諸史策。」曾祖安，隋絳郡司法參軍；祖才，皇任河内郡録事參」軍；父建，皇絳郡蓋松府右果毅都尉；並鐘鼎流慶，山」川誕靈。或參幕府之謀，決勝千里；

或受總録之任，綱鎋六」曹。蓋士林之標準，當時之令望也。君即右果毅都尉府君」之第三子也。君幼有奇操，天生知禮，氣衝河岳，精降星辰，」既負磊落之才，自有英雄之武。初太廟齋郎出身，解褐」授右武衛翊府隊正長上，遷右金吾衛左司戈，又轉河東」郡奉信府左果毅都尉、右羽林軍長上，又遷東京鶴臺府」右果毅都尉、右羽林軍長上。公英略獨斷，忠謀無敵，若乃」五營騎士，浴鐵如雲；七萃孤兒，摐金逐日。文武之秩，君實」宜之。降年不永，梁木斯壞，以天寶三載四月十五日寢疾，」終於東京永豐里之私第，春秋五十三，殯於北邙山之原」禮也。夫人隴西李氏。衣冠茂族，禮樂光華，成於室家，高風」淑德。軫崩城之痛，誓恭姜之心，貞節不渝，孀居獨守。姪守」俊、男守恭等，金友玉昆，天經地義。陰陽可變，生勁竹之凝」寒；靈應可通，降祥禽於悲慟。戀心在疚，陟屺增哀，將憑赤」石之字，庶合青城之碣。銘曰：」絳帳之前，白眉實賢，文武不墜，惟君是傳。天不憖遺，梁木」壞焉，白馬賓侶，青烏墓田。玄堂星月，隴樹風煙，人生已矣，」貞石千年！

太歲乙酉正月己未朔十四日壬申建。」

（周紹良藏拓本　河南千唐誌齋藏石）

天寶〇五九

【蓋】失。

【誌文】

唐故吏部常選王府君墓誌銘并序」

君諱元，字元楚，本家瑯琊，因官洛陽，今爲其縣人也。曾祖」大父皇考偕獨立無徒，慎言寡悔，服仁義爲甲胄，遺清」白於子孫。或黄綬安卑，書功竹帛；或素履□□，傲跡丘園。」君幼秉一心，長無貳業。學非師授，名教自稟於閨庭；德是」天資，造次必由其法度。始以門蔭備宿衛，續以户選奉銓衡。」夫名者實之賓，禮者亂之首，君行禮有道，是明於」亂，假名則公，是明於實。亟又反此，孰知其方，考槃在阿，高尚」其節，不應朝廷之辟，每動江湖之想，舟行無繫，興盡」而還，雅好琴棊，躭悦酒賦，靳其天爵，豁彼神襟，細大不可爲」倪，行藏所以委順，斯不壽者，得非命歟！以開十四載十月廿」四日終于廣陵郡之逆旅。夫人弘農楊氏，爲婦德有，爲母有」儀，克諧庶姻，允遂同穴，以開元廿六載十二月十七日次」君而殁。粤天寶四載歲次乙酉二月己丑朔，十四日壬寅，合」窆於河南府河南縣平樂鄉邙山之北原，崇吉兆也。有一男」一女。女適張掖郡别駕霍氏，既鏘和鳳，亦曰乘龍，與同母弟」奇哀哀孝心，左右喪紀，豈滅性而爲慼，因終天而軫痛，于以」匡善，敢徵乎詞。銘曰：」

展矣王君，貞高絶群，棲遲卒歲，富貴如雲。放志巖壑，遊心典」墳，闔門何去？埋玉無聞。有孝伊女，喪事具舉；有孝伊男，旐引」江潭。送終之禮，惟姊與弟；護葬之賓，惟族與姻。千年滕室，萬」古邙塵，難修文於地下，悲月曉之何辰？」

（周紹良藏拓本　河南千唐誌齋藏石）

天寶〇六〇

【蓋】失。

【誌文】

大唐故荆王府庫真元公石誌銘并序　太原令裴朓撰」

伊昔大名，式當天祚，從吾所王，氏其德者曰元，衣冠增有」虞之象，孫子系無疆之禄。隋率都督亮，後魏明元帝五」代孫；亮生安，晉陵、當塗二縣令；安生叔明，皇太清府統軍；」瑶華虹玉，産於崑崗；明珠寶貝，得之滄浪。良才茂德，多後」帝王，則疇庸授級，朱紱銅章，天被福禄，錫祚延長。公諱」景，字靈景，統軍第二子。體識純素，率性從道，授荆王府」庫真。府廢寧家，遊心釋氏，辯色非色，悟生不生，披貝葉以勤求，慕蓮花而清淨。身則有位，在藩邸而暫遊；命也」無常，與泡電而俱歿。春秋七十一，以神龍元年正月廿八日」殁於私第。夫人天水趙氏，靈州司馬安仁女。柔順成性，幽」貞佐德。以天寶四載二月廿一日，會葬於金谷原。長子如珪，」宋王府騎曹參軍而終；第二子如璋，太原府清源縣尉；第」三子振，絳州正平主簿；第四子揖，易州司功參軍；畢志墳兆，遺」形毁瘠。素冠斯立，循疑慕以成禮；玄石宜銘，顧斅述而無媿。詞曰：」

皇矣盛德，温恭允塞，受方國兮。其一。於美德門，貽厥子孫，衮」後昆兮。其二。有是君子，通兮變兮，不爲執矣。其三。王府罷位，釋」教是求，行無住著，形有去留。其四。山有邙阜，水有澗瀍，是新」宅兆，邇舊墳埏。其五。雲愁薤曲，月寒松户，泣壤翔烏，高墳馴虎，」彼欒欒以懷棘，永皇皇以陟岵。」

（北京圖書館藏拓本）

天寶〇六一

【蓋】失。

【誌文】

大唐故王府君墓誌銘并序」

昔周子晉以控鶴登仙，漢王喬而飛舄啓瑞。是」故神光赫弈，歷萬以傳芳；靈夜冲融，冠千齡而」啓胤。因之以得其姓，方迺垂裕後昆。君諱文成，」字文成，本太原人也。家世因宦，遂居洛陽，祖□，」隋虞郡太守持節諸軍事；父雅，河南府鞏縣令；」故能克光後嗣，貽厥孫謀。君志輕軒蓋，性好丘」園，弓旌所招，而□不應其命，芝木自養，不覺有」□自天。夫人□氏，志合坤儀，廣閑禮訓，將冀」□齒，共保□□□□□□□□□□別塋，未能」伸其合祔。嗣子感昊天之罔極，哀則相次云。」□□嫡孫，太原府太原主簿，惟愛能尊祖□」□之志，以天寶四載二月廿一日舉而合窆於」河南縣平樂鄉邙山之北原先代舊塋，禮也。而」□陵谷□徙，代祀莫□□□□爲□以表泉□」□□旗摽仙宵，代引業行，氣稟川嶽，人孕英□」□□□□□一林，於迺悲於昊穹。」

（河南千唐誌齋藏石）

天寶〇六二

【蓋】失。

【誌文】

□故桂陽郡臨武縣令王府君墓誌銘并序」

公諱訓，字庭訓，先太原人。歷代徙任，因于茲焉，朱」紱凋蟬，胡可勝載矣。高祖隋洛陽縣丞，翼贊絃」歌；大父敬本，皇和州司倉參軍，克宣明遠；嚴考訥，」絳郡馮翊府果毅，杖義霜棱，好謀泉誦，未徵鶴版，」遽掩魚山。公幼而聰明，持禀秀異，垂拱四年，以神」童擢第。先天二載，拜和義郡參軍。開十四，轉延安」郡膚施縣丞。天寶三載三月，遷桂陽郡臨武縣令。」凡所歷任，推誠愛物，官不必貴，政惟其才。誰謂夢」年，禍均庚日，以天寶三載七月終于桂陽官舍，春」秋六十有八。夫人會稽朱氏，歷代象賢，冠蓋相襲，」母儀外著，育子中勤。何圖遘疾，奄茲芳質，龍劍先」沉，孤鸞後没，春秋六十有五，以天寶四載正月終」于履道之私第，二月廿一日合葬於邙山之麓，禮」也。前臨鷄水，聽漁父之棹歌；甫背龍崗，佇幽人之」樵曲。卜兆唯吉，而哀送之，或固幽泉，方雕翠石。其」詞曰：」

風燭難停，夜臺易閟，孤魂遽化，幽靈永寄。青壟曉」兮蒼涼，白楊風兮蕭瑟，地久天長，千秋萬祀。」

（周紹良藏拓本　開封博物館藏石）

天寶〇六三

【蓋】失。

【誌文】

大唐故上谷郡司功參軍張府君墓誌銘并序　東京國子監進士王寰撰」

昔軒轅之子廿五宗，得姓者十四而已，其一子以張網羅取禽獸，遂爲張氏，張」氏之出，蓋因此焉。唐虞之間，夏殷之際，譜諜未紀，莫究其端。老以規晉卿之僭，」倉以主秦官之籍，耳在漢食邑常山，邈處魏封功都尉，英賢間出，代有其人。府」君諱肅珪，字肅珪，其先清河人也。曾祖英，定襄郡長史，外臺之要郡牧佐，侯伯」是裨，子男所重。祖儉，鄴郡臨河縣令，類西門之邑，且見沉巫；異王喬之鄉，始聞」飛舄。大父智言，東京總監西面監，崇臺珍觀，繚以周牆，厥監不遠，斯焉是職。府」君即監之長子也。孝友聞於鄉，忠義達於國，國大祭祀，宗伯選門子而造焉，君」以起家，補清廟齋郎，以經明舉也。饗蜡若時，禘祫克乂，執幣之禮聿備，贊牲」之道罔失，遂直相王府，以文翰登也。懷鄒陽善規，挾陳琳書記，王門何重，賢者」宅斯，踰年制授總監主簿，以德進也。天子苑囿，衡虞慎守；宗廟牲禽，大」羅所獻。佇春蒐而薦百羞，望冬狩而行羽物。書其政令，戒以奇斜，苟非其才，疇」能離是？兩載考績最，授瑯琊郡司户參軍，允人望也。越臺古郡，人户殷贍。一時」休農，知鄉黨之禮樂；三年大比，察閭鄰之蓄育。無何，授常山郡行唐縣丞，充本」道採訪推官，用紏能也。臨代之實，延億之縣，贊建旟以風行，隨使車而霜凛，舞」文者不得肆其巧，沓貪者莫敢引其流，進善遏惡，河朔吏畏之如神矣。秩滿承」優拜上谷郡司功參軍，擅平子之名，復惠連之職。朔調之地，北近林胡，俗皆止」戈，人多棄筆。君以上承府主之惠，下招鄉曲之士，薦孝廉茂才，歲有登科。君在」位慎於四知，接賓過於三吐，凡制授者一命，彙征者三官，惜乎政尚聞於平」人，秩不過於上士，嗚呼！逝川不駐，激矢莫停，歲在協洽，覯疾卒于官私館，春秋」六十。郡守裴公聞而輟飧，胥徒奔以雨淚。夫人雁門郡文氏，右威衛長史懷靜」之女也。子丹之後，蜀守之胄，維鵲歌其功，採蘩詠其德，貞固幹事，温慈惠和。開」元四載十一月十七日，先府君之冥化。天寶四載四月廿二日，合葬于河南縣」平樂鄉之原，禮也。嗚呼！穀則異室，死則同穴，丹旐引洛城之限，白楊樹邙山之」土。有子二人，女四人。長子浦，次子湑，仰皇穹以泣血，望蓼莪而絶漿，煢煢在」疚，不嘗見齒。長女婿故河清主簿左光胤，寰之故人爾。嗚呼！惠施已亡，莊周歎」其無質；鍾期云殁，伯牙嗟於絶絃。思昔視今，良可悲矣！恐高岸爲谷，滄海成田，」貞石是□，乃爲銘曰：

位以德興，名因位立；何名位之並著，乃靈命之不集。」繼先之職，司人越臺，行唐暫理，上谷旋哀。樹松櫝之可識，望泉扃之不開。嗟嗟」司户，夫何言哉！

南陽左光巖書。」

（周紹良藏拓本　河南千唐誌齋藏石）

天寶〇六四

【蓋】失。

【誌文】

大唐故雲麾將軍行左龍武軍翊府中郎將趙郡李公墓誌銘并序」

昔杜武庫沉碑漢水，恐深谷爲陵，況乎玄堂冥冥，封樹摧雜，安可息其志焉。」公諱懷，字初有，其先趙郡贊皇人也。昔晉氏乘乾，遼川塵起，帝欲親伐，實要」□□。公十二葉祖敏爲河内太守，預其選也。晉之克滅之後，遂留柘鎮，俗賴其」利，因爲遼東人。至孫胤，舉孝廉，仕至河南尹，加特進，遷尚書令，晉之崇也。」曾祖敬，隋襄平郡從事。太宗東幸海關，訪晉尚書令李公之後，僉曰末孫」孜在。帝許大用，盡室公行，爰至長安，未貴而没，悲夫！其子曰直，直生隱」之，贈清源郡司馬。公則清源府君之冢子也。公少而純和，長實貞固，内」剛外順，後己先人。承家以孝聞，結友以信著。常欲以身許國，宣略濟□，」君門九重，難以聞上。遭中宗棄世，韋氏擅權，鈞陳夜驚，秦城洶洶。公」告難皇邸，剪除無遺，國祚中興，實賴先覺。拜游擊將軍、行右衛扶」風郡積善府左果毅、仍留長上。聖主封禪，加宣威將軍，改左威衛河南」洛汭府折衝。俄加壯武將軍，授左領軍衛翊府右郎將。未盈五考，加忠武將」軍，授左龍武軍翊府中郎將，舉其要也。仍留東京左屯營檢校。時太夫人」遘疾彌留，公不脱冠帶，曉夜就養，及屬纊之後，仍在於抱。左右苦奪，」捧而不許。及被起事，泣就外除。雖周文之問膳寢門，高柴之未嘗見齒，殆無」以過也。會上親拜曜魄，加雲麾將軍，餘如故。所冀坐登軍首，秉節開」邊；何圖天不憖遺，梁岳頹峻。天寶四載二月二十九日寢疾，薨於東京道政」坊私第，春秋六十八。二京名流聞之，莫不垂涕。夫人太原縣君王氏，擢質」華宗，分輝李徑，蘭薰雪皎，玉潤金聲。始光四德之規，終應兩門之慶，禮雖判」合，命虧偕老，去開元十八載七月四日終於思恭坊正寢，春秋四十七。昔年」半死，已慘龍門之桐；今日全沉，更蒔牛亭之栢。以天寶四載四月二十二日」合葬于洛陽縣平樂鄉之原，從周禮也。哀子西河郡開遠府別將智通等，孝」以因心，柴毁骨立，仰思先閥，勒石神逵，僕雖不才，敢述高跡。其詞曰：」

崇崇厥先，系彼全趙，晉氏東伐，隨軍桑沼，謫罪撫人，父賢子詔。高宗左」眄，曜武襄平，搜訪遺逸，攜手同行。公之潛輝，時人未識，天啓宗聖，妖」生紫極。銜威慶宫，殄彼韋賊，日月更朗，京華再色。攀龍得志，受賞」清朝，垂朱曳紫，武烈戎昭。三命戒期，雙轜漸發，薤唱悲露，松門吊月，懍懍」貞風，千齡靡歇。」

處士弘農楊坦撰。」

（周紹良藏拓本　河南千唐誌齋藏石）

天寶〇六五

【蓋】失。

【誌文】

大唐故河南府偃師縣令王府君妻夫人滎陽鄭氏墓誌銘并序」

夫人諱□字□，滎陽人也。曾祖孝倫，皇朝官至霍王友；大父玄毅，衡陽郡臨蒸縣令；父胤，兖府倉曹。夫人倉曹之季女也。體淑慎之心，藴柔明之度，佩服公宫之訓，周旋師氏之則。年廿一，適偃師縣令北海王君諱季隨，君即故刑部尚書志愔之少子。待年之際，已窈窕於宗姻；有行之初，終焜燿於邦族。於戲！鳳則和鳴，初歡吉兆；鸞之顧影，俄見單栖。竟乖彌月之祥，忽痛先秋之感。以天寶四載六月廿二日遇疾，終於東京崇政里之私第，春秋廿二。以其月廿八日權厝於北邙之原，禮也。嗚呼哀哉！内則有四，夫人念焉；婦儀九十，夫人習焉。而移天幾何，行及栢舟之誓；盛時方茂，奄銷萏草之魂，不其痛歟？不其命歟？懼陵谷之或遷，託哀詞於貞石。銘曰：

遥望北郭墓，壘壘滿山阿。美人逝不返，歲月將如何？

扶風郡鱗遊縣尉陽陵撰。　歲次癸酉丁亥朔十八日甲寅。

（周紹良藏拓本　河南千唐誌齋藏石）

天寶〇六六

【蓋】失。

【誌文】

大唐故朝議郎行洪府法曹參軍滎陽鄭府君故夫人河南万俟氏墓誌銘并序」夫人姓万俟，世族爲河南人也。曾祖玄道，皇左車騎將」軍、靈丘縣開國侯、贈汝州刺史；祖肅，皇銀青光禄大夫、」殿中監、襲靈丘縣開國侯；父仲將，不仕。夫人幼而孤，性」而敏，出嫁滎陽鄭氏經年，夫人母兄奪離滎陽所，夫人詢」諸母兄，引於禮則，歸於滎陽之第。及滎陽流離遷竄，窘乏」朝夕，夫人同其苦辛，受以危難。開元廿八年，滎陽卒，夫人」永斷葷血，便習禪行，夜分而寢，將覺悟無生；晝分而食，必」歸依聖果。積夫人之善，精閨門之心，曰長子鐵，次子銑，洎」乎一女，隨母師訓誨，志法王戒律。迨一日，夫人丁堂遲迴，」有問倉庚，如慮凶事不給；次明夕，停燭躊躇，勤恤孤幼，如」憂割愛未忍；次明晨，口無所説，目無所視，但儼然迴向，因」坐而終于東京洛陽縣豐財里之官舍，即天寶三載歲次」甲申四月二日甲午。凡春秋卌有九。夫人不欲窆於滎陽，」務隨便於洛師可也，以先志明載七月五日辛酉葬於洛」陽縣平陰鄉之原。累德積行，豈自邀福；惠心清禪，誰謂速」禍。奈何身不有疾，語不暫誤，俄頃之間，天地之隔，生人巨」苦，孝子至痛。鄭氏令弟賢妹嗣子鐵等，毁唯見骨，淚即如」注，雖前賢在喪，實此君過禮。銘曰：」

善者獲福，予其不知，孤子至苦，世其奚爲？」迹夫人事，執喪制筆，增予悲以永日。」

（周紹良藏拓本　河南千唐誌齋藏石）

天寶〇六七

【蓋】失。

【誌文】

大唐故上柱國司馬府君墓誌銘并序　大理寺丞鄭蓍萊撰」

公諱元禮，字元禮，河内人也。其先因職命氏，能宿其業，至於軍旅之急，則兵」法存焉；禄秩之崇，則夏官在焉。其餘子長筆削，長卿詞賦，蓋代不乏也。祖」懷智，隋左驍衛郎將，謀足決勝，智足解圍，禦寇之爪牙，干城之矛戟；父玄」藏，皇雅州銅山鎮將，奮身不顧，揮刀莫當，勇貫於熊羆，名高於鵰鶚。公即」鎮將府君之嗣子也。幼常讀書，長又習武。龐眉大耳，空負奠豪之相；樂天知」命，邈無名位之心。企慕交遊，好治資産，嘗顧謂子昇曰：總四方會，據一國衝，」致天下人，聚域中貨者，曷若旗亭乎！贊賓主禮，取談笑資，成骨肉親，結金蘭」分者，曷若玉醴乎！既而乃議卜築，不避諠湫，得齊人攫金之所，石家販鐵之」地，列其廣肆，誓將老焉。觀其閈閎已高，欄檻增飾，志不狹也，然後五齊式均，」三事用節，秋釀冬啓，春醖夏成，待價而沽，多享厥利。更分清白之品，彌叶聖」賢之目。中山之液，尚謂澆漓；東魯之漿，不其淡薄。揭相如之牓，未隕家風；解」仲舉之蹋，斯延國士。達人愿見，不異於瓊枝；君子消憂，無俟於萱草。故得韜」精晦跡之客，夸雄遊俠之徒，聞風而彙征，十室而八九矣。

雖古之舉袂成帷，」揮汗如雨，未足多也。別有無衣無褐，終窶且貧，覩隩長吁，過門大嚼，重楊雄」之賦，能説鴟夷，鄙庾闡之文，虛捐玉椀者，曰有其人矣。有識者由是知司馬」公之大隱也。無何，以天寶二年四月廿三日遘疾，終于東京福善里之第，春」秋六十有四。嗚呼哀哉！以其年五月廿二日永厝於龍門山天竺寺之東谷。」夫人弘農田氏，幽閑立儀，婉娩成則，配我夫子，成彼好仇。忽厭浮生，俄求法」樂，冀知泡幻，漸晤色空，奄遭府君之喪，便嬰不起之疾，甫大祥日，而遷化焉。」時天寶四載四月十六日，春秋五十有八。以其載八月十七日，祔于先府君」之塋，禮也。嗣子昇等，克紹弓冶，載罹閔凶，將勒石於千齡，乃託余之數字。銘」曰：

易著噬嗑，漢崇闤闠，生我夫子，隱其爲大。其一。于以介壽，于以養賢，夫子」云至，醴乎乃傳。其二。濡首之生，酣身之客，標其引滿，明其舉白。其三。匪隨觀鶴，寧」因閲書，雲集霧散，朝盈夕虛。其四。美矣夫人，配我吉士，窈窕其貌，淑慎其止。其五。逝川化物，大壑遷舟，形影雙泯，聲華獨留。其六。苦霧霏霏，愁煙漠漠，既封隴隧，」誰嗣糟粕。其七。」

趙郡李鈞書。」

（周紹良藏拓本）

天寶〇六八

【蓋】似無。

【誌文】

□□□京大奉國寺故上座龕塋記」

□□□□忠，俗姓喬氏，平陽郡人也。於戲！生」□□□□之□□子夏索居之□殁邵公相」□之□□□□□山之塞。嗟夫！淳粹履□道」□□□□天；□讀素王之書，該通六義。□□」□□之教，□□三空之心，居□□郡□□山」寺□載，長安中，以□□□□聲聞中外，有」詔徵充福先寺大德，無何又補玉泉寺□維。」神龍初，置奉國寺，□興寶祚，大闡玄風，□」□□金仙玉毫兆人□□給園祇樹上聖攸」居匪清厥心潔□□□則□能持□□統敷」于軌□□遂□□□□□□□□爲上座。若」乃鋤其色，槁其形，手不釋卷，心不□物，五十」載于茲矣。既□真容放光之歲，十有一月」廿六日□□于□□之本院，春秋八十有五。」□僧惠瀛、弟子增慶、□曜、惠暉□□□□□」等抑號天而不□□□□而無服，遂安厝于」龍門南崗□□□□，不忘本也。峨峨斷山，漫」漫流水，縱俾如帶□□□存若堂若□粵天寶四載歲在作噩。九月廿五日記。」

河南府鄉貢進士石鎮文。」　前陳王府法曹參軍崔英書。」

（録自《芒洛冢墓遺文補遺》）

天寶〇六九

【蓋】失。

【誌文】

大唐故監察御史荆州大都督府法曹參軍趙府君墓誌銘并序

公諱思廉，字思廉，天水人。其先秦之祖也，同源分流，實掌天駟，封周仕晉，繼爲國卿，漢魏已來，世濟厥美。高祖脩演，魏司徒府長史、清水郡守，贈驃騎大將軍、開府儀同三司、秦州刺史。曾祖士季，周秦王府司録、亳州總管府司馬、陸安郡太守、儀同三司。祖構，隋秀才、侍御史、民部郎中、毛州刺史。父素，隋孝廉、丹陽郡書佐，皇舒州司馬。三朝積慶，四葉重光，門連岳牧，家襲孝秀，相府類能，儀同踵武於三揖；禮闈尚德，柱史騰芳於一臺。三篠舉而百度可見，以驃騎之博物洽聞，以陸安之出入濟理，以毛州之黼黻高選，以司馬之優遊上列，典禮崇而勛業籍甚矣。公之少也，婉以從令，敏而好學；其壯也，屹有秀範，恬無流心。弱冠明經登甲科，解褐鄭之滎陽主簿，換益之雙流稍河南府登封尉。再栖枳棘，徒仰龍阿之鋒；一踐神仙，果聞鷹隼之擊。能事備矣，朝廷韙之。天子聞而疇咨曰：爵以馭賢，不可改已。拜監察御史。鐵冠不雜，石室高標，緩步立朝，而人皆斂手向風矣。或犯法當訊，執事者上下其手，公匪石難奪，直繩不撓。推事忤旨，左授荆府法曹。得寵若驚，失職無慍，荆山南峙，出毀匱而方遥；溝水東流，逢逝川而靡及。大足元年八月十二日寢疾，終於南陽之旅舍，春秋六十有六。夫人博陵崔氏，齊姜之著姓也。壼室聞詩，闔門習禮，梧桐半在，稍度林下之風；寶劍雙飛，空挹薤中之露。以天寶四載十月乙酉朔十三日丁酉合葬于萬安山陽。蓋周公已來，即遠事終之達禮也。二子悦、坦之。悦敭歷監察御史、江陵、安邑二縣令；敦惠文敏，一時之良，美玉有籍，連城未得，明鏡無塵，照鄰皆見，日坐事長史被出，非其罪也；坦之濟陽尉；敬友恭順，一□□龍。期述德於終天，顧託文於貞石。銘曰：

□□之功，宣孟之忠，盛德百代，聿生我公。簒金繼美，斤玉斯崇，黄□□物，朱絲直躬。作椽何所？投珠漢東，晨裝戒路，暝燭隨風。南陽地遠，闕塞□中，孤魂久客，雙穴來同。冉冉人世，蒼蒼旻穹，殁而不朽，大夜何窮！

（録自《金石萃編》卷八十七）

天寶〇七〇

【蓋】失。

【誌文】

大唐故太子右庶子任城縣開國男劉府君墓誌銘并序　右補闕李翊撰」

公諱升，字陟遐，彭城人。禀純粹之德，藴生靈之秀，式金玉之度，」被鸞鳳之姿，信一代令儀，九流英達者也。其生也不造，其少也」多艱，始以烈考彭州長史府君罹及善之刑，近傾巢之禍，收骸」去蜀，扱衽投荒，徒行百舍，飲血萬里，蠻貊之人皆教以孝，有以」見公之錫類也。丹徼子居，素業克構，周流六籍，該覽百氏，窮草」隸之妙，擅詞賦之工，江淹之人皆典于學，有以見公之惠訓也。」由是休問日流，英華籍甚，人倫佇其模楷，縉紳渴其風猷。故知」蘭桂幽而馥，隨和晦而顯。暨涣汗昭洗，言旋京國，則愿窺」元禮之門，覩叔寶之貌者，如水歸于壑，影附于形。優遊名公，綽」有餘地，遂再射策甲科，三入清憲，累兵、户二員外，中書舍人，右」庶子。揮宸翰於中樞，發春華於前曜，典形故事，被於臺閣」矣。夫其受物用虚，涵體以靜，進而鼓其動，退而養其明。與人也」周，爲器也備，仰之增峻，挹而逾深。嗚呼！禀命不融，享年五十有」五，開元十八年六月廿九日，薨於京兆脩行里私第，假殯於西」京。暨天寶四載十月十三日，改葬於河南縣平樂鄉北原從先」塋禮也。有子長曰穎，不壽夭亡；次曰顗，左驍衛兵曹參軍，無祐」早世。夫人京兆韋氏。始悲不天之何從，終哀哭夜之巨痛，匍匐」喪事，能反羈魂，零丁苦心，俾述休烈。至於本枝奠繫，家聲官叙，」則史策碑版詳矣，此蓋紀其大者遠者焉。銘曰：」堯之緒兮楚之裔，爾公爾侯兮延億世。續厥問兮保厥祀，爲龍」爲光兮騁千里。侍兩宮兮登一臺，棟未崇兮梁已摧。樹先塋兮」禮不筮，篆貞珉兮長若礪。」

（北京圖書館藏拓本　開封博物館藏石）

天寶〇七一

【蓋】失。

【誌文】

唐故中大夫使持節江華郡諸軍事江華郡太守上柱國和府君墓誌銘并序」

夫惟遠觀帝系，近鑒人倫，莫不道叶乾坤，明齊日月。其有鼎運潛移，風雲」契會，率封茅土，惟德是興。君諱守陽，字守陽，扶風人也。始祖夏后氏之苗裔曰」淳維，嘗居北地，逐豊水美草以自恣適，代爲酋長。至突跋從後魏入都河南，拜」龍驤將軍，封日南公，其本爲素和氏。後魏文帝分定氏族，因爲和氏焉。高祖士」開，北齊中書監、尚書左僕射，封淮陽郡王、尚書令，謚曰文貞；曾祖世達，」唐朝散大夫、尚舍奉御；祖偘，光禄丞；考禮，僕寺東宮使、廣城監；並鼓譽寰中，摛」英席上，言爲士則，行迺人師。君孝敬表於鄉閭，忠果垂於沙漠，景龍之歲，以軍」功授義陽別將、磧西支度營田判官。夙興匪懈，極稼稽之艱難；飭躬律人，大邊」垂之倉廪。時安西大都護郭元振與宰臣宗楚客有閒，恐禍成貝錦，身陷誅夷，」以君德輝宏達，質直不回，奉義而行，有死無隕，拔邪拯難，非君莫可。使馳表奏，」未及引見，楚客陰求結託，約以重利，令誣元振實有反端，如或不從，必加刑劾。」君以爲危人啗利，貪夫敗跡，二心應事，忠義不爲，而迺堅明元振，遂得脱禍，遷」承雲府果毅都尉，册立突騎施可汗使。時突厥美君德性明敏，素量弘深，遺數」百金，愿因結託。君以爲臣無境外之交，固辭不受，由是突厥益奇之。使還，以功」遷北庭都護府長史，尋遷播川郡太守。居無幾何，轉北庭副都護兼右司禦副」率，專知倉庫支度營田使。始終十年，儲蓄巨億，持兵絶境，壃埸無虞，遷左清道」率兼隴右節度副大使，除隴西郡太守，轉南賓郡太守。庸蜀之氓，以强凌弱，以」衆暴寡，下車未幾，豪猾戢肩。頃者逋亡繦負而至者不可勝數。遷江華郡太守。」南賓之政，早播於九疑；蒼梧之人，承其風而大變。凡典四郡，譽重百城，歷事」三朝，聲高萬國。開元十九載充計吏，寢疾于路。浮生既促，舊國猶賒，其年八月」廿一日，行逮尋陽郡，卒於途，春秋六十有五。夫人湘陵縣君京兆杜氏，名節甚」高，義結恭姜，痛深温序，仰邙山而隕血，望瀍水以摧肝。嗣子七人，奉遵遺訓，且」扶且負，克慎克終。粤以天寶四載歲在作詻十月乙酉朔，十三日丁酉，旋葬於」北邙山平樂原，禮也。僕嘗謫居湘水，君牧江華，於衆人中，見國士遇，恒思報德」於生前，豈謂纏哀於殁後。寂寥千古，有恨如何？徒寄揄揚，終慙述頌。銘曰：」

乾運坤貞，覆載功成，陰陽感激，瑞雹呈形。凝輝素質，皎鏡含靈，既執既飲，明德斯馨。其一。神元據」圖，龍驤分琥，爰居茅社，突跋光祖。建號疇庸，和氏錫土，猗歟日南，徽猷萬古。其二。岐山之粹，育聖」生賢，維君懿德，挺五百年。信義是守，軀命可捐，歷辟遺愛，清風凛然。其三。神遊故里，柩返他鄉，笳喧遠」陌，騎指崇邙。輕煙斂素，疏樹翻黄，百年超忽，千古流芳。其四。

前信安郡龍丘縣丞滎陽毛肅然文并書。」

（周紹良藏拓本　河南千唐誌齋藏石）

天寶〇七二

【蓋】失。

【誌文】

大唐故宣德郎通事舍人高君墓誌銘并序」

公諱倩，字叔容，渤海人也。昔廷尉執法平允，聲振魏朝；」明尹至孝淳深，名高晉代。衣冠繼襲，史策明焉。曾祖」元彧，皇巴陵郡太守，位列諸侯，榮分剖竹；祖立」本，北海郡千乘縣令；父禮賓，東牟郡蓬萊縣令；門傳」禮樂，代立宦名，馴雉德洽於一同，遷蝗譽高於百里。」公器宇凝峻，遊藝依仁，器蘊剛柔，學該經史，宿衛出身，」解褐任右司禦執戟，又轉左羽林司戈，又遷通事舍人」内供奉。丹墀夕衛，受寄於爪牙；紫禁晨趨，妙」閑於敷奏。所冀鵬搏鴻漸，何期玉折蘭摧。以天寶三載」六月四日染疾彌留，終於東京豊財坊之私第，春秋卌」有七。夫人范陽盧氏，父簡棲，任靈昌郡白馬主簿；夫人」河南劉氏，父暄，任南海郡司馬。柔和德著，貞順夙芳；不」幸罹殃，先公而殁。以天寶四載十月十三日合葬於河」南縣梓澤鄉之原，禮也。嗣子子雲，哀纏罔極，孤苦無依，」恐陵谷之有遷，詢匠石以紀德。下才不敏，敬爲銘曰：」

高氏人秀，文學家傳，衣冠繼襲，學宦高遷。載誕夫子，文」武述職，降年不長，喪此明德。夫人令淑，異載先亡，合葬」之禮，宅兆斯藏。雲寒日慘，墳孤夜長，徽猷恐滅，刻石流」芳。

前晉陵郡晉陵縣主簿竇蘭撰。」

（周紹良藏拓本　河南千唐誌齋藏石）

天寶〇七三

【蓋】失。

【誌文】

大唐故人諸葛府君夫人韓氏墓誌并序」

原夫蜀王貴胤，根英與金幹雙□；神氣精粹，先宗迺帝位之次，」下逮葛僅，爲九江侯、三閭大夫，其孫葛雉川爲蜀中散大夫。十」七代孫諸葛韶顔，齊任光州太守。薊州别駕諸葛珪。珪八代孫」諸葛崇昌，錦州太守雁門郡主，入爲弘文觀學士。曾祖良卿，」齊朝將仕郎，夫人敦氏。祖君尚，赤縣尉、國子博士、漠州長史，」夫人仇氏；君諱明哲，樂道丘園，逍遥風月，池臺蔭德，琴酒攄」懷，放曠閑居，釋悶而已。夫人韓氏，早閑婦禮，淑譽閨儀，堂堂然」千古流芳，濟濟然萬秋明鏡。遂使神龍兩劍，前後俱沉；儀鳳雙」栖，一時零落。嗣子嘉亮，過庭不闕，習禮無虧，故能孝悌力田，和」睦上下。女大娘等，冰清潔己，貞順無虧，名播於漳濱，志同列女，」其餘觸類而長，堅乎竹栢，妙叶幼儀，長閑高節，耿耿乎獨步河」朔，抗節乎雅超昇於炳毅，挺和聲於庭範。嗚呼！竪金干於門首，」立僭華於雲族，古往今來，邈矣悠哉，君子道窮，泣灑徘徊，賢士」茲宅，太山其頽乎？賢婦茲久，梁木其摧乎？大地淪於積水，高天」銷於炎火，優哉悠哉，聊以卒歲。以天寶四載歲次乙酉十月乙」酉朔廿五日己酉，以其年月日葬於故零泉縣西北一里半平」原，禮也。有古人之風，實先王之桑梓，左據滄海，右雇行山，前眺」零泉之堰，却背洪邑之堉，考茲沃壤，逮此墳塋。慮以陵谷會遷，」桑田改變，刊石勒銘，迺爲詞曰：

其一：英秀雲枝，奇精昇竭，永處」自居，抑楊特絶。樹似山峰，墳如大別，錦列西樓，銀兀粉雪。」文武之道，盛光於試，宣義鵬軒，龍騫鳳峙，天生鼎族，衆諸襲氣。」齊通即墨，趙讓平原，韓之德威振八藩，臨宜制敵，虎視中原，□」龍同穴，萬古千年。

考先天□□十二月七日卒。妣開元十七年十二月廿九日卒。

（録自《陶齋藏石記》卷二十四）

天寶〇七四

【蓋】大唐故陳夫人墓誌銘

【誌文】

大唐潁川郡夫人三原縣令盧全善故夫人陳氏墓誌銘并序　滎陽郡滎澤縣主簿博陵崔藏曜撰銘　前鄉貢明經吴興沈脩祐書」

夫人諱照，字惠明，潁川長社人，陳後主叔寶之玄孫也。陳氏之先，出自嬀汭胡公之後，奄有」潁川，隨運濟江，吴興著姓。曾祖莊，陳會稽王揚州牧；祖元順，皇朝散大夫考城縣令；父希」沖，朝議郎、懷州司士參軍，早亡；盤石維城，開物濟世，并已紛綸載籍，豈一二詳焉。夫人九」歲而孤，爲外王父房州刺史贈太常卿崔敬嗣、外王母金城郡君李氏所字。性仁孝恭友，謙」儉聰哲；不資隱括，率自天挺。特爲伯父衢州長史希寂，叔父衡州刺史希固所愛重，常謂親」戚曰：此女小年已有大節，必光吾族。諸其識之。始以外王母所歸故東海徐文公，有子曰崐，」無幾爲伯父叔父所奪，改嬪於盧氏。夫人曰：吾不得爲陶門之女，蔡人之妻乎？永懷愧」於芣苢之詩，壼與之義乎？然而今望昔，途殊事異，苟從吾父，猶有名焉。在娣姒之間，著雍睦」之稱；無小無大，皆得宜之，知幾知微，不俟終日。中外懿密，向五十家，莫不宗其德禮，重其儀」法。蓋嘗封臨潁郡君，加授潁川郡夫人。雖褕翟載來，而荆布不易，服其濯浣，屏諸綺繡。暨乎」晚日，沖素益深。夫人同生四人，三皆女弟，至於婚嫁，無非手出。異母兄之望，官至鄆州參」軍，嘗有大戾，塵於禁闈。聖上怒甚，將欲親決。夫人徒跣被髮，詣闕號訴，左右寵」臣，哀茲誠節，連衽營救，竟得減死，貶之望爲臨川縣丞。果如伯叔之言矣。夫人爰自幼」年，益於知命，女功餘力，而迺學文，五行俱下，一覽不忘。雅好史漢詩禮，略通大義；尤重釋典」道經，頗詣宗極。每戚屬參會，提綜今古，皆訝博涉，終不之知。崐之好學識文，由夫人慈」誘所立。及崐參滎陽軍事，嘗誡之曰：吾雖不及孟母，亦望汝爲田稷。謙以應接，慎以處事，不」爲謀始，不爲剛直，以此爲心，吾無憂矣。所冀喬松比喜，高堂展養。豈謂風樹不寧，昊天罔極，」以天寶三載正月廿日薨於江陽縣之官舍，春秋四十八。初以崐親迎南安龐氏，」夫人曰：吾恐不及此？及此非天乎？睹其從宦，與其成室，吾事畢矣，焉用生爲！遘疾不醫，奄至」薨背。夫人輔人以仁，讓人以德。盧氏之宰江陽也，有德政焉，有仁政焉，遐邇之」人稱焉。及夫人薨背也，知與不知，識與不識，無不隕涕曰：喪吾母矣！崐、恒、愃、悰、懔等，行」負明神，殃延聖善，號天扣地，糜心碎骨，倚門長絶，陟屺奚瞻，苟未殞亡，恭圖宅兆。即」以天寶四載歲次乙酉十月乙酉朔廿五日己酉歸厝于河南之邙山盧氏先塋。以域内更」無墳地，遂卜兆於平樂原。崐恒等仰恧賣身，俯慚負土，無違永闕，欲報何年？但恐海變陵遷，」時移世易，彤管湮墜，編簡飄零，柔德靡傳，母儀安則？內事不出，外言未喻，是用罄竭荒心，銓」敍平昔。殘生餘息，觸目窮迷，執簡含毫，言多無次。滎澤主簿博陵崔藏曜，外姻近族，富學精」才，郡縣官聯，往來情洽，託爲銘誌，式播芳猷。其詞曰：」

嬀汭潁川兮洪流肇源，積慶儲祉兮鍾茲後昆。恭修六義兮謙以光尊，內備四德兮淑慎且」溫。伯父奪志兮稟命割恩，克荷中饋兮表正二門。柔規素範兮愛惠長存，處堉翼子兮如蘭」如蓀。降年不永兮有識含冤，崇邱之上兮開穴歸魂。風颯颯兮曉霜繁，車逶迤兮旐飛翻。生」涯兮斯極，天道兮寧論！」

（録自《芒洛冢墓遺文五編》卷五）

天寶〇七五

【蓋】失。

【誌文】

大唐故朝議郎行相州臨河縣令賈公墓誌文并序」

公諱令琬，雁門人也。十八代祖逵，魏爲豫州太守，食菜臨汝，今爲郡」人焉。家承竹符，代賜茅土，學成左傳之僻，材動洛陽之價，故鐘鼎連」華，軒裳接武。曾祖晃，隋任岐州司户參軍；名擅國英，德爲時傑，雄飛」尚屈於三語，坐嘯先聞於百城。祖純，皇夔州大昌縣令；製錦從」政，割武城之刀；鳴絃獨理，馴中牟之翟。父嘉賓，皇正議大夫行」石州別駕；騁以鵬翰，展其驥足，能賦是大夫之賢，題輿爲刺史之半。」公慶積累仁，材膺耀穎，孤松百丈，絶壁千仞，初以門子授金城公」主府典籤。國家以德綏遠人，恩降季女，爰修子壻之禮，以」成舅甥□國，故擇時傑，以爲府官。及公主歸蕃，大君有命，以」公謀能專對，策可撫和，異有莘之媵臣，且非負鼎，爲我唐之使」者，姑聞酌壘。還授右威衛倉曹，又轉左威衛倉曹參軍事。榮分兩衛，」職典一曹，爲寵有司之忲，爰拜春官之秩，遷左司禦率府長史。無何，」丁石州府君憂去職。喪過乎哀，杖不能起，灑淚枯栢，崩心匪莪，豈獨」無其貳事，實將加於一等。服闋，授相州臨河縣令。清白守官，温惠字」下，收介特，恤煢嫠，懸明鏡以照臨，執銛鋒以斷割。人俾純嘏，方期夕」拜；天不憖遺，奄聞朝落。以開元廿九年十一月廿五日，終於東京毓」財里之私第，春秋五十五。夫人扶風馬氏，皇朝散大夫行陳州司」馬元禮之賢女也。肅雍嬪則，聖善母儀，致養舅姑，克諧娣姒。帷堂晝」哭，初終穆伯之喪；舟壑夜遷，遽合周公之葬。以天寶四載四月廿二」日終於東京審教里之私第，春秋五十。以其載十月廿五日，同葬於」河南府洛陽縣平陰鄉北邙之原，禮也。嗣子崇裕，左衛翊衛；次子朝」采。深谷忽移，恐失遶墳之所，遂託毫翰，式旌徽烈。詞曰：

魂何之兮？之彼北邙。嗟夜臺之黯黯，對古樹之蒼蒼。庶乎可作，敢以」言揚。在千秋萬歲之後，知夫君子德音不□。」

國子監四門助教梁德□□。」

（北京圖書館藏拓本）

天寶〇七六

【蓋】失。

【誌文】

大唐故吏部常選王府君墓誌并序」

公諱爽，字文昌，其先太原人也。肇承姬姓，周文王之胤，封王龜爲太原太守。夫人」張□生三子，元子楚封爲吏部尚書，次子通爲吴郡太守，末子高爲京兆大尹，累」兵□尚書，爰得仙術，緜緜瓜瓞，厥初生人，秦列軍師，漢標丞相，子孫相繼，源流如」淮，固王氏得姓，系彼有周，實先代而有趧，後天而不朽者歟。曾祖戩，隋臨河」郡司馬；迺紫霞生心，青雲騰器，開月冰以從政，佩星劍而莅人。德音孔昭，令問有」裕，莫不望之若日，畏之如神。祖就，皇朝河内郡參軍；又鏡其心，劍其手，傾産樹」義，碎身許人，及乎案牘雲來，史遺風靡，正直是與，脩辭立誠。考烈，聖朝信安郡」太守；山岳降精，江河受氣，酌焉而不竭，注焉而不盈，出按部以微雨隨軒，坐褰帷」以仁風扇物。黎民魚之歌曰，直謂海曲明珠，崑山片玉，芳聲自久，豈假僕一二談」哉。夫積善之家，必有餘慶，深山大澤，實生靈蛇，王氏之孫，果有後于我國。公即」信安郡太守府君之第八子也。公幼而不弄，長而秀傑，負不羈之志，以陪常調，爲」吏部選。雖未鵬摶于空，而無蠖屈之歎，惟安排順命，晦迹丘園，撥樊籠，遵佛理，念」念勿捨，六時脩行，信以接朋，虔而後已。遇盜泉之水，渴而非飲；對惡木之陰，熱不」息憩。邈然藴哉。武仲之智，綽約有處子之譽，於戲良士，不承介祉，鵩鳥興災，沉蛇」起瘵，兩楹夢奠，殃釁所鍾，玉瘞幽泉，珠淪番壤，天寶四載粤八月，遘疾三日，終于「東京脩義里之私第，春秋七十有一。中外悽慟，遐邇辛酸。嗚呼！天不憖遺，殲我「我明德，梁木其壞，太山其頹，吾將安仰。府君河海不能弘其量，山岳無以峻其高，「括閲詩書，考蹟禮樂，抑之而不没，激之而不揚，猶以挂鏡秦臺，光函曉月，披珠魏「乘，價重連城。嗟隙駟而易馳，訝尺波之難復，冬十月二旬有五日，不封不樹，禮也。「夫人東平吕氏，兵部常選璟芝某女也。諒以仙娥降魄，寶婺凝星，受教於清閨，好「仇乎君子。椒花發頌，柳絮稱詩，匪能偕彼栢舟，不幸掩先風燭。嗣子祐，英名夙著，「忠孝遠聞，號訴旻穹，追攀罔及。絶漿七日，方曾子之傷懷；泣血三年，等高柴之不「□□痛千秋兮永訣，悲松櫝之長寒，琢堅石以摸金，旌幽扃與陵谷。銘曰：「

□□有終，天道之常，謂仁者壽，於焉速亡。琴瑟雙碎，「芝蘭罷芳，同衾共穴，地久天長。高山徙澤，大壑遷舟，「掩當年之令德，埋金骨於泉幽。松煙曉積，壠月空留，一別已知千萬歲，「寒郊日夜使人愁。「

天寶四載歲次乙酉十月建亥廿五日己酉書。「

（録自《芒洛冢墓遺文四編》卷五）

天寶〇七七

【蓋】失。

【誌文】

大唐故杜府君墓誌銘并序「

君祖諱師廓。父諱福，字榮福，京兆府，承「帝堯之後苗也。君以禮樂脩己，淳和是性，高尚不「仕，賞志丘園，嘉聲遠振，傳之於未聞；德行遐通，播」之於閭閈。天不假禍，以開元廿八年三月二日，春」秋六十，終於陳留郡浚儀縣私第，權於鞏縣。夫」人隴西李氏，四德俱備，六行咸脩，婦儀有則，母訓」彰矣。雖處有爲之境，早晤無生之門，厭生死流，歸」寂滅道，享載五十五，以天寶四載八月廿八日終」於洛陽縣敦厚里之私第。孤子希玉，泣血崩殞，龜」筮襲吉，遠日有期，以其載歲次乙酉十月乙酉朔」廿五日己酉遷窆於河南府河南縣平樂鄉景業」村東北一里，東邇國苑，西連大崗，據邙山之陽，始」終禮也。陵谷懼移，故爲銘曰：」

日月晶明兮尚有傾缺，蘭蕙芬馥兮能無榮枯？物」復兮如斯，人復兮何歎？逝水兮紛注，攀轅兮罔及！」

天寶四載歲次乙酉十月乙酉朔廿」五日己酉四品孫賈忿撰文并書。」

（周紹良藏拓本　河南千唐誌齋藏石）

天寶〇七八

【蓋】失。

【誌文】

大唐故泗州刺史瑯耶王妻河東裴郡君夫民墓誌銘并序　嗣子京兆府三原縣尉涣撰」

夫民故尚書工部員外屯田郎中泗州刺史瑯耶王公諱同人之妻河東裴郡」君也。其先自舜帝命虞爲高陽氏，洎周爲允裴氏，秦漢魏晉領袖清通，光鑠河」汾，洋溢青史。高祖藴，冬官尚書；曾祖爽，御史大夫；祖承家，光州」司馬；父援，屯田員外、青州長史、河東公；紛綸葳蕤，弈葉世濟，衣冠禮樂，爲」天下所宗。夫民即河東公之第二女也。生而端懿，有德行，有言語，性」至孝，性至和，河東公尤所鍾愛。幼爲叔父振太子文學之所器異，指」夫民曰：此女紺髮蓮目，柔指儀形，孝出冥心，慈稟佛性，豈非菩薩相好，宿殖德」本歟？初笄歸于我先君。系周靈王，太子晉駕鶴賓天焉，慶流寶刀，笠長」淮水，忠則叱馭，孝則躍鱗，發揮古今，傳襲鐘鼎，世世成績，紀于太常。我」大門諱璿，故兵部尚書平章事，爰立作相，近天子之光；保合大和，竭股」肱之力。道以弘濟，功加于時，我烈考固天縱之才，文孝經天地，忠義滿」朝廷，坐神仙之省，行諸侯之牧，垂範子物，保乂皇家，九牧泣於遺愛也。」夫民生高門之下，歸相門之中，自幼及長，於天下亦貴矣。事舅姑祗」勤肅順，爲六親所服；孝父母揚名無憂，俾九族稱歎。克盛鷄鳴之禮，垂裕」蘋藻之風，動必有儀，言不傷氣，心行平等，義在温恭。故兄弟情戚荷其慈，内外」小大欽其德。詩書禮樂，無不明閑。手自繕寫法華經演鈔金剛華嚴涅槃奥義，」比廿餘載。志求無上道，外榮華，去滋味，厭服錦繡，不茹薰辛，雖處居家，常脩梵」行，每禪寂皆多法樂，説經論廣勸童蒙。嘗謂女于氏二娘、嗣子涣：吾久依」止福寂和上彼岸者，降伏其心，心是道場，如如不遠，伏惟證密行矣，登正」覺耶？以開元廿九年五月六日奄棄背於永樂私第，享年五十七。孤子」涣號訴荒疚，隳裂屠心，道俗奔趨，雷慟雨泣。舅煒萬年縣令涇州刺史，躬」自哀撫凶儀，有甚天倫之戚，曰：四姊久得道，隱化時顧命勤勤，只」令歸依三寶，不驚不怖，如眠如睡。涣等孤酷，不知所從。先君以開元十」六年七月十三日薨于泗州官舍，攀慕無及，不孝永深。卜宅於萬年縣義」善鄉鳳栖原，禮也。慈親以開元廿九載九月廿五日權安厝於先塋東，」祇馴蓍龜，以天寶四載十月廿五日遷祔，昊天罔極，叩地分崩，銘曰：」母氏聖善，孝慈有則，歸我先君，威儀不忒。志成佛道，禪解從真，」痛毒藥兮，永鍾孤露；陟崗屺兮，不住世因。」

天寶〇七九

（周紹良藏拓本）

【蓋】失。

【誌文】

大唐皇四從姑故正議大夫使持節鄴郡諸軍事守鄴郡太守上柱國賀蘭府君夫人金城郡君隴西李氏墓誌銘并序　太子司議郎蔣涣撰」

夫人隴西狄道人也。陶唐以理官命氏，宗周以真人見世，緒業之」盛，圖録詳焉。高祖蔡王，生西平王安，安生皇廣陵牧行臺尚」書左僕射河間元王孝恭，恭生皇金紫光禄大夫，京兆、河南」尹，刑、户二尚書，河間公晦。於惟祖考，代篤忠貞，勤于王家，動有成」績。固以地居盤石，派接天潢，皆道冠人倫，名書竹帛者矣。高門濟」美，弈世能賢，儲慶所歸，爰生淑德。夫人行本乎先範，義形乎古訓，」擬雪成詠，聞絃闇識，年十有九，歸于賀蘭氏。蘋蘩所務，環珮爲容，」夙禀箴規，載弘風檢，始尊師傅，非禮節不行；忠和琴瑟，得閨房之」秀；未貽教義，爲中外所則。兼此三者，古無一焉。君子以爲始見之」於夫人矣。先是二尊同日薨落，夫人執喪過禮，沉瘵彌年，國人曰：」孝哉河間公之季女也。天授中，奸臣擅朝，皇綱中圮，夫人以」本宗淪翳，居常疢心，服必繒帛，飾無金翠，凡今稱之，爲難效矣。開」元末，第二子臨，任陳留郡雍丘尉，夫人版輿就養。夫其持標正性，」深悟禪門，心獨係於真空，身乃齊於泡幻，樂道知命，含和待終，澹」然無爲，欻而乘化。以天寶二載四月廿三日遘疾，薨於雍丘縣之」官舍，春秋七十有七。以四載十月廿五日，歸祔河南北山府君之」舊塋，禮也。長子晉，故河南主簿；第三子賁，故大理丞；特負盛才，俱」淪短運；名高當代，痛結同人。次子臨，前雍丘尉；季子恒，前中牟尉。」行堪軌物，憂實終身，惟此仁賢，式弘徽範。銘曰：」
何彼善慶，延于淑德，訓稟女儀，禮弘嬪則。道存勤儉，心詣玄真，運」促浮世，哀纏今人。卜連崗，勒貞石，洛水陽兮邙山陌，于嗟夫人居」此宅。」

（北京圖書館藏拓本）

天寶〇八〇

【蓋】　大唐故裴府君墓誌銘

【誌文】

大唐故汝陰郡汝陰縣令裴府君之墓誌并序　殿中侍御史蔣思之撰」

唐天寶三載夏六月廿日，汝陰縣令公卒，公時春秋五十有」五。公去開元廿六年春授汝陰宰，政聲遠達，使車考積，旋已秩」滿，還坐洛川，終於水南從善私第。公即後魏光禄大夫、驃騎」將軍、弘農太守、晉州刺史、開府儀同三司漠四代孫也。密州」司馬中庸之第五子，絳州曲沃縣人也。公諱琨，字□□，是哀」皇后之再從弟也。公景龍元年，以國親用材，吏部常選，至」開元三載，授蜀州唐安縣尉，不幸凶釁，未考湍歸，服滿赴京，」一注杭州餘杭縣尉，一任伍考，清白再進，倏秩滿歸，又授太」原府文水縣尉。

名雖在部，身常使居，按察綏、石等州，括獲盈」萬，坐主將申幹蠱，不意歸泉。後秩滿告歸，選授汝陰縣令。公」在任之日，清白持心，奸邪併跡，彈琴之政，寬猛於理人；棄犢」程魚，實踰於古昔。名之絶世，書豈能申。今權殯於河南府河」南縣都城北金谷鄉泉原店北百步。天寶四載十月廿五日」成殯，禮也。公性不可拔，體無懈容，行信竭其心，涖事程其節。」嗚呼！宣父聖而卒常歎，此所貴之德也。倬哉夫子，孰其然乎？」公不踐中台以尹天下，禄至縣守，尚殲良人，朱紱未臨，黄泉」匆奄。嗣子有信，罔極何依，號叫五情，事過滅性，臨穴哽咽，鐫」之板圖，痛心是言，因託銘曰：」

哀哉君子，積行可久，公侯之孫，名不虚有。榮秩未遷，奄終中」壽，此之令儀，萬年不朽。」

嗣子有信書。」

（周紹良藏拓本　河南千唐誌齋藏石）

天寶〇八一

【蓋】失。

【誌文】

大唐故廣陵郡海陵縣丞張府君墓誌銘并序　天水趙推撰」

府君諱俊，字文相，其先常山人，漢趙景王耳之後也。高祖諱謙，」隋銀青光禄大夫、涼府都督；曾祖諱師暕，皇朝散大夫、通事」舍人；父諱昚知，皇起家殿中侍御史、兵部郎中。君盛德之」後，才爲代出，身長六尺，眉目秀偉。年十八，北海使薛慎奏充海」運判官，利涉有功，出身從調，無幾，燕國公張説奏充經略判官。」下轄必中，傑立元勳，汗馬方旋，戎裝未釋，遂調補丹陽郡金壇」縣主簿。非騏驥騁途，蓋鸞鳳棲枳。洎解印，又嶺南經略使耿仁」惠奏充隨軍判官。時炎方不聳，王命急宣，君運聚沙之良籌，」恢滅竈之秘略，料敵千里，制勝百戰，何其懋哉！及凱歌入朝，而」將軍失勢，但錫勳效，竟微寵班，人不堪歎，君則無歎，乃調授廣」陵郡海陵縣丞。心澄用晦之明，手握不貪之寶，時或闕宰，逾年」獨攝，緝化而吴俗坐變，調風而楚人行歌。復以楊子江都，咸闕」毗贊，本道使皇甫翼刈楚屬城，薦君名聞九天，委君位攝」二邑。衆曹鞅掌，劇務盈庭，刃遊其間，地有餘隙。時御史李遇廉」問淮南，聞而多之。吁，天乎！與其才不輔其德；神乎！奪其壽不福」其謙。以天寶三載十月十三日道疾，終於陳留郡之客舍，春秋」五十有九。嗚呼哀哉！越天寶四載龍集乙酉十月乙酉朔，廿五」日己酉，遷窆於北邙之原，禮也。夫人博陵崔氏，行律母儀，德」旌嬪則，慟非偕老，怛以字孤。嗣子緒、縱、綰等，詩禮夙聞，無改其」道，風樹興感，殆滅其生，泣血漣如，號天罔極，俾余不敏，式纘徽」猷，嗟嗟錫類，遂爲銘曰：」才方經濟，位屈能賢，鷄亨牛鼎，象剸龍泉。逝水沉劍，佳城啓日，」長悲白楊，永閉玄室。

從姪同晏書。」

（周紹良藏拓本　河南千唐誌齋藏石）

天寶〇八二

【蓋】失。

【誌文】

大唐故檢校安東副都護(下缺)

前王有聲，本族百世，(缺)仙□後嗣□□之仁(缺)爲邦之(缺)祖琛，隋銀青光禄大夫、天水郡太守，(缺)在其板屋，(缺)昭其禮樂；考敬厚，皇朝元從(缺)陽公行雍州長安縣令，龍飛在天，先十乘以啓行□上。公以□(缺)君諱永，字隆，太原祁縣(缺)邦芳譽□於冠冕起家(缺)芳蘭錡德潤太階□□□□副隊正，又遷左衛翊一府，(缺)遷左二府長上校尉。屬海風未靜，以荒大東，爰(缺)凶醜有□命征遼，還拜游擊將軍、左金吾衛周陽府左果毅，又遷定遠將軍□□衛華池府折衝上柱國，檢校安東副都護。大臣憂國，□□未□志士徇名，馬援當逞。以上元元年春二月一日寢疾，薨於安東府之官舍也，春秋五十有八。惟君文足□武足畏□齊物寬以□人其存也若流川其□也喪之如考妣。夫人安定□氏，封安定君夫人也。□□之□何□冀妻鄰智之居胡専孟母(缺)同晚月低輪，共朝雲散質。以開元十五載十月□□□于三原里之第也。越天寶四載歲乙酉十月乙酉朔廿六日己酉□葬于三原縣北□□原，禮也。肯烏□□空勞白鶴之(缺)刊于貞石。銘曰：

有仙之胤，有國之□，允文允武，克□克(缺)聲。

(録自《關中石刻文字新編》卷四)

天寶〇八三

【蓋】失。

【誌文】

唐故朝散大夫守太子右庶子任城縣開國男息彭城劉府君墓銘并序」

公諱穎，字楨，右庶子升之子也。嗚呼！公十四」於吏部參選，十五以任城建封，縉紳偉其風」骨，親友驚其節操，肅肅然猶乎鳳鷄有青霄之志也。克纘裘鼎，以爲必復；能誦詩易，將冀」有徵。何圖德行方弘，不獲從仕，年序尚幼，未」及噬婚，天與其靈而不與其老也！春秋一十」有七，遘疾而終。假其殯也十二年矣，以天寶」四載歲次作噩十月癸丑反葬于東京之北」邙，祔考墳也。夫日暝者繼以燭，身歿者繼以」子。今夜臺不復曉，身没不復繼，天何不吊，嗚」呼！劉公銘曰：

嗟嗟兮劉生，穆穆兮時英，清神忽謝兮何杳」冥？高墳崛起兮空峥嶸。不知松檟兮何年成？」又不知丘壟兮何年平？吾匪識千古之虧盈，」但覩昊穹之青青。

左領軍衛兵曹參軍薛蓁撰。」

（周紹良藏拓本　河南千唐誌齋藏石）

天寶〇八四

【蓋】　失。

【誌文】

大唐故吴郡常熟縣令上柱國張公墓誌銘并序」

維天命君以子人，維聖俟賢以匡國，聖得賢而理，賢遇聖而昌。有扶摇不」動，一擢而名重四科；鋒穎尚苞，三命而聲震百里；則張公其人也。公諱泚，」范陽方城人，蓋帝軒之胤，榮族上矣。王父琮，皇齊安郡別駕；列考悊，西河」隰城尉；皆世濟淳仁，綸聯至德，欽若題輿之頌，式光佐邑之風，洪蔓謀孫，」高勳翼子。故公業傳清白，天假虛澹，羣居不偶，介立不孤。挹滄海而詎測，」長波洪瀾；陟昆山而但覩，渾金樸玉。以爲經者訓人之本，或僻左丘明之」傳；法者理道之先，故精志蕭何之律。弱冠舉明法高第。公獨道優等夷，袞」爲衆首。慎量淺深之旨，問一反三；論序輕重之科，舉十而九。起家拜南海」郡參軍，轉豫章郡兵曹參軍，授壽春郡安豐令，復改吴郡常熟令。凡在位」廿載，始參聞見，終掌煩劇，清明激厲，畏之者若神；宣慈惠和，愛之者如父。」故州將郡守，穆其清風，邦人訓致，如衆流之潮宗也。青龍甲申歲在大梁」十一月一日，終于位，時年五十五。議者以公持法無頗，有于公之隱德；臨」事不撓，有尚父之明斷。仁霑草木，有祝良之精誠；化及飛沉，有魯恭之異」政。嗚呼！天假之才，何不假之壽？使蒼生係望，字養之道崩隤；丹款未躋，弼」亮之功昏墜。命矣夫！公適室弘楊氏，開元廿二年十一月而卒；後夫人博」陵崔氏，禀含章之德，藴貞淑之姿，禮樂狃於閨闈，浣濯光於圖史。公子道」靡究，大事未終，及瞑目他鄉而無遺恨者，蓋恃夫人之能賢也。夫人哭無」聲，不謀全身之計；暮奠雪泣，貴存封樹之榮。以天寶四載十一月十九日，」舉先代奉寧神於平陰之南原，成遺志也。啓舅姑之雙殯，收絶嗣之兩喪，」楊氏幽魂，合祔于公，從周禮也。於戲！維鵲舊詩，但聞處其成位；乘龍古興，」終冀在於移天。今夫人量力而行，度功以處，事就而家不破，人亡而道益」彰，雖孟母深仁，齊姜達禮，未足多也！何止晉侯報德，漢后欽賢，空嗟□負」之妻，獨事班彪之女而已。嗣子鍔、釗等，沖幼銜恤，不知所從，以予姻戚之」間，從事文墨，且有來命，俾傳嘉美。銘曰：」

天假王國，賢哲生兮；俾光崇軌，風識明兮。德大心小，道未亨兮；位卑祚」短，志無成兮。孀妻稚子，窮咽盈兮；紀功刊石，揚厥聲兮！」

（北京圖書館藏拓本）

天寶〇八五

【蓋】失。

【誌文】

唐故苗君墓誌之銘并序」

夫以二氣肇分，三才啓設，乾坤萬像，」元始五行，真妙難原，輪迴無定。人投」祖行，宗商潁川。惟君禀岳奇精，」英雄擢方，夫人竇氏，織錦之家。父」又幹道，母雙胡氏，華容並美，淑善」婉然。靈奄松墟，神歸荒野，時屬」天寶四載，歲次乙酉十一月甲寅朔」廿日癸酉，合葬於八泉村西南二里」平原，之禮也。東觀魏相，西望秦京，南」眺□川，北瞻太郡，卜其宅兆，此地最」形勝也。其男洪貞，兄弟洪暕等，不勝□□」以詞曰：

天地不仁，殞我慈親，神」歸泉路，狐兔爲鄰，何期一別，遂隔千春。」

（録自《山右冢墓遺文》）

天寶〇八六

【蓋】失。

【誌文】

西郡李公墓石

公諱璿，文安縣人也。其先漢將李廣。子最，孫陵，並爲漢名將，即公之始也。自是朱輪華轂，代代繼出，時□□祖武父□，並優遊養閑，□□□□□□公文雄兼恃，技藝大善，年廿七，賓擢公□□□隨其愿而□不盡，享年二十有□，皇唐天寶四載十二月五日寢疾，終□□□□□□名舉，未婚而終。父母哀其魂孤，爲結幽契，娶同縣劉氏爲夫人，越十一日合葬於郡州西北二百步，從先塋，禮也。尤恐陵谷遷變，刻石爲銘。銘曰：

□□頹兮良木析，愁雲凝兮寒泉咽；人逾故兮芳聲□□□深兮松風切。

（録自《古誌石華》卷十一）

天寶〇八七

【蓋】失。

【誌文】

大唐故趙郡司户參軍庾公墓誌銘并序」

公諱若訥，字皎，潁川人也。其先陶唐氏掌庾大夫，因命族焉。」洪源」衍派；上善垂裕，晉室昌而人物當朝，梁業大而文章濟世。」英賢間出，千古不替，固其宜也。曾祖遼，皇銀青光禄大夫、」太府大卿；祖興宗，皇朝散大夫、蘄州長史；父師壽，皇朝散」大夫、萊州司馬。公特稟餘慶，受天方直，加以性疾惡樂而」善多節尚，每遇忠義奸慝異於平者，未嘗不呼噏感激，毅」形胸懷，人皆奇之，以爲非中才也。

載廿三，臨汝郡察以孝」廉登科，初命北海郡參軍，再命新定郡司兵參軍，三命趙」郡司户參軍，郡前二百里有□□，境連鉅鹿，開元初爲彼」民吏矯枉平曲，張煌□力，奪我天□，三十餘載。公下車聞」而怒之，因白郡守馮公曰：古者爲邦九有，星辰表其分野；」疆國百里，原隰存乎封埸。况今主上設制度，分郡邑，」又安可以法令許人受屈於公道也！馮公然之，遂煥乃圖牒，」覈厥堤封，抗辭飛章，命不再舉。歸編毗於遺籍，還厚利於」成風，公之力也。居無何，以天寶四載八月八日遇疾，十八」日終於官舍，今以五載二月卅日權厝於東京河南府河」南縣平樂鄉之原，從權制也。嗣子□釗等寢苫泣血，陟岵」增哀，置遺烈於墨卿，銘休績於泉户。銘曰：」

休風揚揚，庾氏其昌，克生夫子，承家有光。誕赫忠義，明亶直」方，抗辭飛疏，歸地分疆。歷備能政，人知小康。天棄善人，於」焉不禄，旅櫬斯返，邙山歸卜。泉門玄臺，原悲拱木，唯有羣孤，哀哀野哭。」

（周紹良藏拓本　河南千唐誌齋藏石）

天寶〇八八

【蓋】失。

【誌文】

大唐故密雲郡」録事參軍武功」蘇府君呂夫人」墓。」

天寶五載三月三十日殯。」

（周紹良藏拓本　河南千唐誌齋藏石）

天寶〇八九

【蓋】失。

【誌文】

唐故順義郡録事參軍事飛騎尉上谷侯府君墓誌并序

君諱方，字智元，上谷人也。稱姓則五等貴位，遠族則三」王最尊，金根遠苗，玉葩餘胤，鐵石喻志，風雲感神，不詩」無言，非禮勿動，陳蕃有愿，無論一室之功；梁竦嘆言，奚」但一生之美。曾祖昱，隋安西都護；祖琳，皇任睦州司法參」軍事；父素，皇任黄州黄崗縣尉；偕業俊昇堂，彈冠入仕。」君慚銑花之異色，仰瑶樹之餘陰，壯歲出身，知命登禄。」加以忠貞被德，虚白陶神，恩矜孤惸，政理豪傑，歷調易」擬，主勾郡曹。然外境無九棘之臺，掌同監察之任；省廢」三毗之職，君爲上佐之尊。痛哉！生也有涯，逝川不息，」暨天寶四載八月，遇構兹疾，杪秋月九日，針藥所不達，」虚請命於金縢；申祈無徵，痛良木乎斯壞。貫徹骨髓，神」駭情亡，停於官舍，逾載獻春月廿有七日，羈柩離燕，歸」魂趣洛，皓車斯載，朱旐斯拓。暮春上旬八日清明節記」也，洎於同德菓園；至四月中旬有五日，遷於谷水之崗，」禮也。前望禁苑，麋鹿羣來；却邇伽藍，善神福助。一時紀」事，千載懸流，刊石勒銘，表述斯記。其詞曰：」

夏康餘苗，漢喻勁草，舟檝才幹，邦國良寶。忠貞自公，焕爛文藻，六條是贊，」恭王受考。其一。直哉惟清，欽哉奉職，恭行法令，兆人允植。滔滔宏量，淼淼難」測，奸邪不容，清平是則。其二。稟天地兮粹氣，實川岳兮精靈，痛耆德兮永歿，嗟飲恨兮吞聲！其三。」

（北京圖書館藏拓本）

天寶〇九〇

【蓋】失。

【誌文】

大唐故處士陪戎副尉雷君墓誌銘并序」

君諱詢，字明遠，關内馮翊郡人也。德能匡俗，垂寶光於」先；功可濟時，福慶流於後。故祖路，曄兮雄勇，風骨不凡；」鬱乎清雅，神彩異俗。應前隋以見用，位列錦司；入大唐」而昇朝，職臨司馬。父通，上柱國；智可運籌，德堪濟物，不」徇私門，唯憂報國。揮霜戈於隴外，戎虜電除；耀金甲於」輪臺，胥都膽讋。功成遂退，賞悦丘園，知命無憂，自怡風」月。君稟陰陽之秀氣，受天地之雄和，維孝維忠，克恭」克敏。虛心應物，任性歸真，坐幽壑以怡神，卧白雲而放」志。將爲羨門比壽，豈其孔父齒亡。以天寶五載六月五」日構疾於私第，終於家館。夫人趙氏。道叶坤順，德配乾」剛，性以謙約爲本，行以温柔作常。訓女垂誡，教男義方，」遷居均善於孟母，守志侔貞於敬姜。何寶婺之昔殞，乃」龍劍之今淪，同臻玉匣，雙契佳城。書帳虛而歛跡，粧樓」空以生塵。幽顯既分，死生道隔，降婁次陬訾月，合葬於」仙宮原侍先塋也。孤子賓泰，敬思遺訓，伐稱泉壤，以爲」銘。其辭曰：」

凜兮儼兮，家國稱美；倩兮絢兮，閨闈有軌。道契神明，德」侔君子，動止不乖於町畦，心形豈違於天理。任物同化，」委體從流，泯然形順，倏然入幽。琢石飾銘兮光德，芳聲」不朽兮千秋！」

（北京圖書館藏拓本）

天寶〇九一

【蓋】失。

【誌文】

唐故宣節校尉守左衛河南府涓梁府左果毅都尉胡府君墓誌銘并序」

公諱肅，字元暹，其先安定人也。周封虞帝，方開建社」之源；陳有胡公，始派承家之族。因官測圭之邑，遂家」瀍洛之陽。曾祖堅，隋豫州褒信縣令，端右爲稽，當時」介立；祖道，唐吏部常選，未仕即世，忠信以爲寶，强學」以待問，無貴仕而有大才，崇隱居而求本志；父思德，」汝州臨汝縣令，邑宰之美，清議貫朝。君令問孝恭，日」新其行，貞固足以幹事，涅之實而不緇。起家陪戎副」尉宋王府執事，歷中書直省，授右領軍衛長上，又改」河南府武定府别將。于時海寇作孽，江南東道宣撫」招討持制節使裴公辟爲爪牙，以禦羣盜。公引」舳裹糧，前驅赴海，元戎克殄，後刃朝天，制書增」秩，拜河南府涓梁府左果毅。都爲官也，物銘於心，」人澄於口，公直之道，無負於神祇；清正之心，不孤於」天地。嗚呼！奈何忽悲梁木？以天寶五載五月七日寢」疾，終於時邕里之私第，春秋四十九。即以其載六月」廿一日葬於洛城東北一十三里邙山之陽。前瞻國」門，左接尊墜，不忘忠孝，用慰孤魂。其銘曰：」

白鶴飛兮翱翔，青烏啓兮玄堂，萬物生兮皆滅，忠政存兮不忘。」

（周紹良藏拓本）

天寶〇九二

【蓋】失。

【誌文】

大唐故餘杭郡司户參軍趙府君墓誌銘并序」

君諱仙童，字岸，天水人也。昔造父御周，因封得姓，其後或夏」日示威，冬曦表愛；或寶符開列國之業，珠履榮承家之祚，仁」賢繼踵，竹帛所詳。曾祖惲，皇西河郡靈石縣令；祖覽，皇」雁門郡長史；父隱忠，皇朝散大夫、丹楊郡金壇縣令；佐郡」流譽，宰邑飛聲，銅章位尊，朱紱色貴，嘉猷代襲，茂德相承。」府君特秀英才，挺生懿識，德行偕顏閔之奧，文學升遊夏之」堂，明經擢第，解褐宣城郡宣城縣尉，以能進也；轉文安郡參」軍，以資授也；又换餘杭郡司户參軍。貞以立身，靖以臨政，□」肅而人莫敢犯，寬愛而吏不忍欺。方將鴻漸臺階，鵬圖鼎輔，」□言不豫，遂爾彌留，落羽於遵渚之時，鎩翮於摶風之日，有」才無命，振古同嗟。造化無以易生死之期，鍼藥不能救膏肓」之疾，以天寶三載閏二月十四日終於官舍，春秋五十有七。」驚電難留，逝波易遠，故事空留於府局，遺愛徒悲於吏人。以」五載八月十六日歸殯于洛陽城東先塋之傍，禮也。其孤」究微、究蒙、究初等，純孝爲百行之先，居喪在三連之右，俯壽」堂而泣血，仰昊天以糜心，寄此貞珉，識其遺範。銘曰：」

府君秉哲，惟嶽誕靈，才稱獨秀，業擅專經。弱歲志學，中年□」□，藝優入仕，道廣揚名。其一。德信天降，命非神祐，夙負清」羸，晚兼疾苦。形謝江汜，魂歸洛浦，運短才高，銜悲自古。其二。東」郊之外，先塋之傍，符諸吉兆，開此壽堂。九原寂寞，萬古」淒涼，唯憑令子，餘慶流芳。其三。」

（北京圖書館藏拓本）

天寶〇九三

【蓋】 失。

【誌文】

大唐故處士寇君王夫人合葬之銘并序」

君諱恭，字思恭，其先趙郡人也。祖議，父懿，」皆載高德尊，版授司馬都尉，並毓德明時，」世稱大寶。簡以林壑，養志山泉，遂爲林慮」人焉。君繼以先哲，婆娑於此，而居得性，春」秋八十一，天寶五載十月十五卒于私第。」夫人王氏，太原人也。婦德母儀，代號名」雅，春秋六十有六，開廿三載三月十九日」卒於私室。即以天寶五載歲次景戌閏十」月己酉朔二日庚戌，合葬於林慮縣西北」一百步舊塋平原，禮也。松楊蓊鬱，悲風哀」鳴，嗣子元珪、元□等，痛澈層穹，悲深厚地，」雙棺備禮，歲月通□遷承已終，恐載移時」改，乃勒石云。其詞曰：

寇君王夫，生偕」琴瑟，處世名好，死同泉室，千載留名，萬代」聲逸。」

（録自《鄴下冢墓遺文二卷》卷下）

天寶〇九四

【蓋】 失。

【誌文】

唐朝議郎行太府寺南市令朱公故夫人太原王氏墓誌銘并序 儒林郎行南市署監事張萬封撰」

夫人諱心自在，其先自周靈王太子晉後厥有氏」焉，其蕃衍茂實，紛綸史籍，不與諸任齒者，是稱最」焉。曾祖旻，隋中大夫、朗州刺史； 祖朗，皇朝議」郎、隨州司馬； 父處默，皇正議大夫、辰州都督； 并珪璋有美，問望無虧。 夫人即府君第十女也。 顔」色蕣絶，柔和玉貞，組紝是勤，浣濯攸備。 夫人年十」八，歸于朱氏，鳳凰于飛，琴瑟合韻，法度有則，威儀」不愆。 從夫既光于簪組，訓子復見於停機。 將謂保」終偕老，白首同歸。 神也無徵，溘然淪謝，以天寶五」載九月三日終于洛陽南鄽之官舍，春秋卌六。 即」以其載十月六日權殯於北邙杜郭村之」先塋，禮也。 嗚呼！ 棲鳳雙桐，奄半生而半死； 神龍兩」劍，忽一飛而一沉。 嗣子含光，哀纏吹棘，心絶匪莪，」刻石泉門，永旌純孝。 銘曰：

舊周之西，清洛之北，」此郊誰啓，夫人之域。 長風曉吹兮唯荆棘，霜月宵」明兮松間色，萬古千秋不再來，空餘彤史傳柔德。」

天寶五載十月六日。」

（周紹良藏拓本）

天寶〇九五

【蓋】　似無。

【誌文】

嵩山□□□故大德淨藏禪師身塔銘并序

大師諱藏，俗姓戚，濟陰郡人也。十九出家，六載持誦金」剛般若楞伽思益等經，寫瓶貫綖，諷味精純。來至嵩岳，」遇安大師親承諮問，十有餘年。大師化後，遂往韶郡，詣」能和上諮元問道，言下流涕，遂至荆南尋覲大師，親承」五載，能遂印可，付法傳燈。指而北歸，至大雄山玉像蘭」若，一從栖寓，三十餘周，名聞四流，衆所知識。復至嵩南」會善西塔安禪師院，覩茲靈跡，實可奇耳，遂於茲住。闕乎聖典，乃造寫藏經五千餘卷。師乃如如生象，空空烈」跡。可粲信忍，宗旨密傳，七祖流通，起自中岳。師亦心苞萬有，慧照五明，爲法侶津梁，作禪門龜鏡。於是化流河」洛，屢積歲辰，不憚劬勞，成崇聖教。春秋七十有二，夏三」十八臘，無疾示疾，憩息禪堂，端坐往生，歸乎寂滅。即以」其歲天寶五載歲次丙丁十月廿六日午時奄將神謝。」門人慧雲、智祥、法俗弟子等，莫不攀暮教緣，奢花雨淚，」哀戀摧慟，良可悲哉。敬重師恩，勒銘建塔，舉高四丈，給」砌一層。念多寶之全身，想釋迦之半座，標心孝道，以偈」而宣：

猗歟高僧，嵩巖劫增，心星聚照，智月清昇。坐功深遠，靈迹時徵，厥惟上德，成兹法興。其一。五法三性，八萬四千，帝京河洛，流化通宣。不憚劬勞，三五載間，造寫三藏，頓悟四禪。其二。三摩鉢底，定力孤堅，悲通法界，慈治人天。法身圓淨，無言可銓，門人至孝，建塔靈山。其三。

（録自《金石萃編》卷八十七）

天寶〇九六

【蓋】失。

【誌文】

大唐博陵郡北平縣主簿高亘故李夫人墓誌銘并序」

夫人諱娟，字娟，隴西成紀人，隋申公穆之玄孫，皇朝游騎將軍、右」衛親府左郎將公之女也。原夫黄胄奮起，派衍平官；赤帝勃興，風」流飛將。尹母卓譎于彤筆，貞宗晉燭于青編，故能遜揖模格，挺姿」淑媛，四德自取，六行天生。執務執勞，包九族而有我；端色端操，駕」□古以無人。況乎下氣者孝之源，柔心者仁之幹，蓄烈者貞之本，」鳴謙者順之質，斷織者義之最，覆錦者儉之輿。清河蓺驥曰：天與」我才明，不與我年壽，豈其信矣？而蒼蒼之不弔哉！嗚呼！自移天高」侯，僅乎十月；藉地赤子，尚未浹辰。痛蘭玉之乖候，恨昊穹之不仁。」盰等少遭憫凶，特荷撫愛，折我慈姊，天乎何罪？八十有七，固軫悲」于潘主簿；二十有二，誠藴憤于鍾夫人。粤以天寶五年閏十月五」日，終于東京洛陽縣之嘉猷里，春秋廿有二。以其月廿四日，權窆」于邙山，禮也。不厠夫黨，從龜筮也。嗚呼哀哉！桐杖虚位，布纓無主，」瞻對號泣，肝腸爛腐，高維私情深，盛道義重，劉寔忉怨。平津之上，」一劍獨飛；寶鏡之中，孤鸞失影。於是躬塹泉域，親爲主人，見之者」斷心，聞之者瀝血，而況我骨肉之痛十倍於常者哉！今遠日既卜，」神纛爰舉，白雲收彩，青天沉色。穆行夙播，無勞高允之詩；哀憤以」舒，弗假士衡之誄。迺刻銘曰：

浩浩靈派，肅肅我祖，代□」簪纓，名流竹素。誕生婉淑，卓潔純茂，貞孝爲一時模楷，仁義則六」行君父。我也有功，非紝非組；我也有言，惟規惟矩。奈何數日，奄謝」千古？痛切三春秀，悲深一棺土。才亡鍾郝，德喪曹呂，憲英□□□」敝酸苦，青烏兆契于黃爐，丹旐繽紛于綠浦。凝笳咽氣兮復鳴，□」馬跼轅而屢顧，寫蓄憤于貞石，知無愧于泉户。」

（北京圖書館藏拓本）

天寶〇九七

【蓋】　唐程君夫人郭氏墓誌

【誌文】

唐廣平程府君故夫人郭氏墓誌銘并序」

夫厥初生人，賦命於天也；果行育德，禀靈於地」也。天地合德，賢良閒生，於嗟女兮，挺秀於此。曾」祖潛，夙懷高尚，不事王侯；祖章，覺幻化歸」空，修戒定真趣；父玉，有頽冶弓，擅美衣冠，數」任流外職，初拜長安録事，後遷將作録事兼内」作判官之第二女也。常以令名，訓茲賢淑，女儀」因對，無慚柳絮之才；婦德聿修，何貴柏舟之詠。」近笄之齒，君子好求，爰自媒侶，以去載十二月，」出適廣平郡程氏。所天字賁，吏部常選。親迎尚」未，色養無違，哀顏容而宛若蕣華，惜芳菲而奄」從朝露，春秋一十有五，醫藥不救。天寶五載歲」次景戌建子之月廿一日，終於永興里。以其月」廿九日景午，殯于長安縣龍首鄉龍首之原，禮」也。嗚呼！嗣宗之歿子，懷慰於誰？卜商之喪明，痛」將何及？式刊貞石，用存銘誌云：」

彼美人兮作嬪君子；今也則云兮傷而已矣！」皇天降罰兮當何辜，苗而不秀兮有矣夫！」

（北京圖書館藏拓本）

天寶〇九八

【蓋】失。

【誌文】

大唐右衛倉曹參軍攝監察御史太原郭密之故妻京兆韋氏墓誌銘并序」

妻京兆韋氏者，故榆次尉珣之女，靈昌貳玄禎之孫；母曰」盧氏，父珍爲九隴丞；官族世禄，士君子之稱矣。維韋公盛」烈之柔克，維盧氏徽秀之泉塞，男宜其士特，女宜爲壼則。」妻生而惠淑，弱而純孝，六歲喪恃，七歲無怙，鞠養於諸父。」嘗自傷早孤，悉心禪悅，首不飾而衣以褐，自齠年而及笄」歲。叔父以其秀質蕙性可嬪於有德，乃奪其誠心，是歸于」我。既職中饋，始閑有家，令儀令色，小心翼翼，蘊穠華而被」馨德，閨門有光矣。天寶四載乙酉秋七月丁巳朔九日乙」丑，粤自京國言之季弟之新安，稟命不融，卒於餘杭之開」元觀，春秋廿八。明年龍集丙戌十有一月七日甲申，歸瘞」於河南北山之中麓，禮也。自施衿而歌薤露，凡歷兩官，五」十有五甲子，生二男二女，皆佩觿之年。禄未榮而壽不成，」殞越途旅，其傷孔艱矣！天實何哉！殲我淑友。嗚呼！嗣子禼、」涉、焯，痛巨匪莪，哀纏孔棘，載度載卜，食墨於茲原，鄰帝京」之鐘鼓，蔭佳城之松栢。生若浮兮死若休，予獨儼然而爲」客，百歲之後，同歸是宅。銘曰：」

北山北，中崗中，龍盤虎踦川原雄，乾高坤實」東南空，人謀鬼謀此爲宮，百歲之後與君」同。

郭密之撰文并書。」

（周紹良藏拓本）

天寶〇九九

【蓋】失。

【誌文】

大唐故太子舍人李府君墓誌銘并序　前王屋縣尉崇文館直學士尹□源撰」

聖唐天寶丙戌歲十二月□□□□□□趙郡李□字霞光，享年□」十一，己酉，葬我李府君於北邙北原。於戲！公國之良也，生有嘉聞，弱」不好弄，□繇受義方於厥考朝散大夫秋浦縣長諱文逸，樹蔭施於」王父朝議大夫左衛長史諱才謙，襲儒行於烈曾朝請大夫、將作少」匠、栢鄉公諱祚，故自秦末左車爲河朔右姓，受世而降，卅載□德。且」根深者靈茂穎發，源長者皇波箭迅，夫然則公之美秀駿龐有以哉！」初公繼明金華之業，疏望玉堂之問，太極歲，上在青宮，大搜」髦士。公以賢良應召，對策甲科，乃試以理才，因授之□。起家拜葉縣」尉，下□蒲盧之化，僉用作式；衆服蓍龜之明，方爲傳寶。尋充本道勸」農判官。輶軒以清白昇聞，補陽武尉。時法駕封巒，縣當馳道，供」命於備御之始，叶宜於豐省之中，倚辦兩頓，獨專其微，使車薦言，一」如前政。遷密縣主簿。鳳姿雖屈於棲棘，鷙擊咸推其下鞲。河尹孟公」深器其能，檄徵詣府，繩愆百縣，馭物風生，贊□三年，檢身玉立。轉大」理評事。佐士師無頗類之嫌，倅皇華有澄清之志。劉日正廉問江介，」復奏爲判官。京師浩穰，是資理劇，改授長安縣丞。典司文籍，尤俟駁」正，俄拜著作佐郎。端士秀望，用昆明兩，又換今職。公文獻餘地，」直清甘節，持法標吏師之首，濡翰稱詞伯之雄，宜其俾司國柄，書功」帝籍。豈謂所歷霜險，慚微觸邪之冠；累膺天寵，未耀方來之服。」曾是云萎，匪宣其用，悲夫！借如開卷獨□□對先友，張膽於烈士之」辭，流襟於忠臣之傳，素立名義，久要不忘，□□□□或□問道，子雲」好事，莫不造門，又況乎刳心□寥□□□我，行詣禪匠，講求真筌，新」賦道詩廿七篇，盡師子吼也。其餘文集廿卷，並言補於世。嗣曰巽、曰」豫。二連居喪，百身無贖，斯所志者，維孝終乎？銘曰：

翕可騰精，」實秀真賢，鏡心玉德，辭雄行鮮。所蒞有聲，宦遊則孤，不登大夫之秩，」未列名臣之圖。能深禪定，無變生死，且歸宅於脩芒，萬化冥乎一指。」

（北京圖書館藏拓本）

天寶一〇〇

【蓋】失。

【誌文】

故河内郡武德縣令楊公墓誌銘并序　滎陽郡徵君清河崔潛撰」

公諱岌字順，弘農華陰人也。其先則有周，及赤泉改楊侯之封，自」丞相至司徒之世，世寵勳舊，美於圖史，每登明堂，遂無違德。迨我」烈祖金紫光禄大夫魯國公仲達，達生息州刺史義陽郡開國公」行模，模生鄭州管城縣令景昭，于文有光，于武有赫，諸侯之靜恭」爾位，大夫之言滿天下。公即管城府君之冑子也。長河輸其積潤，」大華下其厚德，俾集于我，自無凡清。常覽庭堅相虞，釋之佐漢，遂」究法家之學，以作登科之首，達識者知其無近意焉。解褐補仙州」葉縣尉，稍遷蒲州安邑縣尉、赤水軍節度判官、宋州司法參軍，用」簡削煩，執謀能遠，橋玄之幹理雙舉，定國之精明再出。秩滿，授鄆」州鉅野縣令，加朝散大夫、懷州武德縣令。咨嗟大道，尚止小鮮，疆」履肆其南東，人黎獲其蘇息。先是時也，採訪使汴州刺史皇甫翼」乃績其聲實，以課最上聞。嗚呼！公車未徵，大年何速，道之將廢，非」命矣夫！以天寶五載八月十九日卒於武德縣之官舍，春秋六十」有七。至來年正月廿六日，旋葬于河南北山先人故塋之次，禮也。」公忠孝慎修，風儀整邁，敦書以博敏成藝，從政以直方臨物，龐士」元竟終於百里，鄭子産空詠於三年，吾將罕言，言亦何者，故君子」有以恨之如此。疾之革也，顧謂其夫人安昌縣君新興秦氏曰：吾」猶齊太倉令，有子壻三人，則雖姻族所賢，而令宗廟之主，使鄧攸」之門慶絶，若敖之鬼餒而，心誠痛傷，以殁于地，甚矣。惟其夫人歛」以先王之服，詣乎薄葬之典。且以爲奢則不遜，儉無可欲，思之行」之，在達而已，詩遵同穴，傳叙未亡，未亡之人，亡無日矣。往者我君，」靈其先厝，又之幽讚，德自難名，于嗟楊公，遂居此室。銘曰：」

明明楊宰，厥生世族，在華之陰，于河之曲。如笙如篁，出言有章，惠」人成德，終然允臧。蒸蒸元夫，幹婦之蠱，以卜以筮，葬于吾祖。」

（周紹良藏拓本　河南千唐誌齋藏石）

天寶一〇一

【蓋】失。

【誌文】

唐朱氏故新婦婁氏墓誌銘并序」

夫人諱四德，字嬌愛，豫章郡録事參軍婁府」君之季女。爰從總丱，迨于笄年，既勤師訓，功」成絺紘，桃李春茂，蕣華朝榮，當乎三星在隅，」百兩云適，克配君子，以爲乘龍焉。夫其淑慎」威儀，婉孌容止，得關雎之風矣，亦冀爲雍和」之内則，作承家之母儀。何圖享年不永，春秋」廿四，以開廿九載九月十七日寢疾，終於洛」陽縣感德里之私第。嗚呼！夢蘭有兆，早誕膝」下之男；偕老無徵，遽殞夭桃之質。井桐半死，」雙鸞一沉，以天寶六載正月卅日陪殯於朱」氏邙山之新塋，禮也。嗣子年纔捧雉，痛」結茹荼，幼識未達於典經，孝感乃通於神理。」及金夫懷德，之死未他，恐無紀於聲塵，乃展」誠於刻石。銘曰：

夭桃之質，德行惟賢，」執事君子，容止周旋。降年不永，骨掩幽泉，松」間曉月，拱樹宵煙，千秋之下，萬古攸然。」

（周紹良藏拓本）

天寶一〇二

【蓋】唐故隴西郡董君之誌

【誌文】

大唐故宣威將軍守右武衛中郎將隴西董君墓誌銘并序

公諱昭，字夏慶，隴西狄道人也。先葉從宦，徙居陜西靈寶焉。祖德布於方策，門風傳乎奕代，狐稱良史，永彰孝行，安于啓於趙祚，仲舒光於漢才，人物衣冠，可略言矣。曾祖穎府君，大父操府君，列考難府君，皆高尚其志，淑慎其身，韞櫝藏諸，不求善價，良弓必復，其大後昆。公即府君之元子也，傑出高標，閒生特達，幼而才敏，鳳鷯有五色之姿；長則心遐，鷹鸇揚萬里之望。屬蠻夷猾夏，虞軫九重，公則魏絳和戎，功多五利，有詔特拜慈州司馬，朝散大夫、充太倉出納使。青雲自致，朱紱斯皇，雖題輿外臺，而楚才晉用，轉隰州長史，餘並如故。位因能進，政以清聞，尋除秦州司馬充隴右軍器使，又徙長史，使仍舊。應天地之洪鑪，鑄劍戟爲農器，利有轉置，軍具緊賴。時天水地震，陵遷爲谷，城復于隍，公謀去故絳，制造新邑，不愆于素，用逭我凶，微君則人其魚乎？時議知政有經矣。既而遷宕州刺史，禄有功，褒有德也。安人阜俗則黄霸徒言，名遂功成乃祁奚請老，震旒順其至懇，解印返於初服，與相國牛公有管鮑之分，欽服厥義，常以兄事公，公必告善道，投膠契於三益；莫附權勢，挂冠追於二疏。北面辭闕而不留，東歸拂衣以遐逝。長卿入郡，駟馬生風；買臣還鄉，錦衣照地。公暮齒益辯，所至必聞，復徵拜右武衛中郎將，仍充太倉使。潘岳偉才，直于散騎之省；汲黯能政，利往海陵之倉。公遺愛尚存，舊貫未改，在脂膏之地，惟德潤身；當嫌疑之衝，哀多益寡。君子以爲難矣。公以道濟時，處進知退，君命至則不矯抗辭，耄年侵則不苟縻禄，復請致仕，再懸舊車。子惠琳，和政郡别駕；遺榮展驥，返哺瞻烏，令伯陳情，參乎就養。寒林抽筍，正奉於庭闈；静樹驚風，忽摧於梁木。以天寶五載九月十八日寢疾，薨於鎬京城西甘泉里之私第，春秋八十二。崑山之玉，與石俱焚；龍門之桐，捎雲半死。朝廷聞而傷慟者，豈勝言哉！夫人南陽郡君張氏。金鈎表祚，石窌旌賢，柔順貞明，宴息禪慧。蓮華照水，豈方清淨之心；薤露晞陽，將生極樂之界。以開元廿三載二月四日趺坐歸真于同谷郡之别業，春秋七十二。開元廿七載十月十四日歸柩故鄉，以形建塔；天寶六載二月十四日，以公之喪至自秦，會葬于中條之南原，禮也。前臨河滸，水閲成川；却背山陽，舟遷去壑。龍泉之劍，雄雌始異於飛沉；馬鬣之墳，佳城竟歸於同穴。嗣子惠琬，咸安郡良山縣令；次子惠琳等，哀告茹荼，痛思吹棘，號天泣血，中論道之無從；刻石幽泉，庶立言而不朽。銘曰：

霸趙開國，神降安于，炎漢啓土，才生仲舒。象賢必復，一狀題輿，五遷杖節，二請懸車。高門馳馬，照乘雙珠，諭道恭養，過庭鯉趨，散金正樂，埋玉何辜？哀哀内則，淑德敷聞，鳳凰琴瑟，桂郁蘭芬。溘然大暮，薨我小君，一朝同穴，千歲孤墳，河山帶礪，不朽斯文！

（録自《山右石刻叢編》卷七）

天寶一〇三

【蓋】失。

【誌文】

唐故揚州大都督府揚子縣令博陵崔府君之夫人范陽盧氏墓誌銘并序」夫人諱八，字八，范陽涿人也。隋殿内侍御史唐東宮」學士之曾孫，皇京兆府櫟陽縣主簿大道之孫，」皇朝散大夫行漢陽郡司馬元愔之仲女。夫人生」於甲族，長於清門，儀式天資，柔德神與。年一十有」二，歸我楊子府君。星霜踰於三紀，府君即世，夫」人髽絰焉。夫人始有行也，高堂養姑以孝聞，内」佐府君以義著，……著，躬訓二子以節稱，有此三者，德莫大」焉。天寶甲申歲，長子鍠，謫宦金之安康，夫人西」征，從以義養也。孝不感於明神，禍仍鍾於殃罰，使夫人」綿疾有加無瘳，明年十二月壬戌，奄棄郡之官舍，春」秋六十有七。六年二月庚申，合葬於邙山之先塋，」從魯人之祔，禮也。孤子鍠、鐶等攀號無逮，肝心屠裂。」夫人行高箴史，體合姬姜，詞穢意荒，萬不存一。吾」母也，我知之，貞石紀能，庶幾無隱。銘曰：」

邙山北極，洛水東注，萬古窮泉，千秋隴樹。」陰堂此閉，白日無歸，遺孤滿室，哀哀何依？」

（北京圖書館藏拓本）

天寶一〇四

【蓋】失。

【誌文】

唐故上騎都尉王君之誌銘并敘」

君諱貞，字文威，太原人也。遠祖鍾，晉朝上黨」太守，子孫因而家焉。洎仙鶴疏宗，冰魚錫胤，」曾祖德，梁國子祭酒；父弼，輕車都尉，夫人李氏。」君天性忠貞，自然寬猛，慕班超之棄筆，習李」廣之從戎。功成見旌，授騎都尉。知我是非相」清淨門，常不□生心無爲出世。豈意藏舟□」遠，篠鼠彫年，以天寶六載正月十八日終于家，春秋七十有二。夫人趙郡李氏，四德母儀，三從」淑慎，昔時桃李，雖有色於華春，今朝琴瑟，已」無聲於長夜。小子承賓，幼而先亡，同兹宅兆。」嗣子思宗，次子懷璧，生事以禮，死葬聿修，以」天寶六載歲次丁亥二月丁未朔廿四日庚午」合葬於上黨郡城西南廿里之原，禮也。壺山」東亘，漳河北流，雖年代而陵夷，冀頌聲兮不」朽。詞曰：」其生若浮，其死若休，千秋萬歲，列□長楸。」

（録自《山右冢墓遺文》）

天寶一〇五

【蓋】失。

【誌文】

唐故通議大夫守太子詹事上柱國源府君墓誌銘并序　前右武衛胄曹參軍柳芳撰」

府君諱光乘，河南洛陽人也。昔元魏紹于天，南遷于代，胤子讓其國，西處于涼，大王小侯，初傳」荒服，析珪擔，爵畢中州。故太尉隴西宣王，貴于代京，太武謂之曰：與朕同源。因以錫姓。上公尊位，布」濩方册，稱博陸者，雖隱名著論；誓淮者，果弈世而世昌。因官而遷，爰宅于鄴。洎」皇唐應運，其族彌大，濬流稍分，脩幹增蔚，是以隋刑部侍郎之嫡子諱崑玉，貞觀中爲比部郎」中；比部之子諱翁歸，明慶中爲雍州司户；司户之子諱脩業，長壽中，爲洛州司馬、涇州刺史，舉」凡叙資，盈聽專美；府君即涇州之第三子也。生而秀異，長絶倫比，貞固保其中，謙和見於外，體仁」蹈道，無競一時。甫在髫年，遽哀誰恃，同氣未牽絲之禄，慈親待馨膳之資，務昏作以養豐，將」約己而家足，識真之士，以爲美談。及丁内憂，廬於墓側，持禮不滅，茹荼終喪，柴立累年，勉於從」政，神龍中以門蔭自左衛親衛補陜州硤石、同州白水二縣丞，俄召拜太常寺協律郎假緋魚」袋，轉蒲州司兵、太僕寺丞、尚輦奉御、太子中允，加朝散大夫。時府君元昆左丞光俗、族祖侍中」乾曜咸有令德，同列於朝。府君或接謀猷，亟陳綱紀，二公深異，實賴起予，謂之智囊，未忘於口。」後緣夫人兄皎坐累，遂罷於左遷，授衢州長史，俄徙潤州别駕，拜左衛率府中郎。上朝園陵，」恩錫扈從，追贈其考涇州府君爲相州刺史。帝俞刈楚，先重武賁之材；聖澤思賢，旋旌展季」之壟。轉淄、廬二州刺史，揚州大都督府司馬，陳、汝二州持節。天寶改元，官號復古，除絳郡太守、」馮翊太守。時朝廷勵精爲理，務欲静人，以公績用最彰，故驟委連率，敷道德以崇化，削煩苛」以惠人，迄用小康，同歸大雅。譽從二輔，聲聞九臯，方輟潁川之能，以掃司空之第。瘠恙將劇，移」秩請閑，入拜太子詹事。其量未極，其生有涯，五載二月庚戌薨於宣陽里第，春秋七十有七。搢」紳惜賢，親戚感惠，藏無縑帛，器有陶匏，遺訓尚清，喪事從約，峻節厲行，存殁凛然，權殯於鼎門」别業，俟枚卜也。粤以六載二月癸酉，遷厝於邙山之宣武原。夫人天水縣君姜氏合祔，禮也。夫」人左衛大將軍郕國公之孫，兵部尚書柔遠之子，嶽胤侯家，致敬君子，克勤于姑，開」元十二年八月終于丹陽郡之官舍。君子以爲稟元和而光昭百辟，府君有焉；總衆妙而式是」六姻，夫人有焉。宜其啓迪先人，垂裕來葉，詩美邵伯，傳稱孟母，與善無應，懿迹空淪。恭惟府君」鳳鳴高崗，三族盡貴；虎符刺舉，九牧飛聲。而迹宦公朝，心冥禪悅。口誓薰肉，而本之以仁；行」唯空寂，而輔之於性。因而介福，仗此肥家。昆弟七人，並推麟驥；長幼四子，皆謂人賢。季今鴻臚，」猶子吏部，羣從貴達，冠劍藹然。比夫張氏金鈎，貂蟬溢於漢史；謝庭玉樹，詞賦被於江皐。嗣子」左羽林軍倉曹洌、左清道兵曹侶、銜恤毀請，俾傳家聲，顧惟不才，竊沐餘眷，挹海難水，揮涕强」名。銘曰：」濬哲惟源，感神而生，世雄北野，分王西平。錫姓雲代，登臺洛京，誕兹賢哲，以奉皇明。其一。跗蕚並茂，騏驥爭驅，獨躋眉壽，迴躡亨衢。列岳功被，宮寮政敷，道存運往，今古何殊？其二。於穆齊姜，大邦之媛，合葬卭阜，同人弔唁。望清洛兮超忽，唯白楊兮可見，孤藐哀哀兮胡所期，陵谷悠悠兮懼遷變。」

（周紹良藏拓本　河南千唐誌齋藏石）

天寶一〇六

【蓋】　失。

【誌文】

唐故潾山郡流江縣丞朱府君誌銘」

君諱光宙，其先彭城沛人也。隋安化郡長史昺之曾」孫，皇宣城郡司馬浩之孫，長沙郡長沙令偘之子。早」閑經史，尤工翰墨，弱冠卓立，時人偉之。開元十五載，隴右河西寇藻孔熾，公棄筆從戎，戮力致討，勝謀豫」決，勇餘可賈，授爰上柱國義陽郡鍾山縣尉，再遷鄰」山郡流江縣丞。公文藝夙成，實出等夷之右；軍庸克」果，乃彰壯義之德。不嗟位下，知雅量之弘通；所識銜」悲，驗在生之行美。禮樂足以修己，寬和足以容衆，仁」恕而其下歸誠，沉敏而事至能察。方思展驥，躡康衢」以騁態；念彼似鴞，忽入户而告禍。夢楹之後，遊岱不」歸，天寶五載正月十九日卒於官，春秋卌有九。夫人」吊影，空歎未亡；嗣子海華，痛心如斬。以天寶六載歲」次丁亥三月六日歸葬於北邙，禮也。其銘曰：」虞帝之子，因名立姓，源流既長，枝分遞映。玉潤蘭芳，」松堅霜淨，負薪非恥，折檻而競。鬲侯應宿，河尹多功，」代濟其美，不殞其風。之子是繼，徽猷所同，居家克孝，」從官能忠。龍劍既沉，鵬禽戻止，魄消邙阜，魂歸蒿里。」履墳壠而峨峨，聽松風之靡靡，念行路而悽感，惜朱」君至如此。」

（周紹良藏拓本　河南千唐誌齋藏石）

天寶一〇七

【蓋】失。

【誌文】

魏郡臨河縣清淨寺僧元藏，俗姓張，載七十一。」苦行□□泉寺。去天寶五載三月十五日亡。天寶六」載三月十五日入塔。灰身塔。」

（北京圖書館藏拓本）

天寶一〇八

【蓋】失。

【誌文】

大唐元府君故夫人來氏墓誌銘并序」

夫人諱香兒，南陽人也。曾祖志，隋州刺史；祖處，」簡州長史；父貞，衛州衛縣丞。夫人即衛縣府君」之元女也。生而穎傑，率性恭敏，年十二而所天」早世，帷簿之則，爲鄉黨所稱痛，聖善孀居，躬致」色養，節制屹立，孤絶萬仞，求之古人，莫可當也。」以四德著，故歸我元公。公貴介之士，貂雄鼎重，」及盥饋之禮，箕箒之道盡矣。逮親歿，泣血三年，」爰喪舅姑，孝心無易，每至伏臘，哀慟加人，故鄰」里至有莫敢吊之者。晚崇釋教，室絶利欲，凝心」禪門，脱意苦海，亦構尸那阿離羅之徒歟？以久」縛齋戒，因致柴毁，是長癘階，浸以成疾，春秋卌」四，以天寶五載四月廿八日，終于洛陽時邕里。」六載四月四日，遷窆於邙山南原，禮也。有子暠，」惸惸未立，痛永錫無類，恭題誌云。銘曰：」有美一人，實家之珍，孝義天與，精禪日新。既晤」我而忘我，遽因真而得真。」

（北京圖書館藏拓本）

天寶一〇九

【蓋】失。

【誌文】

唐故衛府君劉夫人合葬銘并序

夫人四娘，其先彭城人也。自留秦分族，海隅振藻，前史昭晰，不能繁云。曾祖福，祖李買，父□歆，并鄉閈儀表，人倫聞望，高尚其志，婆娑自適，盛德鍾美，降生夫人，而嬪於衛氏焉。其孝事舅姑，賓待君子，禮接姻黨，慈訓長幼，則姜施孟母之不死也，豈簡翰所得形焉？嗚呼！鳳梧未死，龍劍一沉，君以開元二十三載三月七日溘先朝露，夫人守志彌堅，孀節不易。奈何天不佑慶，以天寶六載遘疾，七月十二日終於私第，享壽七十有四。即以其二十八日附窆於河内郡城西北二里弼諧鄉平原夫之故塋，禮也。有子克己，血泣荼苦，骨形柴立，爰求匠石，敬紀芳猷。詞曰：

彭城流芳兮海隅，降生賢婦兮以配君子，天何不佑，奄此凶矣。孝號戀兮，哀哀胡恃，泐立紀銘兮，永光萬祀。

（録自《古誌石華》卷十二）

天寶一一〇

【蓋】大唐故張府君墓誌銘

【誌文】

大唐故少府監范陽縣伯張公墓誌銘并序　正議大夫太子左庶子集賢院學士知史官事韋述撰」

公諱去奢，字士則，其先范陽方城人也。自晉司空公華而忠貞孝友，世載淳懿，十一葉至隋」行臺僕射皖城公威，歷仕魏周，爰宅關輔，始爲京兆萬年人焉。曾祖立德，秦城都尉；祖崇，延」州刺史；父守讓，閬州司法贈涼州都督；莫不居敬行簡，纂美前修，持盈守成，垂光後嗣。公資」高門之縟粹，稟元氣之清貞，備三德之柔明，兼五常之仁智。松筠擢秀，信無改於貞心；驥騄」騰驤，方見推於逸足。初天后稱制，寃獄大起，公之季父，枉遭逮及，鞫訊萬端，獄成待報，」公時年在衝幼，挺然憤激，伏闕申理，竟蒙恩宥，濟美之業，緊公復全。尋丁涼州府君憂，號哭」無時，勺飲纔屬，徇孝之士，咸以爲難。公之先妣燕國夫人竇氏，即開元天寶聖文神武」皇帝之從母也。景雲之初，龍樓肇建，凡在戚屬，溥加榮授。公以恩例起家拜右衛率府倉曹」參軍。開元初，歷左衛率府、左金吾衛二長史，太子司議郎，右贊善大夫，以燕國喪去職，艱毀」之至，有踰初禮。服闋，除左贊善大夫，又歷祕書丞率更令，出爲郢、沁二州刺史。楚俗輕剽，魏」地隘陋，導德齊禮，二方一變。擢授殿中少監，賜紫金魚袋，賞能政也。昭報后土之明年也，」鑾駕戒嚴，將幸東洛，百司庀事，行有日矣。當是時也，東盡虢略，西連隴坻，秋稼不登，人多菜」色。眷彼京輔，緝理爲難，非曰腹心，孰膺斯委？公因事入謁，預兹閑讌，式陳獻替，實簡」上心。即於座上拜公爲京兆尹。亦既下居，務修德政，省徭賦而休力役，贍不足而均有餘，撫」惸獨而肅權豪，惠工商而勸耕稼，神降之吉，歲用豐穰。涇渭之汭，舊多潟鹵，流浸所集，耕者」棄之。公審鄭白之舊規，稽史起之遺法，決潢汙於近瀆，變蒲稗爲良疇，奏開屯田，歲收億秭。」帝用嘉美，璽書連降。及大駕西還，厥有成績，特加銀青光禄大夫，累封范陽縣伯。視事」七稔，轉右金吾衛大將軍。無幾，遷少府監。八屯有叙，百工惟時，巡警以清，器用必備。稟命不」永，春秋六十，以天寶六載三月十二日遘疾，薨於京師之安業里第。皇上軫悼，遣内給」事劉琦就宅弔哭。嗚呼！致經濟之用，位不陟於臺階；體仁恕之道，壽不究於耆耋；豈天難諶」而命靡常，信人事之不可必也。始公之伯曾祖華州刺史大師、營州都督儉、左衛大將軍延」師各以勳庸，荷斯寵禄，朱棨齊列，時人榮之，京師所謂三戟張氏者也。公與元昆左威衛將」軍去疑、次兄右衛將軍去惑、弟太僕卿去逸、駙馬都尉去盈，咸能克己勵行，嗣徽前烈。忠孝」開國，識金印之猶存；清白傳家，知玉環之不墜。冠蓋之里，以爲美談。粤以其載十月七日遷」窆于咸陽洪瀆原，祔于先塋之側，太常考行，謚曰惠公，禮也。夫人南安龐氏，執喪撫孤，動循」法度。嗣子沔、演、泌等，號天泣血，靡所置哀，迺刊瑾瑜，以賁墳隧。其銘曰：」

於穆范陽，華腴懿胄，降神鍾美，禀靈挺秀。蘭薰雪白，月將日就，名以實彰，位由德授。歷遷戎」禁，累贊儲闈，迺登石室，操幽闡微。出更二守，懷恩畏威；來司六尚，御府增暉。京邑翼翼，允公」是式，屏惡遵美，勸分務穡。載闢田疇，歲取萬億，化流愷悌，人之攸息。懸猷掄材，聿來斯撫，爰」諮爰度，允文允武。方弘道義，以究台輔，天不憖遺，殲我世矩。容衛前行，悠悠旆旌，夕指荒壠，」晨由直城。岐梁北峙，灃鎬南縈，杳杳千載，誰覩九京？」

承議郎行監察御史裴冕書。」　刻字人楊嵒。」

（北京圖書館藏拓本）

天寶一一一

【蓋】失。

【誌文】

唐故河南府參軍張君墓誌并序　鄉貢進士丁鳳撰」

君諱軫，字季心，其先范陽方城人也。曾祖玄弼，皇秀才擢第，拜長安尉、益」府功曹，贈都督安隨郢沔四州諸軍事安州刺史；祖東之，秀才擢第，宗」社艱難，時危反正，特進中書令、監修國史、上柱國、漢陽郡王、本州刺史，食」封七百户。碩德金章，勳庸茂績，傳諸國史，備列先碑；父漪，秀才擢第，朝散」大夫著作郎，佐父潛謀，能安漢室，建策除吕，獻議如昌，功亞朱虚，侍歸踈」受。君則著作之第四子，聰含誕孕，慶積公忠，體峻晴峰，神高秋色。傅母罷」乳，羶腥靡嘗；岐嶷有成，詩書便覽。往昔中宗復辟，邪黨構端，大父被奪」鳳池，歸來典郡，見君性不食肉，幼及成童，奏爲梵苑沙門，配居龍興精舍，」載雖及紀，材必爲時。君謂釋門之道也，祈没後之因；儒門之教也，救當今」之弊。倏惠狹於善己，濟世博於蒼生，返初服於巾簪，捨緇流而冠帶。屬」天波昭滌，祖廟立宗，支子從班，大才誰繼？喟然曰：吾當擅鴻筆，取青紫。即」冑太學，擢秀才。無何，拜河南府參軍，以秀才有後也。況官參河尹，攝綰府」曹，墳籍文章，儒宗墨客，虚心待士，散俸歸仁，餘慶未融，斯文乃喪，味不知」肉，以逮于終。以開元廿年六月五日遘疾，不禄於洛陽陶化里私第，春秋」卅六。嗚呼！知音者莫不云：變風雅之篇什，禀江山之清潤，方經國而可大，」尚沉跡而未光，痛昭世之早辭，乃邦家之殄瘁。有集三卷行於代。」夫人安陽邵氏，備佩針管，脩整組紃，事姑側聽於鷄鳴，作嬪潔羞於荇菜，」訓子得義方之蠱，孀居存師傅之儀。早歲專德於公宫，晚載脩心於釋典。」以天寶四載六月十七日寢疾，終於故里私第，享年卌有九。越天寶六載」十月十二日，合祔于安養縣相城里先祖之舊塋，禮也。嗣子曰繟、曰縉，」欒欒相撫，哀哀相次，愷悌孝友，閱禮言詩，既積學而含章，亦高墉而射隼。」女也事夫終遠，弄瓦存卑，相對悲號，皇皇孺慕，將題實録，用叙哀詞。銘曰：」
軒轅垂裳，支裔分張，子孫范陽，奕葉全昌。從宦遷徙，茅社金章。其一。猗歟君」子，炳靈代起，文章宮徵，弱歲異此，不食于肉，歸於釋子。其二。翻飛國庠，擢秀」明敭，繼業聯芳，參卿洛陽，嗟乎中折，梁壞人亡。其三。夫人婉德，禮全内則，」母儀柔克，嗣子食國，驅馳文墨，呱呱相向，銘誌將勒。其四。」

（周紹良藏拓本）

天寶一一二

【蓋】失。

【誌文】

□□□大夫太原府少尹上柱國范陽盧君墓誌銘并序　朝議郎行太原府晉陽縣尉崔至撰」
君諱明遠，字子廣，涿郡范陽人，北齊黄門侍郎思道之玄孫也。神農大聖，盧敖」列仙，我太公師周，我侍中佐漢，魏有尚書毓，晉有祭酒諶，人物輝映於一時，衣」冠焜燿於千載。曾祖赤松，位至率更令；王父承基，位至郢州刺史；考元莊，位至」嘉州刺史；奕葉載德，傳門剖符，才高地望，海内宗仰。公即嘉州府君之第三子」也。釋褐汾州平遥縣尉，歷同州蒲城縣尉。御史大夫宋璟以公清白聞諸」天子，明年，有詔改蒲城縣爲奉先縣，隸屬京兆府，以邑有陵寢也，」乃授奉先縣尉。副丞相李傑又以公廉恪揚于王庭，轉櫟陽縣尉、益州」新都縣令。公明以照之，静以鎮之，威以肅之，惠以撫之。御史中丞宇文融將命」爲廉察使，乃陟公善政，銅印光光，特異於是。俄而犬戎犯命，弄我邊鄙，入幕之」□□□而誰？

劍南節度使益州大都督府長史張敬忠以公爲行軍長史，而賴」公□□朱紱煌煌，拜寵於是，遂爲華陰宰。」天子東巡幸，路當儲供，能吏之舉，歷選攸歸，適時之要，果有成績，邑人稱之，刊」頌述德，童翊生碑，異代齊美，遂爲壽安宰。」天子復西巡幸，其政如華陰焉，乃遷馮翊郡司馬。關内道黜陟使御史中丞張」倚復以公善跡名聞，擢拜太原府晉陽縣令。安于之化，蔑以加也，乃升太原少」尹。下車未幾，闇忽遷殂，以天寶五載冬十有二月終於太原之官次，享年五十」八。嗚呼哀哉！公秉明德，系茂緒，美風神，善談論，文舉之好招賓客，叔孫之每葺」牆宇，從政惟九，親人者七，四陟清白，一建生碑，嗚呼休哉！夫人弘農縣君楊氏，」皇朝同安郡長史承緒之女，年十有八，作合於我，婉嫕淑慎，端莊幽閑，母儀嬪」則，盡在是矣。以天寶元載夏六月廿八日卒于晉陽縣之官舍，春秋卅有九。嗚」呼哀哉！越天寶六載冬十月十九日子合祔我公于洛陽北邙山之塋，禮也。有」子七人：肱、瞻、脩、閑、雅、重、相等，釁切荼蓼，哀深毀瘠，濟汾川而奉櫬，指崇邙而卜」宅，吹切切於春景，旌搖搖於征陌，悲哀感動兮氣慘煙雲，容衛颯歸兮山唯松」栢。嗚呼哀哉！銘曰：」

我族熊熊，系自神農，承太公兮；漢之侍中，魏之吏部，德爲宗兮；晉有祭酒，齊有」黄門，文之工兮；衣冠禮樂，象賢繼美，世稱雄兮。克生夫子兮如金如璧，政兼寬」猛兮進以清白，乃宰京縣兮乃尹帝宅。汾川之上，洛陽之陌，吉至凶歸」兮悲今改昔，冥冥萬古兮刊德貞石。」

（周紹良藏拓本　河南千唐誌齋藏石）

天寶一一三

【蓋】失。

【誌文】

唐故振威副尉左金吾衛新平郡宜禄府折衝都尉成府君墓誌并序

赫赫宗周，昔有天下，分族命氏，列乎于成，公□□□□□連。曾祖威，皇太中大夫、禮部侍郎；祖立，皇朝朝散大夫、趙郡廮陶縣令；父崇偘，皇朝議郎宣□□司户參軍；於是克清門風，乃敷政理，備歷中外，□翼□□□以良家子，屬中宗孝和皇帝有事郊□□□爲□□授左羽林軍長上，轉京兆府望苑府别將、左清道率府□候，當警夜紫禁，環衛丹墀，以事一人，方逾十祀，無何，調河東郡霍山府左果毅都尉、左金吾衛知隊仗，使洛交郡龍交府、彭源郡天固府，加振威副尉、新平郡宜禄府左折衝都尉、知隊仗如故，加左藏庫使。勒驍雄之勇，烈虎豹之師，守金帛之殿，將出約之恡。公幼而習武，長而主兵，恭默其心，堅白其操，誠福之善矣，豈禍之淫矣。遘疾彌旬，終于咸陽别業。然天寶五載九月廿一日，享壽五十有五。以六載十月廿八日葬於長安高陽原，禮也。銘曰：

嗟嗟都尉，三居其位，天階入侍，天府司使。福善無徵，禍淫曷至？且小植松栢，乃高起壟墜，非獨今日之如然，皆當萬古之所利。

（録自《金石續編》卷八，據《古誌石華》補字。）

天寶一一四

【蓋】失。

【誌文】

唐故義興周夫人墓誌銘并序

夫人義興人也，漢真將軍勃之苗裔，晉輔國大將軍處之孫，皇明通之女，姻不失媛，晉以疋秦，適爲太原王府君靜信之妻。昔五典克從，三臺樹位，漢朝之任太尉司空，此皆府君之遠祖也。夫人四德可則，九族從風，齊眉之敬無虧，如賓之儀有越。奉佐君子，何憚蒿藜。自喪移天，久歷星歲，期百齡之有永，胡一極之備凶？天道者何？仁罔斯在。嗚呼哀哉！藥餌無救，遂終於延康之私第，時春秋六十有五。孤嗣號絶，猶子悲酸，以兹吉辰，赴杜城東郊之禮也。況丹旐霞掣，素幕雲張，痛寒風之蕭瑟，悲夜月之蒼茫。岳也匪才，忝爲叙述，詞曰：

昔聞天道，仁罔不遂，彼蒼如何？降禍斯至。嗚呼哀哉！嗚呼哀哉！黄泉已掩，白日寧開，痛孤嗣之號絶，傷行路之徘徊。

天寶六載十月卅日葬。

（録自《金石萃編》卷八十七）

天寶一一五

【蓋】失。

【誌文】

趙郡李府君墓誌并序」

君諱迪，字安道，趙國人也。公侯代襲，閥閱相承，齊」梁禁婚，憚其茂盛；周隋定族，稱爲第一。四姓著首，」百氏之先，世有文儒，仁物不絶。四代祖澈，字」伯倫，尚書左丞，見北齊書；高祖純，字正義，尚」書左民部郎中、隋太常丞，廣、介二州刺史，見北齊」書；曾祖德旻，隋太常丞、洛陽縣令；祖玄」同，侍御史、度支員外郎、朝散大夫、贊皇縣開國男；」父愿，倉部員外，給事中，博、陳二州刺史，朝請大夫，襲贊皇縣上柱國開國男。公即其元子也。衣無常」主，財非己物，裘馬則朋友共弊，飲食常四海必招。」不速之客盈門，取給之賓如市。不避細謹，每矜達」節，時亦允矣。廿孝廉擢第，卅解褐受官，首任楊州」大都督府楊子縣尉，次任岐州雍縣主簿，其次任」河南府永寧縣主簿，公事被劾，左授建州參軍，會」恩量移清河郡宗城縣尉。六十有五，卒于恭安私」第。天寶六載歲次丁亥十一月癸酉朔，廿五日丁」酉，葬于北邙山東京城東北十四里，禮也。銘曰：」黄河之陰，邙山之陽，鳳凰穴，騏驎崗，東西不絶千」里長，時吉日，葬賢良。」

（周紹良藏拓本　開封博物館藏石）

【蓋】　失。

【誌文】

大唐故寧遠將軍守左衛率府中郎嗣曹王墓誌銘并序　河南府參軍李庭堅撰　會稽駱從忖書」
王諱戢，字和仲，隴西成紀人。曾祖明，贈司徒，以太宗文武聖皇帝爲父，以天皇」大帝爲兄，聖人之後也。初以季子，俾封于曹，遂繼別爲祖，若伯禽於魯，唐叔於晉，南」山有磐石之固，北斗有維城之親，此其大矣； 祖傑，黎國公，贈太子中允； 父胤，左武」衛將軍贈太子詹事； 百代爲不遷之宗，四時從合食之禮。王靜專動直，閑邪存誠，寬」仁弘雅，少有孝友之質。開元十三載，皇帝東封泰山，親侍大禮，以景命授尚輦直」長，轉左威衛長史。時西戎別種，將違樹敦，詔擇宗子右威衛將軍行褘問之。王以」母元妃金氏先在王宮，掌以彤管。陟彼屺兮，峨峨層城； 繄有母焉，請爲介也。已而旌」入沙漠，綸布穹廬，不鑿空而平，不踰時而復。上親問勤苦，念兹戎功，力能轉誠，身」報腹我，言發丹禁，涕流青規。皇恩既錫於如初，白華增美於能養，朝廷加之，特」授朝散大夫、棣王友。遇大眚，累加朝議大夫。我先人遭家多難，武氏偷安，神龍初，飛」陽在天，草木交泰，自凶矜之地，佐道德之鄉，玄成之避也讓兄，靈公之立也從嫡，」故位在三公之上，官守五兵之雄。王之弁兮侍出入也，豐草及露，肆夏發聲，出於朱」邸，入見白日，轉轂鈎百，驊騮列駟，能貴不滑，和淡以自處。大人曰：真我子也。開元廿」九載丁父憂，三年不言，三日不食，雖先王制禮，而君子爲難。服闋，上獲寶符之二」載，擇親密於宗室，除寧遠將軍、守左衛率府中郎。感霜露於壽宮，制加恭陵使。」又以大都之地，封王子弟，錫之山川土田，附庸中五之一，周之制也，以三爲五，曹其近」乎？猗歟本支，不可寒也。受册命，四載五月廿七日，惟嗣王祇見厥祖。王玄元之裔」也，不鼓鍾于内，不罄控于田，以道爲心，以善爲樂。至於坤乾之義，夏時之等，好探」壞壁之書，時有登臺之賦。無爲之代，不知帝力，流謙終吉，素履無咎。時良月拜慶，獻」歲入朝，賓客盡在於西園，精靈獨遊於東岱，因遘疾薨于京蘭陵之里。嗚呼！異姓來弔，」同盟皆哭。妃滎陽鄭氏，襄城公之曾女，曰嘉耦也。以爲王之大父黎國公，伯祖千」金王，故塋墳樹，東土依然，豈無主也？不陪司馬之門，請赴周公之宅，遂平生之志矣。妃」柔嘉有禮，洞識過人，遠護轜車，特安宗祏，帷堂晝哭，郊圻卜兆，以六載十二月廿日」葬于河南縣平樂鄉北邙山，禮也。王馬不踰六尺，宅不過一廛，今必誠必信，物不侈」也。嗣子臯頎乎其至，二女哭無常聲，太僕羽儀，光禄遺奠，東望洛水，悲笳出城。三元之」殿，已罷通朝之籍；八公之山，空有學仙之所。銘曰：」

於皇我唐，於穆哲王。王熾而昌，始封之祖。文武之後，俾爾于曹。金璽組綬，本支」百代。似以天孫，不改食地。新開戟門，吾觀損益。伊念古昔，城餘七十，苑開三百，恭守」玄元，淡乎虚白。不係外物，自樂昇平。魂魄何之？復于東榮。峨峨昭陵，後有佳城。駕言」于洛，駟馬銘旌。乃開窀穸，大父之塋。近郊之門，北邙之路，賢妃護喪，嗣子如慕。枚卜」兹日，有司鹵簿。斜分御苑，却轉平丘，白日西山，黄河東流，豐碑此地，萬古悠悠。」

（周紹良藏拓本）

天寶一一七

【蓋】失。

【誌文】

唐故上柱國處士段君墓誌銘并序」

君諱仲垣，字林宗，東京河南縣人也。顓頊之元子段，始祖也。昔之德□」者□帝有先，大道玄玄，强名太上，柱吏攸傳，因段食菜姑臧，家門□□，」遥□燕支，早山關煙，霄靄昌捕，濃海氣雄之英，危冠高門之歷，□□□」□有徙官臨淄。公諱延祚，延祚，臨淄人也，□周鎮北大將軍、使持□□」西道大使、上柱國、食邑八百户開國公，生隋蕩寇將軍豫州刺史□□，」生唐雲麾將軍、右領軍衛將軍、上柱國、長□郡公君逸，君逸生朝散大」夫、坊州司馬、汴州長史，贈鄜州刺史仁慶，仁慶生銀青光禄大夫、右□」□衛將軍弘念，公即將軍第三子。八歲入小學，知家室之風；十五觀三」禮，以識朝廷之儀。吞噉六經，咀嚼文史，逞文乃陳王拱手，談史則孔父」鉗牙。弱冠之初，文章蓋海，廣開庠序，大訓英儒，世號徵君，俗傳處士。若」迺孫吴之道，武勇之術，若齡□歲，擊劍投壺，徘徊關山，慷慨風月。先天」中，小煞子秋率種落窺我邊□，侵我疆邑。天子乃按劍作色，聽朝不怡，」乃敕劉上將。君乃此日拂衣從戎。鐵馬千□，□旗萬里，金□耀日，馬□」如雲，四代五代，儘瓦解矣，如□□矣。開元中，尚書兵部叙功，别敕賜□」□上柱國，遂退隱於家園也。謝玄之横枕五湖，春風摇鏡；魯連之高蹈」重海，晴潭洗雲。閑居隘巷，富仁寵義，方步□□，好遊道門，志愿必矣。乃」識天命，禮讖乾心，日誦陁羅尼廿一遍，不融稟命，遐逝將終，春秋六十」有□，大唐天寶六載十二月十七日時終於東京洛陽縣豐財里私第」也。□終時有異香氣，生蓮花國，往菩提道，自金仙所談，匪塵情之有。□」魂魄雖靈座安措，至七載正月二日，權窆於河南縣平樂鄉北邙山，之」禮也。嗣子國晙，次子國華，攀號茹泣，頽志崩心，乃倚喪仗，銜悲相謂，」□不朽之業盍不存乎國，當國未迴□也，進無□禄，退無寸儲，衣□疏」□□，其銘曰：

□有處□，段干命氏。高□榮載，」□□□位。於□君□，接緒當□。罷秩□卷，閑居洛濱。」柳□□嬾，梅紅□□。否來□□，魂散魄淪。文章寧在？」英□□□，玄堂寂寂，□□□鄰。」

（周紹良藏拓本　河南千唐誌齋藏石）

天寶一一八

【蓋】大唐故宋府君墓誌銘

【誌文】

唐故上黨郡大都督府長史宋公墓誌銘并序　銀青光禄大夫行兵部侍郎上柱國宋鼎撰」

公諱遥，字仲遠，廣平列人人也。曾祖滕王記室府君曰懿，流慶于」大父，贈天水郡長史；長史府君曰孝恭，積善于皇考，贈禮部郎中；」郎中府君曰玄獎，集祉于公。公實繼累仁，有卓全德，素業可範，清」躅可師，由孝所以榮親，踐忠所以事主，自國子進士補東萊」郡録事參軍，舉超絶流輩，移密縣尉，擢監察御史、殿中侍御史侍」御史內供奉，遷司勳員外郎、度支郎中，拜中書舍人，除御史中丞，」賜緋魚袋，尋加朝散大夫，户部、禮部、吏部，再户部四侍郎，左丞，出」博平、滎陽、絳、魏、陳留、襄陽、貶武當七郡太守，河北、河南、山南三採」訪，上黨郡大都督府長史，主絲言則王業潤色，尸宮尹則朝」廷嚴整，在小宰也清通聞，居連率也愷悌布，義發乎我而加乎人，」恩施乎物不有乎己，顯允志尚，於昭職物，將□台階，用緝」帝采，神理未厭咎，吾道其不行。天寶六載二月五日終上黨公舍，」享齡六十有五，凡計階至通議大夫，勳至上柱國。氣清而朗者，樂」之輿也，公守之以和；體正而實者，禮之器也，公輔之以肅。平賦必」均，審獄必緩，故所至能化，而所去見思。正始雅聲，餘韻每存於歌」詠；奏議清論，故事空留於臺閣。已矣哉！卜七載正月十一日葬洛」陽縣清風鄉崇德里北邙原，經也。嵩巋巋宋公之窆，萬祀不已；伊」洋洋宋公之系，百代不忘。

乃銘德曰：「於昭德聲，代亦有聲，肆不隕厥聲，休矣哉！

乃銘官曰：允鑠官政，時」亦有政，肆不殄厥政，休矣哉！」

前河東郡永樂縣尉鄭長裕書。」

（周紹良藏拓本　河南千唐誌齋藏石）

天寶一一九

【蓋】失。

【誌文】

唐故宣義郎行鄭州文安縣尉廣平郡程府君墓誌銘并序　鄉貢進士吏部常選河東薛咸撰　南陽孝廉吏部常選張瑨書」

君諱思慶，其先廣平郡人也。因仕居洛，甲第王城，翹翹捧日」之精，秩秩刻篆之胄，赫然冠冕，榮貫古今。高祖諱訓宗，唐朝大」丞相府驃騎將軍，則位重推轂，公侯扞城，褰旗則七縱而無遺，」屈指則一年而寧失，得兩孫之奇轍，侔二起以齊蹤，麟閣丹圖，」筆載青史。伏惟爾祖，黄綬冀州，鴻漸飛鄭，兩部仙尉，一舉任賢。」崇代藏符，楚楚出塞之傑；酌波渤澥，漂漂海口之源。惡枳棘之」鳳巢，豈百里之賢路。清白流頌，畏愛絃歌，則梁竦長懷，尚勞州」縣；桓譚不樂，空負琴書。開元十一年五月九日卒於公館，享齡」六十有九。嗚呼哀哉！巳年入夢，庚日鳴災，兩楹華奠，淇洹瓊瑰，」太山云謝，梁木其頹。年月不便，權殯覃甸，黄河之背，太行之面。」藐矣孫炅，是育是長，厚地不載，所天又喪，煢煢在疚，攀號無所，」處衆不羣，有問無語，孝理增深，卜其宅兆，祖載神柩，歸于洛表，」惟祖惟母，在彼在此，往死異時，今來同軌。痛生死前後，有分胡」越之心；旌旐同歸，終淪松栢之路。即天寶七載三月十二日合」葬于河南府河南縣平樂鄉安善里杜郭村北二里平原禮也。」嗚呼哀哉！青烏啓兆，卧牛之所，是窆是封，爰抗爰舉。地若平砥，」勢出自然，枕城負水，左伊右瀍，鄉名上洛，邑號平原。靈鍾釁門，」哀祖父俱殞，陵谷遷忽，去留第泯，不朽之言恐墜，如山之功無」聞。爰刻石以立志，鑿金字而表存，千齡兮萬代，傳銘兮後昆。乃」爲銘曰：

卓哉府君，特禀奇器，生人之秀，河岳之粹。如」何云亡，繫于包桑，天不憖遺，殲我維良。白日兮逮昏，銘誌兮長」存，死事兮盡矣，悲號兮松門。」

（周紹良藏拓本　河南千唐誌齋藏石）

天寶一二〇

【蓋】 失。

【誌文】

唐故王夫人墓誌銘」

夫人王氏，琅琊人也。高祖約，周御史中丞；曾祖武安，」隋贈相州刺史；祖德真，皇朝金紫光禄大夫、侍中、」贈左僕射；父旦，皇朝太子通事舍人；緱山慶遠，淮」水靈長，故累葉而冠蓋增榮，一門而賢德相繼。神輪」祕粹，氣襲中和，閒生夫人，爲代母則，婉娩成質，柔」謙立性。早承師氏之訓，特擅諸生之名，爰在初笄，嬪」于崔氏，則淮安郡參卿寵之妻也。外成宗族，自移教」於舅姑；宜其室家，乃睦姻於娣姒。帷簿久而逾潔，琴」瑟晚而更調。頃者以參卿禄米代耕，而夫人躬自」爨巧，訓長撫穉，有慈無威，穠華載怡，峻節無易，允謂」有尸鳩之德，誠宜居鵲巢之位。豈期年無不壽，疾匪」經旬，當參卿受一命之初，則夫人棄五福而夭，與」善之理，何其爽與？嗚呼哀哉！天寶七載四月十七日，」終于河南永豐里之私舍，春秋卌八。以五月三日，將」藁葬於洛陽平陰鄉，從權，禮也。參卿悲舊，空瞻遺挂；」哀子餘喘，常叫虛□。荒阡未同於犯禾，泉路遽從於」刊石。銘曰：

鳳凰于飛，和鳴鏘鏘，我周之後，爰適」于姜。禮均體敵，德播名揚，宛彼賢淑，夫家之光。齊眉恨結，偕」老神傷，蘿煙□□，□彩□芳，仰白日兮不可見，瞻晝□兮夜何長！」

（北京圖書館藏拓本）

天寶一二一

【蓋】失。

【誌文】

大唐故何君墓誌銘

悲夫鼐族翬聲，肇自三皇之季；□宗派胤，爰生五帝之初。奕葉雄傑，連枝懿戚，播徽猷於簡策，讚盛德於篊謨，望重赴於西河，榮宗光於上國。君諱知猛，字元須，因官啓族，徙昌化郡焉。曾祖令韞，隋任脩化縣令；製錦一□，絃歌百里。祖開文，上柱國；鋭略三軍，神謀七札。父知猛，騎都尉。惟公琢磨道德，組織仁義。穆穆恭順，色養不闕於晨昏；察察其能，忠貞無乖於奉國。何圖朱明落彩，素月淪輝，嬰疾晨宵，沉痾累寢，名醫不愈，良藥無痊，忽遘風霜，梁木斯折。嗚呼哀哉！以天寶三載十二月廿八日春秋六十有八，終于私第。夫人太原王氏。惟夫人母儀式序，貞媛自天，六行早譽於閨闈，四德夙彰於閈閾。不謂春□□美，忽遘秋霜，降靈魄於仙宮，窆花容於窀穸。以天（脱一字）七載五月二十七日春秋六十終于私第。嗣子哀之以風樹，孝禮未申；悲之以逝川，懷恩罔極。嗟乎！生何以禮？恭順以事之，死何以贈？棺槨以葬之，以天寶七載歲次戊子五月庚午朔二十七日景申謹葬於郡城北二里之原，禮也。其地則青山面合，翠樹臨墳，東西咸應於禎祥，南北並符於吉兆，不封不樹，何以表其孝乎？刊厥豐石，迺爲銘曰：

猗歟望族，器局神才，有而忽往，無而或來。哀風鬱怏，悲雲徘徊，身辭□日，魂歸夜臺。其一。

（録自《山右石刻叢編》卷七）

天寶一一二

【蓋】 大唐故潘府君墓誌銘*

【誌文】

唐故吏部常選廣宗郡潘府君墓誌銘并序」

遠國流芳，楚大夫汪之緒也，洎乎晉葉，黄門侍郎岳之」胤矣。幸唐運龍驤，婳觜耀武，曾祖佛壽，識叶」天謀，輔翼左右，拯濟塗炭，永寧邦社，拜銀青光禄大夫、」儀同三司、九原郡守；祖觀，太中大夫行司津監；父元簡，」積學成業，温恭允克，仁惠鄉閭，博通今古，弱冠明經擢」第、吏部選。君名智昭，字洛，京兆華原人也。幼年聰敏，識」用多奇，日誦萬言，尤功書算，甄別寶玉，性閑技巧，好歌」詠，事王侯，此乃君之行也，君之明也。養親純孝，甘脆無虧，」交遊克誠，信道日益，友于兄弟，共被均衣，見善必悛，歸」心三寶，君之孝也，君之仁也。曉陰陽義，通挈壺術，事瞿」曇監，侍一行師，皆稱聰了，委以腹心，君之德也，君之能」也。掌曆生事，習業日久，勤事酬功，授文林郎，轉吏部選，」時載五十有六。運薄陵遲，降年不永，嬰疾累月，藥餌無」徵，病甚日篤，終于其家。嗚呼！生分有涯，逝川長没。備凶」儀，習吉兆，以戊子歲實沉月五日癸酉殯于長安龍首」鄉，禮也。有子五人：順也，運也，訓也，慎也，俊也。昊天罔極，」泣血如流，恐代久陵夷，高崖爲谷，孝心遠紀，式刊銘誌：」長原孤墳，松槚蕭森，刊石遐紀，流芳德音。」泰山其頽，梁木其摧，五子荼毒，追慕增哀。」

天寶七載七月五日景時。」

＊據《古誌石萃》補蓋。　（周紹良藏拓本）

天寶一二三

【蓋】唐故清河崔府君墓誌

【誌文】

故朝議郎行太原府文水縣主簿上柱國崔府君墓誌」

清河崔府君諱永，武城人也。昔尚父佐西周，表東海，積善」餘烈，其在茲乎？曾祖濟，皇朝太子洗馬；祖元異，皇朝」益州唐昌縣令；父法言，皇朝銀青光禄大夫、上柱國、鄴」郡別駕；或文物衣冠，時稱高步；或聲明德業，代謂象賢。」府君英毅古風，挺傑弘量，貞剛爲利用，禮義爲雅名。昭宣」乎論道經邦，發揮乎開物城務。猗此數事，府君有焉。初」以細列出身，解褐曹州乘氏縣尉，其政也不茹不吐，其心」也惟精惟。」徵梅生之位，宛若神夫；梁竦之談，且勞州縣。」時安西都護來曜以嘉聲□駿，奏充節度判官，列其楚也。」洎出塞能允，登車有光，按俗而萬里生風，靖人而三軍破」膽。以功加上柱國，授晉州臨汾縣尉。未幾居喪，哀毀過禮。」後任太原府文水主簿，鳳騰逸翰，暫栖於枳棘；士蘊瓌材，」必蒞於畿甸。是以三載考績，九流瞻仰，宜夫遠者大者，以」公以侯，嗟乎！天奪其精爽，不與其禄位，以天寶六載遘疾，」至七載六月十七日終於洛陽之私第，春秋五十有五。清」規可挹，尚識仇香之名；逝水空流，徒懷尼父之歎。然以歲」月猶阻，闕祔於先塋；節制有期，冀安乎靈櫬。以其載七月」八日權厝於河南府河南縣平樂鄉終興藝第里，遵吉兆」也。嗣子萬等寢苫泣血，刻石銜哀，俾永錫於孝心，將不匱」於泉户。其銘曰：

積慶之後兮德既昌，脩身之節名闕揚。」天不憖遺兮奪其魄，哀孝子兮紀貴石，壟月千秋兮對松栢。」

（周紹良藏拓本）

天寶一二四

【蓋】失。

【誌文】

唐故河南府洛陽縣尉頓丘李公墓誌銘并序　前大理寺評事張階序　洛陽縣尉韓液銘　洛陽縣尉蔡希寂書」公諱琚，字公珮，以天寶戊子二月乙巳反素復始於東京毓德里私第。自生之歲正月」甲乙凡三百卅三甲乙矣。其季於亡六之四而奇五焉。七月丁酉與夫人河東薛氏」合葬於洛陽東北原，懷故緩也。公其先漢郎中令敢之後，七代祖宋殿中將軍方叔，」門慶大來，生後魏元恭皇后。至皇興中，緣兩漢后父之重，追封頓丘王。王有才子八人，」五爲王，二爲公，一爲侯矣。尺一封拜，舉集其家，同日五侯，其榮不大，繇是名其族爲頓」丘李，亦曰五王李焉。方叔生陳留王誕，誕生度支尚書器哲，哲曾孫尉氏縣令忱，公」之大父也。烈考仁偉，無禄早世。公生於衰緒，襁抱而孤，長於昌期，噫嗚遂晚，家在」漳鄴，時來洛京，山東大人咸器異之。剛簡寡徒，造次稀合，其所厚善則金部郎馮用之、」涇陽宰韓景宣、夏長劉晏、廷評王端、墨客張柬而已，每相逢道舊而別，一歲不過數四。」而百氏圖書之學，八分篆隸之能，虛中慎獨之心，秉直懷方之節，已獲重於知己，或庶」幾於古人，予不佞，從事斯文，備嘗公聽。夫體者性之裁，工者分之專，故清而近者宜於」詩，博而瞻者長於筆。側聞雅論，公以筆推雄，洎開元廿二載，尚書考功郎孫公，天」下詞伯，嘖以武庫詩備題，俟羣子之去就。公含毫有得，詞理甚鮮，俾孫公至今道之。」其勇於效能忽復兼擅有如是者。遂以鄉貢進士擢第。是冬也，朝廷命天官舉博學」宏詞，超絶流輩，利將以大厭詳延之望，而會府高張英詞，必扣長鳴者千計，中俊者六」人，公其褎然，益動時聽。明年，授公秘書省校書郎轉右驍衛倉曹參軍，換河南府」洛陽縣尉，視事再歲而終。秩不過於百石，禮不出於三命，幽誠靡亂，曩實徒勞。嗚呼！他」時元氣適來爲公者，未始離於愛憂之域歟？嘗自契於知言，固無悲於就木。夫人鄂」州別乘自砥之女。公筮仕之初也，天實剥喪，收夫人於鄴焉。嗣子觀等，充窮至性，」如集荼蓼，恭聞同穴之禮，泣而奉之，誠保家之主也。夫人劉氏繼其室，主饋如在，撫孤」猶生，公是以死而無恨矣。公歿非不正，德非不儲，門有宿羅，巷無素車，與人疏淡」之致也。而鹽麥數斛，聞者相高，喪事趣辦，家無一毫，又雅故公廉之跡也。白蓋雙引，」門生輓送，環悲就訣，無驚大夢，有賢達遺風之流也。則予與公泉今洛陽尉韓液，皆」同年擢桂之客，同舍校文之郎，是正多暇，周旋可數，而貞石購詞，貴於詳實，今予序之，」韓銘之，徵其素行，庶不誣矣。銘曰：」

閒氣生賢，孤標特峻，詩書禮樂，言行忠信，衆美過人，多材得俊。學海千里，詞峰萬仞，科」實連登，官惟驟進。大翼未戢，上天不憖，積德斯厚，逝川奚迅。洛北開塋，漳南啓殯，遂」彼同穴，歸乎大順。秋風始高，素車早引，門客痛骨，泉扉掩櫬。何處登龍，空餘慕藺，遺芳」紀石，殁而猶□。」

（周紹良藏拓本）

天寶一二五

【蓋】 失。

【誌文】

唐故清河崔君之誌銘」

君諱石，清河人也，因官上黨，封」屯留侯。自履跡於開祥，構極人」之峻趾。曾祖諱䆊，祖諱道，」父清貞不仕，樂守塸園。春秋六」十有八，終於私室，以天寶七載」歲次戊子八月己亥朔八日丙」午葬於屯留縣東北卅里平原，」禮也。東視濁漳，西觀清雍，黄崗」鎮其後，淥水引其前，勒石爲銘，」乃爲詞曰：

隟駟難留，逝波易」迅，山河不定，取此爲信。」

（録自《山右冢墓遺文》）

天寶一二六

【蓋】 大唐銀青光禄大夫少府監張公墓誌銘

【誌文】

故銀青光禄大夫太僕卿上柱國張府君墓誌銘并序　著作郎李賁撰」

公諱去逸，字去逸，范陽人也。自以張命氏，錫羨煌煌，出入代功，劍履不」絶，茂行英藝，必有其人焉，焕乎史牒，可略言也。曾祖立德，」皇秦城府左果毅；祖崇基，皇隨、延二州刺史；考守讓，」皇銀青光禄大夫、涇州刺史，贈涼州都督；相照華懿，不孤直道，副戎列」則武備有倫，牧名蕃則外方知訓，斯裕總萃，致美于公。公誕生德門，特」鍾茂豫，英邁正性，妙年老成。彎弓號六鈞有餘，飲酒至一石不亂。善射」而匪用乎武，能賦亦不耀其文。景雲初，以昭武皇后親外甥，特」授左衛率府兵曹參軍，換太子家令丞。開元初，授太子舍人。因封禪」扈從，特恩加朝散大夫、尚舍奉御。尋陟昇殿中少監。」上巡五陵後二歲，遷金吾將軍。明年，詔擇使匈奴者，以公」爲專對之選，俾膺是行，仍賜紫金魚袋，以極紱冕之寵飾也。終克燀揚」皇威，允副朝寄，旋蒙賞命，時論榮之。加光禄卿。無何，」天子以環衛之委，尤切心腹，爰自名卿，迂列真將，授右衛將軍，轉太僕」卿。因從上祠南郊，恩制加銀青光禄大夫焉。公歷職凡」九，執心不貳，寢疾踰年，積善何負，天其或者鍾其後嗣乎？天」寶七載八月廿一日，終于長安縣頒政里之私第，春秋五十有六。外姻」畢哀，中使降弔，常式賵贈之外，別敕賜絹三百疋，布」三百端，俾給喪事。嗚呼，其生也榮，其死也哀，足以彰」聖明孝理之殷，思從母昆弟也。旋以其年九月十七日，遷窆於咸陽縣」之北原義陵鄉，禮也。有子六人：渾，都水使者；湊，左衛率府兵曹參軍；澤、」清，吏部常選；沭、潤，弘文館明經；咸泣血于蓼，善逾二連，仁乎其親，信加」於人一等矣。銘曰：」

英英張公，遥遥華胄，挺生翹楚，後來之秀，抱禮復樂，義肥德富。貴遊推」美，戚里稱賢，虎衛執金，榮寵在旃，龍城勒石，何慙燕然。歸真京兆，食墨」秦野，渭水之陽，義陵之下。哀哀遺胤，蕭蕭嘶馬，松林送人，孰不悲者。」

（北京圖書館藏拓本）

天寶一二七

【蓋】失。

【誌文】

大唐故寧遠將軍行左威衛左司階上柱國太原王府君墓誌銘并序　登仕郎前新羅縣尉郭懷琰文并書」公諱元泰，字清，太原人也。周封其氏，則班列郡焉。廿一世祖」爲司徒，晉時季之宗胤也，百代傳寶，名流其昌；千載芳猷，簪」纓是重。曾祖信，式瞻祊考，徽美其身，終究府長史；父」義，拔秀標峰，擢高超器，捨文貫武，率職仍甄，積任勳庸，終翊」府中郎將；並爲人望也。公禀靈粹氣，天骨不羣，鶴唳沖天，」虎賁精任。初解褐司戈，乃武職之美；後改中候，不失其望矣。」都尉之號，名已厚焉；將軍之位，階列其義。任左威衛左司階，」則其任也。公二弟德合同規，官悉武臣，俱爲都尉之任，五」龍之後，代莫能名，三秀之前，公之仲禄爲上矣。公職當」騏驥，昂藏浮雲，小駟大宛，追風曳練，神駒出水，明漢代之洼」河；麟馬呈皇，彰吾君之感及。因使于洛，返轡未迴，忽染」斯疾，便成哀作。遂天寶七載夏四月薨于徽安里之私第之」□，時春秋七十有三。嗚呼哀哉！哲人痿矣，梁木壞矣，劍星將」落，鏡忽藏明，朗日收光，薤歌斯起。韓陳三傑，已變塵灰；阮向」七賢，亦爲冥寞。嗣子庭誨等，情摧憒烈，腐膽傷神，泣血絶漿，」古之何比？痛逝川之易及，哀風樹之難留，遂以其載十月十」二日歸殯於河南邙山平樂原，之禮也。猶恐移陵徙谷，山河」變遷，式記芳猷，藏之不朽。其銘曰：」

武臣一去，鏡光滅色人已亡；生涯能幾，痛茲冥路辭高堂。慈」父終考，孤子無恃憒心腸；原野蕭蕭，顧是荆棘何蒼蒼。式鎸」銘記，藏之幽穴萬餘强。」

（周紹良藏拓本　河南千唐誌齋藏石）

天寶一二八

【蓋】失。

【誌文】

唐故處士河東裴府君夫人祖氏墓誌銘并序」

夫人姓祖氏，其先范陽人也。唐司農少卿孝」基之季孫，渠州司馬義臣之少女，秘書郎流謙」之次妹，處士河東裴府君之嫡妻。府君諱珣，以」才行見稱，爲太常卿梁載言表薦，有□就徵，」遁逃不起者。夫人自殷王祖乙之後，于今二千」載，賢才間出，史不絶書，即納、約、君彦之類是也。」以儒素詞華爲家聲，以儼恪淵默爲志意，以孝」敬恭謹事上，以柔順慈惠撫下，嗚呼！有如是者，」不享其壽，明神欺之矣。欻以天寶七載四月十」日疾疹，不作□年，北首於洛陽縣利仁里之私」第，春秋七十有五。即以其載十月廿三日殯于」河南府河南縣平樂鄉杜郭村之西北原，禮也。」嗣子濟以爲至敬無文，直書其事，庶夫來者知」我不誣。銘曰：

洛水之北，邙山之陽，孤墳巋巍，外野蒼茫。卒爲」泉壤，安用如堂，幽明異處，母子殊方，猶聞鶴唳，」還應痛傷。」

（周紹良藏拓本　河南千唐誌齋藏石）

天寶一一二九

【蓋】失。

【誌文】

唐故延王府户曹丁府君墓誌銘并序」

曾祖陁，周朝請大夫、河間郡司馬；」祖神武，隋朝游擊將軍、左武衛郎將；」父讓，唐朝議郎、平陽郡襄」陵縣令。公諱詔，字子詔，魯郡濟陽人也。公自總」角，有聰敏之異，服膺顔冉，以仁義爲軌躅；企踵臯」伊，以宰衡爲衿府。而體氣宏雅，風神倜儻。弱冠明」經擢第，釋褐授隱太子廟丞。陟遐自邇，甫階於尺」木；自邇之大，爰發於濫觴。次授節慜陵令，惟肅肅」焉，亹亹焉。轉延王府户曹，趨以瑣闈，侍以雄風之」對，未得逾時，忽嬰微瘵。長子洌，蕲春參軍；次子潾，」孝廉擢第。二子而在侍，求西山之藥；召南國之醫，」苦無瘳焉。以天寶七載八月十七日卒於河南府」洛陽縣通遠里之私第，時春秋有六十。乃泰山其」頽也，梁木其壞也，以其載十月廿三日，窆於洛陽」北邙，之禮也。白馬嘶定鼎之郊，絳旐扇邙山之路，」洛陽悴陌，寒吹空吟；荒野幽埏，苦霧朝暗。銘曰：」

出自濟陽，祖始太公，孝廉丞廟，爲令陵宮，判曹王」府，以應雄風。卜其宅兆，厝之蒿里，南俯王城，西臨」瀍水。孤月爲伴，白楊爲鄰，誰知桃李，不復再春。」

（周紹良藏拓本　河南千唐誌齋藏石）

天寶一三〇

【蓋】失。

【誌文】

太原斛斯府君墓誌銘并序」

君諱翹，字淳風，其先太原人也。祖宗冠冕，奕」葉重芳，明哲代聞，英奇相繼。君星辰秀氣，山」岳神，博識多知，五百年之俊異；宏才碩量，九」萬里之羽儀。默語陸琴罇養性，遺榮不仕，放」逸爲心，締交卿相之門，追賞王侯之第，不孤」風月，取暢心神，實命代之賢良，亦當時之君」子，豈爲電波無住，舟壑有遷，良木斯摧，哲人」將謝，粵以唐天寶七載歲次戊子十月戊戌」朔二日己亥，終于利仁里之私第，春秋五十」有七。悲夫！瑟臺闃寂，井逕荒涼，響像如存，精」魂何託？即以其月廿九日景寅卜安厝葬於」南府河南縣平樂鄉界芒山之高原，禮也。嗚」呼！遊龍落甲，傷晦影於黃泉；歎鳳殘毛，痛□」於丹穴。乃爲銘曰：

鬱鬱佳城，冥冥夜臺，黃泉路咽，白楊風哀。朝」謚至，太山其頹，自古飲恨，非君痛哉！」

（周紹良藏拓本）

天寶一三一

【蓋】失。

【誌文】

大唐故定遠將軍守左司禦率府副率姚府君墓誌并序　汝南郡鄎城縣主簿胡瑱撰」

公諱知，字章，河東人也。承帝舜之後，孝感天下，德被仁賢，弈」葉衣冠，繼代不絶矣。曾雲，位毗轉扇，佐理無私，才豐翰林，氣」秀山岳。祖護，字人當職，馴翟謡風，邑哥來蘇，邦聞其政。父惠，」高尚不仕，偃卧林泉，飲水曲肱，樂代無悶。公即君之第七子」也。幼嘗讀書，其拾青紫，天假多德，聰敏不羣，調選授河南」府録事。糾舉六曹，綱紀一縣，政聲滿於天下，美譽聞於朝庭，」主司用人，擇以不次，超拜朝散大夫將作監丞。恭儉守節，克」諧奉公，卓立奇才，超越朋輩，雖仲山之德，無以賢其人。」主上貴以忠廉，允釐擢用，再陟左驍衛郎將東京皇城副」留守。衣冠赫弈，出入禁闈，親事玉階，肅特拜左武衛」中郎，判左千牛衛將軍兼省城使。馳聲帝里，篤察姦非，善」積播揚，遠聞邦國，有制遷左司禦率府副率兼判五率府」事。總轄案牘，不差毫釐，仰之如神，實謂賢德。天何罰善，速彼」逝川，春秋七十有一，寢疾終於東京道政之私第。夫人任氏，」閨風扇揚，組紃克備。天不祐德，早謝泉門，今祔皇姑，卜宅遷」之，以天寶七載十一月十六日合葬於北邙原，之禮也。輀車」出郭，引紼交途，設鹵簿之陳儀，牽挽歌之慟哭。孝子洛瑛等，」攀號崩裂，五内心酸，欲報劬勞，昊天罔極。恐疢移骨燼，海變」桑田，勒石爲銘，光乎不朽。誌曰：」

彼君子兮，挺□河汾；親事玉階兮，卓立不羣。拾青紫兮，出」入禁掖；勒貞石兮，美譽遠聞。

嗣子淮陽司倉洛瑛書。」

（北京圖書館藏拓本）

天寶一三二

【蓋】唐故大慈禪師墓誌銘

【誌文】

大慈禪師墓誌銘并序」

禪師本姓李，名隸於崇敬寺，自稱曰淨覺，號之曰方」便慈，衆稱之曰大慈。春秋五十九，僧臘凡卅矣。開元」初，悟三世之有，劃萬物之緣，捨俗出家，懇心趣道，住」持禁戒，受具聲聞。已殖三千大千之所，匪唯一劫二」劫之漸。初趣於大智和上，懸解禪門；後謁於大照禪」師，脗合心地。其後住終南諸寺，亦十餘稔，或投陁曠」野，或宴居山林，外示端嚴，內□汲引。而心入於無聞」勞矣。天寶五載十月廿九日，化滅於靜恭里第。今終」於第不於僧房者，蓋在俗有子曰收，致其憂也；臨終」曰塗蒭禮也。法門儉，吾從衆，於是攀援泣血，罔極崩」心，如何昊天，獨貽大戾，瞻望不見，何恃何依？頃葬於」萬年縣洪固鄉畢原之東南，至七載十一月甲申，建」塔於此原之腹，縣改咸寧而改葬焉。其葬具順僧事」而從遺命也。已相川原，將樹松檟，兹塔如踴，惟靈永」安。日月雖除，終身荼毒，咨惟小子前左領軍衛倉曹」參軍收述德而頌，頌曰：」

身雖現，心湛然，相不住，度無邊。」

（周紹良藏拓本）

天寶一三三

【蓋】　唐故竇夫人墓誌銘

【誌文】

大唐前漢中郡都督府西□李少府公故夫人扶風竇氏墓誌銘并序　左威衛兵曹參軍盧沼撰」

夫人竇氏，其先扶風人也。曾祖倧，譙國公、駙馬都尉、左衛大將」軍贈特進；祖孝謙，丹、坊、鄜、恒、定、洺六州刺；父宣文，蜀郡大都督」府法曹參軍、唐安郡晉原縣令；外祖隴西李景晤，光禄大夫；内」外榮宗，姻連帝戚，世業貴冑，門襲公名，信謂易葉不墜，克著」其美，既光國史，亦存家諜，豈假一二之言哉！夫人即晉原府君」之長女也。特禀中和，誕兹柔順，少總婦道，長善母儀，貞正居心，」仁孝成性，四德具美，六親爲謀。年始初笄，作嬪君子，早諧宴爾」之樂，復偶夢熊之慶。嗚呼！樂往哀來，福兮禍倚，誕育七日，遽奄百」齡。家纔慶於弄珠，魂獨歸於蒿里，嗚呼哀哉！以天寶二載七月」六日，終於西縣官舍，時春秋廿有五。少公初承凶問，君小吏之」懸枝；後對偏遺，悟大人之擊缶。幼子總，哀哀襁褓，嗚嗚而泣，生」人之苦，未有若此。少公秩滿，迎魂東歸，叶從龜筮，及兹遠日。今」以天寶七載歲次戊子十一月朔廿四日庚寅殯於洛陽北邙」之原，禮也。於戲！夫人德行雙美，道釋兼善，古之婦德，莫之與京。」以厚葬非禮，臨歿遺囑少公，勉就高志，故爲薄葬焉。嗚呼哀哉！」今古永隔，存亡路殊，感義夫之高節，傷幼子之合禮，敢書菲薄，」知淑德之不朽。銘曰：

□假淳和，但生柔德，公侯之胤，惟婦之則，幽蘭其芳，貞松其直。」□配君子，初諧瑟琴，夭桃其華，與李成陰，本望偕老，俄悲古今。」玉佇成器，珠痛先沉，千年永隔，空遺雅音。」

（周紹良藏拓本　開封博物館藏石）

天寶一三四

【蓋】失。

【誌文】

唐故文安郡文安縣尉太原王府君夫」人勃海李氏墓誌銘并序」

夫人其先勃海人也。祖彥，皇青州司」馬；父滌，皇冀州衡水縣令。夫人即衡」水公第三女。載十八，適于王氏。時王公」衡水主簿，因而結婚也。夫人凡生一子。」王公天寶二載終于文安，夫人以天寶」七載十一月四日遘疾終於河南縣孝」水里私第，捨春秋卌有四。惟夫人性含」謙順，德蘊賢和，惜乎！以天寶七載十一月」廿四日葬於洛陽北原，禮也；蓋未合也，」蓋從權也。嗣子羽，哀哀在疚，欒欒其棘。」銘曰：

佳城鬱鬱，春復其春，窮山蒼」蒼，松栢愁人。泉扃一閉兮開無辰，嗚呼」哀哉兮思慕終身！

大理丞王縉撰。」

（周紹良藏拓本　河南千唐誌齋藏石）

天寶一三五

【蓋】大唐故李府君墓誌銘

【誌文】

李公墓誌銘并序　四子名庭，六子名仙鶴，十子名知什。」李公者，李老君之後胤也。祖綬，左衛將」軍檢校朔方之將，小名舉，官號亦同。父」隨祖任，便住太原，恐濯亂身心，遂高道」不仕。放逸於人，好習清虚，長遊山水，時學」坐亡立死，飛九轉之神丹，命壽百餘，世之」罕有，郡邑知名，俗稱德道人也。少年之內，」乃婚車氏，産其一子，即李公也，名秀。小」小青衣侍衛，不離父側。及其長大漸學，」婚仕於人，名之未立，忽染疾纏痾，命歸蒿」里。男女幼稚，遂權葬於太原。今卜擇良時，」用天寶七載十一月廿四日坤時，遷葬於東」京河南府洛陽縣上東門之道北北部鄉，與」高夫人同，禮也。恐陵谷遷移，桑田遞海，勒名」於石，萬知之。歌曰：人之在世，似石火之光，泡末」成身，起長久住，不如歸道混一，無違忽□之間，即之□□。」

（北京圖書館藏拓本）

天寶一三六

【蓋】失。

【誌文】

唐故廣平郡太守恒王府長史上谷寇府君墓誌銘并序　姪女壻朝議郎行大理司直攝監察御史賀蘭弼撰　姪宣德郎前行馮翊郡河西縣尉墳書并篆蓋」

公諱洋，字若水，上谷昌平人，其先康叔之後也。昔周王命小子封，蓋賢康叔爲大」司寇，子孫因氏焉。逮侯角歸燕，始家於上谷。東漢雍奴侯庇綏河内，比義蕭公，厥」後蟬聯耿光，昭晰傳諜，弈世十七而生我公。公之曾王父諱暹，隋襄國郡守通城」閔公；王父諱志覽，皇歸州刺史；烈考諱思遠，曹州長史上柱國；皆禮樂高標，」文儒雅望。公禀中和之秀氣，承慶緒之休烈，瓌貌七尺，嚴莊不羣，望之儼然，尤善」名理，九流百氏，莫不兼該。文章斌斌然有大雅之致，弱冠應材稱棟梁舉，策居第」一；又試拔萃出類科，與邵昇、齊澣同時超等，授魏州昌樂尉，換洛州興泰尉。神龍」初，大徵儒秀，精擇令長，薦與盧藏用等高第，敕試虢州盧氏令，後除申王府」記室參軍，改并州録事參軍，内艱去職。重集荼蓼，丁曹州府君憂，與弟溶等䟦奉」靈櫬，載涉冰雪，行路哀之，卜宅于邙山之下，躬畚墳土，手根墓木，因而廬焉。九原」蓁蕪，狼虺爲患，自公之居也，毒蟲不螫，猛獸可馴。服闋久之，而起補大理主簿。間」一歲，遷本司丞，明刑無冤，真秋官之胄也。尋轉涇州司馬，累充朔方軍節度判官。」元帥户部尚書王晙、兵部尚書蕭嵩悉以金革之事咨於幕下，乃北逐獯虜，勒銘」於牛頭山，雖燕然紀功，不是過也。仍兼東受降城使，匈奴懾焉。加朝散大夫，拜冀」州長史，移貝州別駕，歷吉、舒二州刺史，南陽、廣平二郡太守，凡所理化，必著能名，」去思不忘，豈徒愿借而已。晚加衰疾，屢表懇辭，由是除恒王府長史。將行，以天寶」七載六月十五日薨於外館，春秋八十有四。粤十一月晦，歸窆於河南縣金谷原」之先塋。夫人河間縣君邢氏祔焉，禮也。夫人，皇司議郎玄助之孫，屯留令思義」之長女。事舅姑穆如也，崇饋祀肅如也，享年七十有五，先公即世，可謂君子偕老」焉。嗚呼！五事之先，如公之貌；百行之本，如公之孝；文可以經國，政可以息人。然而」不登台階，抑命也。長子釗，秀而不實；嗣子鉦，克遵遺令。公之子壻吏部侍郎達奚」公，天下詞伯，王之藎臣，送終伊何，皆所營護，哀榮之典，朝野歎息。弼忝承姻舊，」敢廢斯文。仰闕里之墻，雖慙覩奥；篆泉臺之礎，無所愧詞。銘曰：」

連延蒼翠，恒碣間氣，文武不墜，世濟高位。才優公吏，仁典獄寺，謀及軍事，勇爲兵」使。佐郡惟三，專城則四，不回於利，不疚於義，啓手歸全，以没於地。望清洛兮倚脩」邙，列侍先塋兮丘壟成行，古往今來兮人世共盡，于嗟同穴兮閟此陰堂。」

天寶七載歲次戊子十一月丁卯朔三十日景申。」

（周紹良藏拓本　河南千唐誌齋藏石）

天寶一三七

【蓋】失。

【誌文】

丹陽郡故陶府君太原王夫人墓誌銘并序」

君諱元欽，河南府洛陽縣人也。巍巍先祖，自始陶唐；」浩浩堯時，至于今日。惟公孝節，家國盡忠，歷任巨鹿」郡青山縣主簿，遷新定郡建德縣尉，終縉雲郡司法參」軍。在位一載，時政咸達，以德理化，育物無虧，丹筆哀矜，」割斷無枉，□乃遵爲綱使，統税陳留。何期秉燭輪銷，隙」駒以往，吴郡染疾，見殁睢陽。是載八月七日乙巳，浮蘺」縣河次，在船而終。夫人是月十日戊申，亦於此逝。端嚴婦德，無棄鴛鸞，倏忽長辭，逝川不返。長子少亡，孤幼失」愛慈之念；次男秘，荒迷途路，號□船中，追遠存生，□□」後代，寫經繪佛，濟脱冥途，禮懺焚香，愿生淨域。有生滅」矣，何苦悲傷；代謝輪迴，□□追慕，嗚呼哀哉！咸嘆銘曰：」

晝夜有經，輪迴盛衰，虚靜□淡，寂寞無爲。生同逆旅，殁」後全歸，露□之壽，俄謝光輝。」空中不滅，色像歸真，莫辭今故，更受還新，佛且混盤，況」復於人。」青松霧合，衰草□□，逝川今往，長別無歸。拱木生煙，孤」墳風吹，傷嗟行路，有感此時。」

大唐天寶十載歲次戊子十一月丁卯卅日景申，遷于」遷于河南府洛陽縣南去吕樂村二里北去二家店三」里銘記。」

（北京圖書館藏拓本　河南千唐誌齋藏石）

天寶一三八

【蓋】失。

【誌文】

大唐故前濟陽郡盧縣令王府君并夫人裴氏墓誌銘并序　息鄉貢進士孤子稷撰　息税書」

夫大禹之功未艾，少康之德方臻，宗望承衮冕之餘，孫謀流錫羡之慶，」百官之表箴列於周書，陸渾之徵跡存於魯史，則」我府君諱同福字長卿，隴西狄道人也。高祖周都官尚書，管、蔡、廉、洺」五州刺史諱故，曾祖隋朝請大夫、屯田郎中諱孝源，並義克挺生，功」能濟世。王父皇朝散大夫、申州義陽縣令諱文鼎，烈考皇朝議郎、」黄州黄陂縣令諱思温，咸能爲物表，德協人師。府君則黄陂公之」長子也。幼篤詩書，長敦惠訓，貞廉剋己，忠孝自天。嘗應茂才舉末第，會」中宗輦脚出身，廿一解褐補常州武進縣主簿，再授蘇州崑山縣丞，未」幾丁黄陂公憂，在禮過毀，體不勝衣，居喪盡哀，孝僅滅性。纔除，又丁」太夫人憂，其哀慼之情，如黄陂公之禮。公爲再丁艱疚，因而成疾，」間者十五歲，罷仕後疾愈，選授蒲州解縣丞。公始下車，以清白奉身，」忠貞涖職，一爲監鹽判官，再領南河運使，尋加朝議郎，拜濟州盧縣令。」公明鏡臨人，秋毫莫隱，利劍宰物，大郄必申。秩滿還鄉，寢疾逾歲。膏肓」既及，藥石無功，以天寶七載十月廿五日，終于洛陽縣尊賢里私第，春」秋六十有二。夫人諱雍熙，字大和，河東聞喜人也。曾祖正，隋長平」郡贊治；祖德，太學明經出身，辭疾不仕；父守祚，皇泗州下邳縣令。」夫人則下邳公之長女也。風範冰清，心目虚洞。言容四行，遵禮義而莫」差；道釋二門，悟希微於無我。華有當春之盛，故鸞鳳和鳴；田有成海之」期，則琴瑟偕老。頃與府君俱寢疾已，於是月十八日，終于洛陽縣依仁」坊私第，春秋五十。嗚呼！内省無狀，未卜斯殃，彼蒼不仁，再罹凶釁。孤子」税、積、稷等，不能自死，視禮偷生，攀慕崩摧，肝心屠裂。小子稷，荒蕪之末，」誠不敏於斯文；號訴之餘，謬當仁於叙事。即於其載太歲戊子十一月」丁卯朔卅日，合葬于東京洛陽縣清風原，禮也。懼丘陵革易，年代」彝倫，敢序無涯之恩，將刊不朽之石。乃爲銘曰：

父母之恩，罔極罔逮，如天之蓋，如地之載。幽冥割愛，攀慕如在，望彼及泉，崩離五□。」

（北京圖書館藏拓本　開封博物館藏石）

天寶一三九

【蓋】失。

【誌文】

故唐朝史府君墓誌銘并序」

君諱庭，字南山，河南伊闕人也。夫以洪源流濬，疏王」浙而含漪；卞嶽高飛，象瓊巖而特出。故以地靈鎮秀」海之英名，抑亦清求葳迤載簡，運開原首，授師律於」天鈐；歷聖含樞，敷善言於金蟪。靜乎息簡，正略方閑，」德合人儀，道由終庶。曁乎綸翰，述雅多能，滅影寒光，」摧殘終始。祖對，皇朝太原府長史；父皇朝隨任華州」定城府左果毅；才中通理，道牝遺荃，秘閣鏘金，超登」鳳閣。夫人尹氏，故楊州刺史之女也。風儀正秀，體骨」流姿，蕤態菲華，嬌顔寫豔，貞閑藻性，柔順資懷，瑰奉」德於衆嬪，施恩光於娣姒。故開元廿七年卒於從善」之里，幾嬪恥敬，冀室慙恭，掩質玄扃，摧殘后土。故大」唐天寶七載十一月□日，合葬於芒山之野。營魂散」遠，飛魄千勝運叶光，聲傳後世，先榮前達，聲集漢朝」朝，眷感咸臻，同嗟古位。乃爲銘曰：

猗歟丈人，氣禀清源，動也有則，仁也有言。積善餘慶，」□笑慈顔，性同淮海，志眇江山。關河遊歷，桂樹未攀，」何道不術？何藝不閑？奇經妙術，觸事唯賢。嗚呼！浩天」不仁，降此凶閒，霜摧玉樹，運戮少顔。歸歟泉壤，來也」芒山，神海魄散，靈去魂還。」

（周紹良藏拓本　河南千唐誌齋藏石）

天寶一四〇

【蓋】失。

【誌文】

大唐前趙郡司士參軍王昔故妻扶風竇氏墓誌銘并序　魯郡方與縣尉王旻撰

夫人諱含，字含，京兆扶風人也。自漢魏已降，世稱華族，惟嬰之貴，散廊下之金；惟憲之功，勒燕然之石。其餘外戚列於傳，恩澤封於侯，勳庸事業，畫閣銘鼎，不可得而言已。曾祖誕，皇朝駙馬都尉；祖孝諶，皇朝太常卿；父希瑊，皇朝太子少傅司空邠國公。司空即帝之元舅，寵章錫命，貴極人臣，或以女尚妃，或以男降主，他人之所少，我家之所多。幾見鳳凰之樓，盡成冠蓋之里。朱軒繡轂，疊影聯輝，金穴之盛，莫之與京者也。夫人即司空之少女。幼有美麗，長多柔慎，夙承貽教之姿，自有成人之德。閑和婉孌，備習詩書。亦既有行，而歸于王氏，女儀婦則，六姻所宗，宜其和爾瑟琴，保乎家室。豈徒天不與壽，神其見欺，以天寶七載十一月廿九日倉卒遘疾，怛化于建春城東之私第，春秋卅二。落朝華於□景，掩明鏡於夜臺，莊奩徒施，履綦未滅，哀感旁舍，悲纏行路。夫人殞於韶歲，有女無男，雖聞哭泣之聲，而無喪祭之主，此又痛中別有痛。即以其載十二月廿四日，卜葬于北芒山原，禮也。方相銘旌，挽歌揚聲，愁雲暝色，愛日無晶，高墳舊逵，望九重之城闕；荒郊宿莽，對萬古之山川。興詞雪涕，强爲銘曰：

夫人之行，有禮有則；夫人之性，動不踰閾。容之如花兮，目有麗色；心之比玉兮，兼懷淑德。降年不永，今也忽亡，葬於何所兮？芒山之陽；千秋萬歲兮，松檟行行。

太原王昔書。

（北京圖書館藏拓本）

天寶一四一

【蓋】失。

【誌文】

唐故新定郡遂安縣尉李府君夫人博陵崔氏墓誌銘并序　前鄉貢進士弘農楊綰述」

維唐天寶八載歲在己丑正月景寅朔四日己巳，故」新定郡遂安縣尉李公夫人崔氏享年六十，寢疾終」於東京寧仁里第。嗚呼哀哉！夫人博陵人也。高祖彭，」隋開府儀同三司十二衛大將軍；曾祖寶德，皇工」部、主爵二司郎中；祖儉，朝散大夫汾州司馬；考義斌，」豫州司户；繼世冠冕，代稱著族。夫人承懿範於景胄，」秉柔芳以立身。待年有行，率禮而動，蹈和納順，中外」穆如。嗟乎！馳齡不留，逝景俄及，善既奚恃，神將曷憑，」以其載正月十一日景子，權窆於洛陽縣北部鄉之」原，禮也。嗣子津等，如慕不及，石以日之。銘曰：」

峩峩東岳，泱泱大風，建家啓祚，實曰華宗。華宗伊何？」柔範獨秀，古訓是式，德音是茂。南有樛木，葛藟是依，」待年以處，率禮而歸。四德既敷，六姻以睦，蘋蘩之務，」洛我良淑，視月爭規，瞻蘭比郁。清風林下，扇美中谷，」自古在昔，其生若浮。滔滔逝水，寧有還流，謝我昭代，」歸于松丘。出郭門兮一別，恨長夜之悠悠，念寒泉之」罔極，記遺美於千秋。」

（北京圖書館藏拓本）

天寶一四二

【蓋】失。

【誌文】

大唐故右金吾衛翊衛兵部常選張公墓誌銘并序」

公諱孝節，字祖屯，南陽白水人也。昔漁陽太守，兩岐之詠譽」高；河間明相，二京之賦名重。家代冠冕，播美古今。曾祖詵□，」祖繼伯，父□安，並龍章鳳姿，累仁積德，經史博贍，文學優長，」賞玩林泉，高尚不仕。公剛毅木訥，英果貞雄，蘊三端之妙能，」工七札之穿徹。頃載以宿衛宸禁，□滿以參選天官。方希鴻」漸之榮，終冀鵬摶之用，嗚呼！降年不永，寢疾彌留，以開元十」五載三月十一日，終於思恭里之第，享年六十有三。夫人樂」安孫氏。禀靈乾婺，受粹坤祇，貞順克彰，温柔允著，閨風以肅，」家直以昌，每持齋誡，無捐誦讀，薰辛不茹，廿餘載，冀保餘慶」之福，何遘餘殃之禍，以天寶八載正月十三日傾背，春秋七」十有五。夫封樹之禮，興自周公；宅兆之規，稽於羲卦。以其載」歲在己丑三月乙丑朔八日壬申，合葬於洛陽縣平陰鄉北」陶村之原，禮也。南瞻」丹闕，宮殿連雲；北眺黃河，波濤□日。嗣子登仕郎、前守少府」監、掌冶署令、員外置同正員，賞□魚袋，輕車都尉希杲、兵部」常選、上騎都尉紹蘭等，攀號罔極，殒瘠銜哀。恐陵谷之有遷，」詢匠石以表德。下才不敏，敬爲銘曰：」
張公雅望，武毅稱雄；夫人令淑，温柔肅雍。不幸遭禍，異載同」終，良辰合葬，宅兆斯崇。峩峩高隴，
幽幽冥路，日域長辭，泉扃」永措。疏月照夕，愁雲栖樹，劚石紀德，千秋垂則。」

（北京圖書館藏拓本）

天寶一四三

【蓋】失。

【誌文】

維大唐皇朝陳府君墓誌銘并序」
君諱光濟，字祁陁，虔州南康縣人也。少以孝敏」知名，聽明克己，恩光宿輔，通化自然，順以親姻，」讓
以賓友，德與四夷比定，義與桑海齊傾，不幸」浩天，而終良壽，今天寶八載三月十九日卒於」故睢陽郡
宋城縣郭下。忽辭家邑，遠逹他鄉。且」君子有江海之遊，小人有懷土之志，且風月各」異，關山有違，
書信寂寥，音符冥寞，謀躬不足，非」命而終，天造茫茫，死而何後。今故勒其銘，實澄」見下泉，愿魂兮
有靈，委適斯文也。父仁恭，唐」朝隨任虔州南康縣尉；身閑閣讀書，幽巖擢質，」優遊文藉，藝覽辭林，
不遇當朝，而無所成名也。」愧顔回之無適，慙莊公之無徵，思少坐之不成，」恨老君之無挹。今既具其
銘録，題之於前，象以」先魂，記爲銘曰：」
君宿輔覽宗，早承家訓，貞而自潔，敏而復順。孝」接清源，恩弘志藺，聲名播遠，德常自近。三鍼

其」口，禍而復慎，無測其深，無測其年。心平無二，志」無他胤，永徹芳猷，長歌承舜。」

（録自《中州冢墓遺文》）

天寶一四四

【蓋】失。

【誌文】

大唐吏部選彭城劉君故妻高氏墓誌銘并序」

君諱娩，字温，渤海蓨人也。忠□炳乎史籀，孝子彰于禮」經。曾祖宗，皇左衛中郎將；六韜之術，翊衛□□；」五官之榮，趨馳宸禁。祖應，皇進士及第，□□射」策，太常登科，負賈誼之宏才，同文公之縱逸。□□□」皇朝議大夫，榮、禮二州刺史；删定格式，中外□□，□」境先彰來暮之歌，下車咸稱神明之政。卿即□□□□」女也。容華綺翠，倩盼韶妍，性體張箴，德模珝誡。□□□」御□偕九齡，主饋如賓，未周半紀，服資縗而泣血，□羸」瘠而淪亡，行路傷嗟，内外威慟，以天寶五載丁酉月□」朔七日殁于殖榮里之私第，春秋卅四。於戲！蕣華□□，」蓐草空施，靈産無徵，櫕塗過制，每觸目而哀切，同□□」之傷神；時鼓盆而悲歌，效莊周之亂思。演龜易之靈兆，」宜與前夫人趙郡李氏同塋，即以八載歲次己丑六月」甲午朔九日壬寅，殯於邙山鳳凰臺之南原，禮也。僑挽」悲喝，風雲慘昏，臨穴悽傷，松櫝變色。嗣子鸞，感撫□之」見，纏茹慕之感，化合□於泉户，勒琬琰以送終。銘曰：」

灼灼芳華，關關和鳴，金蛾晦影，寶婺沉英。滔滔逝水兮」日東流，流奔夜壑兮壑藏舟。桃李花兮風早落，蘭苣兮」兮霜已秋。闕窀穸兮永決，情恍惚兮哀切，傷狐兔以爲」鄰，祔松□於墳闕。」

（北京圖書館藏拓本）

天寶一四五

【蓋】失。

【誌文】

大唐故冠軍大將軍行左龍武軍大將軍員外置同正員上柱國薛府君墓誌

公諱義，字成，河東汾陰人也。昔奚仲居薛，仲虺相湯，薛之所封，其來遠矣。三族仕魏，蟬冕登朝，一葉居蜀，忠貞奉主。曾祖魚，亭亭高竦，不雜風塵；祖芝，與時偕行，聲名光國；父知信，以公之效，贈安化郡都督府司馬。公禀氣非常，以虛受物，少習戎旅，意候時須，果中宗業隳，牝鷄竊命，梟聲内發，狼顧相驚。公血氣方剛，難易有備，以懸布之勇，隨龍上天，既拔立極之勳，自取當時之貴，河洛爲帝王之里，蠻夷爲貢賦之賓，開國承家，盛莫先也。公玄髮新束，朱紱方來，解褐授絳郡長祚府左果毅，自初任至冠軍，總十三政，躍馬卌載，春申有立楚之功；食邑五百户，周勃有佐漢之力。公駿馬疊跡，朱輪成行，每一命有加，三揖而進。河圖二豎不去，秦醫徒良，三牲豈虧，巳歲爲夢。以其天寶八載閏六月十日薨於西京長安金城里私第也，春秋七十有二。以其載七月廿八日旋葬于國門之西龍首原，之禮也，嗣子光太、光俊等，哀慟羸瘠，悲感行路，但恐筮短龜長，山移谷變，欲標壯士之隴，須識將軍之墓，是鐫玄石，乃作銘曰：

奚仲居薛，仲虺相殷，三族在魏，一葉離秦。晉傳清職，周有忠臣，名芳青史，質已黄塵。乃祖乃考，惟忠惟孝，功不因虚，言無徇巧。動静寬猛，温良容貌，舉之若鵬，變之如豹。漢有諫議，唐有將軍，令問令譽，乃武乃文。躍馬何效，隨□龍動，言行鐵石，意氣風雲。逝水不還，往年無再，生崖忽毁，魂依冥昧。月作添燈，松爲永蓋，貞石有名，傳之萬代。

（録自《陶齋藏石記》卷二十四）

天寶一四六

【蓋】　唐故翟夫人墓誌銘

【誌文】

大唐故酋長康國大首領因使入朝檢校折衝」都尉康公故夫人汝南上蔡郡翟氏墓誌銘并序」

夫人翟氏，汝南上蔡郡人也。家傳軒冕之榮，門」出士林之秀，漢丞相之榮貴，吴將軍之智謀，聲」播古今，名芳史籍。曾祖瓚，隋朝議郎、檢校馬邑郡」司馬；祖君德，皇朝朝散大夫、太常寺丞；父方」裕，清河郡清河縣尉；并高材莅職，雅譽稱雄，清」規振於郡縣，朱紱光於樂府。夫人禀柔和之」性，懷信義之規，四德範明，三從禮著。方冀頤年」□保，肅家道於閨庭；何期遘疾彌留，歸冥途於」寂寞。以天寶八載六月九日，終於福善坊之宅」也。春秋七十有八。以其載八月十日，葬於河南」縣平樂鄉之原，禮也。嗣子從遠，攀號罔極，毁瘠」銜哀，恐陵谷之有遷，詢匠石以明記，庶垂不朽，」敬爲銘曰：」

夫人望族，禮樂門傳，温柔成範，孝義稱先。冀終」遐壽，何促頤年；泉臺一閉，日宇長捐，刻石紀德，」萬古芳宣。」

（北京圖書館藏拓本　開封博物館藏石）

天寶一四七

【蓋】失。

【誌文】

大唐安定郡參軍陸豐妻胡夫人墓誌銘并序」

夫人姓胡氏，安定臨涇人也。其先有嬀之後，遂」育于姜，在陳備三恪之尊，居齊分六卿之職，因」始封以錫姓，自胡公而受氏，英賢繼體，簪紱承」家，康負幹理之才，時推試劇；質秉公清之量，名」畏人知。前史詳之，今可略也。考景濟，皇朝監察」御史，稍遷大理正。坐栢臺而秉憲，志在澄清；毗」棘署以詳刑，榮參列宿。夫人即正公之第五女」也。幼閑閫訓，夙禀閨儀，亦既有行，歸于陸氏。所」冀宜家保慶，偕老終歡。豈期處閱浚波，奄悲長」夜，嗚呼哀哉！以天寶八載八月八日構疾，終於」洛陽縣時邕坊之私第，春秋二十。良人捧櫬，」指涇汭以牽羈；幼婦纏痾，卧伊川而委骨。關河」緬邈，存歿參商，藐是嬰孩，呱呱以泣，人主至此，」行路悽傷，言卜遠辰，將安厚夜。即以其月十四」日旋窆於芒山之新塋，禮也。有子嘉平，甫在繈」褓，何靈祇之不祐，降斯凶於蒼昊。銘曰：」

穠華桃李姿，遽凋落兮青春時，煢煢孩稚嗟偏遺，玄堂幽户無還期。」

（周紹良藏拓本　河南千唐誌齋藏石）

天寶一四八

【蓋】　失。

【誌文】

唐故南充郡司馬高府君墓誌銘并序　右武衛騎曹參軍邢宙撰」

公諱琛字琛，渤海蓨人也。表東海者，其唯太公乎？輔齊國者，其我高」氏乎？於戲！大宗舊哉，保姓遠矣，翼主定霸，强兵富人，開斥土宇，使齊」業帝，道溥功著，受邑稱卿，故歷代爲强家，終古爲不朽。丕烈之裔，河」岳降神，勳庸之家，才賢受祉，用集於曾祖宕州别駕祐；能修文行，以」濟武功，是掌國門之管，且食平原之賦，用集於大父左監門、左武二」衛大將軍，平原郡威公偘；承宕州之雅躅，奉威公之遺訓，不貪爲寶，」尚義稱賢，既剖符於延安，遂題輿於太鹵，用集於烈考崇德。公則并」州司馬府君之元子也。公宣朗其性，敏達其懷。慎以飭躬，同石氏之」數馬；通於臨事，比庖丁之解牛。年十有六，以門子補弘文生，居三歲」而參涇州軍事。於是公方十九年矣，而壯志宏博，義聲載路，捧檄而」往，綵衣有光。秩滿，授潭州田曹，言承色養之歡，旋悲荼蓼之慼，因心」則孝，殆不勝喪。服闋，授范陽兵曹，又遷申王録事，以内艱去職，□□」瘠過禮，中外稱嗟。縗絰既終，謴累云及，左道州司功。初，故相宇文□」網羅英彦，博訪謀猷，以公道合古人，言高新論，故置之相府，時□□」焉。暨宇文以他過斥去，而公以門吏見黜，非其罪也。俄移洪府户曹，」佳政日聞，使車斯倅，凡所糺按，人無怨言。累遷睢陽司功、滎陽司兵，」又改南充郡司馬，皆恩命也。飲水載懷，隨牒首路，車將發軫而遇疾，」天寶八載七月十六日終于東京尚善里所，享年七十二。悲夫！以其」載八月廿二日甲子窆于洛陽縣平陰原，禮也。公元夫人杜氏杜氏」卒，繼室以楊氏，亦早即代，塋兆殊焉。今以五勝相推，六甲躔次，詢於」卜筮，以定月時，而繇象有差，合祔非吉，且仍舊貫，以俟他年。公有二」子，未成而卒，遺命姪銑以相其家，爰修行能，俾余纂録。銘曰：」

天齊開國，高氏承家，代有明智，德音不遐。其一。我公繼業，令問有光，于」以從政，罔或不臧。其二。彼蒼降痾，殲我良人，孰云與善，曾是無親。其三。永」辭白日，言赴黃泉，遺芳不朽，千古攸傳。其四。」

（周紹良藏拓本　河南千唐誌齋藏石）

天寶一四九

【蓋】失。

【誌文】

下殤崔氏墓誌銘并序」

伊殤子名之曰糸孩，而又字曰伊奴，詳」其譜籒，博陵之大族也。我叔父睢陽郡」碭山縣尉之冢子，叔王父廣陵郡大」都督府功曹之元孫。殤子齔而讀書，童」而成業，敏識天授，孝心自然，族姻之」間，以爲克紹前人之丕烈矣。惜乎爰遘」暴疾，不成而終，以天寶八載九月十七」日夭折於河南敦行里之私第，享年一」十有一。越四日殯於邙山之原，不及士」之三月者，式從下殤之義也。悲夫！銘曰：」

涼風九月兮天地秋，草木摇落兮令」人愁，于嗟殤子兮此地留，萬古千秋兮」泉户幽。

天寶八載歲次己丑九月」壬辰朔廿三日辛亥紀。」

（周紹良藏拓本　河南千唐誌齋藏石）

天寶一五〇

【蓋】　失。

【誌文】

唐故將作監左校丞吴公墓誌銘并序」

公諱福將，洛陽人也。自周錫族，因吴作氏，南國之高風既」遠，西河之大略仍存。舉其源流，盛德之後；瞻乎胤胄，其必」繁昌。曾祖倚，隋并州刺史；祖嵩，蒲州河東縣令；父昮不仕，」雅情好古，養素丘園，攀桂樹以淹留，枉蒲輪而不去。公則」府君之嗣子也。公性惟廉慎，體含貞白，敦詩閲禮，佩義依」仁，懷子房之謀，馳賜也之辯。覩羲獻之書稱美，文變墨池」；以青紫之願可期，俯拾地芥。開元廿三年，以功優調選，解」褐授將作監左校丞，秉其公道，清畏人知，負千里之材，居」一命之職，嘆馮唐之晚仕，惜仲尼之位卑。秩滿，以志向幽」□，復歸舊里，追朋命賞，吟風嘯月，優遊雍容，聊以卒歲，於」焉寢疾，曳杖而終。以天寶八載歲在己丑冬孟月十七日，」終於東京徽安里之私第也，享年六十有八。公守分知足，」無虧老氏之誡；德脩意遠，寧慙荀子之言。以其載十一月」十一日安兆於平陰原，之禮也。寒天蕭颸，泉户深沉。滕公」室前，用青烏而啓兆；子安墳上，見白鶴之迎魂。控帶山川，」左右松栢。公臨終之日，自有遺言，兩妻先亡，勿令合葬。嗚」呼！達人之慮，事無不可，同壤異穴，理合義全，不顧小慈，務」崇大順。長子潮，次子沛，並茹荼泣血，式遵先父之言，負土」起墳，自得曾參之孝。石固不朽，僉言是謀。銘曰：」
克承家，纂乃祖，卓哉洋溢超今古。返園林，對風月，隱隱清」塵未嘗歇。書樹經時生緑苔，賓館翻令行路哀，如何相送」邙山上，一朝埋骨白雲隈。
鄉貢進士周頎撰。」

（周紹良藏拓本　河南千唐誌齋藏石）

天寶一五一

【蓋】失。

【誌文】

大唐故國子監丞□李公墓誌銘并序　宣德郎前魯郡金鄉縣尉劉去奢撰」
公諱濟，字濟，隴西成紀人也。」今上□從之將廣平郡太守諱昭貴之曾孫，博陵郡」太守諱文德之孫，秘書省丞諱元璋之子，瑶林瓊樹，」龍翰鳳毛，詞鋒貫穿，學海苞括，聲籍籍矣。解褐鄱陽」郡參軍事，黄綬之屈，青雲之資，轉鹿邑縣丞、彭城郡」司士。佐理□政，霜明月皎，遷慶王府文學、國子監丞。」□館□裾，環林博帶，才膺傑出，佇和鼎於台階；力不」圖來，奄遷舟於夜壑。於戲！享齡七十四。天寶八載閏」六月十日，終於東京嘉慶里之私第。公明位下，帝乃」興嗟；孔父山頹，吾將安仰？公渴日爲善，光而有」謙；谷物惟和，虚室生白，宜其薰集景福，保綏休徵。胡」倚伏紛綸，而精靈已矣？罕生長逝，徒盈國子之悲，累」代通家，遂絶登龍之望。以其載十一月十八日權窆」于河南府洛陽縣平陰鄉邙山陶村之原，禮也。次子」□，季曰曙，豈惟號天，曾是泣血，悲夫！陰堂永閉，冥」漠無春，明行斯稱，庶乎不朽。其詞曰：」

□哉賢哉，雅望公才，謂凌霄漢，何誤瓊瓌。」□□□□，松風□哀，平生逸氣，凜凜泉臺。」

（周紹良藏拓本　河南千唐誌齋藏石）

天寶一五二

【蓋】　唐故李公崔夫人墓誌

【誌文】

君諱韜，趙國人也，守姓受氏，玄元爲道德之宗；條分葉散，廣武有」霸王之略。世濟其美，不殞其名，自廣武廿四代□東光令府君諱仁」偉，字仁偉，生益府士曹參軍府君諱延祐。公即士曹府君之仲子也。」降峘碣之精，秉漳釜之靈，洵美既都，碩大且儼，智於周物，禮不去身。」始以太廟齋郎出參亳州軍事，秩滿調補徐州司功參軍。孫楚以參」軍著名，蕭何以主吏見重，嘉謀善政，千載一時。三釜及親，聞曾參之」悦；百城自理，見成公坐嘯。解印又轉壽王記室。進則飛纓天闕，退則」曳履王門，衡泌自怡，風塵不襍。無何，丁太夫人憂去職，善居喪次，禮」已過於柴毁；思報劬勞，心更依於禪寂。服勤道業，綿歷歲時，不茹葷，」不飲酒，生滅頓悟，身惑兩亡。制終，以家貧調補棣王屬，非繫名也。久」客西秦，言旋東洛。天寶七載夏四月晝寢於陝縣官舍，奄忽而亡，春」秋五十有五。嗚呼！天不憖遺，神莫據德，公明靡及於婚嫁，士會空存」於夢寐。青春永謝，絳旐前驅，孀妻晝哭於堂室，嗣子哀迎於道路。以」六月廿一日永遷於洛陽北原禮也。夫人清河崔氏，御史大夫神慶」之孫，光禄卿瑶之第二女也。金章累葉，晝戟三重，乘朱越於十人，受」禄過於萬石。夫人禀柔成性，藴粹含章，承禮訓於公宫，習威儀於壼」則。自作嬪君子，主饋家人，不以富貴入門，常以浣濯自給。恭以奉上，」順以接下。嗚呼！府君不造，遘此閔凶，撫孤藐而極哀，痛淑明之早世。」栢舟永歎，蓬首終年，無何，又丁光禄府君憂。重以艱虞，再罹凶酷，寑」興在疚，痟瘵增彼，蒼不傭禍，斯禍讁遘，春秋卌有二，寑疾卒於河南」歸德之私第。嗚呼哀哉！嗣子漸等，悲摧欒棘，思結寒泉，永惟共穴之」儀，仰遵歸祔之典，以大唐天寶八載十二月一日遷祔於棣王屬府」君之舊塋，禮也。合葬奉周公之典，爲墳崇仲尼之訓，鬱鬱佳城，松楸」已樹；漫漫厚夜，銘誌無文。有哀黄鳥之詩，遂勒青烏之兆。銘曰：」常山之靈，和氏之英，世有明德，鍾此令名。婉彼幽閑，宜其家室，上」天不吊，景命其卒。哀哀罔極，敬尊儀式，青松白楊，地久天長。」

（録自《芒洛冢墓遺文補遺》）

天寶一五三

【蓋】唐故隴西李公墓誌銘

【誌文】

李君墓誌銘」

公諱經，字經，其先隴西人也。隨朝徙居上黨，遂」爲上黨人焉。公季子希玉，任幽州英樂府折」衝，轉居范陽，今爲范陽人也。高祖諱霸，游」擊將軍、右武衛將軍、右羽林長上、檢校安西副」都護、營田使，賞紫金魚袋；祖諱仁，游擊將軍」右騎衛澤州高平府折衝都尉，賞紫金魚袋。」公操凛言温，長材偉度，文華冠世，武藝絶倫。年」廿三，賓薦擢第，便授懷州翊善府别將、游擊將」軍、賞緋魚袋。暨神龍元年，終於上黨之私第。夫」人霍氏，天生麗容，有典有則，克諧婦道，明閑母」儀，享八十，終於范陽之私第也。嗣子神福，孝以」居心，攀號罔極，崇棺槨，備衣衾，以唐天寶九載」三月，卜葬於縣東北二里千齡鄉平原，禮也。而」安措之。其詞曰：

吁嗟府君兮百夫之特，吁嗟」夫人兮温柔四德。卜其宅兆兮安措彼原，子子」孫孫兮攀號罔極。」

天寶九載歲次庚寅二月庚申朔一日。」

（北京圖書館藏拓本）

天寶一五四

【蓋】失。

【誌文】

大唐故譙郡城父縣尉盧府君墓誌銘　鄉貢進士杜夻言撰」

族茂地高，才富德碩，四者難并，代罕其人，一以貫之，見於府君矣。」府君諱復，字子休，錫土燕趙，受氏范陽，祖宗元勳，布在方册，英賢繼」踵，可略言焉。北齊黄門侍郎思道，即君之五代祖，博雅宏達，逸鑒」精深，濟世匡時，經文緯武，歷資典要，夙奉丹墀，累踐殊班，夕拜青鑠，」詞稱八米，望重四方；高祖赤松，皇朝太子率更令、范陽郡開國公。」曾祖承基，皇朝主客郎中、郢州刺史，從微至著，積行累仁，居家則」孝友必聞，在邦則幹蠱垂譽，光膺列宿，草奏泉流，化洽屬城，人歌來」暮。祖元莊，皇朝通議大夫、嘉州刺史，榮遷列郡，清明在躬，謝扇未」搖，仁風已被，賈帷半卷，禮教先敷。父知遠，朝議大夫，見任襄陽郡司」馬，從官中外，多稱政理之能，述職雄藩，式暢題輿之美。君弱不好」弄，道禀生知，體性温恭，姿儀爽秀，人比謝庭之玉，吾希邦國之珍。起」家惠宣太子挽郎，調補譙郡城父縣尉。千里之足，始涉長途；九層之」臺，方欣累土。何期昊穹罰善，福祐難憑，天寶八載九月四日暴卒于」譙郡鹿邑縣里之私舍，春秋卅有六。噫！素非寢疾，奄遊玄夜，人誰不」死，獨夭青春，親朋痛心，行路隕涕。哲婦隴西李氏，即故宗正卿贈禮」部尚書嗣魯王道堅之女。作嬪君子，妙選好仇，實惟玉潤之賢，豈曰」曳裾之客。哀哀晝哭，暗合敬姜之禮；惸惸少寡，嗟無伯道之兒。歲月」遽移，龜協吉，以九載二月十三日遂遷窆于邙山之南，禮也。墳開馬」鬣，對清洛之湯湯；兆啓烏封，望佳城之鬱鬱。永旌厥德，貞石刊銘曰：」

分枝太岳，胙土范陽，世濟其美，邦家之光。其一。人誰不死，惜爾青春，昊」天不惠，殲我良人。其二。孝闕南陔，官終北部，俄然怛化，奄遊冥路。其三。」秀而不實，神也難知，顔回短命，鄧伯無兒。其四。穴啓邙山，塋臨洛水，九」原不作，千秋已矣。其五。」

（周紹良藏拓本　開封博物館藏石）

天寶一五五

【蓋】失。

【誌文】

故詹事府司直張君墓誌銘并序」

有唐清河張府君諱椅，後漢郡太守歆之裔，徙居」河内脩武，因爲縣人。烈曾隋穀州司馬護，祖皇朝」詹事丞寂，考吏部尚書、脩武侯嘉福，咸邁種德，聞」之天下。君爲天官少子，稚而孤，十四學禮弘文館，」以精通出時輩；廿典校秘書省，以美秀秩蓬山；轉」千牛胄曹，以器能祗禁衛；移新安丞，以仁明貳畿」邑；拜詹事司直，以准繩律宫政；莅職凡四，秉操惟」一。於戲！爲忠信之主，而禄壽不并，蒼蒼亦何德于」仁人哉？以天寶庚寅歲正月戊申暴卒于東京私」第，春秋卌八。惸惸二孤，尚疑晨省；哀哀一叫，但聞」晝哭。即以踰月庚申朔十四日癸酉厝于北邙之」原，禮也。千年城闕，幾見人非；萬古山阿，猶言家是。」銘曰：」

平原坦兮神與穴，靈龜告余祚來裔；入聲。陽臺真人」示之決，萬葉繁昌期不絶。」

（周紹良藏拓本　河南千唐誌齋藏石）

天寶一五六

【蓋】失。

【誌文】

皇唐故西河郡平遥縣尉王府君墓誌銘并序」

原夫行於蘭谷者，猶聞十步之芳；陟於松巖者，尚覩千尋之幹。況乃□」門善族，□□名家，堂構挺生，不□□□者矣。公諱□字□□□□河内」人也，太原望族，徙居河内焉。曾祖□，隋任遂州司馬；□□□皇朝□」太子家令，贈少府監；并以睦義登榮，儒翰昇貴。父□□皇朝任太子」中舍人贈銀青光禄大夫；至於承親孝範，割股仁□□□□□□□□□」節沐旌表門閭之恩制，越古超今，降褒揚道□□□□□□□□」并已編於史諜，此可略而言焉。公以積善資靈，□□□□□□□□」性早登儒□之科，釋巾任宣城郡宣城縣主簿。江左澆風，□□難□□」以清平作範，正直申規，□得吏愛甿謡，傳芳播譽，秩滿，□□□庭以名」家之子，□筆之才，擢授西河郡平遥縣尉。汾川巨邑，晉□□□地稱□」井之繁，人恣田壃之訟。公以襟靈若湛，筆翰如流，疏決□□□□與奪，」並甘其理。自六曹統□□考在公，閭閻無謗讟之聲，□□□□揚之□。」清秩纔滿，□駕即歸，朋僚懷戀德之情，甿吏結去思之感，□□千里□」轅轡而已。□勁□三冬，滿□庭而畢萃；昆房喜躍，□□善以同居；鄰伍」歡愉，仰仁德而垂蔭。□□廣脩淨業，紹繼先風；何期福善無徵，殲良奄」洎。以天寶九載二月九日遘疾，終于河南府河陽縣□城鄉之本第，春」秋五十有六。以其年三月十四日安厝于河清縣親仁鄉□□□□□，」禮也。惟公□德□方，嗣徽名□植操慕深仁之範，立身崇□□之□□」高節儉表其心，風神□□□其體，斯乃自天攸□非以□□□□□□」乎？激浪沉鱗，翔空墜羽，御車將駕，蒿隧已開，夫□□□□□□□□□」之永隔，悲舉案之長乖。有子三人，茹□□魂□□□□□□□：

惟彼善門，誕生材子，稱奇襁歲，□□丱□□□□□□□□□□言，唯仁是履。宣城授職，汾邑昇榮，□察□□剖斷□□□□□□□□□」仁明，去思流美，遺愛馳聲。反轡丘園，安神靜謐，□□□□□□□」□盈庭，□笄滿室，□憑積善，永□休□。禍□曾□□□□荆□□□□」桂萼旋凋。佳城已啓，德誌虔標，□陵□□□□銐長□。」

（北京圖書館藏拓本）

天寶一五七

【蓋】 高君墓誌

【誌文】

唐鄴郡故高君墓誌銘并序」

君諱荆玉，其先平原人也；遠祖因官，遂家于鄴。」曾祖通，祖仲方，父裕，咸偃遁不仕，平倨王」侯，一掃丘林，萬事帷幌。君弱冠好學，迨成孝友，」詞彩虚雅，履節高蹈。早日喪考，兄弟孤廉，侍奉」慈母，時不暇仰。於是堅冰魚來，寒園筍植。至於」朋交斷金，握沐輟哺，城邑標格，鄉閭軌則，物莫」測其波瀾也。嗚呼！昊穹亹矣，明賢禍矣，膏肓之」痼迅哉，谷神之道奚有？針藥不及，倚伏徒言，以」天寶九載春三月七日因拜金門，卧疾長安客舍」而卒，春秋卅有六。秦鄴遼闊，魂骸飛朽，賴儔舊」以存志，贈輀轝以還鄉。途人作歌，聞者稱苦，堂」上親老，洞房妻孀。鶺鴒之羽既折，漣如之泣增」慟。嗣子香，未離襁褓，嚴岵且頽，凡之吊觀，孰不」傷感？以其載太歲庚寅四月己未朔九日丁卯」殯於郡城西北二里家塋，禮也。左顧滄海，右眄」太行，却負蓋臺，目臨淇澳，天地亦不久，刻石紀」銘云：

良木折兮，哲人喪兮；哀號遠餞，郊坰表」兮；刊諸貞石，冀無盪兮。」

（録自《鄴下冢墓遺文二編》）

天寶一五八

【蓋】似無。

【誌文】

唐少林寺靈運禪師功德塔碑銘并序　宣德郎試大理評事崔琪撰　聖善寺沙門□□□」

虚空廣大乎其體，智慧圓融乎其用，凝而不生，湛爾常寂，離修離證，非色非心，歷微塵劫，□□」沙界，無量國土皆清淨，無量昏暗皆光明，誰其得之，吾聞諸上人矣。上人諱靈運，蕭姓，蘭陵人，」梁武帝後。皇考翥，虢州恒農縣尉。初上人之生也，戒珠孕於母胎，定水瀓於孩性，内典宿植，外」學生知，白雲凝其高志，明冰峻其苦節，泛如也。時不能知，常以爲幻境非實，泡身是妄，五色令」人昏，五音令人聾，五味令人爽。噫！輪彼生滅，無時息焉，吾將歸根，以復于正。因遊嵩山，至少林」寺，有始終之意焉。會舅氏掾于高平，而上人遂緇於此郡，玉立凡石不可喻其炯然，日映衆星」無以方其明者，竟移隸兹寺，以副乎夙心。無何，習禪決於龐塢珪大師，潛契密得，以真貫理，照」十方於自空，脱三界於彼著。慧眼既淨，色身亦如，始知夫心外無法，所得者皆夢幻耳，然後觀」大地土木，無非佛刹焉。空山蒼然，窮歲默坐，猿對荼椀，鳥棲禪庵，彼嶺雲無心即我心矣，彼澗」水無性即我性矣。夫如是孰能以凡聖量之乎？

故吾在造化中，如夢中也。粤開元十有七祀夏」五月廿二日不示以疾，泊然而終。苦霧晦黄於天地，悲風哀咽於草木。吁！崩吾禪山，涸吾法」海，空吾世界，使凡百含識，大千有情，荼於是，火於是，可勝言哉？故門人堅順，獨建靈塔於茲山，」奉遺教也。夫碩德丕發，不有超世先覺而出夫等夷者，則曷能傳我法印以一燈然千萬燈乎？」彼上人者，嶷然倬立，以定慧爲藏，以涅盤爲山，圓通於不住之境，出没於無涯之域，適來時也，」適去順也，今則絶矣，瞻仰如之何？夫事往則迹移，歲遷則物换，況法與化永，念從心積，豈可使」上人之高，殁而不紀，是斲于石以旌斯文。銘曰：」

上人伊何？傳我法印，其體也寂，其行也順。紛彼識浪，汩夫夢情，非照不曙，非澄不清。作大醫王，」爲大禪伯，岳立松古，蓮青月白。一朝化滅，六合悽愴，世界颯空，雲山忽曠。色身謝兮法體存，金」界慘兮鐵圍昏，噫！我所留春唯心源。」

天寶九載四月十五日門人堅順建。」　寺西石塔靈」運師墳即梁」帝皇嗣者也。」此大字三行在碑首。

（録自《東都冢墓遺文》）

天寶一五九

【蓋】失。

【誌文】唐故朝議郎行新安郡長史竇君墓誌并序　太原郭季膺文并書」

天寶庚寅歲五月五日，扶風竇君諱説，字説，即唐」昭成順聖皇太后再從弟，春秋六十二，卒於長安延」壽坊之私第也。嗚呼！天難忱，命靡常，故生涯歿存不」朽，逝川晝夜不捨，原夫萬物，皆歸其終焉。君氣禀沖」和，德降純粹，少富文學，長多才能，待價弱年，崇文生擢」第，授宣州參軍，再任絳州大平縣丞，又選彭州司馬，」尋拜益府兵曹，遷新安郡長史。皆清白從人，政□□」己，畏威者咸望塵側目，愛惠者猶順風驚毛，可謂功」成乎累土曾臺，位進乎千盤漸陸，雖抑心一時雌伏，」終奮翼萬里雄飛。嗟乎！道之不行，秀而不實，天殲其」德，天喪斯文哉！粤以其載五月廿八日，遷於洛陽□」殯北邙之原，禮也。嗣子遵、次子迅，感深風樹，孝至天」心，服禮居喪，修祭而葬。季膺幸忝末親，早欽餘烈，敢」銘幽石，明德惟馨。其詞曰：」

皇天無親兮惟德是輔，達人有道兮其身必固。作善」不彰兮明神何祐？長歸溟漠兮窮泉此路，千秋萬代」兮古往今來，嗚呼有吾兮竇君之墓！」

（北京圖書館藏拓本）

天寶一六〇

【蓋】失。

【誌文】

唐故夫人博陵崔氏墓誌銘并序」

夫人姓崔氏，其先大嶽之胤也，後建侯於博陵，遂加」博陵焉。曾祖崇，隋朝仕至南康郡別駕，材能佐」理，位寵題輿； 祖晞，皇朝仕至上郡大斌縣」令，制美錦於一同，享小鮮於百里； 父仁意，」皇朝定遠將軍、行陝郡河北府果毅都尉，惠而不貪，」勇而能斷，是以存典軍府之任，歿增褒賻之榮。」夫人即其長女也。 少能織紝組紃之事，長善功容言」行之德，遂歸于右威衛長上果毅張君，以成婦道也。」夫人有恭德以尊尊，有温德以親親，在閨門之中，守」女師女儀之則； 於宗族之内，達孝者敬之名。 嗚呼！」天縱其能而促其壽，斯人也，命矣夫！ 以天寶九載五」月才生明構」疾，至其月廿八日終于東京安衆坊之」私第，享年卅有七，殮以時服，遵其儉也； 殯于西堂，遠」其姑也。 議以其載七月廿三日遷殯於城北平」樂鄉之原，禮也。 嗣子鏡初，名高鄉曲之譽，詞貴洛陽」之紙，思日居與月諸，懼谷遷及陵徙，訪吾徒以述誌，」刻貞石而爲紀。 其詞曰：」

邙山之南，温洛之北，粤有善地，夫人是得，作爲」幽堂，惟靜惟默，列蒔松檟，千載不惑。」

河南府進士南陽張恒撰。 前進士隴西李封書。」

（周紹良藏拓本 河南千唐誌齋藏石）

天寶一六一

【蓋】失。

【誌文】

唐故朝議郎行新安郡婺源縣令上柱國范府君墓誌銘并序」

公諱仙嶠，燉煌人也。 原夫食菜於燉煌，至今爲燉煌人。 曾祖虔，唐」太中大夫、趙州司馬； 祖肅，唐泗州漣水縣令、上柱國；父承嘉，唐朝」散大夫、巫州朗溪縣令、上柱國。公即朗溪府君之第二子也。得姓」之初，從來遠矣，地積衣冠之盛，門傳禮樂之榮，輔周而周克昌，翊」晉而晉能霸。弓冶必學，構荷相傳，綿綿歲時，至今不絶。解褐授范」陽郡良鄉縣尉，調補上黨郡銅鞮縣丞，選授新安郡婺源縣令，故官」雖未達，所莅有聲，五府之中，六曹是式。用恭儉而爲德，資清白以」立身，非禮勿言，樂而後哭。兄弟親戚稱其慈，州閭鄉黨稱其孝，」□衡慎釋，授以子男，不聞涉洹之歌，遽遘漳濱之疾。哀哉兹地，已」申旌旐之悲；摇摇彼邦，仍望絃歌之化。以天寶七載七月廿日終」於宣城郡寧國縣安樂寺，春秋六十有四。公素以廉儉，鄙於貨賄，」雖歷官兩任，而家乏升儲，及寢疾之時，屬屬空之際，寡妻令子，號泣」血徒深，不遂扶持，權殯彼郡，日月遄邁，禮制已過。季弟延暉，將作」監丞，令望當朝，仁慈共仰，號託邦伯，遠送靈輿。以天寶九載八月」四日，殯於北邙原先塋，禮也。嗣子遊説，前左衛勳貳府隊正長上；」次子翊晉等，窮凶無告，號訴彼蒼。昂忝在末姻，髣髴聲義，將虞陵」谷，銘此泉扉。詞曰：」

大賢流慶，鍾及子孫，綿綿至今，不絶官婚。伊昔宣子，爲晉所尊，雖」歷千祀，高風尚存。其一。誕生我公，克襲先祖，行必中規，動必合矩。非」禮勿言，非義勿取，有典有則，允文允武。其二。禮樂貽家，清白報國，朋」友欽風，州閭飽德。既慎四知，又無三惑，淑人君子，其儀不忒。其三。自」家移理，從尉及丞，纖介不犯，如碧如冰。彼美白珪，豈慮青蠅，夙夜」匪懈，戰戰兢兢。其四。爰及子男，委之以政，自邇涉遐，方期榮盛。嗚呼」昊天，積善餘慶，如何良人，有才無命？其五。」

（周紹良藏拓本　河南千唐誌齋藏石）

天寶一六二

【蓋】失。

【誌文】

故清河張府君墓誌并序　河東薛偉撰」

公諱□，字佋先，清河人也，演派前古，□芳後昆，如山如」□，□□□□，□祖鴻潛，形部□外左司郎中；父盈，廣陵」郡六合縣令；業紹□裘，器偕瑚璉，含香握蘭之貴，墨綬」銅璋之榮，清風□□□□未已，積善之慶，獨鍾於公。」公之平生□不健羨□□□非孝心蒸□趨庭學詩，剋」己復禮，有卓□之操，□不□□□□□□之曰志矣。中」於弱冠，秀質□□智欲透囊，□將逸府，□君卿之脣舌，」何平叔之容儀，□一稱之曰寶矣。次於强士，美譽雄□」□□於侯王□□角力於道義之圃，則泉雲不敢稱敵，」□佐無能犯□彼蒼所□見促於壽，以天寶九載八月」十□日，卒於東都時邕里之私第，嗚呼！惟孝惟悌，有姜」家之風；不榮不祿，同顏氏之子。□□傷之曰命矣！以龜」兆告吉，葬于城北之原，良友悲伐□之詩，慈親息倚門」之望。嗣子廣年等，年尚未冠，□天何依，不忍偷生，洎將」滅姓，刊令德於片石，紀歲時於斯文。乃爲銘曰：」

北邙山陽伊水頭，白日遠兮黃泉脩，夫君令德無與儔！」北邙山陽伊水濇，白日遠兮黃泉閉，夫君節義誰復繼？」猗猗那那，臨其穴以惴惴。

博陵崔縝書。」　天寶九載八月廿八日殯記。」

（北京圖書館藏拓本）

天寶一六三

【蓋】失。

【誌文】

大唐西河郡平遥縣尉慕容故夫人源氏墓誌銘并序」

天寶九載秋，八月廿三日，夫人河南源」氏夭折於洛陽城，時年廿有七，故垂涕」而書之。其月廿八日，窆於北邙之原，附」先塋之後也，故銘而旌之。夫人高祖誠」心，洛州司馬；曾祖匡友，鄭州刺史；祖晉」賓，鄭州別駕；父俊，聖朝前晉陵」郡義興縣令；並昭融於代，貴顯在門，固」前□□矣。夫人自幼而勤於慧，既笄而」合於予，承順於中，敬直於内，嗟乎！天年」不造，玉華正春，誰不孕育，獨罹烈咎，□」言夭枉，良用辛酸，潘岳悼乎斯人，衛姜」終曰無子。痛而銘曰：

穆穆」夫人，行貞志順，嬪於我室，實謂忠信。秋」露忽臨，夜臺初□，□□□上，其引蓋殯。」

（周紹良藏拓本　河南千唐誌齋藏石）

天寶一六四

【誌文】僞。

唐故裴公夫人韋氏墓誌銘并序」

夫人韋氏，其先京兆人也。高曾近祖，代」有芳名。夫人門傳清德□素之風，規訓」謹遵大家之教，三從禮備，四德有聞，方登」笄歸于裴氏，奉事舅姑，敬之以禮，順從夫」婿，相待如賓，外和六姻，內睦九族，正期撫」育孤男，不料遘疾，醫藥無助，于天寶八載」六月二十五日奄終揚州江陽縣集賢里」私第，享壽五十有二。生男女二人，男曰伯」源，令名早著；女適杜侍郎子。孤男孝女，泣」血哀訴，卜兆吉辰，以九載十月六日葬在」城東嘉寧鄉之平原禮也。乃刻茲石，以爲」之銘。銘曰：」

蒼旻何□，殲及慈母，壠樹風悲，」愁雲月苦。孤男淚血，無朝無暮，」一閉泉門，宛若今古。」

（録自《陶齋藏石記》二十四）

天寶一六五

【蓋】失。

【誌文】

大唐故涼州府功曹參軍于公墓誌」

公諱偃，字攸宜。曾祖士俊，銀青光禄大夫、瀛州刺史；祖惟謙，金紫光」禄大夫、中書侍郎、同中書門下三」品；父光寓，銀青光禄大夫、陳王傅。」公即光禄之嫡子也。弘文館明經」及第，調補慶王府典籤，□授涼王」府功曹參軍。娶滎陽鄭氏，生三子」五女，長子瓘奴，嫡子薛九，次子同」□。公春秋卌有一，天寶九載十一」月四日卒於高平縣客舍，其月□」□□□□□□祔大塋權葬，禮也。」

（周紹良藏拓本　河南千唐誌齋藏石）

天寶一六六

【蓋】失。

【誌文】

大唐故汝州刺史李府君夫人鄧國夫人韋氏墓誌銘并序」

夫人諱小孩，京兆人也。夫美玉蘊於空山，芳蘭生於野澤，其地」沃，其國香，惟此勝壤，率多英妙。夫人之曾祖莊，皇許州司」馬；祖知止，尚舍奉御；父嗣道，劍州司馬；仁賢繼軌，榮寵相望，曾」是好仇，誕生賢淑。夫人即劍州之第六女也。爾其窈窕閑和之」性，鳴環動珮之則，粤在童丱，已成婦道。年十八，歸我汝州府君。」府君早歸才傑，累典藩郡，輿頌美其中和，國風資其内範。至於」澣濯斯保，織紝爲事，躬理節制，動成威儀，左右罕窺其喜怒，宗」親益播其聲績。至於恤馭僮僕，保和娣姒，寒燠適性，往來無虞，」婦禮益貴於朝廷，裏言不踰於閫閾。故中外怡怡如也。逮」府君冥寞朝露，而夫人低徊晝哭，服喪之後，禪悦爲心，嘗依止」大照禪師，廣通方便，爰拘有相，適爲煩惱之津；暫證無生，因契」涅槃之境。以天寶九載六月廿八日寢疾，終於洛陽縣履順里」之私第。以其載十一月十一日合祔於汝州府君之舊塋，禮也。」子前王屋縣令㐬、前左衛郎將兢、前范陽郡倉曹覞、前淮陽郡」司户䀳等，克嗣英賢，而攀聖善，痛創巨之云切，瞻昊穹而」靡訴。棘心柴貌，將畢於宅兆；相質披文，儻存於刊刻。銘曰：」

隱隱崇邙，松楸舊行，逶迤逝水，桃李何常？在夫人兮國香，惟君」子兮葆光，何異時兮相望，宛同穴兮未央。遺範永永兮孝思茫」茫。

河南縣尉高蓋撰文」　左羽林軍中候陳絢書」

（周紹良藏拓本　河南千唐誌齋藏石）

天寶一六七

【蓋】失。

【誌文】

故濟南郡禹城縣令李府君墓誌銘并序　子婿朝請郎行右羽林軍胄曹杜鎮撰」

公諱庭訓，字庭訓，隴西成紀人也。其先出於周柱下史聃，自秦漢晉」魏，衣冠禮樂，世有俊傑，降及後魏，銓表族望，選其官婚，定以甲乙，故」與王、盧、崔、鄭，特標異之，迄于聖朝，盛事彌篤。今闕廷重」位，中外搢紳，凡所姻親，皆深景慕。高祖諱世讚，隋司隸刺史、隴」西縣開國男；曾祖諱德穎，皇濮、兖等州刺史；大父諱真實，皇朝」散大夫、尚書工部員外郎、太子舍人；皆秉忠踐義，人望國華，竹符見尊，茅」土克襲，竟不登於三事，空著名於一時。公弱冠孝廉擢第，解褐申王」府參卿，轉高平郡司户，將青紫俯拾，籯金可輕，曳長裾於王門，綰詞」曹於雄郡，雅有休譽，克著名節，俄遷濟南郡禹城縣令，襲隴西縣開」國男。百里卑位，徒見屈於牛刀；三異政成，冀小享於烏府。奚才即未」展，天不憖留，雖安墨綬之榮，終失蒼生之望。以開元廿一載十一月」二日，奄終於禹城縣公館，春秋五十。嗚呼！夫識者性之表，才者性之」徵，幹者才之用，壽者命之分，包實俱美，而班秩匪崇，以知命之年，而」命促遷化，則君子言命有是矣夫。屬歲末真良，嗣猶童稚，頃權安於」舊邑，終俟返於故鄉。今龜筮協從，日月其吉，引靈輀於齊國，赴幽燧」於邙山，以天寶九載十一月十七日安厝於河南府洛陽縣鄉原，禮」也。矧冢嗣近彫，孀妻在室，出女來赴，少子銜哀，會賓黨於國門，列軒」裳於原隰。丹旐風引，寒郊霧低，悲薤露於新阡，攀素車於窮野。鎮才」即不佞，夙仰高風，既承末姻，空悲盛德，志之所至，期之銘云：

猗猗禹」域，世襲簪纓，門稱著族，官不近名。厚德可服，深仁如在，位且」不充，慶將安待？舊國川原兮東路長，新塋風樹兮正蒼蒼；洛之北兮」邙之陽，龜筮吉兮多休祥，茲惟福地兮後嗣其昌。」

（周紹良藏拓本　河南千唐誌齋藏石）

天寶一六八

【蓋】失。

【誌文】

故隴西李府君墓誌銘并序　前崇文舘進士桥成撰」

君諱系，字系，隴西成紀人也。氏冑之起，焕乎方書，周隋之先，」鬱爲鼎族，我唐之際，幸稱皇枝，寶葉瓊根，未之比也。曾祖」諱德穎，皇濮等兗州刺史；祖貞實，皇朝散大夫、尚書工」部員外、太子舍人；父庭訓，皇朝議郎濟南郡禹城縣令；皆」敏識霞騫，英情天逸，介然挺貞標之節，油爾峻朗拔之風。宣」伯廉平，率職有不傾之合；叔龍格正，清能著齊價之名。公即」禹城之長子。公行不軌俗，學嘗師心，昂藏古風，散誕自得。頃」者府君宰化禹城之即世也，公允擢内疚，尫毀外彰，執禮三」年，加人一等。時太夫人攜孤返洛，侍從將行。稽顙山門，已」泣高柴之血；板輿歸路，寧忘閔子之心。公誓令弟曰：兄弟二」心，足慰母心，墳闕千里，星霜歲深。遂飾駕辭親，反廬齊國，且」封且樹，一十餘年，天不報善，殲于名賢。天寶七載五月廿日」寢疾，終於濟南郡禹城縣，春秋卅八，權殯於初君之塋側，」令而歸之，孝有終也。季弟啓府君之故陸，兼公之舊殯。天寶」九載十一月十七日，遷葬於河南府洛陽縣北邙之南原新」塋。已矣嗟乎！出身數載，青紫未就，何圖志未立，奄羅斯咎。誓」没身兮廬墓之右，天無知兮反奪爾壽。銘曰：」

天之降靈，維公之生。古之遺烈，維公之哲。妙氣穎秀，奇峰卓」□。如彼脩篁，外致其節。如彼明鏡，内含光潔。嗚呼彼蒼！殲厥」□□□報其善，反罹于殃。殯齊國兮樹蒼蒼，啓舊塋兮歸故」□。□□□兮洛之陽，千年萬歲埋北邙。父子冢兮遥相望，遇，」□□□□□傷。」

（録自《芒洛冢墓遺文》卷中）

天寶一六九

【蓋】失。

【誌文】

唐故鄴郡司倉參軍張公墓誌銘并序　秘書省正字王伯倫撰」

天之張也，朱方列星之位；地之張也，黄帝少子所封。張之員來，其亦久」矣。白水疏其别派，清河據其上游，以挺美於他宗，不思齊於五姓。」公諱貞脊，清河武城人也。自保姓于兹，代禄不絶，克開厥後，不殞其名；」四代祖弘，周儀同三司太常伯；曾祖琳，隋青州刺史；」祖玄弼，皇代州都督，忻、朔、蔚、雲等五州諸軍事左屯衛將軍、虔州」刺史；父承恩，皇吉州廬陵縣令；世濟忠良，業遺清白，國展一」夔之樂，州聞十部之書，扞城推卧之能，宰邑擅鳴琴之化。」公廬陵府君之第六子也。演慶茂緒，載揚耿光，强學者國之華，純孝者」人之紀，好是令德，蘩于厥躬。少以門蔭補德州長河縣尉，轉楊州大都」督府參軍，雖亟從班例，而咸有成，績滿歲調，遷廣平郡司户、鄴郡司倉，」人曹總尺藉伍符之名，廪食察豆區釜鍾之數，六聯之職，居其要焉；三」語之用，表其才焉。方當躡亨衢，登貴仕，嗚呼！道之將廢，歎梁竦之徒勞；」生也有涯，悲宣父之安仰。以天寶九載八月九日寢疾終於豐財里之」私第，享年七十四，即以其載十一月十七日卜兆於首陽山之南原，禮」也。崗巒枕椅，川陸縈抱，曠然遠覽，勝勢之所會焉。蒭靈僅存，銅鐵不入，」所以成素業也。夫人河南獨孤氏，盛德之裔，宜家有光，喪天曷依，字孤增慟，封樹之禮，」齋祭之儀，咸主辦焉。胤子三人：長曰春景，早亡；次春岳、春潭，並棘心欒」欒，泣血苫下，銜恤靡訴，充窮疚懷，見託斯文，褒美幽穸。松楸既列，還同」京兆之阡；陵谷儻殊，永識滕公之室。銘曰：」

洪支遠派，邈終古兮，有倬君子，系前祖兮。佐掾外臺，利幹蟲兮，朝露溘」至，悲宿莽兮。厥孤孝思，痛無怙兮，靈蔡協吉，啓兹土兮。陰堂厚夜，窅無」覿兮，刊石頌德，永作矩兮。」

（周紹良藏拓本　河南千唐誌齋藏石）

天寶一七〇

【蓋】 失。

【誌文】

唐故開方府右果毅都尉李府君墓誌銘并序

府君諱沖，趙郡栢仁人也。皇右領軍將軍義辯之曾孫，國子司業行偉之孫，朝散大夫虞城令昕之元子。弱冠宿衛，解褐單父縣主簿。已而壯心方勵，鄙楊子之雕蟲；舊德聿修，慕班生之投筆。歷洛交郡杏林、龍交，弘農郡開方三府果毅。戎昭七德，位長千夫，率履有方，臨事能斷。沉謀獨運，何入幕未容；逸足方馳，而中途頓轡。以天寶五載六月廿六日言赴京師，行達灞上，遭命不造，遘疾而卒，春秋六十有四。夫人清河崔氏，皇右司郎中融之第三女。厥載十月六日，次君而亡。粤九載十二月六日，合窆于邙山之東原，從祔之義也。君身長六尺，雅有大度，容貌魁岸，膽氣雄勇，抑揚文武，慷慨功名。嘗謂富貴自得，雲霄坐致，且拓落於琴酒，或優遊於博弈。時命不與，悲夫！嗣子見用，哀毀骨立，託余頌美，想象冰清。詞曰：

君之家兮趙之鄉，乃祖乃父兮爲龍爲光；君之才兮鄭之良，允文允武兮克柔克剛。藺生之風懍懍，張也之貌堂堂。如何哲人，而不眉壽？四命仍屈，百年奚有？邙山之上，洛川之後，勒石佳城，傳芳不朽。

（北京圖書館藏拓本）

天寶一七一

【蓋】失。

【誌文】

□□故前東京國子監大學進士上騎都尉李府君墓誌銘并序　前河南府進士竇公衡撰」公諱華，字華，渤海蓨人也。惟公外□靈府，内深英□，矧」能以禮讓爲行，亦於從政乎何有。五代祖綱，隋尚書」右丞，皇禮、吏二尚書，師保太子，襲新昌公；高祖彦□，」隋秘書郎；曾祖敞，皇右羽軍大將軍；祖孝信，綿州司」户參軍；父克忠，皇太中大夫、上柱國、普寧郡别駕；世」德濟美，以及于君。君生而聰明，長有禮節，聖人墳籍之」奥□，□者文章之深旨，意有所向，洞然必臻。天寶春，階」名太學，小宗伯韋公曰：君之才，類能以達。當時所譽，稱」到于今。噫！道有至乎而□□乎晦，才有足尚而退身乎」密，故雖文行忠信，而猶未入仕進之門，中路阻顛，曾不」壽考，天寶九載六月十日遘疾，乃十六日，奄終私第，蓋」春秋卌有四。彼蒼蒼者，其正色□悲夫！靈龜其長，佳城」在此，厥十二月朔有七日，葬于洛陽清風之南原，成遺」志也。君娶故銀川郡太守博陵崔子佺第廿五女，禀含」章之德，蘊貞□之姿，婦儀淑慎，君子好仇。有二子：長曰」翹，幼曰楚，抱以求誌，孺悲呱呱。銘曰：」天假生國，賢哲美兮；俾光崇軌，風識明兮。德大心小，道」未亨兮；才高命短，志無成兮。孀姜稚子，窮咽盈兮；紀銘」碣石，楊□聲兮！」

（北京圖書館藏拓本　開封博物館藏石）

天寶一七二

【蓋】 失。

【誌文】

故鄴郡安陽縣宰趙府君墓誌文并序　前右武衛兵曹參軍事鄭蓁撰」

公諱佺，字小奴，其先天水人也。矧兹厥德，世濟其凝。曾祖」謙宗，皇朝散大夫、河南府壽安宰官；京畿之則，政績師師。」祖懷信，朝散大夫隴州司馬；海沂之康，與能秩秩。父敬理，」皇雲麾將軍、右武衛大將軍，詒慶孫謀，克生人譽。公則君」之次子焉。解褐新平郡參卿。鴻漸于陸，鳳鳴高崗，黜陟使」御史中丞奏帝嘉之，引之士林，以制銓衡仰止。黜」陟使蕭隱之奏授河内郡録事參軍。汪汪乎萬頃之陂，昂」昂乎千里之驥。本道採訪使又奏，必求覺者，將以靖人。」聖心以謀謨莅官，邑宰以其期變俗。三載考績，從政定保，」百里餘裕，居人小康，奸豪畏之如神明，孤獨望之如父母，」田户傜役，罔有不寧；人吏逋逃，罔有不静。誅鉏害馬，若何」以死懼之；唐突豺狼，禀乎朽索言也。懼讒遠佞，順而有文。」積善無徵，驗其損益之數；戰勝以守，偶其司煞之酷。忠則」絶跡，孝則不匱，茫茫幽昧，殲我良士。嗚呼嗚呼！天災天災！神」而精爽，魂兮歸來。春秋卌七，憤□不浹日，病而殞，棣萼數」四以訴天，行路百川以下泣，陟崗望斷以永隔，倚門扶心」以不知，俾義士假體，蓋臣側目。以天寶十載正月一日權」窆於洛陽之興藝里，禮也。夫人河東裴氏穸所祔焉。嗚呼！盛」業不絶，盍以斯文，天之窅窅神之悄悄兮，堅强兮不」全，告訴於天兮，冰霜之操玉壺之色兮，神欺正直兮。」

（周紹良藏拓本　河南千唐誌齋藏石）

天寶一七三

【蓋】失。

【誌文】

唐故陪戎副尉崔府君墓誌銘并序」

君諱虞延，字師，其先清河東武城人也。十二世」祖渾，晉懷帝輔京將軍，遷上黨太守、屯留侯；太」公韜鈐，伯夷典禮，座右垂誡，閨門著儀，光蔚圖」牒，範貽後世。曾祖洪玘，上柱國；祖稚公，柱國；」父行通，輕車都尉；並敦孝友，重任俠，四海向風」而慕德，六因渴日而師矩。君精通孔氏尚書、左」氏傳，郡舉孝廉，而命不我來，以門蔭授陪戎副」尉。謀孫翼子，履正居中，不尚媚諫，彌增誕放，神」豫氣壯，天與永年，以開元廿四年正月卅日卒，」春秋六十九。夫人趙郡李氏，柔和淑慎，靜專雅」直，爲内外程準，作鄰里龜鏡。以天寶九載十一月」十四日卒，享齡七十有四。子庭僎，陪戎副尉。」號叩莫逮，孰報劬勞，恭營壽宮，式表泉壤，以天」寶十載載次辛卯二月乙卯朔廿二日丙子，葬於」所居西北一百五十步原，禮也。銘曰：」

君之門兮禮樂尊，君之躬兮道義存，哀哀孝」子號罔極，刊石表德依松門。」

（北京圖書館藏拓本）

天寶一七四

【蓋】失。

【誌文】

維大唐天寶十載歲次辛卯三月甲申朔十七日庚子清河郡房光庭墓誌序」夫一氣初開，二儀定位，三尊肇烈，百氏區分。」粤有帝堯之苗，清河上族，即長者之先望也。」長者姓房諱光庭，往祖任太原，因生冀地，後」遊京國，便以居焉。但自恭剋貞心，人倫以之」奇傑；温純養志，儒釋委於英靈。奈何行年六」十有一，示染微疾，於二月廿七日忽命困屬」云：僧來迎我，香花引前。語嘿如常。其夜子時」終殁，孤子叩地，泣血摧心；夫人訴天，荒迷失」次。遂卜地於黄河南邙山北，三月十七日遷」殯焉。猷恐日虧月滿，海變山傾，使將來有記，」故建誌矣。乃爲頌曰：」皎皎志人，雍雍信士，悟幻歸誠，懷貞」藴義。瘞玉邙山，埋金豫地，千載之後，」空留銘記。」

（北京圖書館藏拓本　河南千唐誌齋藏石）

天寶一七五

【蓋】失。

【誌文】

唐故致果副尉行右驍衛馮翊郡興德府别將員外置同正員左龍武軍宿衛李君墓誌銘并序」

君諱獻，字景獻，贊皇人也。帝顓頊之裔，爰歷虞夏，世爲理官，因繼氏族。至」殷末，有徵，性剛言直，不容於紂，避難墟野，食菓全生，改理爲李，遂正姓也。」胄緒傳昌，源流秀傑，君即隋儀同三司、光禄大夫□之八代孫也。」曾祖義，不羨名朝，丘園白賁；祖福，皇贈雲南郡司馬；」父安樂，唐元功臣也，冠軍大將軍行左龍武軍將軍員外置同正員、上柱」國、贊皇縣開國伯；兄亘，平陽郡羊邑府別將；皆人英也。君降川岳之靈，稟」風雲之粹，幼而温雅，長復柔和，弱冠補左衛翊府翊衛，未經番上。屬」國家大禮，制錫殊恩，唐元功臣，特賜一子常送，則君當其任也。時」及豐榮，父母鞠育，母氏聖善，有慈有成，常貴無價戒珠，常」□甘露妙偈，爰以苦行入道，愿歸正覺，廣濟無疆之休，忽承偈罰之苦也。」即清河郡君夫人張氏，先以唐開廿八載寢疾，六月十日以歸大化，從葬」先塋，遂命立塔，仰謝罔極之惠也。日月不居，苫塊將徹，復經選集，解褐受」君右驍衛馮翊郡興德府別將。自任官榮，瓌姿日叡，所習必業，所遊有常，」雖職守兵戈，每朋故詞藻，窺東閣之下，有酒如澠；覩南園之中，有賓如玉。」君之行迹，可加於人一等矣。借如遊山岳者，委大廈之木；濟江海者，信吞」舟之魚。是知公侯之子，必復其朔。何期天道難准，人生靡常，敷榮未」及於三春，建官不逾於一命，嗚呼！以天寶十載三月十七日寢疾，卒於清」化里之第，春秋三十有二。以四月九日葬于邙山，從先塋之次，禮」也。初君聘吴氏之女，早歲而終；後婚王氏爲妻，且侍巾盥，雖經再娶，皆非」禮合，既乖秦晉之匹，又無骨肉之繼，悲夫！是故衣衾以時，日月從吉，」父兄撫櫬，慟泣何言；親故臨喪，唆哽無已。思陵谷有變，顧泉壤不恒，請于」斯文，刻鐫貞石。銘曰：」

惟岳降靈兮克誕貞良，挺生我君兮特應嘉祥，蘊忠赤兮于」國有光，著孝友兮於家克常。夢奠生悲兮哲人云亡，秀而不實，遘此災殃，」父兄撫櫬兮慟泣無疆，親故執紼兮臨彼清崗，侍」先塋兮永固，留後迹兮傳芳。」

（北京圖書館藏拓本）

天寶一七六

【蓋】 失。

【誌文】

唐故昭武校尉右金吾衛司戈梁府君墓誌銘并序　進士任預撰」

公諱令珣，字珣，本安定人，因仕居于有洛，子相循，今爲河南人也。其先」冀仕漢，侈貴一朝，奐乎前策，世濟不泯，間生哲賢，竦則歎州縣之勞，鴻」則蹈巢由之跡，至於隋任扶風郡司馬，才當超次，美見題輿，諱常，則公」之曾祖也。欽泌棲衡，晦□藏用，情性取適，聞達不求。諱節，則公之大父」也。皇朝散大夫、安東都護府司馬，武苞七德，文紀六曹，禦寇則國之」長城，佐理則人之父，諱崇泰，則公之□□也。公天生秀異，自然英逸，處衆」人之内，青眼則見於阮公；居伯仲之中，白眉乃標於馬氏。志向廉儉，躬」行友悌，墨窮鳥跡，射則猨號。始以大夫□子侍任邊朔，弱冠而補屯田，」三時而薦蓘是勤，十月而千箱斯積，考課居最，邊儲是供，遂擢授右衛」長上。秩滿，轉右金吾衛司戈。夜宿直廬，朝趨禁陛，俱有光矣。忽而捐」棄官榮，誦持波若，三心是鍊，六時無輟。將謂仁而必壽，豈意與善無徵，」以天寶七載七月十七日奄終於西京延壽里之私第，春秋卌有九。即」以其月權殯於秦郊。嗚呼哀哉！君性惟介特，而匪尚交遊；財雖贍家，而」詎馳車馬。夫人平凉員氏，左衛司階之季女也。喬木忽摧，女蘿奚託，援」青松而引操，橫秋霜以比心。蓬首纏哀，栢舟興誓。既無字育，還依聖善，」雖歸心真諦，而言稱未亡，哀旅殯於西秦，泣淚班於東竹。爰憑改卜之」禮，式遵歸葬之儀。引丹旐於秦川，開青烏於邙阜，以天寶十載四月癸」未遷神於河南縣平樂鄉之北原，禮也。嗚呼！孀妻惸然，胤嗣不有，託余」爲誌，庶傳不朽。銘曰：」

善每見積，仁亦見依，如何不壽，與世長違，理安歸兮。其一。道既無成，官亦」未達，中年忽逝，壯志先奪，路遥闊兮。其二。胤嗣絶滅，孀妻伶俜，親賓共歎，」行路傷情，慟失聲兮。其三。崒屼新墳，邙山舊□，□有□□，誰爲此宅，啼枯」栢兮。其四。」

天寶十載歲次單閼四月十八日建。」

（録自《芒洛冢墓遺文》卷中）

天寶一七七

【蓋】失。

【誌文】

唐故慕容氏女神護師墓誌銘并序」

神護師，其先有□之□□也。慕二儀之德，繼三」光之容，因命□□其來遠矣。曾祖正言，皇任兖」府司馬；祖知□，皇任太僕卿；父珣，皇任吏部侍」郎；家嗣□□□□□□之領袖，郡之羽儀，盛」德不出，□□□□□□於後，神護師即吏部府」君之第四女也。柔以靜貞，婉而閑淑，奉□師以」訓，資組織之工，謂受福則多□，降年不□，疾□」之日，發心出家，□塵捨□及□□□□念□□」超於彼岸。何昊天不弔，□藥無徵，彤管無輝，青」蓮生□，以天寶十載四月十一日，□於恭安里」私第，至十八日安厝於北邙□□塋，禮也。嗚呼！」夙懷四德，晚悟三乘，錦綺不可以□□褐爰」資於□□薤歌凄切□□蕭條，將歸□□，永閉」泉户，□望何在，野風颼颼，豈惟周親，行路增感。德」陵谷將變志貞石爲文，其銘曰：」步摇盛族，吏部餘芳，誕□人兮壽不長，去何」往兮歸西方？」

（北京圖書館藏拓本　開封博物館藏石）

天寶一七八

【蓋】失。

【誌文】

大唐故潁王府士曹參軍崔府君墓誌銘并序」

公諱傑，字伯雄，清河人也。曾祖思約，皇朝祠部郎」中，璧、復、和三州刺史；祖哲，皇朝中大夫、國子司業；」考志廉，皇朝銀青光禄大夫、仙州刺史；並衣冠累」葉，盛名蓋世，綰□物之旗鼓，雄文章之□鍵。公則仙」州使君之長子，□白爲□，英華在躬，弱冠以明經甲科，精九流之奥，故解褐授崇文館校書郎，尋轉平陽」郡臨汾縣尉。威以肅物，惠而□□，□□□□，翕然趨」風。秩滿調補河内郡河内縣□□□□□野王城下。」公始佐邑，誰其不雄，非州」縣之勞，信巖廊之器，改授」棣王府法曹，轉潁王府士曹。自公碩德茂才，當年從」仕，豈謂馮唐之歲，尚未爲郎；帝堯之朝，不登諫輔，」命矣。夫公常怡然而竟不樂，天寶八載□□廿日遘」疾，卒於洛陽宣教里之私第，春秋五十□□□天寶」十載五月二日祔先塋，葬於北邙古原□□□草」無色，山雲晝陰，哲人其萎，冥寞何地。銘曰：」昊天不惠，降此大戾，喪我國楨，才没於世。死而可作，」吾誰與歸？盛烈不朽，永傳清徽。」

天寶十載歲次辛卯五月癸未朔二日甲申。」　河内府進士鄭涉撰。」

（周紹良藏拓本）

天寶一七九

【蓋】大唐故太原王府君夫人高氏合祔墓銘

【誌文】

唐故榆林郡都督府長史太原王府君墓誌銘并序　前臨汝郡葉縣尉清河張瑗撰　天水趙少堅書」

公諱承裕，字文通，太原祁人也，隋正議大夫、東平郡太守太原公業之曾孫，」皇明威將軍武威郡洪池府果毅暠之孫，皇安定郡安定縣丞素之子。維周」太子賓天，光有氏族；維漢司徒啓土，大着忠貞，自時厥後，仁賢間出。故吕歸」佩刀，郭筮淮水，奕世載美，以及於公。公膺積善之餘烈，禀生知之至性，文窮」三代之風，劍得萬人之敵。常歎曰：大丈夫幸遇聖明時，當學衛霍將才，班超」投筆，王粲從軍，斯可尚也。故弱冠以軍功授扶風郡文城府别將。時朔方軍」節度使、信安郡王知其材足幹時，位未充量，歎騏驥於狹路，惜鸞鳳之卑棲，」因奏充本道節度支度判官，俄轉會寧郡司馬，仍充營田使；又轉安北都護」府司馬兼知軍事。無何，轉榆林郡都督府長史兼充朔方道水陸運使、關內」道營田副使。公始自筮仕，至於宦達，前後遷拜，皆在邊陲，統攝職務，莫匪軍」政，雅協英雄之略，是展平生之□。其在朔方也：盡變通之要，得節制之宜，俗」且知方，人盡賈勇，裹粮坐甲，秣馬利兵，塞垣無虞，公之力也。其在會寧也：位」實方來，謀罔遺策，田疇多稼，士衆嬴糧，笑充國之末工，嗤介子之何懦。其在」安北也：不改前政，而加之以恭敏；其在榆林也：道乃大光，而甄之以清白。故」制使信安王以貞固薦，故左相牛仙客以尤異稱，豈徒然也。榆林郡都督魏」暠者，言僞則堅，黷貨無極。節使糺舉，公當推按，盜憎主人，訟乃受服，坐貶連」山郡司馬。賈誼投湘，初因羣小；屈原去國，本爲材高。冀昭洗於明時，何暗忽」於玄夜。以開元廿六載冬十一月十五日終於連山郡之官舍，春秋六十有」一。夫人渤海高氏，隴西郡録事參軍禮之女也。有班左之才，有恭穆之行，撫」孤秉誓，踰一紀焉。以天寶九載三月十三日終於東京仁風里，以明年五月」二日合葬於北邙山之平樂原，禮也。議者以公材足應機，權足集事，妙算無」滯，雄略有餘。方當掃淨三陲，封侯萬里，勒名麟閣，擢職鳳池。而年未階於下」壽，位纔列於半刺。君子於是疑夫命也。嗣子縮，克孝克敬，何怙何恃，痛風樹」之不停，恐陵谷之遷徙，斵之貞石，誌彼幽泉。銘曰：」

忠孝成德，靈仙啓姓，代襲衣冠，桀出才行。不吐不茹，爰剛爰正，萬里無虞，邊」陲克淨。道雖蠖屈，人實龜鏡，謫去無歸，哀哉天命！」

天寶十載夏五月二日。」

（周紹良藏拓本　河南千唐誌齋藏石）

天寶一八〇

【蓋】失。

【誌文】

大唐故中散大夫行滎陽郡長史上柱國賞魚袋清河崔府君墓誌銘并叙　起居舍人翰林院待制閻伯璵撰」

天寶祀圓丘之歲，夏四月乙卯，滎陽長史清河崔公即世于郡之官舍，享年七十，復于公館，」正也。公諱湛，字湛然。皇雞澤縣令玄覽曾孫，滑州司馬志道之孫，涿城府果毅祥業之子。」太嶽之胄，阜昌大國；太師之嫡，似續大賢。承剪商之勳，奉賜履之祚，本枝百代，繁衍武城，自漢東」萊侯伯基至公凡卅代。公孩孺早孤，孑立嗣世，内明敏而志乎學，外寬裕而依於仁，氣色龍」泉，心吞雲夢。方欲憲章二雅，斧藻六經，感視膳之歡，急逮親之禄。長安中，國家宗祀明堂，以門」子選齋郎出身，補曹州成武縣主簿，坐公事去官。尋丁太夫人憂，泣血無時，致毁過禮。服闋，調常州」武進縣主簿。清非矯俗，直以藩身。彼季智之班，初嗟鸞伏；我太公之胄，時惟鷹揚。屬林胡未平，邊」鄙尚聳，制授陝州桃林府果毅，充兩番參謨子將。公出師授律，入幕奮奇，刃有餘地，舉無遺」策。及御史大夫張南陽公北平山戎，東清遼海，百戰全勝，二番授首。公預入幕，帝嘉乃勳，超」授同州大亭府折衝兼河北節度經略副使，賞緋魚袋，授上柱國。初，公以文儒進，後以武略用，」褒功則厚，雅尚素乖，夷猶旆旌，僶俛從事。南陽公嘗欲表公爲漁陽守，懇辭薦舉，愿守謙撝。猶」是請攝常山郡司馬、恒陽軍副使。理斥候，改轅門，致役皆俟於農隙，徙營且謀於地利，政有經矣，」人無間焉。子文理兵，終朝而畢；龐統展驥，三年有成。帝」命即真，加朝散大夫。天寶初，」朝于京師，會成歲事，詔還朝請大夫、潁川郡長史。超登近甸，以德舉也。公之佐潁川也，」政以簡成，興逐情逸，退公之暇，披玩典墳，得莊生逍遥，老氏止足。嘗與衆子諸壻讌德星臺，」泛潁谷水，簪組輝映，琳瑯挺秀，議者以爲太丘星聚，元禮仙舟，數百年盛事復存於崔氏矣。間」一歲，遷中散大夫、滎陽郡長史。將行也，鄭人喜迎，許人泣祖，二郊之上，士女如堵，允所謂愷悌君子，」人之父母矣。公理鄭二歲，禮樂以檢寮吏，吏不忍欺；寬恕以撫黎人，人懷厚德。府無留獄，田有豐」年，雖輿頌王祥，人歌子産，無以加也。嗚呼！天不輔德，人之云亡，題輿非展用之所，佐郡即藏舟之」任，悲夫！公未之寢疾也，將合祔先君，日月有期，儀器宿備。及疾亟，命其子曰：吾孝感無徵，天命不」祐，大事將舉，沉疾日臻，如將不赴，爾其卒事。嗚呼！疾亂而不忘孝思者，未之有也。公歷官八政」廿八考，臨下以簡，在邦必聞，若乃智周未萌，識洞懸解，藝精墨沼，思逸文房，晦其迹人未易知，後其」身人推至德。故言滿天下而必遵誠信，行滿天下而不忘忠孝，敢問顔閔之德何以加於此乎？」夫人文水縣君太原王氏。二門母儀，九族内則，依仁立義，以睦婚姻之黨；習禮明詩，以訓閨門之内。」及乎附蘿義缺，崩城痛巨，銘功謚行，不獨黔婁之妻；保德教忠，寧謝王孫之母。長子宛丘主簿虔，」次子西華尉朝，季子永陽尉幹，終天罔極，觸地無容，悼心失圖，銜恤殆盡。曾參至性，獨標百行；獻」子執喪，加人一等。克遵理命，爰卜新塋，即以天寶十載八月十日，奉遷厝於洛陽縣平陰鄉之北」原，從祔先府君，禮也。式刊貞石，永傳來裔。仲尼之烈，匪公西能誌；伯喈之述，唯有道無慙。銘曰：」

於惟府君，文武克舉，謙以自牧，時然後語。不雜風塵，載罹寒暑，豹變郡邑，鴻騫師旅。累佐」藩翰，咸推政術，宜享永年，保膺元吉。奔駟不駐，逝川何疾？刻石重泉，音徽難述！」

（北京圖書館藏拓本）

天寶一八一

【蓋】　大唐故楊府君夫人誌

【誌文】

大唐故大内皇城判官右衛率大明長史弘農郡楊公始平郡馮夫人墓誌銘

君諱忠，京兆長安人也。束髮從宦，久歷衣冠，解褐庫谷令，百姓歸仁，能聲洋洋，轉右衛率府大明長史。我皇幸東京，留後皆委，兼判大内，吏人愧畏。考秩既滿，卧疾斯起，捨財善施，專心大乘。生存積善，臨終道場，春秋六十四，天寶元載夏六月六日卒於崇化里。男號動哭，痛切骨髓，親戚臨哀，如喪考妣。始平郡馮夫人，常好西方之業，坐觀幻化之身，雖不染衣，志求佛性，忽抱斯疚，不□藥餌，春秋亦六十四也。天寶九載夏五月□□□于崇賢之里，右脅壘足，如來之加蕍。男則號天叫地，風雷並起，悲雲灑而衆談皆異。天寶十載歲在辛卯八月丁酉廿二日壬申，合葬之禮，葬于長安龍首鄉龍首原也。銘曰：

生前德行，死後榮名，子存孝道，父母同塋。春秋變易，速如流星，泉臺一卧，永保安貞。

（録自《陜西金石志》卷十三）

天寶一八二

【蓋】　大唐故房府君墓誌銘

【誌文】

大唐故高道不仕清河房府君墓誌銘并序」

君諱有非，其先漢清河太守稚，後至于晉朝議大夫行」通事舍人思玄，君即思玄拾壹代孫也。因官移居，今爲」河南郡河南縣都會鄉人焉。曾崇珍，皇東陽郡録事；祖」嘉福，皇景城郡景城縣丞；毗贊有聲，副貳咸化。父知禮，」汝陽郡崖川府別將，爪牙龍棲，知命保禄。君忠孝含才，」高道不仕，若乃父慈子孝，兄友弟恭，内和外誠，自家刑」國，先人後己，名利不窺，廉潔任真，與物無競，窮六經之」奥，探百氏之幽，音肆知微，方術得妙，見存之能既備，未」來之業廣施。分半産以助伽藍，盡一心而專頂禮。勞神」苦思，尋善多方，冒霜露以傷顔，勤營家而損壽。西山之」藥，不獲延齡；東岱之魂，俄嬰促命。以天寶十載七月十」一日卒於洛陽永泰里，年五十有五。即以其載八月廿」三日壬申，葬於邙山，禮也。巖巖高闕，行路傷嗟，日落雲」愁，更深月苦。長子南容、次子南宗、次子南察、次子南賓，」並孝極曾閔，仁齊顔冉。慮毀瘠而范身，恐哀過而滅性。」將懼陵谷變改，城邑遷移，不有記銘，何以表德？勒兹貞」珉，永播洪徽。其詞曰：」

茂族芳猷，令聞不已，代綰銀璜，亦拖朱紫。舟壑易遷，隙」□難止，古往今來，有生還死。永□枌榆，長歸蒿里，記乎」貞石，式光德美。」

（北京圖書館藏拓本　河南千唐誌齋藏石）

天寶一八三

【蓋】失。

【誌文】

唐故中郎將獻陵使張府君夫人太原郭氏臨淄縣君墓誌銘并序」

夫人諱班，太原人也。祖善志，大將軍，唐史有傳；」父虔友，鄴山郡太守，遠近知名，勳鼎舊臣，河山」茂族。夫人即鄴山府君之第二女也。蘊柔成性，」體道居懷，雅範所以馥時，清儀由其冠俗。年甫」十六，適于常山閻府君，有一子焉。不幸府君，中」年早逝，叔父奪志，更醮張門，念育前孤，允釐今」饋，則雍雍鏘鏘，雅得其婦道矣。嗟乎，府君不造，」棄代云亡，夫人乃保持名節，終始經禮，遂潔心」道行，理極真筌，冀以福助遐年，襲茲餘慶。何圖」彼蒼不弔，積善無徵，以天寶十載八月九日遘」疾，終于河南惠和之私第，時年七十有三。嗣子」伋等號天泣血，叩地摧心，永惟同穴之儀，未卜歸」祔之典。即以其月廿二日權殯於洛陽縣平樂」鄉之原，禮也。嗚呼哀哉！銘曰：」

虢國開宗，沙山表慶，實鍾懿德，成此儀令。昊天」悔禍，夢奠挺災，芳風永歇，若月長摧。今茲兮一」去，何時兮復來？」

（周紹良藏拓本　開封博物館藏石）

天寶一八四

【蓋】　唐故杜氏夫人墓誌銘

【誌文】

故南充郡司馬高府君夫人杜氏墓誌銘并序」

故南充郡司馬高公曰琛之夫人杜氏，以唐開元」廿二年秋七月八日遘疾，終於豫章郡之公館。何」以於兹？高府君昔□於是郡也。享年五十有三，越」以天寶十載十月十一日葬於洛陽北邙之原，合」祔南充之舊塋，周禮□□也。夫人諱蘭字伯芳，周」成王時，封劉累之後於杜，至漢御史大夫周，以南」陽豪族，徙居茂陵，始爲京兆人也。隨冀州刺史曰」婼，其曾門也；皇秘書郎曰愛，其大父也；皇刑」部尚書、同中書門下平章事曰景佺，其顯考也。夫」人傳積善以鍾美，脩貞莊以爲德，作合琴瑟，宜其」室家。穠李先秋，芳蘭□夏，悲夫！夫人有子曰榮，無」禄早世。榮之妻崔氏，痛先姑之既歿，悲遠日之未」崇，明啓青烏之書，克諧幽壤之兆，可謂孝婦矣。爰」述厥德，于以爲銘。詞曰：」

令淑既歿兮傳餘芳，孝婦慎終兮葬北邙。穀異室」兮死同穴，松栢茂兮鬱蒼蒼。」

（周紹良藏拓本　河南千唐誌齋藏石）

天寶一八五

【蓋】　失。

【誌文】

大唐故毛君墓記訟」

君諱爽，字元，滎陽郡人也。高曾祖諱道」先，任絳郡西河府長史，濟濟匪躬，夕惕」若勵，庶幾於德，克懃孝悌。祖諱觀，不官」不仕，常負自然之智，賞悦丘園，高節其」志。父爽，縣職事爲生，幽澗側秀，不待山」苗，久奉公門使，長思官宦招，以神龍元」載，奄坰泉路。母嚴八十，侍版授韓縣郡」君，以天寶十載十月十二日遘疾，終於」私室也。時流歲玄，物故人遷，嗟考妣之」冥寞，歎魂魄之重泉。前流外孤子真無假，」字思暕，悲咽隴水，悽斷猿聲，白楊颼颼，」青鸞伴塋，擇葬地兆，永固長寧。悲寒風」之切切，痛孤月之零零，素車隱軫，神旐飛」颺，棺槨非禮，蒔栢山崗。」

（録自《中州冢墓遺文》）

天寶一八六

【蓋】失。

【誌文】

唐故朝議郎平原郡長河縣令盧府君墓誌銘并序」

公諱全貞，字子正，范陽涿人也。太嶽之胤，盛德表於封齊；濬源其昌，象賢光」於佐漢。本枝百世，君子萬年，非夫辰緯降祉，河山毓粹，道高竹素，聲播笙鏞，」莫能鬱爲秀族，慶流後裔，克廣遺烈，不隕其名者哉！高祖，北齊黄門」侍郎思道；曾祖，皇朝太子率更令赤松；祖，銀青光禄大夫、」尚書左丞，雍、洛州長史承業；父，銀青光禄大夫，虢、貝、絳州刺史、并」州大都督府長史玢；並材雄卓立，宦榮當代，休有令望，于今稱之。公即絳」州先府君之第四子也。承家寵光，克食舊德，弱冠左衛左親衛出身。」束帶巖廊，佩刀天陛，作君心膂，爲國爪牙。資胄緒之」地，必忠孝之家。其於任委，非不重也，其於警衛，非不勞也，以覆簣之漸，調授」鄭州參軍，滿歲，拜常州録事參軍。綱紀刊曹，有條而不紊；肅清羣吏，無得而」可稱。時江南道採訪使、潤州刺史劉日正以課最奏聞，清白奉公，始終無替，」則彰善癉惡，公爲狀首。迨歸舟載馳，裝橐餘積，人皆富有，翳我獨無，以此」知劉公之狀，其不孤也。天寶元載，制求令長，周親内舉，時對敭」清問，簡在聖心，廷拜平原郡長河縣令。隨牒至止，視人如子，抱鼓不鳴，」鳴琴自理。無何，嬰風疾，辭禄寓居于鄴郡。天不與善，日臻彌留，以天」寶五載閏十月五日，終于臨漳縣别舍。禮從權殯，春秋六十。嗚呼哀哉！」公禀元和之精，成孝友之性，沖機敏悟，密器虚明，敦悦詩書，周旋禮樂。宜其」式登貴仕，以享永年；何其闇忽，溘然怛化。昔歲未吉，會初旅櫬於他鄉；今卜」惟協，從竟歸祔於先壟。夫人趙郡李氏，去開元廿九載十二月五日遘」疾卒於德懋里私第。以明年正月五日，葬於北邙山河南縣平樂鄉杜郭村」大塋西北二里。公啓手之際遺令有言，其於窀穸，不令改創。孤子洌、浰、」澐、泚、涚等，敬遵理命，不敢有違。粤以天寶十載十月廿四日合葬舊塋，禮」也。攀號不及，疑慕永懷。屑涕行楸，感平生之徽懿；勒銘幽石，貽不朽於斯文。」銘曰：」

高山可崩兮積水可竭，盛德之後兮餘慶不絶。穆矣我公兮克承丕」烈，庶夫繼代兮以廣前哲。何彼天兮不與善人，乃歸來兮卧疾漳濱。」霜紫蘭兮可悲當春，碎明玉兮空掩流塵，薤挽淒涼今一去，冥冥泉户詎知」晨。」

天寶十載十月廿四日刻。」

（録自《芒洛冢墓遺文五編》卷五）

天寶一八七

【蓋】 大唐故陽夫人墓誌銘

【誌文】

唐故潞府參軍裴府君夫人北平陽氏合祔誌銘并序　子壻前吴郡常熟縣主簿陽寬撰」

公諱肅，字子敬，其先憚赫良史矣。曾祖爽，皇禮部員外郎；」祖基，瀛州刺史；父璹，恒州長史；夫人皇再從長姑也。公以」諸親從調，解褐左清道率府兵曹。無何官停，轉補潞州大都」督府參軍。鴻漸于陸，方冀沖天；鳥來爲災，遽聞庚日。以開元」廿二年三月八日暴終於河南府崇政里之私第，春秋卌三。」以其月廿四日葬于北邙山平樂原，禮也。公代濟勳華，身服」儒素，前誌具之矣。夫人北平陽氏，冠婚之右族也。曾祖文瓘，」皇中書舍人、青州刺史；祖大經，國子司業、坊州刺史；父欽莊，」齊州録事參軍；並傳盛烈於當年，濟生靈於明代。夫人則齊」州府君之季女也。柔閑天植，禮樂生知，從周禮之移天，見鄭」人之布幣。星霜未幾，存殁云乖。夫人藴敬姜之賢，俄聞晝哭；」府君負鄧攸之德，且絶承祧。子壻陽寬，則夫人之從姪，前任」吴郡常熟縣主簿，夫人因往焉。以天寶六載十一月六日，終」於廣陵郡來鳳里之旅次，享年卌七。即以其月十四日權殯」於廣陵城南。嗚呼！生也有涯，昔悲外舅；天乎不吊，喪我諸姑。」强以昇輿而征，展其亞子之義，以天寶十載十月廿四日遷」祔於平樂原先塋，從天之達，禮也。寒日淒清，荒埏寂歷，茫茫」萬古，憑此貞石。銘曰：
懸鐘之山兮玄夜苦，于嗟」夫人兮閉泉户。鳳皇之穴兮鳴鳳歸，于嗟夫人兮閉泉扉。騎」吹哀吟，松風
書起，去此桃蹊，言旋蒿里。于嗟夫人兮無嗣子，」德音零然兮空在耳，千秋萬古兮已矣！」

（北京圖書館藏拓本　開封博物館藏石）

天寶一八八

【蓋】失。

【誌文】
大唐故襄州襄陽縣尉同州馮翊縣丞瑯琊王公祔葬墓誌銘序」
公諱鴻，瑯琊臨沂人也。晉丞相十一代」孫。高祖褒，周吏部尚書、司空、石泉公；曾」祖肅，隋安都、竟
陵二郡守；祖弘讓，隋工」部、憲部郎，中書舍人；父方泰，皇朝中書」舍人、司府少卿。公任襄州襄陽
縣尉、同」州馮翊縣丞。終于東京，權殯城東，以天」寶十載十一月五日遷葬于河南縣安」樂鄉北邙山之
原，未從先塋，權宜也。夫」人河東薛氏祔于府君之塋，禮也。嗣子」長安縣尉志悌、少子上黨郡襄垣縣
主」簿志凝，并從夭逝。嫡孫長安府君長子」胡子、次子同恩、次孫陽子等，奉遷安厝，」嗚呼哀哉！
天寶十載十一月五日。」

（周紹良藏拓本　河南千唐誌齋藏石）

天寶一八九

【蓋】 失。

【誌文】

大唐故漢中郡都督府倉曹參軍天水趙府君墓誌銘并序」

趙氏之先，出自少昊。昔伯益佐禹，造父勤周，爰始建封，克光厥位，」世濟其美，時無乏才。將軍之賢，既聞多衄；大夫之選，誰其易□？至」於讚治經綸，統揖文武，備乎史策，可略言焉。公諱憬，字憬，天水人。」曾祖儒，皇内史舍人、侍御史、滁陽郡開國公；夙挺清敏，早讚音」律，詞學不忝，初以名望超光選有聞，後以賢良進，故得簪白筆而」奏不法，冠鐵梁而王方書，惟謀永圖，以宴翼子。祖志宏，皇朝散大」夫、新定郡别駕；藍田産玉，良治爲裘，涉海莫際其波瀾，瞻墻詎知」乎宗廟。恊和輔相，爲化理之鷹揚；匡救非違，柄腹心之樞轄。父液，」皇陳留郡録事參軍；幹蠱從仕，承家紹業，涖職周密，履道端平，彈」正衆曹，總録庶務，舒和顔而接士，奉鈎距以得情，盛德之餘，不貳」所事。公繼純嘏之緒，祇福慶之規，匪撓澄源，克崇先構，瓌姿雄遠，」逸□宏廓。覩孝若之廟，盈量而歸；揖叔度之陂，自涯而返。以資蔭」從調，解褐拜景城郡景城縣尉，轉河間郡博野縣丞，遷漢中郡倉曹」參軍。雖才高位下，猶致檢身；守局詰非，掾曹肅吏。擅三語以臨□，」展四體而率職。惜乎公望克復，方應皇王之求；台階未躋，空軫」蒼生之念。以開元十二年十二月九日，府君無禄即世審教里之」私第，春秋六十九。嗚呼！司德司義，孰吉孰凶？天道與善何哉？神理」福謙焉在？夫人安定梁氏，長安縣丞宗之長女。淑慎有裕，浣濯勤」脩，令德必聞，故歸於我。外姻雍睦，内則述宣，豈世仰母儀，實家承」慈訓。降年不永，人世難留，竟謝傾曦，長隨逝水。即以天寶十載十」一月五日合祔於河南北山之嶺，從□制也。嗣子前縉雲郡松陽」縣尉穆等，□摧永痛，攀望無及，卜兹幽宅，考彼新阡，恭勒芳猷，敬」題墳版。銘曰：波清源濬兮降生君子，洪規茂範兮世濟其」美。命不與兮□不還，悲逝水兮傷流年。九原闢兮雙魂歛，白日□」兮□□□。青燈幽户閉不開，嗚呼哀哉長夜臺。

（周紹良藏拓本　河南千唐誌齋藏石）

天寶一九〇

【蓋】　唐故王府君夫人墓銘

【誌文】

大唐故長安縣尉左授襄陽郡穀城縣尉又移南陽郡臨淄縣尉琅琊王公祔葬墓誌銘序

公諱志悌，字子金，其先琅琊臨沂人也。晉丞」相十二代孫。五代祖褒，周吏部尚書、司空、石」泉公；高祖肅，隨安都、竟陵二郡守；曾祖弘讓，」隨工部、憲部郎，中書舍人；祖方泰，皇朝中書」舍人、司府少卿；父鴻，皇同州馮翊縣丞。公判」入甲科，授相州成安縣尉，又任陝州硤石縣」尉，又轉京兆府宜壽縣尉，又遷長安縣尉，貶」襄陽郡穀城縣尉，又移南陽郡臨淄縣尉，年」五十五，終于官舍。以天寶十載十一月五日」遷葬于河南府河南縣安樂鄉北邙山之原，」侍先塋，禮也。夫人隴西李氏，先期而卒。合祔」府君之塋。嗣子胡子，繼室崔氏之子同恩，姪」陽子等奉遷安厝，嗚呼哀哉！

天寶十載十一月□日。」

（周紹良藏拓本　開封博物館藏石）

天寶一九一

【蓋】失。

【誌文】

唐故逸人烏君墓誌」

君諱善智，北代人也。賜姓（下缺）」葉散枝分，居燕去鄚，曾（下缺）」剛有大成之量，無小行之操，（下缺）」二子也，興詩立禮，含光藏輝，身不（下缺）」必合道，哀哉！開元十一年六月四日（下缺）」卒於遂城縣之私第，享壽六十有四。」天寶十載歲次辛卯十一月庚辰朔五」日甲申葬於上谷郡城西北泇河北原，禮也。」夫人蘭氏，行也不爽，動則合宜。天毒降災，芳蘭先殞。繼室李氏，隴西人」也。撫字幼孤，恩盛所生，鶴髮未垂，玉顔亡」逝。敬林嗣子也，養則致歡，死而盡戚，聿」修葬器，敬撰銘云：」森森拱木，寂寂幽魂，銘功勒石，綿綿永存。」

（録自《京畿冢墓遺文》卷中）

天寶一九二

【蓋】失。

【誌文】

□唐故處士太原王君之銘」

□諱暉，太原人也。曾祖本，祖師。君禀氣榮」□，才華特達，文堪經國，武可干城。弱冠以」□賦知名，立歲以强毅進職。奮武威於左」□，播芳名於右軍。春秋七十有五，卒於私」□。夫人隴西李氏，作嬪君子，克閑有家内」□，無虧中饋之理，進雅辭於斷織，崇箴訓」□結褵。春秋八十有一，卒於家。以大唐天」□□載歲次辛卯十一月庚辰朔五日甲申，合葬」□□西北三里平原，禮也。東瞻澗水，緑波」□白石以相滋；西據通途，寶騎與青絲交映。」□子石僧，毁瘠於形，異聞於代，報嚴慈之」□德，仰蒼昊之難忘。其詞曰：

哲人其萎，言」□德音。紅花秋落，白石昏沉。長幼危涕，内外」□心。其一。考卜此地，寧安壽宮。四望平坦，一處」□□□。試瞻樂土，石表光融。其二。」

（北京圖書館藏拓本）

天寶一九三

【蓋】闕。

【誌文】

大唐故右威衛左中候項君墓誌銘并叙

君諱承暉，字永暉，世葉齊人也。系分虞后之先，派别霸王之後。其源流廣濬，祖德昭彰，他石誌之，此不書也。君則故贈使持節臨淮諸軍事、臨淮太守之次子，貴妃之令弟，公主之季舅。榮寵匪因於地勢，岐嶷乃資其天與。齠年聰敏，弱歲成立，文武不孤其德，孝友備聞於家，鋒芒霜明，節操山峻，未舉垂天之翼，自負凌雲之心。可謂五色鳳毛，千里駿足耳。游擊將軍守左威衛翊府中郎將謨，即君之至昆也。靈襟豁達，雅量寬和，善於交游，尤其然諾，時人方之二龍殊玉，雙美也。君載廿以才藝聞，制授右威衛左中候。行已擇方，初登筮仕，入君門而盡節，趁武帳而飛聲。君未仕，丁嚴君憂，柴毀泣血，因心滅性，爲德之本，又何加焉。嗟乎！道且未行，秀而無實，雖生涯之常分，終先後而可悲。以開元廿八載二月八日遘疾，卒於西京之舊第，時載廿有八，并權瘞於灞滻之原。有嫡子重陽、次子重明，俱在幼沖，陟岵無及，思封樹之禮，感桑梓之詩，莫遂私情，載罹寒暑。有猶子重昌居長，代主喪事，乃扶侍靈□，匍匐東歸。假道亟開，昔見棄璫而去；題橋舊國，今慙駟馬而還。以天寶十載辛卯十一月壬申朔五日甲申葬於濟南郡東五里山陰之舊塋，禮也。龍虎爲襟帶，可久之業，莫之與京。銘曰：

靈山岌岌，德水悠悠；高而可仰，逝者難留。於戲夫乎！令望幸脩；允兹文武，不墜箕裘。趨馳武帳，侍衛龍樓；氣鍾山岳，門復公侯。崇堂折構，巨壑沉舟；勒石泉門，永播徽猷。

（濟南市博物館藏石）

天寶一九四

【蓋】失。

【誌文】

唐故孝廉范陽盧公墓誌銘并序」

君諱憕，字平仲，涿郡范陽人也。派流姜水，肇構營丘，鐘鼎軒」裳之盛，文儒忠孝之業，自秦漢而克昌，逮魏晉而增茂，雖袁」族弈代，范氏不朽，胡可比焉。君即後漢侍中植之十六葉孫，」北齊黄門侍郎思道之五代孫，皇朝故尚書左丞雍州長」史承業之曾孫，皇朝故左屯衛將軍玢之孫，絳郡長史仝」誠之第二子。承家令軌，稟靈秀氣，自然仁恕，天資孝友，名教」束身，言行無擇。弘量也澹乎若水，莫測其深；清儀也温其如」玉，孰齊其潤。若乃黼藻文章，琢磨今古，未踰志學，已有老成。」挺拔萃之奇，攜逸羣之價，年廿一，以明經擢第，時議榮之。方」將騁足亨衢，躍鱗巨壑。而三壽冥默，五福寂寥。以天寶十載」十月廿九日終于東京德懋里第，春秋廿三。粤以其載十一」月十一日安厝於邙山平樂鄉之平原，陪□先塋，禮也。悲乎！」苗而不實，天喪斯文，道將特於百夫，仕不階於一命，類鄧攸」之無嗣，方顔生之短折。于嗟之子，嗚呼彼蒼，杳杳夜臺，冥冥」泉室，魂永閟於蒿里，名空揚於昭代。公元昆曰恬，季曰恂。」緬想桓山，有懷荆樹，恐陵谷之遷易，懼舟壑之潛移，愿紀芳」猷，式傳徽烈，直詞無愧，短筆多慙。

銘曰：」

鴻族著兮代克昌，世禄榮兮累傳芳，咄嗟之子兮如珪璋，有」懷德音兮體行藏。時既遇兮運莫長，已云立兮名復揚，命不」幸兮今則亡，道未行兮人共傷。永將閟兮即玄堂，胡斯忍兮」嗟彼蒼，嗚呼盧公兮獨不偶，已矣已矣兮令德豈忘！」

天寶十載十一月十一日。」

（周紹良藏拓本　河南千唐誌齋藏石）

天寶一九五

【蓋】 失。

【誌文】

故濟陰郡參軍博陵崔府君墓誌銘并序」

公諱義邕，字邕，博陵安平人也。高祖弘昇，隋開府儀同三司、黄臺縣」開國公；懿曾處直，隋漢王府長史；大父玄應，皇高平郡詞曹；」皇考元嘉，皇歷陽郡含山令；或夾輔台□，或列佐郡縣，粲焕」今古，莫之與京。公即黄臺公之曾孫，含山府君之次子也。弱不」好弄，以聰穎聞；長亦不移，以孝行著。年十有五，用門蔭齒大學，」累舉孝廉。命或未偶，後鄉薦射策，俄而登科，人僉言曰：驥不學行，」行必千里。蠖屈鵬舉，時望歸焉。早歲遭先府君之喪，禮重子」□杖而公病踰制，壯年執先夫人之疚，泣血三載，古以爲難。服」闋數年，然方調選。諸侯待理，冢宰急賢，乃授濟陰郡參軍。直」方見推，不忝所舉，俸禄誠薄，散在友于，幼姪數人，」開口待哺。公之有男，亦孺稚焉，彼餐而厭，以餬余子。渤海高」□，公之□私，以蕲春長史終，公哭之慟。慮姊之孀立，憂甥之」多艱，公室素貧，盡禄無匱，庇喪莫給，積憂成疾，以天寶十」載九月二日□終於濟陰郡之官舍，享年卌有七。以其載十一」月廿七日權窆於洛陽之北山，從先塋，禮也。嗣子序，戀」吹棘以崩心，瞻淚栢而摧骨，遺余形以永謝，啓余手以全歸。」銘曰：

哀哉！自古有死，人誰免此？痛君之生，壽偏促耳。逝水之」流兮東注不迴，邙山之原兮蒼莽瀰迤，高門盛德兮」一朝何有？千秋萬歲兮於兹畢矣！」

（周紹良藏拓本　河南千唐誌齋藏石）

天寶一九六

【蓋】　失。

【誌文】

大唐故中大夫守晉陵郡别駕千乘倪府君墓誌銘并序」

公諱彬，字子文，常山稾城人也。昔亞相宦榮於炎漢，司牧政」洽於惟楊，究本尋源，其來遠矣。曾祖範，隨齊州録事參軍，志」慕翔鸞，行殊擊隼，職司樞轄，政在紀綱。祖其，皇州壽州」霍山縣令，子賤任人，鳴琴自佚，幼卿布政，致雨興謡。父若沖，」文林郎，初曜穎天衢，俄修文泉壤，非無時也，蓋無命焉。公」即文林府君之子也。恒岳降靈，呼河間氣，世濟其美，門多大」賢。以孝廉擢第，調補太常寺太祝，轉右武衛胄曹參軍。陪位」東封，承優見擢，超授太子率更寺丞，充安西節度判官，進級」右驍衛長史。吴山使還，遷海州長史，陪籍田承恩增秩，授朝」散大夫，轉授明州司馬，驟遷吴郡長史、晉陵郡别駕。吴山銅」穴，寶氣尚存；酆城劍留，紫光猶在。聲雄半剌，德溢傍鄰，在家」必聞，歷宦彌著。悲夫！稟命不融，以天寶九載十月十日終于」晉陵官舍，春秋六十有六。梁木斯壞，哲人其萎，此曰不臧，斯」文攸喪。即以十載十二月十一日窆于洛陽平陰鄉之北原，」禮也。嗣子中部郡嘉禾府果毅都尉鈛，次子莘等，哀幾滅性，」痛殆過喪。懼陵谷有遷，冀銘石無朽。銘曰：」

猗歟茂族，奕葉傳芳，祖德斯著，孫謀克昌。挺生哲士，置彼周」行，人稱武庫，世仰文房。可大可久，爲龍爲光，累遷京轂，時美」忠良。榮加朱紱，貴佩銀章，雄飛海郡，劍滯吴鄉。德累慶鍾，善」兮福倚，昊天不弔，胡㬥斯祉。如何靈祇，殲我良士，室有」賢妻，才傾班氏，家傳良胤，孝逾曾子。身殁名揚，上聖所」偉，勒銘貞石，以述斯美。

趙郡李演刻。」

（周紹良藏拓本　河南千唐誌齋藏石）

天寶一九七

【蓋】失。

【誌文】

大唐故監察御史趙郡李府君夫人博陵崔氏墓誌銘并序」

夫人博陵人也。崔氏之先，著在圖諜，河魴之喻，歎美詩人；雕龍之作，擅名漢史。」語姻族之家，共稱齊大；叙少長之列，不爲任齒。曾祖行功，秘書監；祖景，鄠縣令；」父仲容，醴泉丞；并垂裕多聞，象賢不乏。叔祖玄暐，神龍初，立大功於國，封博陵」王。讀班彪之文，漢德斯在；知絳侯之器，劉氏必安。由此諸宗以博陵爲稱首矣。」夫人幼而敏晤，動識機微，氣調精明，天與淑順。七歲讀女史，十一就婦功，豈織」紝組紃，不廢事業，將前言往行，以成規矩。秦晉疋也，歸我府君焉。體從人之」義，得嘉偶之名，敬則如賓，禮猶行古，宜其家室，譬彼瑟琴。況中饋克修，外言不」入，使六親取則，二姓交歡，閨門肅然，如不可犯。府君之履臺憲也，以持斧之「雄，受登車之任，江湖風靡，甌越星馳，時霽威嚴，亦由輔佐。及府君之没世也，「夫人纔廿九矣，位登柏署，朝廷嗟不憖之遺；年若蕣華，中表忉未亡之痛。以「世業在洛，自西徂東，長悲嵇紹之孤，不絶敬姜之哭。一女在繦褓，三子尚嬰孩，「殆歷三時，方誕季女，蓋生人之至艱矣。夫人銜酸茹泣，義深節苦。屬家本好「儉，歲仍不登，不厭糟糠，不辭浣濯，以身率下，以悦使人，屢報農收，遂安反側。而「親授諸子，夙興不怠，能修業者存以燠休，未成功者先之夏楚。故累歲之後，登「孝廉者數人，詩禮所至，比之嚴父矣。善乎！府君之世，昆弟孝友；夫人之家，「上和下睦。内外一體，其教可知，居有孟徙之賢，行有班隨之賦，積善餘慶，議者「榮之。自夫人之初笄也，以府君素無怙恃，乃歎曰：幸承巾櫛，不逮舅姑，徒「習韠紳之儀，終無奉戴之日。故睦娣姒以申義，和親族以輔仁，喪不踰節，禮也；「勤則不匱，智也；能訓諸子，慈也。夫人有伯兄季弟，長姊孤姪，或死生契闊，時「命屯否，拯之救懸，常若不及。事不跡而心已行，此胡質清畏人知，介推文不求「顯，此夫人之孝也。有具美而降年不永，哀哉！天寶十載正月遘疾，十二日終「于東京仁和里之私第，春秋六十。其載十二月十二日辛酉，葬於壽安之北原，「不忘本也。初府君之殯也，近在洛陽，距夫人之喪卅餘年矣，雖魯人之祔，「宜恭行於典禮；而滕公之室，懼多歷於歲時。詢諸哲人，且有後命。愛子懿文，不「幸早世，長子前東海郡司法宅心，次子前許昌尉居中等，倉卒無地，充窮靡依，「號而不言，愿述先志。其銘曰：

長岑之胤，世擅雕龍，先祖濃兮。冀缺之門，如賓「之敬，其儀盛兮。穆伯既喪，言歸於東，禮由哀兮。歷訓諸子，克成于學，咸總角兮。「就其禄養，使有令名，風教清兮。福善伊何？莫踰中壽，垂不朽兮。

伊洛交會，嵩邙」□複，歎陵谷兮。思慕罔極，施及宗親，愿百身兮。合祔有期，保茲同穴，嗟永訣兮！」

（周紹良藏拓本）

天寶一九八

【蓋】失。

【誌文】

唐故右龍武軍將軍清河縣公張公墓誌銘并序」

公諱德，字武德。原夫保姓受氏，繼體承家。連綿瓜瓞，袁襲黄帝之宗；錫」弈芳苗，近分白水之派。官有代功，因任改邑，今爲河南洛陽人也。爾其」洪源括地，長瀾浴日月之暉；茂族臨霄，層幹蓄風雲之氣。若乃英才雄」略，代有其人。子房佐漢，五載而帝業剋成；儀説諸侯，七雄爭而取策。夜」晴候氣，識龍劍之遥祥；雨止遊庭，獲鵲玉之嘉瑞。亡書二篋，安世誦而」無遺；作賦兩京，平子震其洪藻。騫拓土宇，湯制刑名，史牒詳焉，可略言」矣。曾祖寂，隋贈宣州刺史；祖敬仙，皇贈梓州别駕；父元方，皇贈游」擊將軍；並高道得性，恬和養神，雖生前不仕，而殁享榮班。公唐元功臣，」興王有力，大君寵秩，天禄永終，初任左驍衛慶州同川府左果毅，次任」右領軍衛涇州純德府折衝，次任右武衛郎將，次任右武衛翊府中郎」將，次任右監門率府副率，次任雲麾將軍、右龍武軍將軍、上柱國、清河」縣開國伯，食邑九百户。公忠孝資身，禮讓接物，義然後取，從善如流。歷」職無暇，每進加美，官彌高而心彌恭，禄益重而用益儉，爪牙宸極，積有」歲時，股肱腹心，勞神染疾，以天寶十載七月十九日宿疹彌留，薨於洛」陽思恭里之私第，春秋七十有三。即以十一載歲次壬辰二月己酉朔」廿四日壬申，啓殯葬於北邙山之高原，禮也。緱山南望，伴鶴駕以追遊；」洛水東流，玩龜籌而攄思。松塋鬱鬱，□上苑之華林；蔓草青青，對花園」之物色。可謂生則高門受封，葬乃勝地卜居。仁人云謝，傷如之何。有子」三人，長曰榮琮，任左領軍衛咸寧郡長松府左果毅；次子榮芝，任左武」衛廣陵郡新林府別將；小子榮崇，任左威衛河南府洛泉府別將；並留宿」衛，扈從警蹕。公侯子孫，必復其舊；冠冕溢路，簪笏盈門，兄友弟恭，上」和下睦。並居喪至孝，哀毀變形。以爲山泉反覆，陵谷遷移，不有誌銘，洪」勳何記？勒茲貞琰，永讚華宗。其詞曰：」

軒帝遠苗，楷衡近胄，郎將朱纓，將軍紫綬。智謀興王，英雄特秀，作善無」徵，天乎不祐！遘疾彌留，良醫莫救，白日俄昏，黄泉掩晝，蕭索荒郊，永沉」靈柩。」

（北京圖書館藏拓本）

天寶一九九

【蓋】 失。

【誌文】

順節夫人墓誌銘并序　朝議郎左補闕内供奉張之緒撰」

順節夫人姓李氏，隴西成紀人也。」大唐景皇帝七代孫，皇工部尚書」漢陽公寂曾孫，皇馮翊郡司法昭」仲孫，中部太守惇少女，左補闕張之緒妻。」孝行節儉，仁厚慈惠，未笄必於是，歸我必」於是。寡乎言，檢禮自視；柔乎德，舉族推美。」以此逮下，昌乎而家；以此歸人，叶乎君子。」天寶辛卯載終于常樂里私第，春秋卅五，」哀哉哀哉！壬辰歲二月壬申，權厝于宣武」原，儀也。嗣子垔、⿱祝土、壡，悅兮如失，擗于地，號」于天，余撫而哀之，乃爲銘曰：」

振振公族，温其如玉，其玉維何？冲謙自勗。」維彼淑德，穆于昆弟，其穆維何？宗親懷惠。」遺美不朽，其神則遊，目爲順節，以表厥休。」嗚呼順節，此原千秋！

廣陵倉曹李湊書。」

（傅熹年藏拓本　河南千唐誌齋藏石）

天寶二〇〇

【蓋】失。

【誌文】

唐縉雲郡司馬賈崇璋夫人陸氏墓誌銘并序」

夫人諱字英，吴郡人也。曾祖諶道，隋昭王文學詳正學士；」祖元感，皇朝散大夫、黄州司馬；父趙璧，馬邑郡長史；强」學而儒門照瞻，入仕而政道司南。夫人習性既高，嬰孩自」異，知味而不茹葷血，勝衣而不愛羅綺。輟卷女誡，深好佛」經。及家君作宰壽春，夫人殆將笄歲，强黜無生之業，令從」有行之禮，適郡長史平陽賈崇璋。常修梵行，六親取則，尤」能字人之孤，果合宜家之道。時賈公轉樂平郡別駕，又除」縉雲郡司馬。太夫人在堂，以爲太行孟門，勾吴甌越，天下」至險，山乘輿，水乘舟，我不行矣，汝其往哉。無摧北上之輪，」罷著東征之賦。夫人曰：從政爲忠臣，事姑爲孝婦，能割隨」夫之貴，躬行奉養之禮，縉雲之役，誓將仍舊。太夫人曰：此」行令吾子獨往，是益吾憂耳。嚴命臨户，垂淚首途，亦泛其」流，半路生疾，苦口之藥無喜，傷神之悲俄慟，以天寶十載」秋八月一日終于官舍，春秋一百有八十甲子。越十一載」春二月，歸神于東京，以其月廿四日遷窆於洛陽縣吕村」西北陪先舅權殯之原，禮也。東岱之魂，悠悠長往；郭北之」墓，壘壘漸多。欲誌泉門，用篆貞石。銘曰：」陸門淑女，賈氏賢妻，婦功或類，孝行難齊。聰明短折，神理」予迷，此地哀送，轉令悲塞。皇舅墳西，洛陽城北，阡陌移改，」遥瞻不惑。嗚呼哀哉！」

（周紹良藏拓本　河南千唐誌齋藏石）

天寶二〇一

【蓋】失。

【誌文】

大唐故金鄉郡君夫人京兆韋氏墓誌銘并序」

夫人諱順儀，京兆杜陵人也。豕韋命氏，大彭列國，後」孟居魯，而賢宅秦，紫綬彤弓，繁於圖諜，朱門長戟，代」有其人。曾祖表，隋千牛，皇右清道率，贈特進揚州」大都督、魏國公。祖玄儼，皇工部郎中、河南縣令、許」州刺史，贈户部尚書、魯國公。父灌，岐州刺史、魯國公。」夫人即魯國府君之第四女也。柔姿寫月，孝行自天，」奇操夙彰，聰惟神校。載十七，妻于蘇氏。義以接姻屬，」勤而奉舅姑，妻逐夫榮，母因子貴。蘇君遷左威衛將」軍，開元廿二載十月五日，授夫人金鄉郡君。嗚呼！小」年詎幾，大暮將尋，以天寶九載□月五日寢疾，終于」通遠里之私第，春秋六十有六。初權殯於堂，□卜以」天寶十一載閏三月癸酉葬蘇府君故塋合祔，禮也。」府君諱咸，自有誌。嗚呼！杞梁之室，□喪所天；茂先之」劍，竟悲俱歿。嗣子嶠，孺慕奚勝，崩摧靡託，哀哀至性，」衣衾棺槨而送之；杳杳長阡，春夏秋冬兮永矣。是用」圖兹貞石，用紀厥休。其詞曰：」

古稱德負，爰仰彼蒼，斯言或謬，賢何遽亡？云誰之思，」有美孟姜。龜兆薦日，龍圖擇地，往問青烏，迴瞻白驥。」禮物云具，容衛斯列，萬古千秋，芳塵詎絶。」

（周紹良藏拓本　河南千唐誌齋藏石）

天寶二〇二

【蓋】失。

【誌文】

唐故蘭陵蕭夫人墓誌銘并序」

夫人諱博，蘭陵人也。其先六代祖梁武皇」帝，五代四代乃昭皇宣皇，惟高惟曾，乃太尉」太傅。夫人乃太中大夫、瑯耶郡司馬茂本元子」之孫，晉陵郡無錫尉愉之第四女也。帝王胤緒，」公侯子孫，雖席寵而敦於令名，且襲懿無忘於」清白。夫人稟性柔明，承家積善，威儀不忒，有應」碩人之風；惠淑惟清，何慚謝氏之訓。將嬪于君」子，以宜其室家，用配我饒陽郡安平主簿太原」王君，外興毗贊之德，內光中饋之正，冀肅雍淑」慎，克亨丕祉。嗚呼！仁而不壽，生也有涯，天寶十」一載四月廿六日遇疾，終於東京之會節里，春」秋卅一載。嗚呼！以其載五月八日權安厝於北」邙平樂鄉之原，禮也。有二女纔逾齠齓，方興孺」慕之感，有過成人之禮，恭承惠訓，敬遵薄葬，追」攀不逮，用修真宅。銘曰：」

桃之夭夭兮灼灼其華，淑人不忒兮宜爾室家，」悼逝水以增感，悲風樹而興嗟！」

（周紹良藏拓本　河南千唐誌齋藏石）

天寶二〇三

【蓋】失。

【誌文】

唐故雲麾將軍齊公墓誌銘并序」

公諱子，字胡，其先周太公姜牙，表有東海，封之營丘，身佐西周，子」孫君國，因生賜姓，命氏曰齊，枝榦扶疏，毓多材而構厦；派流浩瀚，」浮舟檝以濟時。自彼迄今，冠纓相繼，詳於史牒，可略而言。曾祖高」尚不仕；祖皇左清道率府率；父節，皇右龍武」軍翊府中郎將；并爪牙重寄，扶護警蹕。公居難興王，盡忠翼主，良」平之策未多，吳鄧之功何貴。若乃宗族稱孝，朋友推仁，非公獨能，」先業是繼。國祚重興，元勳見賞，初任晉州羊邑府左果毅，賜緋魚」袋，無何又遷華州定城府左果毅都尉，又遷陝州忠孝府折衝，又」遷游騎將軍、陝郡上陽府折衝，賜紫金魚袋，又遷右驍衛郎將，又」遷明威將軍、右龍武軍翊府中郎將，特授雲麾將軍、右龍武軍將」軍、上柱國、盧龍縣開國男，食邑三百户。出入清禁，宿衛紫宮，聽漏」刻而顛到衣裳，待鐘鼓而冠冕假寢。久冒霜風，勤勞染疾，以天寶」十一載正月廿七日疹積彌留，薨於河南徽安里之私第，春秋六」十有八。即以其載五月十五日朝厝葬於河南縣北邙山平樂鄉」之高原，禮也。孤墳迴跱，對宮闕而銷魂；荒壟獨存，顧朝儀而影滅。」有子五人：長曰景金，任上郡義合府別將；次子景之，任右驍衛高」平郡沁水府別將、右龍武軍宿衛；次子景俊，任西河郡陸壁府別」將；次子景珍，任河南府王屋府別將；愛子景琇未堪仕進。仁義之」門，剋昌後胤，哀毀過禮，真孝居喪。滅性而終，恐違親旨；苟存瞬息，」以奉烝嘗。但恐時移代變，谷改陵遷，不有誌銘，洪勳何紀？勒之貞」石，以曉將來。其詞曰：」

營丘作鎮，氏曰大齊，承家繼體，名與功階。興王定業，以息黔黎，君」子晝策，應時剋諧，後胤保禄，永代無睽。天乎不慭，賢佐忽乖，華堂」一別，蒿里長埋。

東海臧華刻字。」

（周紹良藏拓本　河南千唐誌齋藏石）

天寶二〇四

【蓋】失。

【誌文】

有唐故京兆府三原縣尉崔公墓誌銘并序」

公諱澄，字澄，清河人也。百氏稱甲尚矣，國史家諜詳焉。」曾祖孝珣，皇朝貝州清陽令；祖晊，貝州宗城丞；」父偉，汾州司兵；皆文武上才，瑚璉異器，秀氣不絕，餘慶流」後。適公繼踵丕德，傳序甲科，始以孝廉入仕，起家常州」武進尉，調絳郡夏縣尉，遷京兆府三原尉。梅福神仙之化，」曹瞞懸棒之理，威明各舉，專美見稱於曩日；刑德備用，兼」能復光於此時。有司昇聞，擬以風憲，權豪檢手，籍其準」繩。嗚呼！德雖休命不可易，時方來人之云亡。以天寶十一」載二月十三日終于官舍，春秋六十有三。既殮，」天書至，拜我爲監察御史。封禪之草，空授於家人；繡衣之」榮，獨光於殁後。即以其載八月十日葬於北邙山之原禮」也。公敬恭以守位，清靜以化人，履道無昧，立言必雅。不」朽之績，難得而稱焉。夫人瑯琊王氏，子穆等，崩城之感」無贖，泣血之哀何訴，敢書茂績，以秘幽泉。銘曰：」

天降仁德，作爲國楨，謀猷特達，鑒識清明。察廉入仕，逢」時濯纓。乃尉於吴，吴訟以平；乃吏於晉，晉盜以清。三原」帝畿，治亦有聲。聲聞于天，柱下用才，鐵冠方拜，石」槨先開。未騁長途，旋歸夜臺，哲人其萎，邦國共哀。于嗟北」邙兮，巨室在哉！」

宣城□源撰文并書。」

（周紹良藏拓本　河南千唐誌齋藏石）

天寶二〇五

【蓋】失。

【誌文】

大唐故鉅鹿郡南和縣令□府君墓誌銘」

公諱悆，字同光，琅耶臨沂人也。其先周靈王太子晉之後，晉以□□□□□」爲庶人，時人號曰王家，子因以爲氏焉。軒冕蟬聯，衣冠禮則，人倫□□□□」所傳，蓋古今之盛美，衆謂百族之標首，但博通於史籍者，莫不敬讓於斯□」豈惟霏微造次能叙。公即晉丞相導之十三代孫，曾祖諱德仁，隋舉孝廉，授」劍州臨津縣主簿；祖諱玄默，唐應制，再登甲科，累授汴州浚儀縣令；父諱□」慶，唐舉孝廉擢第，優遊經史，不趨於名。以公之才，匡國之器，命不時偶，晚授」勝州都督府户曹參軍。公始十四，早喪所天；幼懷敏識，孝感於神。色養安」親，義通古典，年十八，舉孝廉，授相州堯城縣丞。居無何，贊邑多政，故相太尉」公宋璟時按撫河北，採公之美忠，舉清能，狀云：至公至清，至勤至謹。猶是河」朔稱爲四至縣丞焉。俄授青州北海縣丞。公清白天資，聰忠禀質，去如始至，」秉節不渝。本道採訪御史中丞蔣欽緒以公守官利人，清能應物，狀加甄著，」表奏上聞，累授越州都督府兵曹參軍。公素懷明鑒，暗室無欺，志烈冰霜，」堅操彌勁，雖掾吏卑秩，而政術傍流，積善理身，實斯之□。禮部尚書席豫昔」按察江外，審公至清，擇能甄擢，奏充本道判官，使司任才，委以推勾。改授徐」州沛縣令。作程百里，威惠臨人，黠吏忘欺，逋逃安業，州將表鷹，識展仁明，」聖朝舉揚，制加上考。辭滿□養，懷苦菜之心；頃丁艱疚，持曾參之孝。毁不」滅性，以祀蒸嘗。禮制俄終，授鉅鹿縣南和縣令。公吏多政術，不教而成，黎甿」息肩，絃歌道路，古之良宰，無以嘉焉。詞句短拙，能事難書，述善匪窮，紀乎載」□。公簡儉成性，家無積財，俸禄之資，賙給不繼。及乎秩滿，私第無依，因託懿」親，寄于客舍。然生涯倏短，賢愚一門，積善無徵，奄敦子疾，嗚呼命也！天道何」常？降年六十有九，以天寶十一載七月己亥朔八日壬子卒于滏陽縣崔氏」之里第，痛哉孝子，悲纏旅魂，□園不見，哀歌慟人，轉轂于洛，歸軒故墳，翩翩」旌旐，蒼蒼□雲，千秋永隔，□□無春。粤以天寶十一載歲次壬辰八月己亥」朔廿八日景寅，葬于洛陽縣□陰鄉之北原，禮也。邙山古隧，望極原野，如川」之流，□事空謝，親愛永隔，倚歟松檟，題諸刊石，寂寥長夜。有子鄭等，年始十」五，□毁成人，未識揚名之義，天資罔極之神，痛深知己，瞻望酸辛，其爲銘曰：」王公挺生，玉潤金聲。從□守政，惟公惟清。德不可比，義不可并。忠能秉節，孝」□精誠。□□萬古，作法□程。墳隧將列，孤松益貞。芬芳不歇，實曰揚名。」

（周紹良藏拓本　河南千唐誌齋藏石）

天寶二〇六

【蓋】失。

【誌文】

大唐朝議郎行弋陽郡定城尉上柱國屈府君墓誌銘并序」

公諱澄，字靈源，系楚大夫屈原之後也。其先」官族，史失其書，今莫知偏次，述乎名諱，天下」爲之增歎。公氣稟天和，道謨坤德，文以經識，」雅以資重，從禄委命，不擇其官。首爲江華郡」江華尉，次授同安郡懷寧尉，以政理大稱，藝」能兼舉，天王錫其榮寵，以加爵級，遂」轉弋陽郡定城縣尉。咸能綵雉馴樹，青鸞集」庭，風雨會時，菽麥成穎。書曰：皇天無親，惟德」是輔。昔爲言實，今見事非，以天寶十一載八」月十日終於洛陽。吁哉！哲人既萎，政化其泯，」行路咸切，朝廷悲悼。以九月三日歸葬安措」洛陽邙山故塋，禮也。銘曰：」

有化咸盡，物無不然，一辭白日，」萬古窮泉。」

（周紹良藏拓本　河南千唐誌齋藏石）

天寶二〇七

【蓋】失。

【誌文】

唐河東郡故張府君墓誌銘并序　從弟河南府進士張肅撰」

府君諱謙，字景倩，河東郡人也。吾家譜牒，史籍」昭彰，故不敍爾。祖瓊，尤明政術，代許忠清，」皇朝請大夫、守壽春郡長史、上柱國；考鏡玄，多」識前載，規模古人，居上克寬，鳴絃以理，」皇朝議郎范陽郡會昌縣令。府君家承禮樂，性」本聰明，詩筆見知，經史足用。載廿四，秀才登科，」詞人俯伏。每聞東閣，則賓從盈門，陪賞西園，而」諷詠得禮。晚遊江外，刻意於雲山；遇疾客中，懸」心於鄉國。降年不永，遽往泉臺，以天寶十一載」三月八日，卒於吴縣旅館。遠泝風波，旋歸故里，」以其載九月卅日，窆于河南縣邙山北原也。嗣」子綺、繹、緯、綸等，號扣無從，感傷行路，式題芳石，」以播徽猷。銘曰：

孝悌垂裕，詞賦知」名，晚遊江外，都忘宦情。景促虞淵，魂歸夜壑，素」旐飄揚，迴舟轉泊。雖還故國，直往荒田，森森灌」木，寞寞愁煙，春來秋去，萬古千年。」

（録自《芒洛冢墓遺文五編》卷五）

天寶二〇八

【蓋】 失。

【誌文】

唐故房陵郡太守盧府君夫人弘農郡君楊氏墓誌銘并序」

夫人弘農郡華陰人也。地靈河嶽，門襲才賢，赤泉啓封，鬱丕構」於來裔；玉環流貺，貽介祉於當年。四代五公，聯華繼美，盛德之」後，子孫其昌。曾祖綱，皇巖州刺史、平河公；祖思謙，」皇銀青光禄大夫、司宰、司稼卿；父履言，皇河南府河陽縣」令、左衛中郎將；并休有令望，克揚耿光，爰膺竹符之寵，允斯棘」列之寄。鳴絃而政美子游，感物而興高潘岳。夫人資德門之」純懿，承慶緒之炳靈，蘭容蕙心，婉行淑德，年甫十七，適房陵」府君。壼訓生知，閨儀性與，琴瑟以睦，克諧鳴鳳之占；婚姻可嘉，」載協乘龍之好。故能動中圖史，柔順以奉先姑；静遵典則，謙」和以承娣姒。加以躬服澣濯，不尚浮華；功親組紃，未嘗辭倦。洎」府君即世，婦道增脩，義感移天之重，哀深同穴之思。晨歌既絶，」晝哭無依，夫人乃服絁縵，飯蔬食，焚鑪香，專禪誦，將以誓志，」期於終身矣，雖宋伯姬梁高行莫之逌也。宜其永錫難老，以爲」母師。如何彼蒼，曾不與善，以天寶十一載四月遘疾，六月廿八」日終于同母弟前朝散大夫、河南府河清縣令，因公坐左責，量」移靈昌郡酸棗縣丞之官舍，享年七十一，嗚呼哀哉！流晷不駐，」遠日遄臨，即以其載十月廿九日合祔于大塋之西北百步，」禮也。徂陰歲晚，荒草寒色；芸其黄矣，風亦悲矣。孤子仲容，銜疚」茹痛，疑慕永懷，徒星行而志切，終路遠而莫逌，庶陵谷雖變，徽」音不亡，用傳斯文，貽厥終古。銘曰：」寒天泬寥兮邙山之陽，泉户冥冥兮大夜何長？老氏遺誡兮多」藏厚亡，今我送終兮則惟其常。徽音淑德兮託茲同穴，薤歌悲」奏兮祇令人傷。」

（周紹良藏拓本　河南千唐誌齋藏石）

天寶二〇九

【蓋】失。

【誌文】

故順義郡録事參軍侯智元妻魯氏墓誌銘并序」

夫人扶風郡人也。隋寧遠將軍、單于都護崇讓之曾」孫，皇鉅鹿郡别駕玄廓之孫，吏部選衤之女。載廿」三，用歸我侯氏焉。衣冠盛結，弈世連榮，禮樂嘉聲，」歆然不泯。夫人儀承世範，閑□婦道，躬執澣濯，施」于條枚。孝敬以穆親，潔粢以享祀，藏訓以誡寵，柔」貞以正家，四德在焉，作配君子。至天寶□載九月」九日，所天致殞，塊爾孀居，克諧姆訓，撫字孤幼，循」環禮則，宜其允濟永終，克光幹母。天不慭遺，奪我」人世，以天寶十一載歲次壬辰十月七日遘疾，終」於河南縣道政里之私第，春秋八十有三焉。嗚呼！」即以其載十一月三日，葬于先塋穀水之崗，禮也。」玄堂陰陰，白日反照，長安此去，何時復春？子瑾等，號」穹靡訴，無母何恃？載擗窮埏，敢銘慈烈。詞曰：」君子之德必有鄰兮，降厥淑美爲之嬪兮。」芣苡既采服柔勤兮，姆儀有閨範新兮。」如何大圓大輔不輔仁？凋我令淑在兹晨兮。」死則同穴俱灰塵兮，哀哀其子號蒼旻兮。」敢攀慈烈銘窮塵兮。」

（北京圖書館藏拓本）

天寶二一〇

【蓋】失。

【誌文】

皇唐故常君魏夫人合葬之銘并序」

君諱惲，字思惲，其先河内郡人也。惟曾及」祖諱德徹，並有名有行，處代得性。君□」志風雲，懷山嶽之道，春秋八十有八，遘疾」靡救，天寶一十載十月廿六日卒于私第。」夫人魏氏，巽姿遠播，琴瑟偕老，春秋七十」有八，天寶七載十一月十七日奄然終于」私舍。嗚呼哀哉！今以天寶十一載歲次壬辰」十一月甲辰朔十二日乙卯，遷合葬於林」慮縣子城西北二百步平原，禮也。嗣子貴」恕等，號天叩地，恐歲月遷改，乃勒石紀銘。」其詞曰：

君□夫人，琴瑟和親，百齡大謝，」合葬兹墳。向于崇山，左右叢林，四望俱備，」□卜安□。」

（録自《鄴下冢墓遺文二卷》卷下）

天寶二一一

【蓋】失。

【誌文】

大唐贈南川縣主墓誌銘并序」　太子侍讀兼侍文章，朝請大夫、守國子司業臣趙楚賓奉敕撰」　太子及諸王侍書，中散大夫、守國子司業臣韓擇木奉敕書」

維天寶十一載歲次壬辰十一月甲辰朔三日景午，南川縣」主終于興寧里之十王院，享春秋十有八。嗚呼哀哉！縣主」皇帝之孫，故棣王之第五女也。生而的皪，幼而婕娟，長而明」敏，成而淑慎。故威儀取諸禮，風雅取諸詩，稽古取乎書，撝謙」取乎易。況爲仁由己，純孝因心，師氏重其才，女史欽其德。每」至少遊桑陌，珊瑚交體；暫賞芝田，翡翠盈掬。於戲！碧蘿春秀，」女葉先凋；青桐夏榮，孫枝早落。晴褰暮雨，風卷朝雲。生也有」涯，死而可作也。粤以其載其月廿三日制葬于京兆」府咸寧縣之白鹿原禮也。太妃韋氏，愛鍾于下，痛貫乎中，鳳」殞朝陽之雛，鶴失在陰之子。既而青烏相地，白馬開」銘，一掩泉扃，萬古塵壤。嗚呼！母氏勞苦，女子妙辭，方傳不朽」之聲，用刊無媿之色。銘曰：」

彼美奇女，豔逸麗人，拂羽奔月，凌波起塵。芙蓉媚水，桃李穠」春，終温且惠，淑慎其身。星津寶婺，閬風瓊樹，學比山」成，辯同河注。王妃好禮，左嬪能賦，降戾南川，千年一遇。」南川婦德，上宮是則，洵美既盈，柔嘉允塞。周旋蘊籍，辭禮温」克，發言有章，其儀不忒。絶跡蘭所，歸魂蒿里，香滅碧」烟，琴埋緑綺。夜臺無月，寒泉積水，我生不辰，冥冥已矣。」

（北京圖書館藏拓本）

天寶二一一二

【蓋】　大唐故劉夫人墓誌銘

【誌文】

故彭城劉府君夫人墓誌銘并序」

夫人號光贊，太原王人也。欽惟祖德，海内知名，代襲儒」風，志輕軒冕。曾祖朝散大夫、平原郡長史察，祖游將軍、」京兆府甘泉府折衝悌，考朝議郎、譙郡臨涣縣令徹，夫人」即徵君之長女也。識敏性聰，心明體静，容範則星婺降彩，」鮮姿則坤靈誕質。詞令婉美，謝氏固慚歌於柳絮；懿淑兼」聞，庾公再垂試於箕箒。既笄而四德能備，」承筐而六行克」脩，宜其室家，作嬪君子。鳴鳳之兆，早著結褵之晨；乘龍之」譽，光聞舉安之日。豈謂壑舟闇徙，匣劍孤飛，孀居如昨，□」窮星紀。蓬首不忘於組紃，痟心必虔於蘋藻。撫存悼往，慈」順感神，累託勝因，永思保壽。何圖風枝不静，薪火忽傳，」夫人不悆數月，勿藥無徵，天寶十一載秋七月十有四日，」終於正俗里之私第也，享年六十二載。以其載冬十有一」月廿七日，遷厝于洛陽縣平陰鄉北原劉府君舊塋之左，」禮也。孤子前左金吾衛河南府千秋府別將渾，次子前左」武衛上黨郡禮會府別將浦，次子澤，武部選，次子武部選」瀨，號天叩地，泣血攀桐，皇皇焉，瞿瞿焉，荒迷骨立，刻石紀」之。銘曰：」

金石雖固，松筠稱貞，未如聖善，惟德難名。洪河之南，」帝城之北，玉瘞新塋，魂歸舊域。泉臺閟月，隴隧多雲，而今」而後，天道何論！」

（周紹良藏拓本　開封博物館藏石）

天寶二一一三

【蓋】失。

【誌文】大唐故澍城劉府君韓夫人墓誌銘并序」

□君諱國，其先澍城人也。祖師敢，上」柱國；父懷簡，三衛出身。昔漢時前後，帝」之先宗，積世君侯，衣冠相襲。公且常選，文」武俱備，禮樂周旋，不及食禄，以開元十年」十二月廿四日，終於陳留郡之私第。夫人」韓氏，學禮用心，何必傳載；孟姜詩稱，組紃」無虧。何其命掩泉臺，哀哉長夜，以天寶十一」載九月廿八日寢疾，終于滎陽千塔里之」私第，春秋八十。粵以其載十一月廿七日，」合葬於洛陽縣邙山之原，禮也。嗣子臣等，」痛深莪蓼，泣血絶漿，哀期誌銘，永載幽石。」其詞曰：」大河南兮邙山北，引塗薪兮瘞珠玉。朝生」花兮暮何促？哲以楊兮美且淑。」

（北京圖書館藏拓本）

天寶二一一四

【蓋】大唐故耿夫人墓誌銘

【誌文】唐故房府君夫人耿氏墓誌銘并序」

夫人高陽耿氏，清河房府君之嫡室也。幼聰女訓，」長順婦儀，從夫有浣濯之勤，主饋無懈怠之志。欽」于飛之禮，每挹和鳴；習同穴之詩，式遵大義。兢惕」未幾，天降鞠凶。君以天寶十載二月廿八日終于」洛陽之客館，享年六十一，用其年三月十四日，葬」於邙山杜郭之東原。夫人鳥傷羽落，魂斷泉門，誓」節送終，孀居孑立，訓育嗣子，蓬心苦蘆，悲哀過情，」禍構潛起。恃積善而冀疾勿藥，終生涯而凶折荐」志。以君終之明年十二月廿七日，歿于君之舊館，」時年卌九。嗣子轔號天叩地，糜骨折心，百身難贖，」三年泣血。禮有合葬，爰擇吉辰，以天寶十二載建」寅月卅日祔君之兆合葬，禮也。恐陵谷深變，馬鬣」平夷，勒于貞石，以爲銘曰：」

於戲天道，禍福何從？貴者未聞終吉，賤者不曰無」凶。生死之際，賢愚混同，洛陽之北，杜郭之東，孤墳」寂寂，長對悲風。」

天寶十二載正月卅日建。」

（周紹良藏拓本　河南千唐誌齋藏石）

天寶二一五

【蓋】失。

【誌文】

大唐清河張府君墓誌之銘并序　奉義郎前行儀王府兵曹參軍張晏撰」

公諱璥，字承宗，清河東武城人也。弧星命氏，鵲印傳芳，歷三代以」相韓，因五星而輔漢，可謂世載其美矣。曾祖淵，隋開府儀同三司，」江南、遼東二道行軍總管，衛尉卿，上大將軍，文安縣開國公，食邑」壹千户，謚曰莊。德懋懋官，功懋懋賞，勳賢之業，克備于兹。祖孝雄，」唐尚輦直長、湘源縣令、鄯府司馬；鳳輦是司，鸞庠作化，以資佐理，」實在題輿。考敬之，侍御史、司勳郎中、乾封縣令、漢州刺史、太府卿、」禮部侍郎；栢署霜威，肅衣冠於北闕；含香伏奏，振起草於」南臺。三異久聞，六條逾闡，惔司出納，光我禮闈。公即侍郎公之元」子也。弱歲以宿衛出身，中年因常調麋職，授秦州參軍事。子卿之」秩，未展驥於長衢；王佐之才，且參名於州縣。方將陟遐自邇，必復」於公侯，寧謂夜壑舟移，遽先於風燭。秀而不實，良以悲夫！以神龍」二年十一月十一日終于東京温柔里之私第，享年叁拾有陸。夫」人瑯琊王氏，祖方茂，伯祖方慶，唐中書令、同中書門下平章事。承」相門之慶緒，得女則之深規，識稟天資，禮踰師訓，貞芳懿範，穆以」姻親，服澣齊心恭於祠祀，將福壽於餘慶，何積仁而不昌。以開元」拾柒年柒月貳拾伍日遘疾，終于東京壽安縣之別業，享年七十」有二。並以天寶十二載二月十二日同歸祔于京兆府金城縣三」陂鄉舊塋東北卅二步，禮也。嗣子恒，前饒陽郡鹿城縣丞。行爲物」範，村實天經，徒積慕於高堂，竟流悲於風樹。九原長往，萬古何追，」痛泣血以銜悲，期貞石以表德。俾余作□，用紀玄扃者歟！其銘曰：」

鐘鼎承家，軒裳祖德，相韓繼代，輔漢表則。勳賢克備，邦家允塞，奕」葉傳芳，威儀不忒。邈哉懿範，實曰哲人，才標吐鳳，業著成麟。一命」非偶，二豎何親，舟移夜壑，年夭青春。中野言歸，卜宅于此，日下荒」隴，煙埋蒿里。飋飋松風，哀哀孝子，昊天罔極，生涯已矣。」

（周紹良藏拓本）

天寶二一六

【蓋】 失。

【誌文】

唐故中散大夫滎陽郡長史崔府君故夫人文水縣君太原王氏墓誌」

夫人諱京，字海無量，太原人也。宗周肇祀，緱仙命族，不隕令問，代襲能」賢，自翦賁離，三世爲秦名將，漢有司空咸，晉有尚書令述，魏有龍驤將」軍瓊，或文兼三事，或武參七德。繼體以立，盡爲珪璋特達；錫胤成慶，必」求宋子河魴。故望華衣冠，首出氏族。曾祖道質，隋主爵郎，起草華省，位」當列宿；祖仙客，考槃幽谷，氣應客星；父瑒，朝散大夫、行宮尹府丞，瑶林」挺生，玉立温潤，弈世龜組，纘戎名器，天祚明德，其鍾美于夫人。夫人」即宫尹府君之元女也。神資純懿，性叶柔嘉。織紝組紃，藝實天縱；音」律書數，不習生知。出言有章，動容成則，始笄之歲，歸我先府君。率」脩閑和，勤勞輔佐，夙夜恭儉，以成婦順，樽節軌範，以正母儀。事姑以」孝聞，主饋以義著，蓄無奸貨，散必周急。若乃祭祀賓客之禮，舉而門風」行；邕睦仁讓之教，敦而家事理。是以六姻稱禮樂標首，九族爲德義楷」模。當府君命爲大夫，而夫人食邑文水，天書褒德，爰降紫泥，地理」開封，將分石窌，一時榮觀，百代美談。夫人繁衍之慶，成人者有七；出」身入仕，訓以忠爲令德；辭家適人，戒以虔恭中饋。故譽稱騁驥，議美乘」龍。雖孟母徙鄰，大家垂訓，未之逾也。君子謂府君賢於外而夫人」賢於内矣。先是，祖夫人深詣釋門，久探覺路，顧命之日，手付遺文，」夫人孝不忘心，言若在耳，剋苻宿愿，果證真如。於是脱落塵勞，捐捨飾」好，精思圓寂，密契微言，國之大師，屢有印可。間一歲而府君棄背，敬」姜晝哭，哀不忘禮；黔婁謚行，義以正名。彼蒼不仁，大戾荐及，自天寶十」二載九月寢疾，精誠徧于羣祀，號訴隔于穹蒼。越十月丙申棄背於」懷仁里之私第，春秋六十有六。虔朝幹等不天，適鍾疊罰，永惟創巨，又」集荼蓼，泣血靡訴，銜恤失圖，罔極之恩，雖百身而何逮；奉終之禮，瞻九」原而盡哀。即以明年春二月十二日將遷祔于先府君之塋，禮也。」諸孤等號泣昊天，死亡無日，先君真宅，敬祔尊靈，君仲之哀，期於」沒齒；子高之泣，寧止終喪。詞不假人，貴傳實録，忍哀紀事，豈曰言文。銘曰：」洛水北兮邙山巒，靈龜兆兮土龍蟠，合祔尊靈惟永安，諸孤朝夕泣欒欒。」

（周紹良藏拓本　河南千唐誌齋藏石）

天寶二一七

【蓋】失。

【誌文】

唐故高士通直郎賈府君并夫人京兆杜氏墓誌銘并序　夫人從姪芳撰」

公諱隱，字思敬，平陽人也。祖强，以隋爵秩，入於皇朝，此不書之，自」有家傳。父玄，應郡舉賢良，官至令長。公生而明敏，悉傳父學，弱冠以」叙餘勳八級，計階從六品，擬通直郎吏部選。其如軒冕情薄，林泉志」高，自以周易筮之，遇蠱☶☴上九，曰：不事王侯，高尚其事。遂返身道」德，退藏於儒，青囊著書，白賁無咎。公生三子，既聞詩禮，又多才藝。公」復筮之，遇大畜☶☰，其繇曰：利貞，不家食，吉。由是諸子妙年，連翩入仕。」公乃發彼汾曲，隨子東征，徙家洛陽，復其先梁懷王太傅誼之望也。」高堂閑安，或出或處，」尋威輦白社，訪袁安故宅，身遊有道之國，神入」無何之鄉。越開元十載，歲在壬戌，秋九月廿八日，化遷於德懋里」之私第，春秋凡三百有六十甲子。夫人京兆杜氏，人推令望，天資」淑質，載十有三，曰歸於我。奉上臨下，以孝以慈，節儉爲心，憂勤成性。」君子不與偕老，俾哲婦稱未亡人。悲夫！天寶初，少子轉壽春郡長史，」銀章朱紱，照耀庭闈，揚名榮親，母由子貴，册授藍田縣太君。既貴且」壽，母儀垂範，以天寶十一載歲在壬辰冬十一月廿二日，終於新安」縣之穀川里之別業，享年八十八。長子云亡，二子終養，絶漿泣血，殆」至羸毁。即以十二載歲在癸巳春二月廿四日，肇塋於里之北原。初」公之卒，權窆於洛陽縣吕村北芒山南面。及是啓之，樹拱馬鬣，棺緻」騰蛇，神道尚安，歸魂合葬禮也。北山行道，極目陟崗；南澗流泉，因心」在浚。爰請墨客，以誌玄堂。銘曰：」

賢夫哲婦，宜其家室，中子墨綬，少男朱紱，拜爵高堂，威儀秩秩。生事以」禮，卒葬以禮，新壠既成，舊墳將啓。君子孝子，姜肱兄弟，青鳥□圖，黄」衹地勢。孝感宅兆，叶從蓍筮，福德得之，山川異制。崗擁三□，其中列」塋，坎位自險，離方正明，斯文不墜，世出公卿。結髮昔日，合葬今時，一」郭密緻，雙棺在兹，如賓之敬，泉路誰知！」

（北京圖書館藏拓本　開封博物館藏石）

天寶二一八

【蓋】失。

【誌文】

亡妻侯氏墓誌銘并序　夫車謂撰文」

天寶十二載癸巳歲夏四月壬申，卜葬於洛陽北邙」伯樂川原塋也。我室上谷郡侯氏焉。時春秋五十有」六，遘疾累載，痊而復劇，命善醫者診之，曰：風淫陰陽」并藏，將不食新麥乎？果信而有徵。纔立夏而歿。是日」也，於懿親東閣集賢里也。悲夫淑人！昊天降凶。夫人」遠祖，夷門抱關，數代遁世，高尚不仕。父元禮季女也，」年十五歸我。視之如鴛如鸞，瓌姿玉秀，手如柔荑，」其智如泉，其貞如松，動用有方，言行有信，無厭糟糠，」有便澣濯。奉上逮下，周旋亘言，雖遠父母兄弟，性不」□薰，殊輕世寶，尤重戒珠，因尋三乘，便開頓晤，投師」受禪，澄心圓寂。師曰未之有也，號曰端嚴。不我偕老，」奄從逝水。神道茫茫，瞻之不及。傷佳城之哭，嗟鼓盆」之歌，倏忽之間，有如朝露。嗣子孚，十□法律擢第。雖」學襲聚螢，而夭隨顏氏，苗而不秀，未齒先殂，次東塋」也。既將絕嗣，非我其誰，述而誌之，序爲銘曰：」

于嗟川原，松栢蒼然，淑人既歿，琴瑟絕絃。采蘋將」廢，荼苦號天，瓌姿紈質，永閉幽關。」

（周紹良藏拓本　河南千唐誌齋藏石）

天寶二一九

【蓋】失。

【誌文】

唐滎陽鄭夫人墓誌銘并序　前河南府濟源縣丞崔衆甫撰」
宗周御歷，親賢建藩，啓國於鄭，所憑厚矣；光靈遠屬，」軒鼎接武，冠時之姻，所貴深矣。夫人諱進，字進，滎陽」開封人也。汾州孝義縣丞思莊之曾孫也，申州義陽」縣令續之孫，穎陽縣丞懌之第三女。年廿有二，歸于」我所奉之□，即文選范陽盧咸其人也。夫人禀靈暉」華，植志清祭，令儀韶範，罔不柔明，自外睦宗姻，内修」典禮，節峻而敏，志貞以勤。敏則功倍而思煩，勤乃力」竭而形躁。遂致冰炭侵性，心形幾離，嬰冥其容，動作」唯以神遇；腤默其慮，赴蹈不以目視。誤墮於井，溘焉」此終，享年廿三。于時天寶十二載五月十日也。即以」其月廿日殯於上東鄉。嗟乎！彼智無涯，此生有際，勤」之以德，反夭其年，天若輔仁，何遇斯酷？嗚呼哀哉！將」恐霜露驟積，陵谷貿移，刊石立銘，以誌幽宅。其辭曰：」

皇周派別，緇衣襲慶，英賢纘戎，旗常世命。克廣後嗣，」允迪前令，驟稱其閥，於斯爲盛。聿生夫人，茗華載春，」公宫習禮，高門作嬪。克諧琴瑟，降志組紃，景命不淑，」悲此沉淪。出國門兮路東轉，卜連崗兮邙南巘，田原」□□兮白日晚，蒼山長兮清洛遠，逝者如斯，于嗟一去不復返！」

（周紹良藏拓本　河南千唐誌齋藏石）

天寶二二〇

【蓋】失。

【誌文】

唐吴興郡長城縣尉李公故夫人河東裴氏墓誌銘并序　左驍衛騎曹參軍鄭譽撰」
夫人河東人也。昔秦鍼出奔，晉封受氏，厥後繁」衍，賢良間生，問望多三事之尊，風流稱八族之」首，備諸史諜，今可略焉。曾祖皇洞川太守；祖」權，獲嘉縣令；父岌，魏郡參軍；並才華特達，政理」尤異，襲乎善慶，生彼淑姿。夫人即參卿之」第七女也。婉順其德，幽閑其性，爰自初笄，嬪于」君子。洎李公一尉從捧檄之道，雙鸞承請衽之」歡，威儀克脩，甘旨必瞻。初公充使上國，夫」人主饋于中，俄因別離，遽隔生死。以天寶九載」七月七日終于長城縣之廨室。嗚呼！穠李之顔，」盛時可惜；椒花之頌，何日復聞？飛旐翩翩，來歸」舊土，粤以十二載五月廿六日殯於洛陽之北」部，禮也。載誕之慶，一男一女，雖忘情於旦宅，用」紀德於泉扃。銘曰：
猗歟貞淑，作嬪華族，美德紛郁，禮容肅穆。奄忽」玄夜，嗚呼彼蒼，百齡已矣，萬化茫茫。」

（周紹良藏拓本　河南千唐誌齋藏石）

天寶二二一

【蓋】　大唐故張太守之墓誌

【誌文】
唐故太中大夫守新定郡太守張公墓誌銘并序」
公諱朏，字朏，其先范陽人也。馬渡丹陽，龍戰河洛，煙塵北擁，冠冕南遷，」今爲襄陽人也。曾祖則，隋阤陽縣令；祖玄弼，皇益州功曹參軍，贈安州」都督；父晦之，桂方正字、左率府兵曹參軍；伯父柬之，中書令、漢陽郡王、」贈越州都督，扶危宗社，勳庸太常。初公父早亡，伯父進養，諸吕殄滅，大」漢分珪，茅土錫封，奏公授職，詔授荆州參軍。後韋氏臨政，虺變爲蛇，」公授撫州參軍，累貶也。又試太子通事舍人，來復也。又授將作監主簿，」再太子僕寺丞、太子文學，檢察浮費，司供輿馬，黄中有理，堂上拊頭。轉」定州司馬、邢州長史、朝散大夫、涇州別駕，鶴來辭海，朱紱加榮；輿舊見」題，佩刀是贈。又拜渠州刺史、涪陵郡太守、零陵郡太守、臨川郡太守、新」定郡太守。蜀山雲平，非無叱馭；湖水天浸，豈憚洪波。江南聽采菱之詞，」成中和之曲；新安逢江水見底，比清鏡豈如。太夫人韋氏，安府户曹玄」寶之女，封馮翊縣太君，子貴也。板輿侍奉，豈獨長筵；東征有詞，何慙舊」賦。公禀休和之氣，降山岳之靈，忠孝事於君親，愷悌施於邦國。惜其大」位未繼，泉路溘隨，以天寶十載六月廿四日遇疾薨於新定郡官舍，春」秋五十有六。諸侯之禮，國典備儀，道路有瑞鹿隨車，黎人悲父母奚若。」夫人隴西李氏，隴西郡君，夫榮也。刑部尚書乾祐之孫，相州堯城縣令」昭禮之女，中書令昭德之姪女。能事組紃，明閲詩禮，令德贊於從職，淑」善穆於宗親。天乎降災，殞斯貞麗，以開元廿一年八月三日先公而亡。」以天寶十二載八月廿六日合葬於臨漢縣平原，禮也。嗣子回等，欒欒」棘容，哀哀相次，迺馨香其實録，將刊刻於正詞。銘曰：」

猗公命氏，偉乎邈遐，勳庸列土，繼體分葩。世業弘大，忠孝淳嘉，官政多」歷，斯紱光華。沂海可詠，專城累加，天道不憖，梁木空嗟。其一。夫人隴西，實」惟公族，尚書祖理，中書伯録。體德柔順，瑶姿令淑，如月之皎，如鳲之育。」內則事姑，齊詩在禄，誰謂奉倩，先悲瘞玉。其二。嗣子欒欒，幾不滅性，禀孝」純至，執容瘠病。哀號泣血，象設惟命，母訓義方，慎終善令，女也摧毁，施」于莊敬，樹斯文於不朽，紀功業而貞正。其三。」

（周紹良藏拓本）

天寶二二二

【蓋】失。

【誌文】

唐潁川郡司户韋元逸故夫人趙郡李氏墓誌銘并序」

天寶癸巳歲秋八月辛卯，夫人李氏卒，韋之」婦也。嫁而疾，七十有一日，終于家。笄者以成」人目之，矧有行哉；隱而志之，謹令淑也。其先」貴於史籍大矣。嗚呼！賢或無位，中世不競。大」父仁緯，縣大夫也；父延紀，郡曹掾也。孤提早」孤，母兄慈之，禮合於情，而能不驕；功之於性，」而不在教。若乃一音所演，清真悟覺，又自然」也，況詩傳哉。韋之請婚，和聲洋洋，今以爲鼓」盆不近常也，傷神兹有過也，淺日而懷，臨喪」而哀，其中歟？故仁母諸兄，痛其未成禮於夫」之門，不榮食於夫之禄，歸葬黨地，哭有餘恨。」越五日丙申，窆于邙山之南，宜也。銘曰：」

淑麗不並兮我有之，仁賢是與兮我夭之，荒」郊曷處兮禮以之，孤墳永念兮情所之。」

（周紹良藏拓本　河南千唐誌齋藏石）

天寶二二二三

【蓋】失。

【誌文】

大唐故弘農楊處士墓誌銘并序　太原王回撰」弘農楊君諱信，字崇信，春秋七十有，以開元」七載正月廿日終于故里。公生而謙柔，長又」惇質，尚林泉之閉素，惡軒冕之浮華，故逢時」而不激榮名，向晦而崇乎謹慤，恬然處順，無」替令圖。嗣子海珍，克承義方之訓，能精龜策」之妙，官至平原郡將陵縣丞而已，終於此官。」所追封樹者，蓋孝婦太原王氏，以天寶十二」載十月六日也。府君曾祖諱坦，隋爲長沙郡」丞；祖浩然，隋鉅鹿郡沙河主簿；父忠，皇朝」寧遠郡司倉參軍事；皆代禀忠貞，世濟純白，」克紹名節，不墜弓裘，赤泉之家，懿茂斯在，爰」琢貞石，誌于玄宮。其詞曰：」

於戲處士，孰可名器，優遊自樂，不害其志。其一。」於戲楊君，閉骨幽墳，徽猷不接，徒愧斯文。其二。」

（周紹良藏拓本）

天寶二二二四

【蓋】失。

【誌文】

唐故東平郡壽張縣令盧公墓誌銘并序　外甥前行京兆府三原縣丞崔泉撰」

公諱含，字子章，范陽人也。錫氏農皇，寢有昌德，仙源流裔，寶閥昭宣。則尚」爲王師，敷六韜之略；敍爲真侶，乘五雲之氣。洎植毓以佐命司衮，志諶以」建侯班條，素緒分封，奕世滋大。至于我曾王父彦恭府君，固安公，有隋爲」西亳州刺史；我大父昭度府君，皇朝爲監察御史；我皇考詡府君，朝」散大夫，皇朝爲岐州中兵掾；鷹揚器範，蟬聯國華，盛業雄動，式開後嗣。」公即掾府君之第四子也。燕薊炳靈，隨和體耀，夷量莫測，果行可規。不盱」豫以干時，晦容光以坦道。弱冠孝廉擢秀，首尉于桑泉，再丞于汲縣，三轉」薛王府兵曹事。蒲晉講一以爲理，淇沫副貳以登庸。遊梁曳裾，是資鴻陸；」適魯紆綬，方造麟洲。遷鄆州壽張縣令。爲政有經，視人惟恤。以刑罰爲干」櫓，戢于明時；以理化爲蓍龜，存諸靈府。懷濡淑善，浸假至仁，戴白之」流，到今遺愛，雖古之良宰，何以加焉。及將賦歸來，竊慕彭澤之隱；奄捐旅」次，翻慟荆南之泣。春秋享年卌九，以開元十五載終焉。以天寶十二載十」月六日遷神於東郡，合祔於北邙，禮也。夫人隴西李氏，即故太子中允壽」之女。恭維公門慶遠，彤管訓深，賢孟母之字孤，多敬姜以貽則。中年受謝，」卜兆先封，日月有時，龍劍將合，不移榛隴，再啓松埏，龜謀允從，魂兮萃止。」嗚呼！上皇不蠲，殲我舅氏，長男筮仕，早世云亡；三女有行，僅存者一。童孫」幼亂，羈寓潁川；門館闃虛，喪祭無主。悲夫！且孝於心者神其福，精於事者」志克成，今之主張，即公少女之力。哀家不造，悼躬未亡，而能祖載遠郊，返」葬樂土，所謂純深盡孝，事親之終始。公元女既笄，作配介弟，睍睆佳偶，綢」繆舊姻。嗟乎！大壑藏舟，荒塋拱樹，仲兮惻如賓之敬，予也增銜恤之哀，執」紼殷懷，又加一等。寒景下稷，陰風掃林，陟彼崇阜，哀挽嗚咽。泉忝諸甥，荷」恩外氏，渭陽之感，委鬱秦康之詩；西州之恩，歔欷羊曇之泣。式刊玄石，敢」徽鴻懿。銘曰：

世祚高門，海内之準，誕其羡兮；韻宇寬綽，爲邑仁信，流其恩兮。巢鴬生□，」卧牛得地，袝千古兮；主器早世，窺户無人，神何昧兮。幽都永厝，虔心克成，」□孝女兮。揚其往烈，□意增泫，感我甥兮。」

（周紹良藏拓本　河南千唐誌齋藏石）

天寶二二五

【蓋】大唐故裴府君墓誌銘

【誌文】

唐故高士哲人河東裴府君墓誌銘并序」

君諱處璡，河東聞喜人也。其先系乎堯帝，大乎西晉，時□」君子，世濟勳德。周隋英哲，緝熙致乎昇平；秦漢忠貞，興言」近乎大雅。衣冠鼎族，於此甚盛。祖知命，識理宏達，詩書」博通，不慕廊廟之榮，有戀陋巷之樂。先考元紀，學承」庭訓，孝自天心，事親則無改三年，報國乃肅清□里，授上」柱國勳。君孝友温恭，操行□□，博學篤志，無所不覽。神」龍載中，明經擢第，後緩□□□積痛成痾，絶意宦門，勤心」享席。君愛子昇卿，天寶□載，選授汝南郡真陽縣尉，諫」君曰：求祿本欲養親，親既不榮，祿將何用？君遂與夫人」天水趙氏，武衛大將軍承慶之嫡孫，連鑣而往，自至真陽。」同郗司徒卧疾，不遇法開之醫；類王長史纏痾，空懷□□」之歎。天寶九載四月廿四日，終于真陽縣廨宇。夫人自」君卧疾，恒求代死之師，倏忽□亡，旋作輟絃之讖。旬有三」日，果膺斯言，棄孝養之可哀，戀移天而無悔。以天寶十二」載十月六日合祔于東京河南縣平樂原舊塋，禮也。」君直道始終，清議無點，可謂大明君子，勒石誌之，用存不」朽。銘曰：」

乾坤降和，是生正德，言爲代訓，行爲人則。縱放任逸，不慕」厥職，高上明賢，其深莫測。琴瑟合契，榮枯共經，樛葛同毁，」玉石俱刑。長川逝水，永夜松扃，念山河之見易，故勒石而」爲銘。」

（周紹良藏拓本　河南千唐誌齋藏石）

天寶二二六

【蓋】失。

【誌文】

大唐故河南元府君墓誌銘并序」

古人有言：才高者位必薄，德厚者壽不永，則」元府君之謂歟。公諱舒温，河南人也，保姓受氏，史」牒詳焉。曾祖禕，隋潞州刺史；祖察微，寧州別駕；父」德珉，登州司馬；皆代不乏賢，雅有貞信，或居家孝」友，或入仕公忠，禀自天真，鬱爲人望。公幼而聰明，長」而昭毅，故得名不累身，性乃全道，未纓未組，實此之」由，人皆重之，以爲師範。洎乎貞疾不利，視死如休，哲人」其萎，梁木斯壞。長安三年五月六日終於京兆長安縣」之私第，春秋卅有四。即以天寶十二載十月十七日遷窆」於洛陽之北原，從吉兆也。夫人河東裴氏，禀師氏之訓，從」女史之箴，家喜訟椒，人歌賦雪，生死常道，前後淪亡，即」今同塋，言從古制。長子誠，襄陽郡司兵；次子詢，高密郡」安丘縣丞；並先云亡，附於塋側。少子諒，彭城郡蕭縣丞，」孝以居心，義以從禮，卜其宅兆而安厝之，銘於下泉，勒此」貞石。銘曰：」松栢青青墳壠新，九泉不追兮哀哲人，偃然巨室歸」天真，魂兮魂兮誰與鄰？」

（周紹良藏拓本　河南千唐誌齋藏石）

天寶二二七

【蓋】失。

【誌文】

唐故沂州丞縣令賈君墓誌銘并序　登仕郎守河南府參軍蕭穎士撰」

君諱欽惠，字□□，蓋周之裔也。唐叔少子別封于賈，因而氏焉。厥」後漢有梁王傅誼，魏有太尉詡，文章謀猷，名冠二代，其間或自□」陽遷武威，後家長樂，史諜詳矣。曾祖隋太學博士演，祖太學博」士崇文館學公彦，考太學博士、詳正學士玄贊，儒雅弈世，令聞彰」著。故君少以經術自命，不改其道，叔父禮部侍郎大隱特器之，目」爲瑚璉，寄以門户。解褐參汴州軍事，歷相州司户，遷沂州丞令。其」從事也，細無不理，自微之着，本乎仁明寬惠，加之以正直，保此□」德而綏懷百里，農商安業，禮讓斯闡，宜蹤彼卓魯，高步台槐。道之」將廢，胡寧夭閼。以開元二載四月四日終於位，春秋卌有一。於戲！」良宰云逝，誰其嗣之？聯寮雨泣，庶甿曷仰，輟春罷市，斯謂然矣。」夫人河東裴氏，隋御史大夫蘊之玄孫，皇貝州刺史、聞喜」公之第三女也。明懿淑慎，司南姻族，蕣英摇落，先君即世。長子司」農主簿怡，茂才異行，觀光聖代；次曰雍縣尉勵言，連華名昆，亦」克用譽，秀而不實，萼跗雙隕，故周公之禮，未云舉也。勵言有子曰」勝，與從父弟收，無念爾祖，聿追來孝，永惟先志，其不可諼也，克□」嗣之，以天寶十二載歲次戊巳十月戊辰朔十七日甲申啓殯□」平樂里，葬于河南縣梓澤鄉邙山之北原，君子曰：孝乎其加□□」也歟。銘曰：」

匡彼大漢，文雄惟誼，實傅于梁，罔忝厥位。文和籌畫，亦佐有魏，謀」之孔臧，克掌太尉。代不曠德，慶鍾于君，孝仁允元，休有斯文。參佐」汴相，宰于丞邑，存遺惠愛，没有餘泣。曷云喪之，逝矣安及。我有令」子，金友玉昆，命乎罕言，曾是夭昏。合祔之禮，施于孝孫，在洛之陽，」于邙之原。卜云其吉，□然宅魂，猗嗟令名，萬古其存。」

姪棲梧書。」

（周紹良藏拓本　河南千唐誌齋藏石）

天寶二二八

【蓋】失。

【誌文】

唐故處士暴君墓誌銘并序」

君諱莊，字休莊，迺祖官遊，因家彰滏，今爲」鄴中人也。父裕，令德羽儀，淑人君子，家」牒詳矣，可略言焉。君禀樂開靈，唯何譴秀，」光雄照晟，賈重連成，注學海江注，悚詞豐」而岌沓，豈爲療霑彰浦，夢涉洹流，蒿荒之」疾既增，返魂之香莫救。粤以天寶十二載」六月十二日遘疾，卒於私第，春秋卅有八。」夫人武氏，四德備，六行成，如松盛，似蘭馨，」歸婦儀於閨闥，葬母慈於幹庭。天寶七載」正月十七日寢疾，終於家帷，春秋卅有一。」即以天寶十二載歲次癸巳十月戊辰朔」卅日丁酉，遷合祔於鄴郡城東南一里先」人塋，禮也。嗣子子昇、子華，恐壑死丘移，故」勒銘記。其詞曰：」蕭蕭□樹，寂寂孤墳，寒□黯月，飍颸飀雲。」

（周紹良藏拓本）

天寶二二二九

【蓋】失。

【誌文】

唐故雲麾將軍左龍武軍將軍彭城劉公墓誌銘并序　河東進士李震撰　集賢院上柱國安定郡席彬書

猗夫乘間氣，孕淳精，扇風雲，盪河岳，體五行之秀，應三才之靈者，緊我劉公而是焉。公諱感，彭城人也。曾祖諱𩓞，隱德不仕，耽逸丘園；祖諱晃，父因子貴，克大吾門，皇朝贈南䃭郡司馬。公清德難尚，至理可師。屬我皇撥亂之開元也，公提劍以從，杖戈而先，附鳳高翔，攀龍潛躍，遂使羣兇泥首，萬方革面，解褐授翊麾副尉、行興州大挑戍主，遷右衛寧州彭池府左果毅。靈鑒洞照，應變知微，命偶聖君，職參都尉，又改昭武校尉、行左衛陝州曹陽府折衝，轉左領軍衛同州襄城府折衝。參謀帷幄之中，制勝樽俎之右，無何拜寧遠將軍、左武衛翊府右郎將，賜紫金魚袋。旋授定遠將軍，行左龍武軍翊府右郎將。又遷明威將軍、右龍武翊府中郎將。公位階鴻漸，官達虎賁，騰淩建信之名，標準公幹之氣。轉雲麾將軍、左龍武軍將軍、上柱國，進封彭城郡開國伯，食邑七百户。皇帝乃命圖形麟閣，賜印雲臺。公侯伯子之榮封，河山茅土；貝胄朱緌之貴列，長戟高門。忽興逝水之悲，終銜過隙之歎，以天寶十二載二月廿一日薨於永興里之私第，春秋七十一。以其年十月卅日葬於咸寧縣黄臺鄉之原，禮也。嗚呼！地埋勇骨，天落將星，蕭瑟松門，悽凉薤挽。嗣子秀等，哀哀血淚，欒欒棘心，愿頌惟家之風，以篆他山之石。銘曰：

三秦崗，九泉窟，鶴報地兮潛恍惚；森拱木，閒荒墳，人瘞玉兮碎氤氲。

（録自《金石萃編》卷八十九）

天寶二三〇

【蓋】失。

【誌文】

唐故汝陰郡司法參軍姚公墓誌銘并序　秘書省正字王邕撰」

府君諱希直，隴西人，舜之裔孫也。曾祖霓，隋左武衛」大將軍；祖感，皇豫州刺史；父忠肅，皇申王府」文學；皆美名特立，峻節高標。環列馳聲，所以昭武功也；」專城作鎮，所以敷政術也；王門曳裾，所以廣文事也。公」利用卓絶，才略縱横，洞識且明，果行將著。詩禮爲鉗鍵，」信義爲車輿，其清也玉壺成規，其直也朱絲可□。自三」語作掾，一聽有孚，同晏子之論刑，如仲由之折獄，議者」以公得從政大體，察臨斷深源，貞廉並行，寬猛相濟。」頃罷官之後，命駕而遊，出門而軒冕未榮，泛梗而膏肓」成疾。以天寶十二載八月□日終於酸棗縣之旅舍。南燕」路上，行客凄涼；東郡城邊，逝川嗚咽。況危旌既引，靈櫬」未旋，克叶龜言，將崇馬鬣。其載十月卅日葬于河南縣北」原，禮也。如府君博聞强識，蹟精詣微，貞剛不回，明敏」克舉，所謂價齊白璧，望重青雲。嗟乎！天與其令名，不與」其榮禄，嗚呼！春秋七十。庭有幼子，春祠之禮可期；室有」孀妻，晝哭之忒無極。用刊貞永志佳城。詞曰：」

公之德其用不忒，公之政允然奮棟，公之學人謂先，」公之命膚受不行。善干禄兮名既彰，利用獄兮人以康，」命兮命兮奚惑彼蒼！逝東道兮葬北邙，墳樹千秋兮悲白楊。」

（周紹良藏拓本　河南千唐誌齋藏石）

天寶二三一

【蓋】失。

【誌文】

唐故左清道率府録事參軍于公故夫人裴氏墓誌銘并序　隴西辛稷撰」

天寶十有二載夏六月廿九日夫人裴氏卒於東」京宣教里，書之禮也。初伯益爲虞，以掌山澤；自任」好有國，以霸諸侯，其後鍼適晉食裴，因以命氏。或」匡佐晉室，或經綸宋朝，官德賞功，日出月没，世濟」濟其美，居河之東。曾王父亳州鄼縣令諱胥，王父寧」州刺史贈户部尚書諱守忠，列考儀王傅諱巨卿，」奕葉重光，問望相襲，衣冠領袖，社稷棟梁。夫人則」傅府君之令女也，克配于公。于公之先，多有陰德，」意其子孫有昌者。何昊天之不弔，俾夫人之晝哭，」不膏不沐，歸心禪門，空花上乘，筏喻下脱。

無何寢」疾不救。悲夫！且命有短長，生也不得從其偕老；時」或不利，歿也未得與之同穴。即於是歲十一月五」日壬戌權厝于洛陽北山之原，哀送之邙□□有」子曰强，茹荼泣血，越禮近毀，寅賓宅兆，永永窀穸。」稷忝内弟，實修其銘。銘曰：」

裴則令族，于實高門，敬爾夫婦，宜其子孫。川水」活活，歲華賁賁，天生作靈，物化爲魂，樹檟於邙山」之背，窮泉於瀍水之源，哀哉哀哉！天道兮寧論。」

（周紹良藏拓本　河南千唐誌齋藏石）

天寶二三二

【蓋】失。

【誌文】

博陵崔府君墓誌銘并序」

君諱銲，字銲，博陵人也。宗祊族望，勳庸閥閲，著」之於前史也；祖父班榮，兼之才職，時人所知也。」君幼而聰惠，長而敦厚，進德脩業，詞學滿腹，器」宇清暢，性質温恭，信有黄金之諾，行無白珪之」玷。未居壯室之歲，每有雲霄之志，同顔子之不」□，若曾生之淪没。書齋牖下，尚存文墨之蹤；琴」室風前，久絶雅絃之韻。秦晉未疋，闡闈闃然；胤」緒零丁，又居童稚。天寶十一載遘疾，十月十一」日終於汝南郡郾城縣，春秋廿有七。今以十二載十一月九日，葬於河南北山之原，禮也。行行道路，非開宿昔之遊；望望煙雲，盡是幽暝之意。空□落日，原野蒼蒼，寒風蕭蕭，草樹無色，嗚呼哀哉！

乃爲銘曰：
博陵華族，今古讚揚，其壽不永，其□未昌。其一。性質沉邃，家珍國器，貌若潘安，才同賈誼。其二。生兮若浮，死兮若休，殲我良士，哲人其憂。其三。白楊蕭蕭，青松瑟瑟，窀穸有期，沉埋此日。

（北京圖書館藏拓本　開封博物館藏石）

天寶二二三三

【蓋】失。

【誌文】

唐故南陽郡内鄉縣丞吴府君墓誌銘并序」

公諱曄，字庭琨，河南陽翟人也。起則辭親筮仕，祐則」經學脩明。弈世傳芳，衣冠不絶。曾祖祐，祖儀，父思敬，」並懷才藴德，聲華藉甚，高尚其志，不仕王侯，養素丘」園，甘心壠畝，不孤風月，取樂琴書。公器宇宏邈，神情」肅穆，弱冠專經，尊師重道，解褐調補濟州長清尉。黄綬位卑，青雲志遠，剖斷疑滯，擒摘奸豪，潔類寒泉，明」同水鏡，敷以德義，布以威恩，人吏欽風，朋寮仰止。無」何遷南陽内鄉丞。翼宣百里，光贊一同，撫育黎元，恩」如父母，大弘聲政，不憚勤勞。將欲勸耕桑，崇學校，鄉」閭敦孝，少長有禮；何圖志未立而兆起凶徵，言未從」而彌留卧疾。嗚呼！厥圖不果，奄喪窮泉，人之云云，邦」國殄瘁，以天寶十二載八月廿三日終於内鄉縣之」廨宇也。其載十一月廿三日，祖載靈櫬，歸魂洛陽，安」厝於北邙山之禮也。公少而英明，長而温雅，立身正」色，物莫能屈。積善無應，凶咎荐臻，天不憖遺，梁摧奄」及。將恐人歸蒿里，海變桑田，昭贊德音，是刊貞石。銘」曰：
猗那厥公，廊廟之器。時哉未遇，遂屈卑位。禮樂周身，松篁秉志，紛綸經學，沐浴仁義。梁木其摧，痛傷泉□。」

（周紹良藏拓本　河南千唐誌齋藏石）

天寶二三四

【蓋】失。

【誌文】

故壽安縣主簿鄭君夫人清河崔氏墓誌銘并序」

夫人清河武城人也。太嶽錫胤，營丘受封，自丁分齊，至夭命氏，弈葉邁」種，世無違德，我在庶族，猶衣服之有冠冕焉，此不復具詳矣。曾祖濟府」君，皇左常侍；祖元獎府君，皇吏部侍郎、杭州刺史；父庭玉府」君，皇冀州刺史兼右金吾將軍；允諧帝念，第社象賢，糺禁」天門，爪牙旌善，鹽梅適佇，薪火莫傳。夫人即冀州府君之長女也。幼」而惠和，長而婉孌，蘭生發地，香滿於幽深；鐘鳴自宮，聲流于遠近。年三」十（十六），喪朋于鄭氏，教申祖廟，試洽槃囊，笄縱事展于外成，風火象孚于中」饋。閑邪樛木，葆志澣衣，克敦好合之儀，用絶詒離之悔。鄭氏協和九族，」翼長諸孤，由內而成，自我之力。壽安府君無禄早世，夫人方將恤緯，更」矢泛舟，族子立侯於閫門，兄弟進塹於踰閾。閑家味道，安節食貧，向廿」年矣。吁！脩短有分，仁義則那，以天寶十二載六月十六日遇疾終于宣」教里之私第，春秋六十一，以其載十一月廿九日遷葬于洛陽縣河陰」鄉伯樂原袝于壽安府君之塋側，禮也。且夫人家承積慶，門藹繁華，」弟也尚行，聞簫帝女；姪也良袂，奉枕漢王。擊磬吹竽，諠譁戚」里，犀軒直蓋，恒赫外朝。夫人荐喪所天，已爲釐婦，克固儉約，匪慕寵光，」惟德自將，非禮不視，迥然物表，卓爾母儀。有子三人，時稱賈虎，聞詩聞」禮，往法鯉趨；卜宅卜鄰，幾爲孟徙。俾之早荷榮禄，克播令名，非賢不生，」非教不至，嘗試竊比，實穫古人。嗚呼！固休祐之宜加，何鬼神之不赦？之」幽徇禮，即遠就期，蒼茫北山，隱映南壤，封成馬鬣，兆叶龜從，慮高岸之」將移，恐令猷之或替，用書貞石，永置下泉。銘曰：」

崔氏之裔，出自炎帝，逮于有周，錫社營丘。且輔且弼，爲公爲侯，人欽祖」德，家識徽猷。灼灼令質，言歸于鄭，風火相熾，冰壺交映。」允叶家胤，式臧」賓敬，食鯉傳芳，夢蘭申慶。中年兆釁，愁積爲孀，栢舟有泛，鸞鏡無光。門」榮妃主，志負冰霜，始期福祐，忽歎膏肓。北山迴合，高墳壘壘，列栢行楸，」送我於此。親賓何在？藭靈而已，寂寂長川，哀哀孝子。」

大唐天寶十二載十一月廿九日。」

（周紹良藏拓本）

天寶二三五

【蓋】失。

【誌文】

唐故銀青光禄大夫行内侍員外置同正員上柱國」張公夫人雁門郡夫人令狐氏墓誌銘并序」

惟天寶十有二載十一月四日，夫人卒於京兆府殖」業里之私第，嗚呼！時載六十有三。若夫人之姓裔，自」乎太原，處嬪于室，凡廿載矣。夫人進對工繡，以備於」賓祭先祖，恭具於膏澤，正之以容貌，不以悅己」怡色，事上撫下，允穆謙和，愛子如生，育人無怨。夫張」公諱元忠，任太中大夫，賜邑爲雁門郡君，後進銀青」光禄大夫，遂加號爲雁門郡夫人也。不意因由運改，」福謝緣疏，夫去天寶九載五月十三日，卒於河南府」里之第宅，次載就葬于京兆府三原縣之分界。自阻」已後，念趣來緣，每弘慈悲，常思不忘。以夫先偶，同事」幽泉，又歲月無良，遂别塋壤，衆子未宦，莫能再榮。嗚」呼！人道所悲傷矣，以今載十二月四日遷殯於京兆」府長安縣龍首鄉之原也。代移世久，墳壠摧殘，刻石」爲銘，媿叙夫人之德。銘曰：食邑之家，捨於珠珥，簪纓之族，」衣無重綵。六行所備，四德兼載，」謹慎閨門，善音無壞。太山南指，」渭水東邁，歲月蒼蒼，記之永代。」

（周紹良藏拓本）

天寶二二三六

【蓋】失。

【誌文】

唐故淮南道採訪支使河東郡河東縣尉滎陽鄭府君墓誌銘并序」

公諱宇，滎陽人也。六代祖平簡公述祖，北齊有傳；曾祖懷節，皇」朝衛州刺史；祖進思，皇朝博州刺史；父游，晉州臨汾縣令；公即」臨汾之元子也。昔開國承家，司徒播緇衣之譽；有犯無隱，尚書聞」曳履之聲。宜哉此門，鍾美來裔，鄭之良也，公即其人。公之少也，綵」服私門，悦以承順，暨天只棄孝，棘人斯欒，既禮及聲成，乃情殷仕」進，未幾而孝廉擢第。又曰名者實賓，孝爲德本，貴曾參三釜之禄，」從梅福一命之班。遂授信都郡棗强縣尉，爲政之能，首出冀部。本」道採訪使李適之差攝常山郡録事參軍，可謂名下得人，才堪當」軸。經考數四，丁大夫人憂，服闋，補河東郡河東縣尉。在邑未幾，厥」聲有聞。山南採訪使韋幼成待賢分任，公則當仁，有敕兼充山」南採訪支使。殷其雷，亘南山之外，何必鐵冠霜簡，然後稱雄。及使」主遷官，公亦隨牒歸任，曾未啓處，復爲淮南支使。使主魏方進資」公成務，如山南焉。嗚呼！將謂舟檝大川，棟梁廣廈，豈意災纏二豎，」先秋刈鄭穆之蘭；使失一星，成象隕宋郊之石。以天寶十二載六」月十一日，卒於廣陵使院，春秋卌五。於是爲寮飲泣，皇華褅彩，何」一聽於鈞天，罔再歸於大夢。魏公謂反葬古道，遂北轅而祖之。夫」人隴西李氏，哀慟之聲，不絶於晝；長子韜，明經及第；次曰霸，初衣」裘裳；并觸地無容，崩情何怙。以其載十二月廿四日歸祔於河南」縣梓澤鄉之原，禮也。白日無分，黄泉是幽，倶天壤之名，雖死且不」朽，歸骨肉之所，則安闕乎文。銘曰：」純粹降靈，是生懿德，偉哉夫子，令問不忒。豈意中歲，魄魂去陽，草」偃書帶，蘭銷國香。啓殯及時，便房已設，憑此雕蟲，以旌閥閲。」

（周紹良藏拓本　河南千唐誌齋藏石）

天寶二三七

【蓋】似無。

【誌文】

唐故優婆姨段常省塔銘并序」

蓋聞宿殖勝因，生逢政教，仰」尋師友，意達直心。學普敬法」門，慕不輕密行。貞心守志，塵」俗不污其情；性等虚空，證真」如之境。獨拔愛網，厭世榮華，」菩薩捶雄，悲重迦文之妙典，」火宅之内，駕馭三車，捨内外」之財，望三祁愿滿。春秋七十」有六，以天寶八載九月十日」卒於私第，捨報歸林，以天寶」十二載建塔於兹，知神魂而」不固。其詞曰：女劉三娘建。」妙慧歸真，德超上智，慈悲起」行，忠孝無二。敦故重新，心存剛志，宿殖德本，動静合理。」

（録自《非見齋碑録》，據《陶齋藏石記》卷二十五補字。）

天寶二三八

【蓋】 失。

【誌文】

大唐故天水郡秦君墓誌銘并序」

公諱晱，字待舉，其先天水人也。祖師政，皇銀青光禄」大夫、北地郡道招慰大使；碩□汪濊，鴻勳赫奕，思若」停海，氣侔春陵，警中禁而曉介赤墀，撫荒徼」而夜淩玄塞。父行堪，武部常選、上柱國；性殖孤操，志」惟冲邈，所以不官者，蓋爲重季布一言之諾，忽林回」千金之璧，非其才不備於中朝，名不立於當代矣。公」道貫幽貞，器挹純粹，雅量酌乎孔黑，飛文逸乎泉雲。」大巢由蘿薜之隱，狹金張軒冕之位，曩以利涉，適于」惟楊，沂洄沿流，遘疾淮水。彼蒼不憖，殲我國珍，星隕」宵空，珠沉海浦。歌梁木之將壞，痛哲人之斯委。春秋」八十，以天寶十二載九月廿二日，終於徐城縣之逆」旅也。嗣子二公：長子承祐，文城郡平昌府折衝、上柱」國；次子承禋，武部常選、上柱國；并永錫純孝，克光大」猷，泣血欒欒，號天罔極。以天寶十三載正月十三日，」殯于洛陽縣北邙之原，禮也。夫誌者記也，銘者名也，」所以記陵谷，名川原，琢石工文，憑爲不朽，銘曰：」

天爲魂，地爲魄，公之精神兮反真宅。其一。日繫月，」時繫年，公之德兮玄又玄。其二。曜靈西軼，逝水東」流，邙山暮兮松風秋，國門北兮尚其幽。其三。」

（北京圖書館藏拓本）

天寶二三九

【蓋】失。

【誌文】

大唐故襄陽郡襄陽縣令滎陽鄭府君墓誌銘并序」

公諱逞，字逞，滎陽原武人也。北齊開府儀同三司、魏州刺史、襄城公暐」五代孫，湘陰府君第四子，懷州刺史盧師丘之自出也。公性惟謙沖，天」假忠孝，舉措必由於禮，造次勿替於莊，篤信不虧，出言無玷，險詖者慕」義以變節，剛愎者聞風而履順，懿夫，伯夷之操，寧出是乎？行已周身，才」膺筮仕，以蔭補左衛三衛，解褐授金州參軍，次授汝州龍興縣丞。位當」貳職，政優百里，恩惠浹於編甿，清儉播於中外。本道廉察使以公功績」尤異，特達奏聞。帝用嘉之，下詔甄奬，擢爲京兆府奉天縣尉。公既」沐鴻造，彌勵丹誠，提振紀綱，肅清人吏。投刃詎留於肯綮，遇物必造」於精微，未逾旬時，已多弘益，且畿甸寮寀，盡爲英髦，屬制命審官，使」臣劉楚按察使以公負不羈之才，出衆人之表，因而昇薦，復被恩榮，」拜長安縣尉。處繁理劇，常有若於優遊；破堅摧剛，曾無避於豪右。秩滿」從常調，吏部侍郎裴漼仰止高躅，比擬要官，公以太夫人在堂，樂土關」外，務於就養，不顧榮班，以此懇辭，請爲邑宰。裴公深所感歎，稱於朝」廷，即日授許州扶溝縣令。結綬未幾，酷罰俄鍾，號泣無絶於時，水漿不」入於口，則曾史至性，夫何異哉！服闋，授襄州襄陽縣令。開元十五載四」月遘疾，其月廿六日終於襄陽官舍，享年七十。嗚呼！旻天不惠，哲人其」委。夫人博陵崔氏，故鄭州滎陽縣令德義女也。作配君子，僅變星霜，未」及夢蘭之徵，奄先同穴之禍。繼室清河崔氏，故宋州碭山縣令處真之」女也。克諧琴瑟，固有裕於宜家；敬慎威儀，實無慙於内則。嗣子詵、璋、悆，」皆孝誠罔極，追遠惟深，卜宅兆而至誠，衛靈轜而萃止，以天寶十三載」正月廿五日合祔於廣武山之舊原，禮也。由是二靈信誓，能從皎日之」期；三嗣因心，空結終身之慼。於是天長地久，谷徙陵遷，瘞貞石以勒」銘，庶佳城之不昧。銘曰：

開國受姓，自周而昌，翼子謀孫，爲鄭之良。」玉展親衛，銅章作宰，漢水峴山，人亡德在。上帝不弔，大賢運速，宅兆」未安，思遠再卜。日落新鄭，風悲舊國，靈衛送終，荒阡反哭。存若浮，殁若」休，時門古木，滎水東流。唯樂石兮斯刻，傳令德乎百千秋。」

（周紹良藏拓本　開封博物館藏石）

天寶二四〇

【蓋】　失。

【誌文】

唐故彭城郡蘄縣令安邑衛府君墓誌銘并序　前伊陽縣尉天水趙向撰」

公諱憑，字佳祖，河東安邑人也。□□利建，始荒淇澳；丞相廣業，爰宅河」汾。伯玉之德方甯武，叔寶之□□王濟，世不乏賢，有自來矣。曾祖徹，」隋江州刺史；祖師，賀州司馬；父靜，桂州始安縣令。公識標上□，」氣藴中和，仁爲百行之本，數窮萬□之妙。行忠信之餘力，播詞賦以□」雲，策賢良登科，拜秘書省校書郎。王□大問，譽流崑玉，秘府研精，政□」□魯，轉越州剡縣尉。擢子真之神仙，勞敬叔於州縣，授左威衛録事參」軍。紀綱戎禁，矛戟森然，遷彭城郡蘄縣令。南溟未擊，北門有歎，時議以」爲蔣琬屈社稷之器，龐統非百里之才。由是持綱振領，務利興化，開學」教以易其性，執恭敬以盡其力。而□澤就竭，板履□能；朝歌僻左，聲問」益闊。則知驥子捕鼠，失於用大；龍泉割鷄，何虧中舞矣。自東原歲滿，北」里歸休，深窮天地之根，偏得老聃之道。而以神遇不知悦生，有頃遘無」妄之疾，將一甲子，祇以氣聽，不爲物縈，虚己以安時，御辯以處順。嗟乎！」無常逝川，駟不留隙，有生共盡，孰能長存？以癸巳歲八月十一日終於」觀德里之私第，春秋載六十二載。夫人河東薛氏。汾睢鼎族，閨房□秀，」痛貫天地，思安宅兆。以爲先塋褊小，松檟未列，肆封無處，何從及泉？」於是累月長號，周爰咨度，竊感孫楚伉儷之重，豈忘陳宣人子之禮，將」卜新阡，以遵理命。庶東望不遠，孤魂有依，人愿天從，龜筮叶吉，以天寶」十三載正月廿五日遷亡舅始安府君、亡姑河東郡韋夫人之神」於河南府□□縣□□鄉□原，以公祔焉，禮也。塗蒭既列，風雲積慘；人」世一辭，泉壤長畢。崩城之淚，獨見杞梁之妻；苴經之容，終無鄧攸之子。」有足悲者，外姻匪他，方年有序，師友攸重，敬祖見推於明德，擊壤相□，」士安道存於中□。感餘言於久要，因出涕於三號。乃爲銘曰：」

□矣墳史，粲然珠玉，言刈錯薪，遽摧梁木。夢蘭無象，崩城有哭，玄壤長」歸，青烏是卜。瞻彼舊域，無地及泉，銜哀物土，別葬新阡。雙墳對日，拱」木□烟，蒸蒸孝婦，何如陳宣？」

（周紹良藏拓本　河南千唐誌齋藏石）

天寶二四一

【蓋】失。

【誌文】

大唐故河南府湨梁府折衝都尉李府君墓誌銘并序」

公諱渙，趙郡之著族也，咎繇之裔孫也，代濟其美，而迄于」今。曾祖義辯，隋左領軍將軍；大父行偉，皇」國子司業；烈考昕，皇朝散大夫、宗州虞城縣令。公」即虞城之第四子也，弱冠宿衛，補左衛長上，解褐河南府」軹城府別將，調授汝州龍興、潞府銅鞮、河南臨濟三府果」毅都尉。其涖職也，郡邑著異能之政；其解印也，人吏有去」思之謠。累遷河南府湨梁府折衝。下車未幾，遘癘于疾，以」天寶十二載八月十四日終于河陽縣之私第，享年五十」有九。悲夫！公以孝友資家，忠貞奉國，堂堂六尺之美，洸洸」七德之盛，飛將之功藝蓋代，武安之勇毅苞人，公實後焉，」不貳事也。所謂公侯之胤，克復勳庸；清白之家，是招錫類。」何天之不輔而人望無歸？孤子侊，惸惸幼種，年未齠齓；哀」哀毀瘠，禮備老成。號天地而靡從，痛輴輿之遄及，以翌歲」正月廿五日祔塋于邙山之北原，禮也。嗚呼！慘慘寒」飆，擁朱旌於壠隧；幽幽長夜，閉白日於泉扃。于以誌之，言」存豐石。其銘曰：

琳瑯瓌材，崆峒秀氣，執德且弘，」致果爲毅。漪濟世之在躬，諒克家之不墜。彼蒼不」仁，鞠凶遄疾，稚子孑立，處女滿室，號天而淚積川陵，擗地」而痛纏碑綷。行行松檟，列列丘墳。兄弟有歸，宛」平生之原隰；父子不閒，成泉壤之闉門。勒豐石于今日，將」萬古而攸存。」

（周紹良藏拓本　河南千唐誌齋藏石）

天寶二四二

【蓋】失。

【誌文】

唐太子左贊善大夫裴公故夫人隴西縣君李氏墓」誌銘并序　高平郡晉城縣令李翼撰并書及篆額」

夫人燉煌姑臧人也。受氏雖舊，其望惟新，」國家以堯族是親，周姓不後，俾四公緒胤，聯百世本枝，」麟趾登歌，士林光赫矣。夫人武陽公十代孫，隋刑」部侍郎道裕之曾孫，皇西州蒲昌縣令仁宗之孫，洺州」司户令同之長女也。笄年適河東裴遘，克配盛德，儀形」婦道，弘師氏之陰教，率公宮之內則。冀妻禮見於從夫，」孟母德成於訓子。早遊禪域，深入妙門，出有爲而持心」印，外法相而無枝葉，既博達一乘，欲該通二教，遂迹探」負肩，志慕懸壺。同毛女却粒，蹈麻姑前武。後乃神逃身」世，性入希夷，以味道爲歸根，浮生爲泡幻。見川駛感俗，」豈金堅不冶，以天寶十三載正月四日怛化於永豐里」之私第，春秋五十八。嗚呼！蕙風猶在，薤露已晞，固椿菌」俱空，何吉凶同域。有子少擢，哀深待息，血泣何恃，封樹」畢備，龜筮有期，以其載二月十八日遷厝於河南縣梓」澤鄉北邙原，禮也。贊善公感深長簟，痛切凋桐，爰命菲」才，恭陳懿範。其詞曰：」

含章有素，夭桃有蕡，作配君子，内行克聞。中年學禪，晚」歲探玄，道釋雙達，生榮兩捐。川流不駐，蕣華早落，俄及」天昏，音容如昨，一封泉壤，千載冥寞。」

（傅熹年藏拓本　河南千唐誌齋藏石）

天寶二四三

【蓋】韓氏墓誌

【誌文】文字自左至右行。

大唐陳君夫人墓誌銘文并序」

夫人姓韓，南陽人也，今屬朔方焉。故」朔方郡順化府右果毅都尉、上柱國」感仁之季女，别將潁川陳令忠之嘉」偶。夫人顔稚若花，行淑而鶩，君」子好逑，宗廟主饋。天乎不憖，寢疾而」墜。天寶十有三載四月十六日終于」金河縣濛水鄉之私第，春秋五十，神」往不返。龍輀啓兆，歸葬于單于大都」護府城西原，禮也。夫人貞愼儉」約，穆然儀範，傷彼窀穸，陵谷貿遷。銘」曰：
木秀發兮風折林，人猶此兮禍亦尋，」命不常兮言難忱。」

（周紹良藏拓本）

天寶二四四

【蓋】失。

【誌文】

清河張公墓誌銘并序　文部常選趙曇撰」

公諱崧，字愼交，清河人也。自黄帝之子能，絃弧張羅，世」掌其官，因以爲氏，懿夫源長族茂，系遠枝繁，穎秀聯輝，」瓌奇間出，春秋美大夫之節，漢史許人傑之才，獨博」物推賢，珥貂餘業。大父諱楷，皇朝任丹陽郡」太守；憑熊寄重，俗多黄叔之謡；渡虎仁深，信篤郭生之」契。佳政聿興。父諱仁，皇朝任獲嘉縣令；行冠」時表，能爲世高，化招祥鸞，德集城鳳。公少負岐嶷，長逾」縱横，英才不羈，雅度泓峻，包括六藝，匪歷於三冬；談論」百家，旋精於一覽。歎臺閣之傾奪，惡州縣之徒勞，高卧」人寰，放情雲壑，積有歲月矣。嗟乎！范蠡晦跡，安詳姓名；」園公匿端，孰旌通彦。可久可大，不忮不求，未爲知者之」知，遽作逝川之逝。春秋五十有六，以天寶十三載三月」辛亥，終於河南安業里之私第。嗚呼！子猷殁世，空餘此」君；長卿云亡，莫留經史。越以其載五月壬寅，遷窆於邙」山之陽，禮也。嗣子澄等，長號繼血，孺慕摧心，仍懼歲月」居諸，陵谷將變，乃求貞石，愿紀遺芳。銘曰：」

天生俊彦兮孝友因心，逍遥放志兮明時陸沉。何英烈」之可尚，倏逝魂於枕衾。新塋月苦，荒壠煙深，一掩泉室，」千秋密林。紀斯文於貞琰，冀永播於徽音。

天寶十三載五月七日河南褚湊書。」

（北京圖書館藏拓本　開封博物館藏石）

天寶二四五

【蓋】失。

【誌文】

大唐前鄴郡成安縣尉高故妻張氏，」清河人也。性質淳和，風儀詳雅，婦之」四德，備乎一身，空嗟若浮，是悲過隙，」惜乎！芳草未秀，秋霜遽零，生涯幾何？」蕣華已落。方春而逝，彌傷命歟？以天」寶十三載五月十日，終於履道里之」第。以踰月乙丑朔二日丙寅，遷厝於」此原。哀子安女越等，既未成人，增乎」孺慕，不息之志，逾切於充窮；顧復之」恩，難申於罔極。載月逾遠，桑田慮移，」紀兹泉户，期諸不朽。詞曰：」生涯遽變兮東逝之波，泉户一閉兮」北山之阿。撫兹童稚兮誰其鞠育？有」永不永兮復如之何！」

（北京圖書館藏拓本）

天寶二四六

【蓋】失。

【誌文】

大唐栖巖寺故大禪師塔銘　龍興寺主沙門復珪撰」

惟佛有覺海酌其流者爲得一，佛有慧日赫其照者」爲至道，夫能航逝川適寶所者吾師矣。師諱智通，」姓張氏，虞鄉七級人也。童年有濟世之量，請益於大智尊」者，晚節當付屬之重，善誘我堯之封人。天與淳和，聲」振關輔，粉藻德行，澄滅使流，降心魔，嚴道品，砥操」勵能，終朝獨王。前刺史裴寬以師繼然一燈，請傳覺印；後太守韓朝宗，以師道高五衆，請師爲僧寶，非隨侯明」月難掇，有卞氏連城僧價，不其然乎？於是雲峰之下，軒」冕如川；巖花之前，摳衣成市。除沙鹵之株杌，甘露清田；酌」肥膩之菁華，醍醐灌頂。行有餘力，綴己惠人，綆汲羣蒙，」衣珠密繫，使夫股肱之人一變至于道者，十八九焉。嗚呼！」世界無常，生靈起滅，將示絕絃之迹，俄增遷奪之痛，翌」日不救，藏舟夜□，以天寶十載十一月廿七日終於住寺，春秋」六十有九。爲厭毒而歸休耶？爲傳薪而火滅耶？生生」之與化化，其可左右。門人有奢花之痛，道俗懷苦海之憂。」寺主令賓，師之同志，恨寶渚無梁，衢樽莫挹，鶖林墜月，狂」烏易奔，與弟子惠照、饒益、寺上座崇道等，冀佛影之猶存，以封灰而建塔，俾傳能事，授手於予。復珪辱在緇門，豈」忘提拙。銘曰：

開示佛乘，住無所住，傳衣佛國，去無所去。拯洽四流，梯航六度，誰其悟入，我師調御。其一。」行佛能事，事果而注，水竭龍移，山空潤響。灰封殯塔，珠沉」帝網，留影鷄峰，提河列像。其二。啜泣之痛，潸然灑地，蘭若空虛，緇林殄悴。閱水藏舟，藤瑩及隧，豈惟」羊祜，方稱墮淚。其三。」

天寶十三載甲午歲六月三日寺之創新鐘之晨建。」

造塔大匠京兆王光，　河東張伽刻字。」

（録自《八瓊室金石補正》卷五十八）

天寶二四七

【蓋】 失。

【誌文】

唐故内侍省内常侍孫府君墓誌銘并序　朝議郎行陜郡平陸縣尉申堂構撰　文林郎行文部常選上柱國南陽韓獻之書

公諱志廉，字惠達，富陽人也。昔吴稱帝業，飛龍欝起於江東；漢辟賢臣，易道超來於北海。彼德高致遠者，蓋則其先，故知族茂慶流，彌蒙洎後。□□之□□□之第六子也，承家之纘，克奉徽猷，風姿璨然，自幼及長，智識天與，藝能師資，既得時以自致，實負才而見□服勤就養，竭力盡忠，承顏不違，虔心至孝，居公守道，在職惟賢。釋褐授儒林郎，拜内謁者監。陟資驟進，俄遷朝議大夫守内常侍。朱紱弈弈，儀容堂堂，言語侍從之臣，左右中涓之任，淑慎攸止，咸當聖情。君恩曲臨，殊私荐及，出入鴛鸞之殿，栖遊日月之宫，蹀紫燕於香街，捧金輪於馳道者，蓋得其忠焉。公以勢莫久居，了真空而是觀；所歸正信，悟即有而得玄。于以運短道長，功存已没，天寶十二載十一月十一日寢疾，終於咸寧縣來庭里之私第，時春秋五十二。夫人則天水郡君趙氏之女。作嬪叶禮，于飛有光，先夫亡没三歲而已。即以明年夏六月八日合葬我府君夫人于長樂原，之禮也。天子以舊臣可重，軫念于懷，既贈之以粟帛，復爰申于吊祭，喪事之日，人力借供。嗚呼！生榮没哀，身沈譽在，繐帷已故，石槨猶新，掩泉户以空幽，慮桑田之有變，將刻石以斯著，庶不爲冥寞之君者乎？乃作銘曰：

名家令族，孝子忠臣，禮義及物，賢良立身。鬱鬱芳猷，堂堂雅重，白珪無玷，玉巵有當。官因德建，寵自勤榮，侍衛宮禁，輝光日生。上壽未央，於焉卒歲，落影西沉，巨川東逝。白日晝短，黄泉夜長，佳城寂寞，原野悲涼。美石已刊，功名□□□□□洊，千秋不改。

（録自《金石萃編》卷九十，據《八瓊室金石補正》補字）

天寶二四八

【蓋】失。

【誌文】

唐故寧遠將軍左衛翊府右郎將内供奉彭城劉府君墓誌銘并序」

公諱智才，字智才，彭城沛人也。昔宣子稱丐之祖，自虞已上爲陶唐氏，在夏爲」御龍氏，列壤綿蔓，弈葉斯皇。其輔弼也，七百歲而康公仕周；其霸王也，一千年」而高祖稱漢。傳曰：盛德必百代祀，此其是已。勳業之鍾美，於是公其在焉。」曾祖諱鍔，隋朝贈左清道率，存世繫也。祖晃，皇朝漁陽郡司馬兼知范」陽兵馬使，武足畏也。考山威，皇朝右威衛中郎將贈平涼郡太守；文足昭。」公即平涼府君之季子。岐嶷道亨，姿儀神秀，熊羆之雖殊睿夢，螟蛉之允」協帝求。藉美鳳巢，藏輝驪穴。襁褓卧内，百日而父母中宗；冠冕來崇，」七歲而弟兄儲后。豐盈逸發，便蕃具瞻，長六尺，既成，以氣聞，舉千鈞。欲賈其餘」勇，是故離宮天縱，望苑道安。天假之年，畢萬思復其始祖；閟宮有侐，后稷」□忘於厥初。雖正名拜官，猶以近臣入侍，起家特敕授右驍衛中候，朱」侵其胄，爲公侯干城；轉左驍衛司階。一弟重喬，實國家武庫，束髮以一身」供奉，終秩而三任折衝。銀印朱綬，雖未參廟算；鷹揚虎視，而常典禁兵。弧矢取」威，遷左衛郎將；歲年增級，拜寧遠將軍。嗚呼！古人有言，三五而盈，三五而闕。開」元中，無何，貶雲安郡東陽府折衝。白帝舊墟，黃牛故浦，漢王不樂於渝舞，」衛侯何暇於夷言。剥床及膚，後車不載，元勛棟撓，大運睽孤，以開元廿載十一」月卅日遘厲虐疾，終于雲安郡奉節縣之里第，春秋六十一。嗚呼！鴟鴞之既又」毁我室，葦苕之又非其巢，瓊樹夏零，銀星霄墜，彤弓掩月，寶劍藏龍，命龜視高，」靈蓊從儉，以天寶二載八月廿日，權殯于洛陽城北所，奉遺令也。嗚呼！嗣子顔」等，以石槨非古，封樹不崇，綢練再歛，窀穸改卜，芝蔦寧違於楚老，機封取忘於」魯人。粤以天寶十三載歲次甲子七月乙未朔十二日丙午，遷窆於河南縣金」谷鄉之原，從吉兆也。嗚呼！柳陌青春，別歸京兆；松阡白日，猶近長安。旟旐雪飛，」簫笳風咽。乘軒服冕，虓闞已圖於麒麟之臺；稱伐勒銘，燕雀豈知其鴻鵠之志。」故梗概書記，以存夫子之春秋。其銘曰：」

肅肅雍雍，時維御龍，遹求厥庸，莫之與崇。赫赫明明，高祖初征，遹駿有聲，莫之」與京。鴻漸于陸，猶豐其屋，勳庸儲福，鐘鼎世禄。龍飛于天，及公初年，襁褓」帝筵，冠冕歲遷。熊虎之力，韎韐有奭，朱紱私職，白帝故國。賈誼自傷，屈平卒亡，」哀哀彼蒼，如何他鄉。易簀從正，灼龜承令。在轂炎州，以我公憂；舊塋」帝畿，以我公歸。天道默默，孰知公力？歲代綿綿，孰知公賢？白旐今日，青春」何年？石版金字兮，此君京兆阡。」

（北京圖書館藏拓本）

天寶二四九

【蓋】失。

【誌文】

唐故左龍武軍將軍彭城劉公夫人勃海高氏墓誌銘并序　河南府進士李漸撰」

公諱玄豹，字玄豹，彭城人也。其先陶唐之裔，至夏后氏之代，有劉累學擾龍，以事孔甲，封」於實沉，改爲御龍氏。及殷，徙封豕韋氏，逮周爲唐杜氏，洎秦復爲劉氏，固抵深根，長源濬」派，漢宋鬱起，公侯迭生，代不乏賢，稱爲著族。曾祖樹，皇朝中散大夫、行高平郡萃」城縣令；祖善，皇朝寧州羅川府折衝，贈朝散大夫；父均，皇朝宋州醫博士贈邢州司馬；」卓魯之才，貔虎之氣，和緩之術，克紹厥美，是生我公，公即司馬府君之元子也。幼懷武」略，不以文爲，嘗愿開國建侯，榮家嗣業，無復事事，姑以待時。屬中宗登遐，韋氏遘逆，」潛圖神器，密發天機。皇家同戴石之憂，臣下若涉冰之懼。今上起自藩邸，」達乎咸京，不謀同辭，其會如髮，公時首唱，實在其中。子半除梟鏡之徒，遲明辯龍蛇」之位。乾坤再闢，日月重光，方酬四七之功，更復千年之運。洪由纖起，高以卑成，賞王霸之」能，録姚期之善，遂授公資州夷牢鎮副，旌其庸也。轉右屯衛洛州伊川府果毅，借緋。赤」紱方來，青霄坐進，又改授左驍衛京兆府豐安府果毅。秩滿，授右衛華州豐原府折衝。莅」事有方，再臨斯職，又改授右衛河南府巖邑府折衝。叔段舊封，實惟險固，以公而處，用」制其雄，又改授左領軍衛翊府右郎將，賜紫金魚袋。紱冕通班，聲華浸茂。無何，又改左龍」武軍翊府中郎將，又授左龍武軍郎將、上柱國、彭城縣開國男食邑三百户。李廣之名，復」昇茲日；馮異之號，重授今晨。羽衛之中，防閑是賴，未幾，又授雲麾將軍、守左龍武軍將軍，」上柱國，彭城縣開國子，食邑五百户。魏朝九品之秩，已處其三；周制五等之封，復階乎二。」雲臺紀像，煙閣書銘，高冠精佐命之勳，長戟署功臣之第。庭陰玉樹，左右光暉；巷引朱軒，」晨昏慶洽。冀存上齒，永保期頤；豈謂生涯，溘然而謝。以天寶十三載正月始生明遘疾，越」六日，薨於東京道光里之私第，春秋八十六。夫人高氏，封勃海郡夫人。皇魏州貴鄉縣」尉務節之季女。早聞詩禮，善習箴儀，念昔移天，逮茲五紀，輦車受命，狄服昇班，從夫之」貴彌高，訓子之方逾厚。自良人云背，朝哭傷神，苴麻不勝，溢米無食，漸焉成疾，倏爾云亡，」相隔幽明，纔踰卒哭。夫人小公九十二甲子矣。嗚呼！誓已之心，靡他之愿，果符共盡，式」協同歸。即以其載七月之望，蓋祔於洛陽縣界平陰鄉邙山之陽，禮也。嗚呼！逶迤蕭鼓，繚」繞銘旌，四馬齊鑣；雙居接軫，已啓佳城之室，旋聞石窌之封。魯幕陰空，虞歌挽路，悠揚千」古，誰與爲鄰？嗣子伯曰崇曜，左武衛延安郡延安府折衝、左龍武軍宿衛；仲曰崇曄，上黨」郡從善府果毅、左龍武軍宿衛；叔曰崇暉，右驍衛平陽郡安信府別將；季曰崇俊，左武衛」河南府伊陽府別將、左龍武軍宿衛；並紹襲弓裘，聿修簪組，爲王爪士，不替誰何。始痛崩」天，旋傷叩地，哭未絶響，哀又繼之。三年之喪，歲有其二，柴毁相次，殆不勝居，弟兄摧心。迭」相謂曰：父兮母兮，鞠我育我；逝矣往矣，何怙何依？將欲滅身，禮也安措？强持瘠色，以盡孝」心，復恐丘壑盈虚，宅土遷徙，迷茲馬鬣，惑彼龍盤，遂託淺才，述夫祖德，琢於貞石，永志下」泉。

銘曰：」

近郊勝所爲北邙，孤墳特立此山崗，城池草樹鬱相望。雙龍寶劍閟陰堂，兩鶴貞松幽隴」傍。泉門一掩無窮已，日夕東流大河水，萬古茫茫長若斯，獨有功名傳國史。」

（周紹良藏拓本　河南千唐誌齋藏石）

天寶二五〇

【蓋】失。

【誌文】

大唐前延王府户曹參軍李望故妻京兆韋夫人墓誌之銘并序」

大唐天寶十三載八月三日，故夫人京兆韋氏，皇」朝户部侍郎京兆河南尹知道曾孫；皇朝考功郎」中瓊之之孫；故馮翊郡朝邑縣令光俗之子。令淑」令名，光謙碩德，威儀有度，容止可觀，規矩足以爲」人師，内飾足堪爲人表，瑶華忝姻，秏宿昔情，深冀」萬歲千秋，以爲偕老，何靈徵無祐，禍出」皇天？悲夫！夭於蒼卒，□□□余獨處夫□翩翩，觴」目膓斷，流淚潸然。二女禔褆，孰爲□□，魂兮何所，」逝水難還，一朝永往，千載長日。哀哉天道，神罰何」偏？遘疾非久，至此□□，嗚呼哀哉！以今載七月廿」一日終于洛私第，春秋有廿。以其載八月三日葬」于河南里百樂鄉之原，禮也。宅占吉辰，靈車啓□，」將發之際，攀戀何依，從兹永隔，舉目聲悲。其詞曰：」

平生兮立姓，考行兮無雙，六姻敬重，五德兮能長。一朝兮夭枉，慈母兮心傷。悲念兮盛歲，何忽兮□」□，孤墳兮寂寞，天兮難量。桑田兮恐變，刻石兮□」□。

八月一日書記。」

（周紹良藏拓本 河南千唐誌齋藏石）

天寶二五一

【蓋】 失。

【誌文】

大唐故安鄉郡長史黄府君夫人彭城劉氏龕銘并序 少弟宣義郎前行濟陰郡成武縣尉庭玲述」

昔貴立德立言，垂範垂訓，光而不朽，其在茲」乎？夫人諱字，彭城人也。擾龍肇裔，斬蛇丕緒，」保姓受氏，不隕其名。曾祖行之，唐蒲州永樂」縣丞；祖延祐，安南都護；父含章，雍州長安縣」尉；乃祖乃父，克岐克嶷，文史縱横，衣冠疊耀。」夫人柔儀穎晤，淑問載馳，年纔既笄，歸于江」夏黄撝。公歷試郡縣，懷寶無時，屈己從人，推」財重義，挹醍醐之正味，□般若之妙門，爰寫」藏經，或崇塔廟。夫人虔事舅姑，恭勤夙夜，内」則罔墜，中闈聿脩。男女二人，不幸早夭。掌失」□珠，帷空弄玉，若敖之鬼，不其餒而；伯道之」魂，天何彌嗣。既而縈居累載，静念安神，」五福暫愆，百齡俄奄，以天寶十三載七」月廿一日寢疾，終於東京宣教里之私第，春」秋六十有九。嗚呼哀哉！即以其載秋月十日，」葬於龍門南西山淨土林太平□律師之塔」北長史之龕傍合祔，禮也。九原慘愴，逝矣難」追，兩劍悲鳴，翻然冀曉。庭玲寸宦夢聞，哀苦」交集，雪涕援翰，實曠徽音。偉蘭菊之長存，藹」金石之無替。銘曰：」

龍門峨峨兮白水湯湯；鶴林森森兮玄室光」光。矧伊人兮宅兆，□幽魂兮冥茫。何千齡兮」奄忽，緬萬古兮垂芳。」

（北京圖書館藏拓本）

天寶二二五二

【蓋】　失。

【誌文】

有唐登仕郎行魏郡冠氏縣尉雲騎尉盧公墓誌銘并序　奉義郎行河南府壽安縣尉博陵崔祐甫述」公諱招，字子思，涿郡范陽人也。出於炎帝之胤。舜以揖讓受終，伯□」典其禮；武以師徒禁暴，尚父訓其兵。派齊后而蕃昌，宅燕垂而光大。」自續漢尚書子幹之後，代有英彦，焜燿於時，凡今之人，以官婚爲評」者，謂之甲族。公即後魏秘書監陽烏七代孫也。曾祖同吉，皇朝無」極縣丞；大父元亨，孝義縣令；考□□，河内縣令；皆經德秉禮以亢宗，」寶儉宅仁而訓後。公生而秀異，□而文明，體正而舉不後時，諳微而」動無違道。談端敏捷，堅白可離；學府精通，經緯咸貫。至若詩含四始，」賦列九能，臨案牘而剖疑詞，布方册而陳大體，靡不徵明典要，藻飾」清新。又工草隸八分書，咸得其妙。加以就賢體遠，好善與能，憲章罔」替於先達，揄揚不略於後進。古以所謂博雅君子，公其當之。幼丁先」夫人憂，既冠丁河内憂，皆哀過於禮，爲鄉族所稱。既而來遊京都，聲」華籍甚。吾先君禮部尚書孝公見而嘉賞，申以婚姻，俄以鄉」貢明經，射策上第，調補魏郡冠氏縣尉。事濟於肅給，政成於禮讓，清」節聞於師長，休問超於等夷，進階登仕郎，策勳雲騎尉，從班例也。秩」滿告歸，卜築于濟川之陰，宛然仁智之趣，琴酒爲樂，好事踵之。嗚呼！」以公之才，以公之行，嘉謀可以膺大用，積善可以降永年。道之邅如，」尚退藏於下列；命也不淑，遽遭罹於鞠凶。彼蒼者天，胡寧不惠，奄以」天寶十三載十月一日遘疾，終于東京崇政里崔氏之館，春秋五十」有三。所著詩賦褋文等五卷。越以其載歲次甲午十一月壬辰朔十」八日乙酉，權窆於洛陽縣平陰鄉之原，禮也。公無男子，有女子三」人，銜恤無窮，殆將滅性。夫人博陵崔氏，憂深思遠，有懷陵谷，乃命介」弟祐甫，紀之于詞。祐甫幸以睦姻，早承惠眷，吹嘘誘掖，知名實賴於」發揮；契闊艱虞，多難幾勞於設振。承訃心絶，臨文涕零。銘曰：」詞者身之文，信者行之主，猗嗟尉兮，發而爲則，動而爲矩。神之聽之」宜介以多祐。年不借，位不充，吾安問焉，恨徒深於萬古。」

（周紹良藏拓本）

天寶二五三

【蓋】失。

【誌文】

大唐故雲麾將軍左監門衛將軍上柱國彭城縣開國公劉府君墓誌銘并序　通直郎前行右武衛騎曹參軍竇忻撰　雁門田穎書」

君諱元尚，字元尚，彭城人也。出自軒黄之後，繼乎光武之胤，長源遠派，□裔于公焉。祖高道不仕。父居心物外，混迹人間，絶粒歸真，澄神息念。公禀靈□得風雲之氣，感嶽瀆之精，茂歳有奇，與同年而特異，弱冠從仕，於□衛而超功。簡在帝心，於斯爲美，解褐拜掖庭監作、大食市馬使。燕王市於駿骨，伯樂顧之龍馬，遂使三軍迎送，萬里循環，榮寵是加，超公内寺伯也。復爲骨利幹市馬，崎嶇百國，來往三春，追風躍而奔騰，逐日迴而來獻，遂加公謁者監。奚首領屈突于侵擾候亭，攪亂軍旅，公密奉綸誥，勒公討之，則知聖澤推賢，軍容得士，公有坐帷之策，剋日摧鋒，立計之謀，應時瓦解。特拜内侍，答公之德也。北庭使劉涣躬行勃逆，委公斬之。又瀚海監臨，宣慰四鎮，兵士畏愛，將帥威攝，無何遷雲麾將軍、左監門衛將軍，攝省事，寵恩極也。仍知武德中尚五作坊使。國家寄重，珍玩不輕，妙昡工輸，巧從班氏，能爲□□，幹得公心，出入肅清，内外皆美。向一十五載，考績踰深，何必上□下□能無有□，況招冤謗，徒有鑠詞。聖上委公清慎，特令無事，雖去官禄而不離家，得預懸車，於兹足矣。未錫樓船之號，俄聞梁木之歌，惟公以天寶十二載八月十一日遘疾，薨于金城里之私第，春秋六十有八。皇情悲悼，朝野增傷，以天寶十三載十有一月廿九日窆于龍原府大人舊塋合祔，禮也。勢搞長原，氣連秦岫，崗巒叢倚，宮闕峥嶸。嗣子守義常選，蘇期内給事、上柱國，守志宮教博士，並泣血茹荼，哀纏觸類，氣添哽咽，痛感號□，哀笳斷絶於長空，楚挽喧闐於廣陌，克誠克信，有度有章，用展飾終，記之金石。

銘曰：

帝軒之胤，光武傳家，盈門金紫，寵幄榮華。夫盛必衰，有會克離，聖人既則，神道何爲？物慮推遷，迹存不朽，勒石題銘，同天地久。」

（録自《金石萃編》卷九十）

天寶二五四

【蓋】失。

【誌文】

大唐故信都郡武强縣尉朱府君墓誌　祕書省正字宇文遲序　太子正字包何銘」

有大才無貴仕，當青春而不□□□□□□□□□□□□□□」佐曰會稽人也，其先受姓，江漢秉靈，將□陸之比崇，豈滕薛之爭長。」事君則忠貞折檻，登朝而臭味彈冠，史不絶書，備詳典策。曾祖□合」州刺史；祖弘琰，胡壁府折衝；父嘉暉，簡州安陽縣令。公則安□□」子，立性純嘏，□□之和，生知聰明，爲世作範，故動必合禮，而□□□」言在鄉曲稱孝，□滿天下無怨惡。年卅，國子進士擢第，以才舉也。居」無何，署信信都郡武强縣尉，以判選也。且膠庠之設，俊秀所造，盡國」族之貴游，半寰中之人物，前後歷試，咸爲首科，播管絃而日新，與金」石而無替。及署職也，銓衡以公，利用在手，剛柔必茹，屈於黄綬之資，」實謂蒼生之望。下車之後，嚴威典刑，胥徒敬恭，盜賊伏隱，諸侯懸榻」以相待，□使交驩而不匱。洎解印于歸，家無私積，卜築伊洛，琴書自」娱，蓬室誦先王之言，席門多長者之轍，不改其樂，斯可謂之君子歟！」天寶十三載七月□日寢疾，遂終於睦仁里之私第，春秋卌九。嗚呼！」令名淑德，好賢樂士，桂林之枝，瑚璉之器。將謂翱翔上苑，負絶雲□，」而命不充量，屈於□日，適足悲矣！夫人隴西李氏，先公而終。敬遵周」公合祔之儀，是行詩人同穴之義，以其載閏十一月十一日同祔先」塋，禮也。嗣子廣，羸然主喪，頎乎其至，陟岵不見，悼心失圖，充窮如疑，」孺慕無及。遲等平生舊友，把臂之交，情比巨卿，知同鮑子。徒凄涼於□焉，豈髣髴於清陽，顧不如於哀文，遂托詞於包氏。銘曰：
有玉在璞，良工所營。琢磨成器，清越其聲。英英夫子，下爲時生，煒燁獨秀，用之將行。東堂一枝，衆以爲榮。南昌卑位，曾不代耕，務滋德業，所富文藻。安時處順，取適于道。常謂伊人，秉國之均，未逾中壽，而返其真。重壤同穴，窮冬吉辰。素車白馬，疇昔交親，邙山峨峨，泉路無違，將石可轉，斯文不磷。

（河南千唐誌齋藏石）

天寶二五五

【蓋】 段府君墓誌銘

【誌文】

大唐故朝請大夫行晉陵郡長史護軍段府君墓誌銘并序　著作郎孔崇道撰
君諱承宗，字承宗，恭叔之後也。命姓之始，肇於魏封，封於段干，因以爲氏避地之後，世居武威，今爲京兆人也。高祖偃師，皇衛尉卿、左常侍兼禮部尚書、加光禄大夫、益都縣開國公，謚曰忠信公。掌宫禦衛，猶遵馬叔之風；典禮儀曹，尚著楊雄之政。曾祖志玄，輔國大將軍、褒國公、食封九百户，謚曰忠烈公，陪葬昭陵，松檟成□；□□煙閣，形神儼然。大父□瓘，朝散大夫、符璽郎；父懷昶，□梓潼郡參軍；絳冠朝服，自楚而行；參謀國章，乃秦而有。公即參軍之嗣子也。入仕綿州參軍，參卿有則，軍事」必資。次授越府倉曹。廩是司，尤稱出納之恡；庖廚攸掌，頗有君子之嫌。」朝聖憂人，情存撫字，遂轉蘇州長洲縣令。有子路之三善，人也不偷；類」君魚之一同，膏也寧潤。轉授桑□縣令。彈琴自理，製錦無爲，三異豈謝」於中年，雙□乃同於葉縣。時選良佐，遷授餘姚郡司馬。既未雄飛，且從」雌伏，身仍就列，名已聞天。又遷晉陵郡長史，治中之任，佐理惟賢；」帟下之官，贊揚公命。於戲！府君性與淳深，識禀弘泰。照有心鏡，不」妍蚩於萬物；智若湧泉，齊是非於一指。雖出身榮蔭，而入仕異能，隨手」衆妙，應權因心，而所爲合度，績茂百越，名聞九天。江路逶迤，千尋見底，」蜀門孤峻，數仞難窺。在邦必聞，所理皆化，□□□冀門積可久之虬，家」傳必復之業，□才申知已，而命屈當時，歎隙駒之若流，泣梁木而將壞，」以天寶十二載六月十六日寢疾，終于晉陵官舍，時春秋六十八。以天」寶十三載閏十一月十一日葬於洛陽原，禮也。嗚呼！卧龍未起，蕣萼先」彫；舞鳳猶栖，桐華已逝。第二子銑，泣血居喪，形消氣竭，嗷嗷烏烏，何處」依林？皎皎白駒，空悲過隙。篆刻遺美，庶存斯文。銘曰：」

昔哉夫子，忠孝竭□，先人後己，懷貞抱直。顔敏之行，」臧文之德，物是人非，哀哀異域！」

（周紹良藏拓本）

天寶二五六

【蓋】失。

【誌文】

大唐故永王府録事參軍盧府君墓誌銘并序　前國子進士房由撰」

公諱自省，字子慎，范陽涿人，其先太岳之胤也。世著敦史，史」有美談，未葉本枝，得而詳矣。六代祖諱淵，後魏吏部尚書，八」子四卿，一門三主。淵生司空道虔，虔生周左庶子昌衡，衡生」皇博州刺史寶胤，胤生絳州稷山令元規，規生滑州衛南令」逖，積仁累德，族大寵彰。公即衛南府君三子也。生而美秀，長」而沖和，貞白不違於身，喜怒莫見於色。弱歲以明經及第。時」吏部宋公秉林宗之鑒，器公之牆岸綿邈，重公之閥閲清華，」以其子妻之，調補左清道率府兵曹。丁府君罰，不食三日，泣」血三年，免服補同州參軍。太夫人即世，殆將滅性，俯而得禮。」尋授恒王府户曹，又任永王府録事參軍。階之漸也。鵬翼將」摶，驥足猶跼，長途未半，中壽先傾。以天寶十三載四月十九」日終于敦化里之私第，春秋五十有四。以其年閏月十一日」權窆于洛陽北原，禮也。嗚呼！謂天與善，何禄位之不崇？謂神」依仁，何年壽之□永？報施之理，其爲謬歟？夫人淑慎柔襟，閑」詳中閫。昔媲其偶，咸稱冀□之妻；今字其孤，實爲文伯之母。」嗣子克等，哀哀訴天，縗絰之中，禮無違者。由盧之自出，敢不」預知，忝迹文詞之場，用書陵谷之所。銘曰：」

公之德介然而直，于家于國，有典有則，其儀不忒。公之性退」然而□，惟貞惟正，克恭克敬，與物無競。神其無良，降此禍殃，」白玉長瘞，青松已行。風樹蕭屑，原野蒼茫，國門之左，邙山之」陽，于嗟盧公居此堂！」

（周紹良藏拓本　河南千唐誌齋藏石）

天寶二五七

【蓋】失。

【誌文】

故原城府别將裴君墓誌銘并序」

君諱銑，字成子，河東聞喜人也。山河啓土，纘命氏之」勳；衮弁承慶，光必復之緒。曾祖諱永嗣，皇懷州武德」縣令，惠人而傳豹産之化；祖諱仲將，皇貝州刺史，導」國而布襲黄之德；考諱迅，皇荆州大都督府法曹」參軍，恤獄而秉于張之刑；丕承前烈，茂昭後裔，惟」君嗣之。自弁髦以孝行聞，及冠以韜略著。觀蟻術也，早慕通經；懷燕頷也，是從投筆。遂陳減竈之略，從下瀨之」師，帷幄必盡於籌謀，旗鼓又張其耳目。月獻三捷，」帝多膚公，有詔授衛原城府别將。銛鋒可試，」世稱劍決浮雲；逝水不留，人歎舟遷巨壑。越以天寶十」三載六月五之日，寢疾終于永豐里之私第，享年卅三。」以天寶十三載閏十一月十一日，遷窆于河南縣宣武」陵之北原，禮也。嘻！當終童之年，無伯道之嗣。悲夫！夫撰」□日縉蓊靈即季父尹公軫深愛也。舊塋是祔，獨掩北」邙之田；新栢成行，共瞻西靡之樹。銘曰：」鼎貴之族，貽厥之勳，忠孝雙美，邦家必聞。謀高入幕，氣」壯從軍，纔榮鴻漸，俄歎芝焚。旐引寒月，松埋曙雲，空留」石誌，永播清芬。」

（周紹良藏拓本　河南千唐誌齋藏石）

天寶二五八

【蓋】大唐皇故第五孫墓誌之銘

【誌文】

皇第五孫女墓誌銘并序　中大夫行中書舍人翰林院待制上柱國臣張漸撰　朝議郎行太子宮門郎翰林院供奉臣劉秦書」

巨唐宗系混元，貽謀道德。保祐之慶，儲自上天；令」淑之姿，誕於中掖。恭惟皇之第五孫也。傳芳玉扆，挺秀銀潢，率禮閑和，秉心柔順。而夙秉青宮之範，載輝彤管」之則，生知道要，幼誦真言，跡慕神仙，心凝虛白。鉛華不御，」常思鸞鶴之遊；瓊蘂方飡，詎假鳳凰之北。勤修祕籙，克受靈方，歌」八景之洞章，究三清之隱訣。鮮膚綽約，儼冰雪之容；慧識精明，割」熏華之玩。每習靜觀，妙練形坐忘，理契窅冥，氣合沖漠，代俗不測」其用，視聽莫見其端，栖志太虛，寧樂人寰之貴；脱身懸解，詎論修」短之期。以天寶十三載歲次甲午十一月七日丁酉，恬然委順，時」春秋廿一載。仙駕凌空，天樂在聽。白雲一去，瞻帝鄉而未歸；素輤」啓行，捐佳城而將掩。皇上慈深軫念，禮重哀榮，式備羽儀，」爰從卜宅。以其載閏十一月廿九日庚寅，法葬於京兆咸寧縣義」豐鄉之銅人原，禮也。詔使護葬，嗚笳引路，詣上清而日遠，」瞻留舄而增傷，乃命小臣，誌於幽壤。銘曰：」

家膺執象，系讚猶龍，太和保合，至道斯宗。誕生女士，」有婉有容，松栢之茂，桃李之穠。其一。虹彩孕靈，星輝誕質，淑慎任只，」秉心專壹。慕跡靈仙，全形芝术，受籙之鍵，歸真靜室。其二。碧落降節，」玄洲召名，刻藉瓊圃，遊魂玉京。載飛仙馭，尚軫皇情，履舄」猶在，壟隧方營。其三。松野蒼茫，堇原重複，羽駕齊轡，雲輿並轂。弔鶴」初飛，瞻烏已卜，敢書令範，以誌陵谷。」

（周紹良藏拓本）

天寶二五九

【蓋】大唐故李府君墓誌銘

【誌文】

大唐故臨淮郡録事參軍李君墓誌銘并序　叔混然□」

君諱諗，字從訓，趙郡平棘人也。皇朝晉陵府君之曾孫，□」鄉府君之孫，虞部府君之長子也。君高門錫胤，餘慶挺生，」脩身踐言，好文重學，聿脩祖德，不墜家風。陳羣即太丘之」孫，袁保亦紹卿之子。年廿二，忠宣太子挽郎出身，天寶十」三載調授臨淮郡録事參軍事，文部尚書楊國忠以君儀」貌魁偉，風神清肅，擢授此職，謂得人矣。靡鹽從事，載陳其」力，提綱舉目，深盡其要，六曹欽其善政，一郡仰其能理。方」冀考績三載，取陟用於榮遷，曾未期月，遂纏痾而勿化。以天」寶十三載遘疾，終於官舍，春秋卌四。嗚呼哀哉！君之妻，」福昌縣令裴鼎之長女也。哀纏晝哭，悲結夜啼，誓終身之」字孤，怨盛年之喪疋。往以三星之夕，冀同偕老，不期數月」之間，相次而歿。男女幼稚，並未成立，或纔向齠齓或未離」於襁褓，痛嗟行路，哀感親朋。何昊天之不傭致人生之若」此？以天寶十三載閏十一月廿九日合葬於北邙山杜郭之原，」禮。嗣子崌等年未弱冠，已喪二親，號呼之聲，尤甚衛人之」痛；宅兆之禮，是用周公之法。顧維童孺，未保存亡，恐歲月」□□，塋域莫辯，爰樹孔宣之記，封之四尺；□勒滕公之銘，」留於千載。其銘曰：」
我之門閥兮餘慶長，爾之挺生兮承世昌。有時無命兮足」可傷，纔霑一職兮遽云亡。少妻相繼兮入黄腸，孺子號呼」兮未勝喪。卜宅兆兮葬杜邙，永閉松門兮夜未央！」

（周紹良藏拓本）

天寶二六〇

【蓋】缺。

【誌文】

□□□□□朔方郡朔方縣令劉府君墓誌銘并序　濟陽蔡彦先撰」
□□□□□，本□□豐人也。奕世載德，累葉重光，衣冠□□，」□□□□□。曾祖□，隋吏部尚書。祖行範，皇朝洺州刺史、」□□都督，封和義郡公。父嘉德，累遷爲滎州司馬。公則和」義公之孫，司馬公之子。蹈明哲以立身，究典墳之奥秘。初」□桂林之第，冠郡英之首；再射東堂之策，見聖人之心。制」授宋州宋城尉。執德不回，爲羣邪所忌，貶授徐州蕭縣尉，」□遷潁川郡臨潁縣丞。祖述□詞華，欽崇公政理者，皆不」測文房，何窺武庫。尤人入室，誰可陞堂。□謂俯拾青紫，豈」徒仍勞州縣。以天寶四載授朔方郡朔方縣令。未之官，寢」疾，終於長安之客舍。春秋六十有三。夫人河東薛氏，世爲」令族，壼訓□□，婦道母儀，雍熙肅睦。春秋五十有四，以天」寶十一載三月二日終於鄽之勸誠鄉。嗣子頵等，承嚴父」之遺訓，飽慈親之義方。兄弟怡怡，教義之領袖；居家理理，」冠冕之楷模。分地利以用天道，實倉廩以崇禮節。故能以」約饉之歲，克成三墓。以天寶十三載十二月十三日合祔」從先府君之塋，禮也。乃纂緝碩行，甄紀鴻名。其辭曰：」

至業孔修，厥德靡儔，于嗟此地，乃立斯丘。龍山北鎮，雉水」東流，徽音不泯，松檟千秋。」

（《考古與文物》一九八二年第三期《河南平頂山苗候唐墓發掘簡報》）

天寶二六一

【蓋】失。

【誌文】

唐故處士上谷寇公墓誌銘并序　外甥中山張越撰　外生河南賀蘭應書」

我外族之先，本因官命氏，由避地上谷，因爲郡之昌平人。爰自周」室，迨于聖朝，時爲美談，史載盛烈，積善餘慶，慶鍾府君焉。公」諱因，字□□，漢執金吾威侯子翼之後，歸州刺史、歸昌侯覽之曾」孫，曹州長史思遠之孫，太原榆次丞澐之元子也。露冕則穎川來」暮，題輿則海沂以康。惜負遠圖，不登三事；況六安。薄宦有才，□於」桓譚少府，早標無年；終於管輅處士。生而茂異，少而通明，氣合」天和，心追真道，年未幼學，幼以老成，善屬文，多逸興，飲酒終朝而」不醉，賦詩□物而不遺。或登山臨水，蔭松籍草，必超然獨得，形神」皆王。時議每以謝客陶元亮比之，猶恐前人有慚色。誦毛詩、周易、」左氏傳、太史公記，悉精通詁訓。至於歷代陽秋，百家著述，則不求」甚解，亦無不涉獵之書。常□真經，披釋教，皆至實際，詣名理，故高」僧羽客，日夕相從，殊不以禄利介懷，窮改操，我則不取，而令聞美」譽，自多歸之，宜□騫□烟霄何哉！邦國殄瘁，淹恤異縣，霜露遘疾，」以天寶甲午歲春三月廿□日，終於胙城旅舍，春秋五十有三。夫」人隴西李氏，前汲宰親安之息女。天下賢婦，海内名家，既喪移天，」旋歸大夜，以其載六月有六日即世於河陽別，享年卌有八。冬十二月」□三日，合祔於金谷原先塋次，從周公制也。嗣子倫、份、仲等，克己」□□，孝思罔極。越諸甥者，方衛玠不如，比魏舒奚迨，言不盡意，德」□難□，收淚含豪，直書時月。銘曰：」

高陽之後，公實無雙，讀書成癖，懷寶迷邦。阮公南巷，陶令北牕，一」朝已矣，悲哉夫子。況有健婦，能爲逸妻。道將我合，德與我齊。祔葬」於此兮天地久，令名不盡兮在人口，古來共然兮萬事何有！」

外生陳郡殷照排文，　穎川陳僧刻字。」

（北京圖書館藏拓本）

天寶二一六二

【蓋】　失。

【誌文】

唐故安定郡夫人梁氏墓誌銘并序　　登仕郎前臨汀郡龍巖縣尉郭懷琰文兼書」

夫人號無量，字大娘，安定人也。自媧皇作孕，而顓頊裔焉，」則畢公十世孫魏文侯少子畢封太梁王，自其後子孫即」承梁王紹之後，漢魏已來，遂安定氏焉。曾祖□□，郴州刺」史；祖玄溢，婺州蘭溪縣令；

並百城千里，盤石維城，逐扇移」風，頌聲洋溢。父暉，唐國子主簿，統昇堂之義，濟濟之禮猶」聞，知入室之勤；祁祁之徒克訓。紀大成於國胄，校奠獻於」先賢，乃何代無奇人哉！夫人則主簿之長女也。少明女」史，長達婦工，四行有訓於親鄰，五德無虧於家室。笄年結」佩，百兩配朱氏之門；婦禮初登，三省不霑於娌對之口。夫」賢婦德，規矩成焉。自朱氏先歿，夫人孀居，繐幃不閒乎」彰施，粉匣已霑乎塵網。及至母德，時亦釋葷，心歸大乘，悟」其真性。垂堂立識，親族留規，何圖風樹不留，隙駒難駐，忽」遘斯疾，百醫不痊，遂天寶十三載冬十二月八日薨於上」東里之私第，時春秋五十七。嗚呼哀哉！孰不傷痛。以十四」載春正月十二日殯于河南平樂鄉北邙原，之禮也。嗣子」國子大學生英華，號天踴地，哀昊蒼之偏鍾；碎骨糜軀，痛」誠心於罔極。柴形毀瘠，泣血忘漿，猶心徙谷移陵，不盡天」長地久，爰刻他石，而列銘云：」

哀哀昊蒼，殲君慈堂，子無怙恃，悲來易傷。母星見墜，父日」潛光，如何明鑒，沉乎北邙。」

（周紹良藏拓本）

天寶二六三

【蓋】失。

【誌文】

□□故河南侯莫陳夫人墓誌銘」

夫人侯莫陳氏，河南人也。故豐府長史嗣丹之女，故果」州西充縣尉鄭偓佺之妻。洪烈緒門，奕代累德，仁惟敦」永，士貴有恒，幼穆吾家，淑慎師訓，將成婦道，惕厲箴規，」邈乎宗族，所舉至哉，閨闈之美，不恥廉儉，温□自寬，克」和琴瑟，常以娱日，首飾莊敬之節，服惟浣濯之衣，厥成」而志矣。夫人昔常事舅姑，斂服躬專，加於寢食；親臨堂」廡，妙不踰閾。展轉莫墜於女功，斯須豈違於婦教。返覆」四德，柔和六姻，以光大也。嘗隨鄭公莅官，勸以貞固幹」事，悦以清勤進德，倬彼嬪賢之志，悠哉好逑之述，以爲」終始可久焉。何期慶祐無徵，禍兮所倚，及鄭公亡後，夫」人孀居，歎齊眉而不終，獨齋心而殆盡，撫視孤幼，三徙」依仁，疢疾徽容，廿餘歲。每著蘋藻之事，恭惟春秋之時，」及乎慕道，遂悟色空。執持大象之尊，適出世塵之路。何」圖巨壑奄移，生崖頓謝，以天寶十三載五月十三日終」於尊賢里之私第，春秋六十八，哀哉哀哉！十四年春正」月辛酉朔十三日癸酉，遷厝於邙山平樂之原，禮也。譩」夫！安時□然，終天已矣，惟此銘石，用記直辭。銘曰：」

淑德嬪賢兮必齊之姜。孝慈勤儉兮歸仁克昌。嗚鶴之」主，螽斯之羽，孤幼滿膝，冠婚不失。出塵之蒙，度筏如空，」記夫銘石之歲月，覩乎拱樹之悲風！」

（周紹良藏拓本）

天寶二六四

【蓋】大唐故張府君墓誌銘

【誌文】唐故雲麾將軍行右龍武軍將軍上柱國開國侯南陽張公墓誌銘并序

鳥能飛萬里，其有鵬乎？魚能吸百川，其有鯤乎？夫鯤鵬之處者，非滄海而不」居，非扶摇而不動，豈秋潦夕吹而能加其志焉。士有佐世之材者，非艱難而」不投，非明君而不事，豈斗筲凡類而能效其節焉，則我南陽張公功可著矣。」公諱安生，譜媟清華，門多高士，漢有留侯秘略，晉有司空博識，累葉冠」冕，暉曜相繼。祖諱泰，考諱貞，並儒素隱躬，遁跡不仕，田園蘊道於高尚，詩」書襲德於風雅。後因公列爵，追贈考扶風郡司馬，父因子貴，以忠彰孝。公駿」骨天資，偉貌神秀，拔奇材於衆外，先武略於羣石。景雲中，屬韋氏竊權，羣凶」暴溢，擾我黔庶，殘我王室。公乃叶忠謀，爲佐弼，識潛龍必躍於雲霄，知」牝鷄伏誅於斧質，提一劍而直入，掃九重以殄謐。再清京兆之天，重捧」長安之日。謀深於周邵，功越於平勃，古往已來，莫之與疋。公以功高職卑」者志士之讓，初退後進者達人之漸，故辭公侯之封，就戈戟之仕，畢能身榮」於紫綬，門曜於丹戟，得馮異大樹之名，免蕭何小過之責，有始有卒，其惟公」乎？遂解褐授果毅，二遷折衝，一拜郎將，再轉中郎，畢于龍武將軍矣。食邑九」百户。公歷官無虧，公務旨要，處事有則，人莫能犯。或帝居内宫，則警衛嚴」肅；或駕行外仗，則旗隊克齊。其動也若鷹鸇迴迅，其止也狀師虎羣怖。電」轉星流比其速，雲迴霞卷處其事。暨乎晚載，自强不息者，繄公而已。以天寶」十三載冬十一月十日扈從，薨于昭應縣之官第也，享載七十有一。初公染」疾城中，將赴湯所，左右留勸，作色不從曰：吾亦知難保者命，但殞隨君側，」以表忠誠，亦知易殁者身，但死在營間，用彰勲節，使魂歸帝鄉之路，心存」皇闕之下，愿之足矣。汝等勿違。言畢扶疾即行，到遂終彼，所謂臨事無苟憚，」臨困無苟免。及迴櫬于路，誰不傷悼。嗣子庭訓等，侍疾而捧藥淚枯，返柩而」攀輿氣輟。夫人太原郡君王氏，先公近殁，苫廬猶新，縗絰重舉，泣地未絶，號」天更哀，又以翌載春二月十二日別兆葬于龍首原，之禮也。素墳上築而永」固，玄堂下甃而深堅。白雲孤飛，招將軍之勇氣；緑柏旁植，表武士之高節。恐」陵谷有遷，刻銘以記。銘曰：

鶚之迅兮飛已絶，士之勇兮謀且決。臨難不」懼兮忠臣節，奉我明后兮誅暴孽。鶺鴒貴兮雁行列，花萼忽凋兮一枝缺。」獨有功名兮千載存，列石洸銘兮記墳闕。

（北京圖書館藏拓本）

天寶二六五

【誌文】僞。

大唐故定州都尉知隊使崔府君墓誌銘并序

府君諱克讓，字振元，其先洛陽人也。曾祖範，仕隋」爲都護，隱鄙虚名，高懷其志，上幸江都，因宦遷家，今」遂揚州人矣。祖世儁，入唐，初□治中，□進岐州刺」史，勵精圖治，仕共欽仰。父文□，諫議大夫，協時匡」政，直言無遺。府君少閑書劍，投筆從戎，爲安西副」大使來公所重，隨在戎幕，推誠心腹，于兹累載。初年」爲司户，遷都尉知隊使，丁母憂，未上。不幸染疾，藥石」無靈，于天寶十三載甲午十月二十日，奄終揚州江」陽縣德政里私第，春秋四十有三。夫人清河張氏，」貞明柔順，婦德無虧。生二子一女：長曰守訓；次曰慶」哥；女適姚尚書次男。子女等泣血號訴，卜兆吉辰，以」十四載己未二月十六日，葬于城東嘉寧鄉之原，禮」也。故刻兹石以記，乃爲銘曰：

蒼天何爲？殲及崔君，胸羅大志，忽邇劍沉，」月照松丘，風摇栢嶺。卜葬平原，孤幼淚血，」千秋萬代兮逾芳，一□玄堂而□別。

（録自《陶齋藏石記》卷二十五）

天寶一一六六

【蓋】失。

【誌文】

唐故游騎將軍河南府鞏洛府折衝都尉上柱國博陵崔府君墓誌并序」

公諱智，字莊，廣平人也。昔太公封齊大夫穆伯食菜崔」□，因命氏焉。曾祖禮，隋滄州鹽山尉；祖蕚，唐瀛州録事」參軍；父武，皇雁門府折衝；並夙擅吏才，早參戎幕。公即」都尉之季子。天生俊奇，碩而且武，爰自至學，棄筆書堂，」開元初登，勳高沙漠，起家補左領軍衛長上，俄轉右武」衛司戈、左金吾衛中候、左羽林司階，並職禁虎賁，掌當」環列。尋拜河南府寶圖府果毅、京兆府武亭府折衝、河」南府鞏洛府折衝，加游擊游騎將軍。或國儲是防，」天苑司禁；或皇衢晝啓，通門遏奸；皆以公之勤儉克」修，忠貞允執。未陳請徙之節，俄及膏肓之辰，天寶十四」載春孟月旬有八日，終于奉常之官舍，蓋所職之廨宇。」踰月十有六日，展羽儀蕭鼓，權厝于邙山之塋。夫人宋」氏，啓兆之左，所謂陰陽不偶，吉凶未從，同穴之宜，更俟」良載。公之三子曰侑、佃、侊等，孝過顔閔，痛切高參。青烏」啓兆，將有託於康莊；馬鬣斯封，庶克存於瀛博。文以誌」德，禮有書銘。銘曰：」

雄雄令質，迅發膺揚，族流齊邑，德襲炎皇。出身事主，」展節沙場，入承帝寵，朱紱銀珩。善人無報，祥渝禍殃，」生存禮範，没備儀章。國門直視，丹旐飛颺，舊塋之側，」松櫃悽涼。」

（北京圖書館藏拓本）

天寶二六七

【蓋】失。

【誌文】

唐故朝散大夫使持節龍溪郡諸軍事守龍溪郡太守上柱國梁君墓誌銘并序　登仕郎前臨汀郡龍巖縣尉郭懷琰文兼書」

公諱令直，字元祥，安定人也。自媯皇立極，而顓頊流裔，則畢公十世孫魏」文侯少子畢封大梁王，自其後子孫即承梁王紹之後，漢魏再封，遂安定」爲氏，因官于河南，始貫焉。曾祖仁裕，唐金紫光禄大夫、鎮國大將軍、行」秦州刺史；祖詵，唐朝散大夫、行汲郡新鄉縣令；父知微，唐朝請大夫」行汜水縣令；並百城千里，逐扇移風，玉葉金柯，易代不絶，並爲人望。公」則汜水令之次子也。少而惠識，所覽必成，武緯文經，百家玄解，韜略奇術，」一貫於心。以蔭爲太廟齋郎，肅清祧祀，考滿擢選，解褐授汲郡參軍。雲霞一登，風舉千仞，奉使送甲仗平盧安東，無何以其載改范陽郡開福府别」將，專知倉庫，考終，遷上谷郡新安府右果毅都尉。公莅事敬慎，冰壺任」情。時河間太守朱玄泰奏公充河北海運判官兼充馬家城守捉使，再」改樓煩郡嵐山府右果毅。且百里之命，非奇人之不裁；三軍之統，非良將」之莫守。河東採訪王翼奏公充岢嵐軍副使，考終，擢遷漁陽郡臨渠府」折衝，賜緋魚袋。採訪裴公又奏充靜塞軍納諸郡兵糧兼知屯田。且文武」一班，偕衣其服；變三都尉，而佐百城。擢遷漁陽郡別駕，仍充靜塞軍營田」□使，又授柳郡長史。公清而勤，謹而廉，人沭其恩，官愛其行。時僕射安」公奏充節度支度陸運營田四蕃兩府等判官，數奉使資，悉承膏澤，又遷」文安郡司馬。因考使西入，特授龍溪郡太守，即此之任也。且公之歷任，」文武盡其能；助化皇風，太守分其位；軒車始駕，仕庶望其威；馭馬初馴，」驛道江介。何圖彼郡無福，途失國賢，遂於天寶十四載仲春二月五日薨」于使亭里也。時春秋六十七。嗚呼哀哉！孰不傷痛。禮以緦縓粟等加常，以」其載三月一日殯于河南平樂鄉北邙，之禮也。嗣子前道舉文部常選履」謙，次子上柱國武部常選履信等，號天擗地，毁瘠糜軀，忘漿已過乎終朝，」泣血可申乎免服。仍懼陵谷遷徙，痛其嘉猷，爰取他山之石，爲銘藏於地」穴。其詞曰：」文經武緯，盡備其職。駟馭初馴，靈轝變軾。犢劍離賢，龍溪喪德。悲昊天」兮時不慭，孝擗踴兮碎胸臆。刻他石兮藏地穴，記芳猷兮長無極。」

（周紹良藏拓本 河南千唐誌齋藏石）

天寶二六八

【蓋】 大唐韋府君墓誌銘

【誌文】

唐故武部常選韋府君墓誌銘并序 廣文館進士范朝撰」

君諱瓊字瓊，京兆杜陵人也。漢葉崇盛，丞相乃擅其」名；唐業克昌，逍遥遂因其號。君之苗裔，即其後」也。曾祖元整，皇中大夫、使持節曹州刺史、」上柱國；祖綝，皇益州成都縣令；父景，」皇廣平郡肥鄉縣令；並箕裘嗣業，弓冶克傳。殷仲文」之風流，潘安仁之令譽。君幼年好學，書劍兩全。蔑郄」詵之登科，慕班超之投筆，封侯未就，遘疾俄臻，神草」無徵，靈芝靡驗。以天寶四載十二月廿九日終于濛」陽郡九隴縣之私第，春秋卌有六。嗟乎！梁木斯壞，哲」人其萎，織婦罷機，春人不相。以十四載五月十三日」卜葬於長安縣永壽鄉畢原，祔先塋禮也。南臨」太一，北帶皇城，地勢起於龍蛇，山形開於宅兆。」胤子署，居喪有禮，毀瘠劬勞，泣血三年，絕漿七日，輴」車永掩，奠徹長施。恐筮短之龜長，懼陵遷而谷徙，式」鐫貞石，用紀芳猷。乃爲銘曰：」

帝堯之裔，豕韋之枝，温恭其德，淑慎其儀。佳城鬱鬱，」王黍離離，月懸新壟，松疏舊碑。墳塋改變，陵谷遷移，」萬古幽室，滕公瘞斯。」

（録自《關中石刻文字新編》卷四）

天寶二六九

【蓋】　大唐故崔夫人墓誌銘

【誌文】

夫人博陵崔氏。其先也，炎帝之初，裂地而封」□其姓也，自後漢榮顯，簪紱相承，組襲于今，」□十餘紀，古今必載，式光圖書。高祖諱曠，十」三□大將軍、幽州牧、武康郡開國公；曾祖諱」順，使持節松、渝、玉、簡、平、湖等六郡太守，左散」騎常侍，襄武康公；祖諱元悊，河東郡司馬；父」諱承嗣，中大夫、臨淮郡别駕。適范陽盧氏。金」□玉植，鼎族□□□孝可以睦六親，禮樂可」以□九族，自天寶十□載秋七月廿二日，卒」於□□城，春秋七十有二。其載九月十七日」是□筮其吉，葬於河南府北□，禮也。泉門晝」奄，同逝水之無還；薤露朝晞，類□華之永訣。」胤子專道，觸地無容，豈顔氏之□□，獨虞丘」之哀慕。□泣逾制，切戀敂勞之恩，啜□□廬，」痛慕噬指之義。其詞曰：」

天何不祐兮禍其速歟！歲不我與兮哀極無」如。」

（北京圖書館藏拓本　開封博物館藏石）

天寶二七〇

【蓋】失。

【誌文】

唐元功臣故冠軍大將軍右龍武軍大將軍張公墓誌銘并序　京兆府鄉貢進士申參撰

君諱登山，字伯倫，燉煌人也。其先軒轅第四子，受封關内列侯，徙居趙地，世爲冠族，漢」司空即其後也。黼衣朱紱，已降於唐，大迹焕其禎符，累仁鬱其分構，故得餘慶，綿阜」遺列，乃懷瑾瑜而鎮雅俗，負日月而利賓王，集朝陽以鳳鳴，傃雲津以龍躍，詳諸史牒，」可略而言焉。曾祖利貞，隨任雍州石臺府折衝；機量宏深，標託峻遠。祖懷，左衛郎將、上」柱國；器宇清茂，風度閑華。考龍，穆州司馬；精誠外澈，獷俗懷仁，恂恂敬鄉黨之容，雍雍」悦詩禮之訓。君資靈岳府，識鑒弘通，如芝蘭生谷以淑郁，松栢凌寒而勁正，生知合契，」天骨膺圖。屬國步再康，寰宇清謐，君乃麟角直指，鳳翼横張，獻策金門，遂受腹心」之寄。唐隆元載，解褐授游擊將軍、寧州靜難府右果毅。會識融通，仁智合散，道乎邦邑，」譽滿京華。卷舒懷抱之間，逍遥人野之際。開二載，授岐州義伏府左果毅；開四載，授游」騎將軍行華州鄭邑府左果毅。文武内明，鋒穎外發。但奇桐入爨，詎銷清耳之音；神劍」沉檏，豈絶干星之氣。開十載，授京兆府元城府折衝；開十四載，轉甘泉府折告明威將」軍；開十五載，授京兆大明府折告、壯武將軍。皆夙著誠款，績用可嘉，鍾石彰革代之音，」星雲表龍飛之瑞。俄遷左驍衛翊府右郎將，次任左領軍衛翊府中郎，賜紫金魚袋。開」二十七載，授雲麾將軍右龍武將軍翊府中郎，次改授左清道率府率，遷冠軍將軍，封經城」縣開國侯，食邑七百户，加本軍大將軍。東越舊吴，地稱巨麗，南金竹箭，餘烈尚存。君受」命轅門，杖劍出塞，指葱山則陣雲常偃，彎繁弱則漢月長孤。甲如山兮馬如鐵，謀如雨」兮汗如血，襲五陣則刀鐶落星，戰百勝則鏌鋣呈缺。孝家忠國，約禮遵詩，虚己膺物，罕」有榮羡法心悟一，常窺甘露之門；知色相俱空，慈奪猛風之海。意珠證卌□輕垢，心印照」千二百蓮花，生一念而出於暗輪，閉五勝息肩於靜網。君子聞之曰：痛矣夫斯人也！危」言屈短，□□常數。嗚呼！天寶十四載九月十二日，氣疾暴增，奄捐元舍，春秋九十焉。唯」君幼乃鳳毛，長便麟角，秀氣與雲松並峻，素概將冰玉俱貞。而不升台庭，而不到壽域，」主上當食而弗懸，親賓相視而行哭，都人罷市，里巷不歌，靈輀在門，騎吹伏路，慕纏人吏，」悲深寮寀，古之不朽，何以加焉？長子仲仙，樂平郡青谷府別將；第二子景仙，任左金吾衛」善訓府折衝；第三子浩然，右領軍衛馮翊府別將；並擢枝蘭畹，舒葉桂林，涵芳流以散」輝，映圓浪而浮景。望清三賈，聲華二陳，友悌著於嶮夷，仁孝立於顛沛。仰慈顔而永慕，」懷綱極以增悲。庶憑宅兆之安，少慰終天之戚。粵以其載十月廿三日，還葬於開遠」門西三里龍首原，禮也。步長原之迴野，噫斯路之良難，霜雲結而蒼山暮，楸檟衰而隴」遂寒。送飄風於落日，瀉頹運於驚湍，長安陌，龍首原，萬古千秋沉夜魂，託金石之不朽，寄」窮思之音翰。其詞曰：

山門寂兮山日沈，泉關掩兮泉路深，荒郊廓兮歸望絶，霜月明兮松帳陰。慈顔緬而永」翳，欒棘標而崩心，彼天長兮地久，此貞石兮無侵。」

（北京圖書館藏拓本）

天寶二七一

【蓋】失。

【誌文】

唐故朝散大夫太子左贊善大夫隴西李府君墓誌銘并序　禮部侍郎集賢院學士陽浚撰」

聖謨孔彰，神道不昧，苟爲善之無替，將輔仁而有徵。如何斯人，而遘斯禍？」公諱朏字朏，隴西成紀人也。隋銀青光禄大夫、廣平郡守之曾孫，皇秘書」丞元璋之孫，皇河内郡司户參軍澄之子。早負令名，不忝雅度，貞標可以」軌物，精識可以鑒微，公才公望，是則是效。詞存風雅，無取於浮華；學究指」歸，恥專於章句。弱冠進士擢第，吏曹考判，又登甲科，以京職禄微，闕於致」養，請授晉陵郡武進縣主簿。親屈既歡於捧檄，道存何傷於捿栖，俄而秩」滿，返服舊居。主上慮宗子有才，精加搜擇，宗正卿嗣魯王以公有曹冏之文史，兼劉歆」之經術，抗表聞薦，特授大理評事。公持法不撓，掌刑有倫，無冤著聲，全活」斯衆。無何，丁家艱去職，哀毁乃杖而後起，禮終而琴不成聲，罔極之心，於」斯至矣。服闋，除大理司直。時諫議大夫李麟充河西隴右道黜陟使，以公」閑練章程，詳明聽斷，乃奏公爲判官。佐彼澄清，審於殿最，皇華之選，時論」攸歸，復命除本寺丞。東京留守、禮部尚書崔翹又奏爲判官，尋遷太子舍」人，判官如故。參名居守，矯迹崇賢，政必有章，事無不允。屬旁求時彦，精擇」臺郎，乃授尚書駕部員外郎，膺高選也。飛騰禮閣，綜理劇曹，既著彌綸之」稱，遂嬰無妄之疾，苦求閑職，庶養沉痾，乃除太子左贊善大夫，從所欲也。」劉栢多疾，空歎於卧漳；管輅奇才，遽傷於遊岱。以天寶十三載十二月十」三日終于京兆府咸寧縣道政里之私第，春秋五十有八。粤以十四載十」一月十一日歸窆于東京洛陽縣，禮也。公素藴道風，晚安禪悦，怡」然自得，晏爾無營。宜其大享戩穀，克昌繁衍，雖黔婁之有室，何伯道之無」兒？余與公早契忘言，共敦久□，喪茲良友，何痛如之？言之不文，庶爲實録。」銘曰：

皇族流慶，達人繼出，至德難稱，清標可律。藴此良器，未躋高秩，痛哉斯人，」不起斯疾。返葬何所，邙山之隅，墓門蕭瑟，原野荒蕪。路飄旌旐，墳列塗芻，」終古無絶，英聲不渝。」

（周紹良藏拓本）

天寶二七二

【蓋】失。

【誌文】

唐故定遠將軍守左武衛將軍員外置同正員」上柱國内長入供奉張府君墓誌并序」

公諱毗羅，其先清河人也。父諱毗羅，奕葉」承家，隱輪不仕。公累襲冲和之氣，克遵高上」之風，芝蘭入室，瑾瑜照廉。其事親也，色難以」養之；其行異端，智周以成之。由是蕭灑邱園，」恬澹霞月。優遊朝市，不違大隱之趣；弋釣林」泉，有光濠□之迹。夫然者，宜其夫奏天階，羽」儀帝坐。公家其寵命，遂拜定遠將軍，守左」武衛將軍。以天寶十四載八月廿七日薨于」金城里之私第，春秋七十。即以其載十一月」十七日葬于承平鄉之原，禮也。長子」咸哀泣血，咸席沰穴，孟常泣感於大風，賢陵」卦劍於心許，乃爲銘曰：」

府君反葬斗城西，吉兆地夏明金雞，千秋萬」歲兮松栢齊，魂魄歸兮長不迷。

（録自《關中石刻文字新編》卷四）

天寶二七三

【蓋】失。

【誌文】

大唐故游擊將軍守左衛馬邑郡尚德府折衝都尉左龍武軍宿衛上柱國張府君墓誌銘并序　雁門田穎書」

噫夫，蒼穹不仁，殲我能幹，德星落彩，和璧韜光者歟！爰我」所珍清河張公字希古，晉司空華之裔緒也，惟祖厥父，耿」逸馳芳，兢惕怡然，匪干榮禄，優遊自得，稟霜松之操，岐嶷」孤拔，挺風雲之氣。公負河岳之粹英，育辰象之靈質。亭亭」高聳，遠振雄名；傑傑威稜，龍城獨步。門延賓侶，豈謝季倫；」精舍樓臺，有齊須達。加以武略兼著，公忠必聞，歷踐榮班，」宿衛清禁，累遷馬邑郡尚德府折衝都尉、游擊將軍、上」柱國、員外置同正員，莫不獻肝膽於玉階，輸腹心於」金闕，惟謹惟勵，不愆不瑕。豈圖二豎興災，兩楹構禍，藥物」無護，酷裂所鍾，白日長辭，黄泉永赴，則以天寶十四載十」月十七日終醴泉里之私第，春秋七十有三。天寶十有五」載四月二日窆于鳳城南樊川之北原，禮也。太夫人天水」趙氏，恭而有禮，時稱孟軻之母，珪璋播美，松竹茂心，誕三」子：長曰行瑾，次曰崇積，並武部常選；季子談俊，衛尉寺武」器署丞。嗚呼！誰免乎榮枯，適覩全盛，今已淪殂，梁木折，太」山頽，三子腸斷，二女情摧，咄嗟人代，天道邅迴。其詞曰：」

公之英聲振區宇兮，公之勇義如龍虎兮。彼上蒼蒼何不」仁兮，僉殄我之至所珍兮。泉門此日一關閉兮，玉顔何春」再相詣兮？表余平生情懇至兮，飾琬琰以鑿銘記兮。」

天寶十五載歲次景申四月甲申朔一日甲申建。」

（周紹良藏拓本）

天寶二七四

【蓋】失。

【誌文】《八瓊室金石祛僞》謂「進士陳遘文，」作「武功蘇靈芝書」者僞。

大唐故劉君合葬墓誌銘并序　武功蘇靈芝書」

君諱智，字奉智，其先彭城郡人也。恭聞受氏於夏，」受命於秦，創庶天官，化被江漢，爰洎魏晉，代列侯」伯，令爲京兆府涇陽縣人也。曾祖賨，皇右」領軍尉折衝都尉；祖敬，左衛果毅都尉；父柱，右武」衛長上折衝左羽林軍宿衛；粤國有二柄，武有七」德，或干城以禦侮，或腹心以衛上。友兄奉」進，見任銀青光禄大夫、行内侍省内侍彭城縣開」國男食邑三百户，故當時君子曰：積德積載，弈葉」冠蓋者也。君承餘慶以謹身，竭忠貞以旌義，勳列」餘羡，武部常選，享年不永，春秋卌有五，天寶二載」九月十二日終於私第。夫人孫氏，淑慎凝禎，柔儀」婉孌，允臧君子，宜爾室家。而脩短有涯，早瘞幽壤。」以天寶十五載歲在涒灘五月甲寅朔十九日壬」申合葬於京兆府長安縣國城門西七里龍首原」龍門鄉懷道里。嗚呼！前矚終南，良木其壞；後臨清」渭，逝者如斯。爰恐陵谷遠遷，天長地久，勒兹幽石，」夐傳不朽。銘曰：」

公侯之裔，相傳孝悌，有涯終極，無朽功諱。宅兆增」感，豐碑墜淚，悼泉雞之不鳴，傷野鶴之空唳。」

（傅熹年藏拓本）

聖武

聖武〇〇一

【蓋】失。

【誌文】

大燕聖武觀故女道士馬凌虛墓誌銘　刑部侍郎李史魚撰　布衣劉太和書」

黄冠之淑女曰凌虛，姓馬氏，扶風人也。鮮膚秀質，」有獨立之姿；瓌意蕙心，體至柔之性。光彩可鑒，芬」芳若蘭。至若七盤長袖之能，三日遺音之妙，揮絃」而鶴舞，吹竹而龍吟。度曲雖本於師資，餘妍特禀」於天與。吴妹心媿，韓娥色沮，豈唯專美東夏，馳聲」南國而已。與物推移，冥心逝止。厭世斯舉，乃策名」於仙官；悦己可容，亦託身於君子。天寶十三祀，隸」於開元觀，聖武月正初，歸我獨孤氏。獨孤公」貞玉迴扣，青松自孤，淵敏如神，機鑒洞物。事或未」愜，三年徒窺；心有所□，一顧而重。笑語晏晏，琴瑟」友之，未盈一旬，不疾而歿。君子曰：華而不實，痛矣」夫！春秋廿有三。遂以其月景子，窆於北邙之原。祖」玄明，梁川府折衝；父光謙，歙州休寧縣尉；積善之」慶，鍾於淑人，見託菲詞，紀茲麗色，其銘曰：」
惟此淑人兮穠華如春，豈與茲殊色兮而奪茲芳」辰？爲巫山之雲兮，爲洛川之神兮。余不知其所之，」將欲問諸蒼旻。
聖武元年正月廿二日建。」
（周紹良藏拓本　河南千唐誌齋藏石）

聖武〇〇二

【蓋】失。
【誌文】
范陽盧氏女子殁後記」
曾祖承業，唐故銀青光禄大夫，尚書左、右丞，雍州、」洛州長史，同州、陝州刺史；祖玢，唐故銀青光禄」大夫、并州大都督府長史；父全嗣，懷州武陟」縣主簿。汝地藉軒裳，家傳鐘鼎，世濟其美，不隕其」名。氣含太和，性稟柔懿，爰自孩提，逮于成立，葛覃」其茂，蘭襲其芳，孝友得於天資，婉順非乎外飾。明」心遠鑒，洞見幾先；鳴環動步，必循禮節。吾痾瘵彌」曠，動必待人，汝之待吾，曾無倦色；汝復嬰疾，吾所」痛心。今神聖無徵，輔人徒説，藥石不救，厥疾彌留。」以聖武元年三月三日寢疾，終於洛陽縣德懋里」之私第，春秋一十有九。嗚呼哀哉！顧復永違，泣涕」如雨。以其月六日安厝于先塋直北卌五步，之」禮也。嗚呼！落華秀於方春，卧寒冥於長夜，常恐歲」月流换，封樹莫紀，刊於貞石，用託斯文。乃爲銘曰：」

出北門兮，憂心殷殷，傷桃李兮夭青春；佳城一閉」兮長已矣！松檟聲兮，日暮愁人。」

聖武元年三月六日歲右丙申刻。」

（周紹良藏拓本　河南千唐誌齋藏石）

聖武〇〇三

【蓋】失。

【誌文】

唐故左威衛左中候内閑廄長上上騎都尉陳府君墓誌　冀州阜城縣尉陳亢文」

君諱夆少，字與諱同，潁川許昌人，後因官長安，遂爲金城人也。」周室翦商，嬀滿作賓於天下；漢朝戡項，曲逆持衡於海内。或超」然素履，台衮之仰仲躬；或爍乎從政，阿衡之謀仲舉。亦有魏遊」千騎，道冠當塗；晉邑萬家，聲高典午。君體温恕之恣，挺醇深之」性，剛而能斷，柔而能立，勳庸著國，寵錫彰朝。解褐授右威衛右」執戟，終左威衛左中候，行有餘力，職未展才，仍兼閑廄長上，六」駭有序，以駿能馴；效節雖多，工猶舊任。是知卑以自牧，恥徇禄」之九遷；位且安卑，賢屈身於三黜。君知養人重食，故隱賑於厚」生；周乏貴財，遂貿遷於貨殖。闔衡作範，州里歸仁，罕不脂韋，曾」無鑿柄。天寶元年五月十六日福善無徵，捨茲永業，春秋六十」三。粤□□月十三日葬於邙山平洛鄉之原。夫人李氏，生而純」深，幼而恭敬，長而敦睦，成而惠和，六姻仰之以母儀，四鄰師之」以婦德，鵲巢之行，無不備焉。天寶十四載十一月八日寢疾彌」留，終於東京銅駞里第，享年七十二。無何，會燕朝革命，」天寶十五載正月一日改爲聖武元年，兹年五月十三日，遷窆」就府君舊穴合葬。嗣子榮，踐坤興慕，攀穹靡及，思傳不朽，用勒」泉扃。況窀穸之辰，託令□筆，言其景行，乃爲銘曰：」□彼曠古，瞻言本枝，齊卿五世，楚相三知，盛德無絶，風流在斯。」□歟夫子，克構重規，舉以義發，言由禮施，孝彰荆茂，德表星移。」□□受潤，宫牆莫窺，火薪易盡，隟駟難羈。深沉隴隥，瑟颰風枝，」□□誰後，同悲載馳。」

（周紹良藏拓本　河南千唐誌齋藏石）

聖武〇〇四

【蓋】失。

【誌文】

大燕故處仕杜君墓誌」

君諱欽，字敬惠，望族長安，杜康之胤，叙□社公之後。」曾祖可，祖倫，父諱元，並爲原武□列幹分□」英靈秀異，□時間出，六世祖仕於北齊，家於業，今爲」相州安陽縣人焉。君孝則先□□□克家，穀帛盈」儲，澤閏鄉黨，朋心酒德，悦性怙神，縣□□之□□」馮唐之郎署憂遊，逍遥代歲，□寢疾沉滯，金場不郊，」春秋五十有六，燕□□□元年六月□□□卒□私」第，於是里閈□然（下缺十三字。）夫人留氏。

(下缺十六字。)」□著六行之美，(下缺十四字。)」二日終于家室。即以其(下缺十一字。)」日己酉合葬於相州西北(下缺十字。)」步平原，禮也。(下缺十五字。)」乃奔波而共逝。(下缺十四字。)」嵯峨而(下缺十七字。)」注，嗣子□□等(下缺十四字。)」勒貞記其詞曰：」

夜杳杳孤眠，長辭白日，永(缺六字。)化□□□」□泉門一掩，重啓何年？」

(周紹良藏拓本)

聖武〇〇五

【蓋】失。

【誌文】左行。

渤海李徵君墓誌文并序　處士王良輔撰」

君諱玢，字宣，其先渤海郡蓨縣人也。昔宣王問禮，」蔚映龍圖，將軍□裔，光輝鳳册。梁王之園樹，世出」衣冠；魏公子之鄉關，人多。紆青馱紫，閥閱相承，祖」德家風，子孫無替。高祖愔，青州司馬；祖彦，甘州長」史；父玄恭，左領軍衛長史。長子也。君風樹增感，痛」貫終天，珪組遺榮，因茲避地，松栢立操，冰禀懷，脱」落風塵，從茲不仕，以聖武元十一月十五日卧病」於洛陽里，因寢疾彌留，而乘化往。鄉鄰慕德，親慼」懷恩，空悲九原，何時可作？長愁隴樹，千秋豈歸。夫」人河東裴氏，六行聿修，四德光備，鳳梧早折，龍劍」先沉，婦德空存，母儀猶在。以大燕聖武元十二月」五□啓附於洛陽平陰鄉原，禮也。山形起伏，自符」白鶴之祥；地勢嵐烟，乃合青烏之繇。孝子有王褒」之感，而聞攀栢之哀；詞人無墮淚之才，宜媿峴山」之石。乃爲銘曰：

歲聿云暮，霜卉無芳，空山落」月，逝水流長，乘化而往，風悲白楊。鐘鼎餘慶，公侯」子孫，芙蓉之室，竹　之門，人惟代謝，道氣常存。賢」夫哲婦，何遽云亡，驚公此地，子孫其昌，千秋萬古，」人仰餘芳。

外甥胡涀書。」

（周紹良藏拓本　開封博物館藏石）

聖武〇〇六

【蓋】無。

【誌文】

載初元年九月十四日，故澤州」録事參軍賀蘭府君夫人豆盧」氏墓。聖武二年二月十八日，曾」孫將舉大事，不獲皇考，不剋」祔葬，已俟他歲，求於良圣記。」

（河南千唐誌齋藏石）

聖武〇〇七

【蓋】大燕故張夫人墓誌銘

【誌文】

燕故杭州司户呼延府君夫人南陽張氏墓誌銘并叙」

□張老發輪奐之讖，張星居翼軫之上，或相韓」三世，或佐漢七葉，蔚爲貴族，慶流德門。降生」夫人，天姿令淑。夫人諱即滄州司法諱珪之」長女也。稟靈純秀，克鑒禮經，宜乎室家，再歸於」我。至於動兼四德，譽滿六親，鳳皇叶雙飛之兆，」鳲鳩養七子之□，雖孟母稱賢，梁妻知禮，不是」過也。及□劍先□，栢舟自誓，銜悲弔影，瀝泣痛」心。秋月庭中，獨棲寡鶴；菱花鏡裏，空舞孤鸞。始」知恩愛是聚患之□，禪寂是息緣之地。□嘗一」味，便得醍醐；深厭六塵，遂捨瓔珞。衣褐無染，觀」□遺□；浮生有涯，念念不住。以聖武二年二月」廿日微似遘疾，倏焉遷神，即以其月廿四日壬」寅祔殯府君塋之東，禮也。嗚呼！弟□嗣子澒」號天不及，柴立過禮，曾閔之誠也。銘曰：

□婉令望，宜乎家室，言吐蘭薰，調諧琴瑟。惜哉」□德，忽謝浮生，泉臺一掩，空播芳□。」

（周紹良藏拓本　河南千唐誌齋藏石）

聖武〇〇八

【蓋】闕。

【誌文】

故唐陪戎副將太原王府君夫人陳留阮氏墓誌銘并序

公諱賓，其先太原人也。曾祖魯，祖瑩珍，并禮樂承家，詩書耀世，規模令遠，蕭灑情高，蓋以林泉養真，朝市樂隱，拂衣簪組，嘯敖天齊，處默在心，遂爲天齊人也。公俎豆既包，軍旅兼濟，竭心家國，貴服勳榮。嗚呼！唐天寶七年二月十八日膏肓構災，奄没私第，春秋六十有四。禮不愆矣，□老得終，聞者增哀，食者無飽，其年二月廿四日歸瘞於齊州歷城縣西北原黄崗之東南□先君之塋也。夫人四德端如，三從著矣，賢淑上古，不幸先亡，於開元八年三月十五日權殯於巖之左。杳杳孤墳，青烏卜兆，哀哀仙昇，白鶴臨門。長子上柱國從諫，次子兵部品子昂，以□舉類，則晉國祁奚，孝于惟者，則吾家曾子。生事不類，葬之以禮。於大燕聖武二年歲次丁酉十月乙巳朔五日己酉移祔於府君之舊塋遂禮也。供木參列，雲巖□高，黄□兆存，白日不駐。庶地久天長，銘以能言之石，雖陵移谷遷，柄同生字之金。其銘曰：古稱其令，實因潘楊，今之二族，齊其以良。地望英秀，天資懿張，自歸冥寞，幾變炎涼。合葬之禮，周公制度，欽承以習，皎鏡長暮。楊悲夜風，薤落朝露，一朝已矣，千齡永固。」

（濟南市博物館藏石）

聖武〇〇九

【蓋】失。

【誌文】左行。

長孫氏夫人陰堂文」

夫人京兆杜氏。曾祖之亮，隋」黄州刺史；祖延昌，皇朝邛州」長史；父靈麒，皇朝盛王文學。」夫人以哀疚不任號慕，週歲」以杖而不起，年卌七，終於集」賢私第。孝而見殞，有異於曹」娥；泣血經年，頗同於高子。未」及歸京師，權安厝於」大塋北十五步之原禮也。」窆用聖武二年十月十七日。」

（周紹良藏拓本）

聖武〇一〇

【誌文】

大燕故處士徐君墓誌銘并序」

君姓徐氏，諱懷隱，其先京兆人也。因官食稅，」遂居此焉。原夫虎將軍英公之後，祖文經，濟」濟勇夫，早閑軍行，懷蘇秦之策，有李陵之謀，」忠信以寬，明察以惠。君忠孝穎傑，履道無」所，撫下慈，與朋信。不意禍基先兆，寢疾彌留，」隙駟不停，□從運往。以聖武二年□月廿七」日殞於私第，春秋七十有五。以其年十月十」六日，殯於湯陰縣城西十五里平原，禮也。長」波浩湧，東臨御水之浦；青翠遥峰，西對太行」之嶺。南瞻淇水，桃李泛於春朝；北望漳濱，明」月澄於秋夜。四望形勝，千年佳兆。嗚呼！有子」崇斌，有花無實，秀而不成，空列才名，早歸泉」壤。孫子秀林，絶漿七日，痛□五情。恐陵谷之」變遷，桑田成海，以旌賢行，勒石傳芳。銘曰：

偉才徐君兮道德無窮，」□年長謝兮一代」成空。」

（周紹良藏拓本）

聖武〇一一

【蓋】闕。

【誌文】

大燕贈右贊大夫段公夫人河内郡君温城常氏墓誌銘并序」

夫人之先也，衛康叔之苗裔。洎秦漢之後，禄位相承，不絶如髮。」夫人即唐朝邠州舜城府折衝北庭副使仁師之曾孫，」左衛翊衛德淶之孫，高道不仕元禮長女也。幼而敏，」長而順。師氏曰試不踰閑，父義曰動而習禮，母訓曰」行成於内，及笄而三者備矣。先君迺回於行人，將」歸於段爲冢婦。稱來婦也，當嗣續以禮達，奉舅」姑以孝聞，能使上下和而家祀，内外聞而人悦，豈非德」歟？夫人之所天曰諱喜，克意尚行，貞固守節，厥有」令胤，揚名立身，茂功高於一時，聖恩霑於百辟，」父以子貴，自古有之，前燕初，贈右贊善大夫。唐開元」十九年奄已先逝，乃號泣曰：未亡人不天，有若凌空」墜翼，哀戚之至隱也。嗚呼哀哉！諸孤幼寢於苫蓋，宣」妻獨視於莫祀，防記内則，不失其宜。哭夫有類於」敬姜，誨子亦同於孟母。未幾，攝心禪寂，鍊行齋戒，雖」桑門傾德，泫字名公，化其精修，未足加也。故能時遇艱難，備」經險阻，交爭之下，曾無震驚。愛子目前，包養如故。信□」福因之所護持也。享年八十四，以七月廿一日終於薊縣禮□□」之私第。以其年十一月廿一日□殯於燕京城南（下泐）」禮也。嗣子惟洽，位至廣陽郡太守。傷哉！（下泐）」孝惟孝而擗地，哀則哀而籲天。命（下泐）」薊門之南次，桑乾之西偏，我（下泐）」闢矣。孤墳巋然，其高可（下泐）」號，瘞兹地之窮泉此二（下泐）」

（開封市博物館藏石藏拓）

至德

至德〇〇一

【蓋】失。

【誌文】

□□□□□大夫洛交郡長史上柱國趙府君墓誌銘并述」

□□□□□造父爲周穆王御，因封著姓；洎文子賢明，經理晉室，條分」□□□于新田，故今爲天水令望矣！君諱懷璡，字懷璡，皇輔國執左」□□金吾道興之曾孫，皇雲麾執左右金吾文皎之孫，皇朝請大夫」□常寺主簿玄俊之長子也。於赫祖德，聿能濟世，焕在方策，可略而」□。君殷襲慶靈，誕膺元吉，爲善不伐，時而後言。始冠明經，授易州參」軍，又授果州司士參軍，又授萊州掖縣令。北海剽俗，時爲狡猾，君於」是革前弊以轄諸，敷德教以訓諸，浹旬而人俗大寧，一同而衆目」皆舉。續遷越州諸暨令，復脩前範，嘉問益彰。朝廷聞邑敷卓魯之」之化，階列大夫之榮，位未可量，始俟後命，俄除儀王府掾。

賦詩朱邸，通」籍金門，曳裾梁國，亦鄒枚之亞也。聖朝以經界攸遠，甿俗孔殷，擇半」刺之才，委佐郡之任，制授咸寧郡別駕，俄遷中部郡司馬，所莅惟」允，于何不臧，遷洛交郡長史。式孚威惠，迭用剛柔，累輯佐能，於是乎」加以樂天知命，謝病辭官。以天寶十五載三月四日，歸化於西都靜恭」之私第，春秋八十有四。凡所莅也，以公滅私；其秉操也，自家形國。綰」銅□里，兼歷八官，展驥三州，吾道一貫。般若宗旨，成誦於心；温故脩」文，談在衆口。方欲騰躍台衮，翺翔亨衢，而天不輔忱，殲我明哲。嗚呼」哀哉！夫人穎川陳氏，燉煌氾氏，皇太僕卿知璧之長女。動合嬪則，言」成母儀。彼星在天，雖莫終於偕老；白日爲信，諒不孤於同穴。先逝於」東□。明年九月季旬之二日，合祔於北邙原，禮也。有子曰方浩，前邵」陽郡邵陽縣主簿；次子溥，前樂安郡滴河縣主簿；次子方湊等□王」命也。憫凶在疚，殆不勝喪，恭承徽懿，俾述斯文。銘曰：」

世錫純嘏，賢鍾粹靈，惟公令德，早歲飛聲。識洞今古，性涵忠貞，遠圖」未盡，梁木先傾。哀哀孝子，西自咸京，扶□靈櫬，東歸舊塋。已符先」志，克遂幽情，却背邙阜，前臨直城。宅兆之勝，如何□銘，千秋萬歲，永」閟泉扃。」

（周紹良藏拓本　河南千唐誌齋藏石）

至德〇〇二

【蓋】失。

【誌文】

唐故河南府壽安縣尉明府君誌文并序　中丞判官攝御史臺主簿楊謂撰」

公諱希晉，字　，家本平原人也。高祖奉世，隋秘書大監；曾祖」恪，豫州刺史；祖崇儼，正諫大夫贈侍中；父大隱，蘭谿縣令。祖」禰疊慶，榮備耳目，克朋克類，如山如河。公即蘭谿府君之仲」子也。花灼紈綺，童歲而削黜之；瑶煥典謨，次歲而服行之。以」經著者，何載不衆，而君一異焉。有司所以大誇獲珠仲於人」也。始授臨河尉，時郡守張公以公吐詞泉涌，灑翰雲飛，獄無」銜冤，庭絶留訟，延公在廳所，假公爲推官，遊刃皆虚，發言必」中，親交拭目，寮吏瞻塵，鄴都之人，呼爲管鮑矣。次授河間尉，」終授壽安尉，或聲騰河朔，或譽滿」王畿，青雲窅而□高，白筆前以供直，掇政已往，必光將來。官」不内卑，事常優細，人皆以溺否經義，曠遐搜文；人皆以驅蹴」尉途，拗稀因道。君周赴數事，卷藏童顓，未延深流，底潤非近。」尚君垂福三邑也，盍巡脩路，輟行在此；愴君咎縣百年也，窮」壽猶痛，異終甚懷。當退冠馳城，纖途矢刃，獲全伊幸，屬害何」驚。非君計識不先。是日傷難無隟，時年六十四。以至」德二載十一月十日權殯于洛陽清風鄉曜店里北邙之原，」禮也。嗣子江，柴毀過禮，泣血無聲；子壻清河崔遊，烈行士也，」感君□難，情禮同□，見託謏才，託之芳懿。其詞曰：」

君之德兮休休，君之政兮優優，一朝溘盡兮空清猷。冬之月兮」烈烈，冬之風兮發發，歌薤露兮傷白骨，萬古千秋兮泉門閉。」

（周紹良藏拓本　河南千唐誌齋藏石）

至德〇〇三

【蓋】　大唐故贈清源縣主墓誌之銘

【誌文】

大唐壽王故第六女贈清源縣主墓誌銘并序　朝散大夫守著作郎秦立信撰　壽王書」

元氣分祥，道含品類，頊帝系傳真統，」玄元襲聖靈長，故得千子會於輪宮，萬孫嗣於天府。」壽王第六女者，」光天文武大聖孝感皇帝之姪也。德業應昌，王宮是」寵；福高遷影，道廣移名。丁酉歲，建亥月十日薨于益」昌郡行頓，桂房哭慟，椒室悲哀。嗚呼！尋有寵命，褒贈」貴號。星宮耀朗，月殿光圓，寵没逝川，悲沉夜壑。有」詔所司法葬，禮褒恒寵，哀備常儀，即以建卯月十八」日懸窆於咸寧洪原鄉少陵原，禮也。纛引凶儀，輴牽」苦挽，送終之禮，遺念是深。天奪愛情，捨之何亟？痛悼」難忍，鐫石記銘。銘曰：」

魂香望起，浮圖不迴，捨貴而去，痛往悲來。窀穸冥寞，」幽深夜臺，石記千古，空詳一哀。其二。」陵谷有易，存亡何准，望星則飛，奔月爲殞。見跡而生，」隱福而遁，歸根曰常，復命曰本。其三。」能事不記，孰爲之文？文則至矣，其理可分。少殁言夭，」哀哀皇孫，永年未永，棄貴棄尊，元氣之」本，道德之門。」

（周紹良藏拓本）

乾元

乾元〇〇一

【蓋】失。

【誌文】

唐故朝散大夫懷州武德縣令楊府君夫人安昌縣君新興秦氏墓誌銘并序　范陽盧良金撰」夫人，扶風茂陵人也。其先漢潁川太守襲與宗從五人同時爲二」千石，三輔號萬石秦氏，弈葉相承，至山陽太守彭，理郡行化，獨擅」當時，積德傳家，慶流後嗣。曾祖君素，婺州別駕；祖儒卿，朝散大夫」慈州司馬；父希莊，長城主簿；題輿贊佐，能宣別乘之風；棲鳳逶迤，」克著分曹之妙。夫人即長城府君之第十九女。家傳四誡，自得其」儀，德被六親，無思不服。以閨門之懿範，事冠冕之宗祧。年若干，作」嬪楊氏，輔之以政，成武德之榮班；佐之以賢，授安昌之邑號。蓋夫」尊於朝，妻貴於室也。夫人嚴慈早棄，棣萼先凋，合祔窀穸之期，繐」帷蒸嘗之禮，主祭則兄子之輩，成事乃夫人挺然，此則孝於私親，」不虧公議者也。白首偕老，大鳥之泣先；素衣終身，節婦之悲久。伯」道無嗣，孀獨怨深；提縈早亡，撫視又隔。執武德之喪也；送終之禮，」手著辛勤；奉祭之哀，躬親饋奠。有出自竇、裴、盧等三姓之孫數人，」皆能鞠育，慈過燥濕之恩；爰及箴規，長遂婚姻之盛。爲夫家之宗」母，知楊氏之有歸，處他門之寡妻，□縣君之得禮，斯則夫人譽流」九族，化及一門，固未可量也。而修短有分，禍福相依，天不慭遺，哲」婦將喪，沉疾累日，忽焉告終。粤以大唐乾元元年二月十五日丁」巳，卒于覃懷里第，壽年七十有五。嗚呼！冥漠何之？宅兆將近；怳忽」何適？銘旌遽臨。三姓孫等，首飾換於絲麻，心喪同於直經，哀哀送」□，空□王母之恩；慼慼臨途，獨見孝孫之泣。以其年二月卅日合」祔於邙山，禮也。悲夫！九原之上，豐碑有苔；三川之旁，泉路無晝。敢」爲銘曰，式叙芳猷。」

龍劍既没，琴瑟俱亡，鶴吊無主，人辭故鄉。秦首爲容，歸此三從，齊」□致敬，悉被一宗。刊諸貞石，鬱彼高松，懿兮哲婦，十地超蹤。」

（北京圖書館藏拓本）

乾元〇〇二

【蓋】大唐故慕容府君誌銘

【誌文】

河南慕容府君墓誌銘并序」

夫木秀孤標，勁風殞。人模殆庶，降年□長。故顔子未登壯室」之年，公明纔逾强仕之歲。噫！前脩歎其蘭敗，人到于今傷之。」公即其流，播在輿議，咸云遠致，誰謂近圖，族盛晉朝，姓因漢」弁，公侯不絶，弈葉綿聯。五代祖紹宗，後魏特進、尚書左僕射，」燕國公、尚書令，尚魏公主、駙馬都尉。是時國有艱難，憤然濟」世，擊射侯景，齊魏獲安，德振英聲，光融史傳。高祖三藏，隋上」將軍、開府、儀同三司、尚書令、右僕射；曾祖正言，皇朝衛州刺」史；祖知廉，皇朝左臺侍御史；父琦，皇朝殿中御史、鄭州管城」令；並文武不墜，世濟其名，或韜術孫吴，七擒七縱；或建隼郡」邑，言發雨從；或白簡不回，驄馬咸畏；信積善之餘慶，及代繼」其明哲。公諱曉，字濟，幼則卓爾，特達珪璋，歸心道門，剋意内」典，不茹葷血，常勤讀誦。縱緣事之有癈，必候簡以數充。夷□」之心，實不可易，顔閔之志，信在于兹。謂信命之可延，何福老」之無應？嗚呼哀哉！公久無宦途，事不獲己，須爲親老，遂禄□」代耕，阻乎家貧，及選而授職，解褐亳州成父主簿。秩滿歸洛，」薄遊大梁，春秋卌有二，卒於卞州　里，以大唐乾元元年三」月十三日，葬於邙山東陶村東原，祔先人塋禮也。長子郇，殆」至滅性，次子始孩，末子則公之遺腹胤也。有女七人，並未出」適。哀慟親友，痛切鄉鄰。遂爲銘曰：

降年有命，善惟則慶。蹈道正，天不夭性。誰謂其斯言，汩乎無」定。依道遺榮，精心歸誠。僶勉齋誠，剋己服行。福既無報，禍亦」虚名。而未知命，如何□零。以兹齊觀，方知物情。痛乎精□，永□冥冥。」

（周紹良藏拓本　河南千唐誌齋藏石）

乾元〇〇三

【蓋】失。

【誌文】

大唐故吉州刺史隴西李府君墓誌銘并序」

夫命過中壽，何必期頤；位列諸侯，何必銀艾。故議年至於是，議職又於是，」孰不韙之。府君諱昊，字守賢，隴西成紀人也。道德有後，模楷相承，蔚能文」爲世家，茂清閥爲士族。曾祖和州刺史綱，大父絳州別駕壽，烈考」左羽林衛長上令終。惟和州克濟厥美，惟絳州克和厥中，惟羽林克成其」終。府君即羽林之第二子也。與季弟考功員外、吏部郎中昂幼差肩學詩，」尋比迹入仕。考功以文詞著稱，而府君兼忠信知名。有碩德，有琦行，自强」仕至大官，辟書相交，幕府更入。萬歲登封年，以門子宿蘭錡，尋拜務州武」義縣主簿充海運判官。天塹無涯，連檣百里，風濤之下，舟檝所難，軍實指」期，不差一息。授太原府交城縣尉支度判官。邊鄙或聳，糗糧是務，轂擊轞」轞，動盈千箱，克贍軍儲，常積餘□。授懷州司士、會寧郡長史充朔方推覆」判官，加朝散大夫，特賜緋魚袋，□安北都護府城兼朔方推按。單于咫尺，」萬夫成城，鎚聲殷天，横制絶塞，庇徒晝一，廉察生風。授銀川郡司馬。無何，」拜靈武郡長史兼本道防禦使兼採訪判官，尋拜盧江郡長史知郡事。淮」海之服，土風澆醨，撫寧此人，如轡在手，易俗齊禮，洋洋頌聲。至德元年，除」黄州刺史，又除吉州刺史。自一尉八徙官日，十數年致二千石，得爲不達」矣夫？春秋七十有三，以至德二年閏八月考終於潯陽縣客舍，遠邇悲惻。」追惟朱紱鶴髮，皤皤如絲，畫戟森然，眉壽益貴，得爲不永年矣夫？且葆光」於和，同塵於物，不以寒暑從俗，不以軒冕待人，時行則行，能適其適，常立」言曰：名教之地，宴樂所崇，況樂能和人，聲可知變，故清絲急管，泠泠中堂；」輕盈舞羅，閒以清唱；達人之不拘常節也。公家之從政如彼，私室之自娱」如此，衎衎君子，賢哉大夫。奄忽逝川，長辭昭世，嗚呼哀哉！以乾元元年」歲次丙戌八月庚子朔廿一日庚申安厝於河南縣伊洛鄉之南原。夫人」博陵郡君崔氏，故洺州肥鄉丞㬚之女。長女饒州長史房正諫妻。子巽哀」哀號天，卜此宅兆，乃刻石紀德，傳之無窮。銘曰：

長河東直，滑臺孤峙，世」有明德，及于君子。君子維何？行仁由己，曾是果行，曾是濟美。亦既入幕，三」河允理，亦既作牧，六條致美。厚德在人，徽音盈耳，聲窮白雪，音善緑水。當」年取適，以合□止，時稱達者，今則亡矣，刻此貞石，與貞堅而終始。」

（録自《芒洛冢墓遺文》卷中）

乾元〇〇四

【誌文】僞。

大唐興唐寺淨善和尚塔銘　監察御史王延昌製　蒲州刺史顔真卿書」

和尚姓張氏，法號淨善，京兆雲陽人也。幼而神清，長益靈悟，誠請」既深，緣愛自淨，迺授經於惠雲。溯源」窮委，靡弗徹貫。以故業行高超，利」益弘溥，知與不知，但蒙宣示，咸得」解脱朗悟，信大道之津梁也。以乾」元元年二月六日告行於興唐」寺。門人惠信等與俗侶白衣會葬，近」千人焉。以其年九月九日起塔於」畢原高岡。式昭大道，庶慰永懷。銘」曰：

佛有妙法，使皆清淨，世界罕」聞，茫然莫正。大哉我師，降厥慈悲，」開示寂樂，破其惑迷。法相既圓，色」空自離，千萬大衆，歎泣而隨。功成」身去，自契自藏，銘於塔石，與天同」長。

門徒惠信等立石茫□指南後學□□□□□」

（録自《金石祛僞》）

乾元〇〇五

【蓋】失。

【誌文】

唐故青州參軍都知兵馬使陸府君夫人太原王氏墓誌銘并序」

夫人王氏，太原人也。高曾祖考，代有芳名，爲」時所重。夫人乃瑾文公之三女也，貞明柔順，」婦禮無虧，年方及笄，歸于陸氏。君子諱振威，即」珍甫公嗣子。少閑書劍，長而好兵，爲河源軍經」略使田公所厚，隨在戎伍，推爲心腹。凡處事精」詳，補充爲將，不幸染疾，于至德二年丁酉三月」六日，終于青州公館。夫人慟絶主喪，遠扶靈」櫬，至于惟楊。正期撫育孤幼，悉至成立。奈何天」奪其壽，于乾元元年戊戌四月十三日，奄終揚」州江陽縣育賢里私第，春秋五十有三。所生一」男曰文伯，年尚未冠，罹此□凶，哀毀泣訴，以其」年十月五日，卜葬城東嘉寧鄉五乍村之原，與」先故府君同歸而合祔焉，禮也。故刻貞石，銘曰：」

天胡不仁，流毒禍殃，府君逝矣，」夫人繼傷。松丘颼颼，冥路茫茫，」玄堂一閉，永別泉鄉。」

（周紹良藏拓本）

乾元〇〇六

【蓋】　大唐故章府君墓誌銘

【誌文】

故武都侯右龍武軍大將軍章府君墓誌并序　蘇州司功參軍楊重玄撰」

府君諱令信，字令信，武都人也。其先紀大夫裂繻食菜於章，因氏焉。」震以鍊骨升天，茂標仙伯；邯則學劍從武，功致雍王。夫流長者泉深，」岳高者峰秀，勳華舃弈，世不乏賢。四代祖韓，陳開府儀同三司、五州」都督諸軍事鳳閣平章事；曾祖慶，隨右金吾大將；祖亮，皇朝睦」州太守；父謙，皇朝贈台州長史。即長第九子也。幼挺奇表，長負高節，」直殿中省。屬□□□天，隳弄天兵，戡難剋復，府君著大功於　國矣，」累拜大將軍，宿衛玉階，五十餘年，潔己恭事，行不逾矩。太上」皇親而寵焉，敕書錫賚，恩命稠疊，每有修營建造，輒咨謀焉。大」使蓋識略詳舉，規度敏當，廉財簡正矣。功封武都縣開國侯，食邑七」百户，賞德哀勤也。天不憖遺，殲我貞懿，遘疾終於滻山里私第，春秋」七十有五，乾元元年十月十日，窆於萬年縣白鹿原，禮也。公禀靈太」真，育德純嘏，其骨秀，其氣雄，和而能別，既雜不染，好施而不望其報，」重義而不恡其財，奉上必竭其誠，惠下能致其力，牆宇崇廣，難得」窺見。方將摶九萬，軍三千。神奪我福，中折天柱，有子五人，俊、豐、豫、震、」巽等，執喪過禮，悲纏欒棘。痛冥寞無徵，刊貞琰紀德，陵谷有徙，芳猷不昧。銘曰：

滔滔洪河，鬱鬱鄧林。橫天沃日，濡漾蕭森。旁分九派，直上千尋。天骨」地靈，國英人傑。高冠長劍，蟬聯閥閱。藹藹勳華，雄雄武烈。逝川不駐，」鄰笛悲聞。飄飄素旐，沉沉暮雲。空瞻大樹，無復將軍。神皋夷爽，龜貞」筮久。南瞻豹巖，北眺龍首。氛氳秀氣，隱峰埴阜。靈圖秘録，于何不有。」松檟蕭颸，壟隧蒼茫。山秋月苦，泉深夜長。吁乎冠軍，萬古千霜。憑落」景以直視，莫不痛骨而斷腸。」

乾元元年十月二日書記。」

《考古與文物》一九八一年第二期《西安東郊三座唐墓清理記》

乾元〇〇七

【蓋】失。

【誌文】

大唐故左領軍衛大將軍慕容□□君墓誌銘并序　原州都督府功曹參□趙恒撰」

君諱威，字神威，其先昌□□也，即前燕□□武宣皇帝廆□□君以瑰才□生，奕荒」濟美，盛德不墜，榮勳惟賢。曾祖鉢，尚太宗文武聖皇□女弘化公主，拜駙馬都尉，」封河源郡王，食邑三千户，尋進封青海國王，食邑一萬户，□賜實封三百户，贈□國□」王，食邑二萬户。姻連戚里，寵錫桐珪，燕□□於子孫，衣冠盛於門閥。祖忠特，襲封青海」國王，拜右武衛大將軍，封成王。降金城縣主，即隴西郡王之長女也。承家赫奕，繼」業□高，時秀有聞，國華誕寶。父宣徹，封輔國王，聖曆初，拜右領軍衛大將軍；匡贊」社稷，翌載聖明，着定業之功，當建侯之會。夫人博陵崔氏，特承恩制，封博陵郡」太夫人，家傳典則，天錫榮號，慶流胤嗣，義闡閨庭。君□□人倫，性禀岐嶷，孝友内行，□」忠外節，文可□緯俗，武足以經邦。以材略聞天，特承恩獎，解褐拜左武衛郎將。」□高制勝，氣逸清邊，舉必合權，智無□策，遷左領軍衛大將軍，仍充長樂州游弈副使。」將統戎旅，輯寧沙塞，弋人務於東作，虜馬讋於南向，由是息奸屏□，兼以懷仁，委責」輸深，靄其從化。虞衡得順時之利，網罟無□令之採。君以藝超衛霍，識□孫吴，矛」戟森然，俎豆斯在，風姿耿介，有難犯之色，禮樂閑和，□好賢譽，弱歲慕奇求，壯年」□書劍，雖□於間，奇卓立傑，心不外物，學常　師，器宇苞借籌之能，功名得搴旗之」□。頃歲，天子嘉之，朝廷聞之，士林師之，兄弟愛之。君子以焉得賢，繼□君克似其」□□方將侍丹禁，趨紫宸，出□瑣，乘朱輪，是同蕭曹之位，豈居絳灌之列。於戲！昊」窮不借，哲人其萎，以至德元年正月五日嬰疾，春秋六十有三，終于長樂州私館。□」人封氏，封平陽郡夫人。武周魏王承嗣之孫，太僕卿燕國公延壽之女，學冠曹室，文」推謝庭，孀幼成居，冰雪其操，勤念齋潔，自捐形生，專心真如，不息晝夜。俄而遘疾，」享年乾元元年七月十日終于私第。長子全，襲左領軍衛大將軍；次子□，拜信王」□。季子造，種幼未仕。唯而不□，識禮知節，哀集蓼莪，慟深龜兆。逾曹參之絶漿，類」高柴之血。存没永隔，空悲繐帳虚懸；孤弱相依，盡爲鴒原所育。僉謂孝感天地，□」通神明，爰徵古禮，是托塋域。即以乾元元年十月庚子朔十日己酉同窆于州南之原，禮」也。靈車告行，曉挽將發，天慘隴霧，風悲松月。邑人以之罷市，過客由其□驂。僕素欽仁」賢，作掾鄰境，昭仰遺愛，直書斯文，用傳不朽，以誌貞石。詞曰：

錫姓命氏，茂德其」昌，以封以襲，爲侯爲王。慶承竇系，姻美銀璜，朝列舊德，邦家寵光。間出仁賢，才兼」文武，艱危著節，社稷匡主。凛凛冠軍，英英幕府，軒墀入衛，戎夏宣」撫。夙承榮獎，初拜虎賁，赫弈人望，聲名後昆。時稱壯勇，天降殊恩，茅土□□，」光華一門。火豈傳薪，人從逝水，送終祔葬，奠酌禋祀。稷稷行徹，哀哀胤子，埋誌石」於泉途，頌德音之不已。

乾元元年十月□日己□。」

（録自《考古與文物》一九八三年第二期）

乾元〇〇八

【蓋】威神寺故大德思道禪師墓誌（蓋文據《山右冢墓遺文》補。）

【誌文】

威神寺故大德禪師墓誌」

和上俗姓師，諱思道，絳州夏縣平原人也。天縱其志，七歲出家，人」推其聰。十八剃髮，事人不事，爲人不爲。同鵲巢于頂之年，護」浮囊無缺之日。次就有德轉相師，師禪行法門，戒律經論，耳」目聞見，紀之心胸。緇錫來求，簪裾欽仰，聽習者鶴林若市，頂」謁者鹿苑如雲。去至德二載，春秋八十有一，僧夏六十一，時傕二」鼠，妖纏十夢，其年十二月，示身有疾，隨爲衆生。其月二日，禪」河流竭，坐若涅槃，驚慟知聞，悲覃飛走。孫威神寺主僧承嗣，」五内摧裂，躃踴攀號，聲竭潛哀，淚盡續血。至乾元元年十二月二」日，遷于條山之側冑子埴頭，禮也。詢問其地，取人不爭。砥柱東」横，汾河西澍，青臺鎮北，鹽池臨南，崒爾埴頭，卜擇安厝。雖」則天長地久，而恐代異時移，陵谷改遷，斯文不謬。其」詞曰：

緇門積釁，寶樹崩摧，法消蓮坐，魂滋夜臺。」條山陰麓，歸然埴頭，碧巖引吹，清澗繞流。」和上登兮舊賞，功匠興兮今修，建崇塔兮數仞，」瘞全骨兮千秋。」

（周紹良藏拓本）

乾元〇〇九

【蓋】失。

【誌文】

唐故兗州鄒縣尉盧君墓誌銘并序　越州倉曹參軍徐峴撰」

盧仲容字仲容，范陽人。其先姜姓，陽烏七葉孫也。自」受氏無違德，到于今爲盛門。曾祖諱承業，銀青光禄」大夫，尚書左、右丞，雍、洛二州長史，絳州、陜州刺史；祖諱玢，」銀青光禄大夫，虢、貝、絳三州刺史，并州長史；父諱全」操，太中大夫、房州刺史；繼光前烈，垂裕後胤。君承百」代積慶，禀五行清淳，初以門資，列名宿衛，後以勤效，」論才授官，拜溱州録事參軍，職在彈劾，非其所好，换」兗州鄒縣尉，禄且及親，位不充量，政無赫赫之稱，德」有優優之談。洎踰年，丁内罰，識者憂其死孝，除喪散」調，縱誕丘園，未精□福之術，遽殞橋玄之命。乾元元」年十月五日，卒于緱氏縣之别莊，春秋卌有九。德行」言語，君能兼之；居喪執禮，君能善之。迹纔著於王家，」年未終於官政，福謙爲謬，命也。悲夫！以明年二月十」三日，陪葬於邙山舊塋，從先志也。有子　等，齒在幼」冲，皇皇其心，呱呱而泣，託銘沉石，用紀泉扃曰：」

盧氏盛門，人倫歸美，載誕明淑，時標杞梓。何此仁賢，」而無貴仕？何彼爲善，而乃虚爾？宅兆先域，幼嗣營止，」丹壑其遷，德音不已。」

（周紹良藏拓本）

乾元〇一〇

【蓋】失。

【誌文】

大唐宣義郎行左衛騎曹參軍攝監察御史賜緋魚袋四鎮節度判官崔君墓誌銘　朝議郎行洛陽縣尉裴穎述」

維唐乾元二年秋七月八日，清河崔君諱夐字光遠終于」東京思恭里之私第，享年以五十有九。以其月十八日，窆于」河南縣朱陽鄉之朱陽村原。嗚呼！歛以時服，牛車一乘，墓而」不墳，馬鬣四尺。存有代耕之禄，没無擔石之資，何其故？君」子曰：清矣哉，夫夫也！安舒沉靜，寡慾勤儉，近墨家流，而」頗精白。君姜姓之胤，清河東武城人也。周則祚土，齊爲列卿，」六代祖隆宗，後魏齊冀幽定四州刺史清河郡開國公，邁種」威蕤，流澤繁衍。曾祖裕，皇襄州率道縣令；祖丘，魯王府主」簿；父賓，淄州高苑縣令；皆檢身而獨善，故不振於大位。君，」高苑府君之次子也。性貞素，有志節，好學不倦，服勤累年，年」貳拾柒，明經擢第，調補澤州晉城縣尉，轉晉州洪洞縣尉，充」常平鑄錢判官。天寶中，邊垂警急，職務填委，賢推自媿，事不」易堯，以左衛騎曹參軍攝監察御史，賜緋魚袋四鎮節度判」官，與能也。乾元初，帑藏未殷，沃饒在鹽，監察御史李公」首薦君於相國第五公，省鹽池事，角斗斛，視盆牢，鼎味斯」和，武刑斯膺，國儲軍實，時議多之。尋以病歸，奄然不禄。司」御李公臨哭悽慟，喪事資之。序曰，故舊不遺，仁德歸厚，信矣！」夫人隴西李氏，冀州南宮主簿遜之女也。婦德尚柔，實聞貞」吉，旻天不惠，降此鞠凶。一子千齡，志學之年，執喪有禮，惸惸」在疚，行路傷悲。銘曰：」

鍾鼎遺別，英賢代有，注傳古今，銘啓座右。其一。降及夫子，直哉」惟清，素書交辟，朱紱增榮。其二。永懷會面，宛若在眼，繡未成衣，」霜曾落簡。其三。嗣子一身，窮居四壁，密親哀送，長夜永隔。其四。」

（周紹良藏拓本　河南千唐誌齋藏石）

乾元〇一一

【蓋】無。

【誌文】

大唐長生禪寺僧本智塔銘并序」

僧本智，諱了悟，俗姓來氏，乃隋榮國公之」裔，廣陵人也。生有慧殖，長則厭俗。年十九，」潔誠薰沐，問道於淨慈師，□知前因，説非」法之法，玄機通徹，已悟三空，剃髮受具戒」爲比邱僧。服忍衣，傳□法，得除塵世之煩；」設議墩，演三乘，説華嚴之道。心存普度，念」棄塵勞，正期淨定，超拔三途。豈料災生，冥」牒俄至，以乾元二年己亥四月十六日，歸」寂于揚州江陽縣道化坊之長生禪寺，享」齡五十，道臘四。遺命火焚，建塔東偏嘉禾」村地内。即于其年十月乙亥八日丙辰歸」焉。爰志塵跡，刻兹塔銘。銘曰：」

嗟呼本智，有生而悟，道宗普賢，」寂證三果。脱離苦悾兮歸西土，」塔門永閉兮垂千古。」

（周紹良藏拓本）

乾元〇一二

【蓋】大唐故李夫人墓誌銘

【誌文】

唐前濮州録事參軍陳公故夫人趙郡李氏墓誌銘并序」

夫人趙郡人也。保姓受氏，疏派則浩汗洪源；祖」德嘉聲，馳譽則氤氳青史。英華靡絶，可略言焉。」曾祖弘節，皇并、雍二京長史；智周鳥攫，恩洽」鳳城。祖朴，皇慶、商、黄、朗等州刺史；歷專城而」有四，播嘉惠而無侔。父銑，皇朝請大夫鄭州」新鄭縣令；德表移蝗，化稱集鳳，棼絲克理，製錦」多方。夫人爰自初笄，作嬪君子，柔順爲德，孝義」居心，琴瑟克諧，閨門肅睦。賓石之路，期雙去而」雙來；翦珪之桐，忽半生而半死。年廿九，終于越」州旅第，因避地也。粤自江服，旐還故里，安仁積」欷，奉倩纏哀，以乾元二年十月十六日葬于汝」州順義鄉之原，禮也。行楸列栢，嗟死生而永隔；」勒石鐫金，痛歡愛而偏沉。乃爲銘曰：」

休哉韶舜，光應標梅，婦兮令德，夫也雄才。隨牒」雙去，辭滿孤迴，月空陰魄，雲滅陽臺，佳城一閉，」寒松幾摧。」

（周紹良藏拓本）

乾元〇一三

【蓋】　失。

【誌文】

唐故朝議郎行忻州司馬柳君墓誌銘并序」

君諱真召，字真召，其先河東人也。曾祖慈□□」銀青光禄大夫、貝州刺史；祖仁秀，唐朝散大夫、睦州司馬；」父嶅，朝請大夫、辰州都督；丕纘昭業，皇周之裔；恤胤錫」羡，推賢迭遷。公甫年弱冠，孝廉擢第，贍文藻，韜策」略。屬時寇虐，特爲使司委焉，不移良佐，復兼防禦副」使。運良籌，整師旅，故能卒乘輯睦，少長有禮。豈其彼」蒼不憖，俄然寢疾，以乾元二年十二月廿三日，終於公館，」春秋六十有五。以其月廿九日，權殯於州城西南三里」九原崗，禮也。嗣子銛、次子潩、次子沔、孺子潡，飡荼」茹苦，泣血崩心，痛厚地而無追，懇終天而永訣。嗚」呼哀哉！其詞曰：」

蘭芬而摧，玉美亦析，嗟乎彼蒼，喪此賢哲。其一。」□挹高道，人稱遺愛，恨東逝而長歸，泣西傾而不再。其二。」

（北京圖書館藏拓本）

唐代墓誌彙編

順天

順天〇〇一

【蓋】失。

【誌文】

□故寧遠將軍左衛郎將彭城劉府君夫人南陽鄧氏墓誌銘并□　前□□縣尉袁□撰并書」
夫人姓鄧氏，其先南陽人也。昔殷王封叔父爲鄧侯，周時襲土壤爲」州岳，洎漢有太傅禹，禹子平壽侯
□，□子騭，任大將軍。騭七代孫始」□朝爲武威守；始子□，前秦并州牧；□子翼，後秦冀州刺史；
權輿□」落，□湯之遠□斯存；開國承家，光武之名臣可覩。故州□稱有望□，」冠冕許其高門。至於
將相忠貞，珪璋暐曄，□□□者繼踵，佩金印者」比肩，固難得而勝載矣！曾祖武，皇齊州刺史；五侯九
伯，桓公征伐」之墟；鏤簋朱□，管仲僭奢之地。祖仁期，皇秀才應辟；父文思，唐進」士出身懷州懷嘉
縣尉；一枝片玉，世濟其能；北部南□，家傳其術。夫」人幼而聰敏，尤好詩書，以孝愛爲用心，以□□

爲小務。自作嬪君子，」中饋克修，諧彼琴瑟，樂□姻婭，逮智才先殁，鄧氏猶存，男爲孤兒，己」爲嫠婦，若凌虚而□□如涉水而無□。淑慎有餘，教誨無倦，美哉罕」覯，卓然無儔。以順天元年十月八日遇疾，終於河南縣恭安里之私」□，□秋七十有四。即以踰月廿七日合葬于河南縣金谷鄉之川原，」且從舊塋，禮也。有二子，長曰顔，右領軍翊府左郎將；其次曰」華。其顔也，氣高季路，重然諾於千金；□□曾參，絶水漿於七日。杖而」後起，言且□文，知母氏之劬勞，訴蒼穹而辭標。嗚呼！途經城闕，車出」□□，白楊蕭蕭而愁人，飛□翩翩而難□。蒭靈儼設，薤唱遥哀，綺□」□□於窮泉，窈窕永歸於長夜。顧惟不佞，見託於詞。銘曰：」

□氏稱殷，流□洎漢，琱軒繡轂，紛綸輝焕。其一。乃祖乃父，允文允武，齊」邦風□，懷縣規矩。其二。夫人之德，其儀不忒，孝敬因心，閨闈是則。其三。□」夫既殁，嫠婦孀居，教誨無倦，歲月其除。其四。孟母賢哉，曾參卓□，□□」此嬪，孰生此子。其五。降年不永，今也則亡，三年泣血，七日絶漿。□□。□□」舊壠，玄堂□啓，詎識親賓，空陳酒醴。其七。其往者慕，其返如□，□□」□閉，白□何期。□□。」

（北京圖書館藏拓本）

順天〇〇二

【蓋】失。

【誌文】

大燕故嘉山府果毅廣平宋府君墓誌銘并序」

府君諱字文博，廣平郡人。昔玄鳥降而生商，白馬朝」而封宋，厥有斯氏，源流派分。府君幼挺貞和，識兼仁」勇，宅山東之奥壤，禀河朔之至精，克義於家，克忠於」國。祖延期，隋銀青光禄大夫，齊、兖、深、相四州刺史；父」志玄，唐朝請大夫、幽州薊縣令；并深仁厚德，紫綬金」□。府君唐授游擊將軍右衛嘉山府果毅。臂弓懸月，」□劍凝霜，虎力如□□七擒之秘策；龍韜莫測，立三」捷之奇功。竟以壽終。夫人清河張氏。華宗淑德，早歲」待年，行楙蘋蘩，功高紃組，蛾眉螓首，貌比齊姜；嫠處」撫孤，志方孟母。亦以壽終。嗣子旻，禨褓而孤，卌而卒。」長子宣德郎行内黄縣尉上柱國衎，次子吏部選衎，」并孝孫志重，尊祖義深，以大燕順天二年七月九日」合祔府君夫人於衛縣」北十五里乾坎之閒君子鄉」之平原，禮也。且府君餘慶，榮哀之禮克申；孝孫竭誠，」窀穸之儀允備。恐春秋遞代，陵谷遷移，勒石幽埏」□」諸芳烈。其銘曰：

玄鳥殷始，白馬宋初，英賢靡」絶，游擊繼諸。室家貞順，可比瓊琚，昊天不吊，哲人其」殂。勒休名於翠琰，傳厚德於黄壚。」

順天二年七月九日。」

（周紹良藏拓本）

順天〇〇三

【蓋】失。

【誌文】

燕故□府君墓誌銘」

君諱光，字承光，先弘農人也。遠祖因官徙寄還□」□陽人焉。祖諱押，字子押，並丘園養志，高□□」榮，味道怡神，不干位禄。嗚呼！天喪哲人。父春，□」六十有九，順天二年八月十四日終於私第。□」□氏，春秋卌有二，開元十六年十一月廿日終□」家室。繼親張氏，享年卌有三，天成年□□卒於」家第。並□華早落，久奄泉扃，婦德允彰，母儀剋□。」遂於順天二年歲次庚子十月戊午朔十三日庚」午合葬於滏陽城西南卅里平原，禮也。其地左□」神洛，右據太行，前臨漳浦，却眺神□。嗣子景昭□」□因心，淳和立性，號天□□，負土成墳；次子法□，」□俗歸真，早從剃落，住持福惠，□用冥資。將恐□」□□海，水變桑田，刻盤石紀之，勒□辭爲銘曰：」

□月□運，陵谷遷移，桑田成海，丘岳爲池。且紀□」□之石，終慚吐鳳之辭。」

順天二年十月十（下缺）」

（周紹良藏拓本）

順天〇〇四

【蓋】失。

【誌文】

故齊州禹城縣令隴西李府君夫人清河崔氏墓誌銘并序」

唐開元廿三年十一月一日，齊州禹城縣令隴」西李府君諱庭訓終于縣之官舍。天寶九載十」一月十七日，葬於洛城北平陰鄉陶村。清河崔夫人天」寶十載八月九日，終於豐財里，春秋五十六。皆」靈櫬權瘞，以大燕順天二年十一月十日，遷就」於李府君塋，禮也。嗣子仙裔，相州參軍。頃兵革」不息，避地江干，長女二娘、幼女九娘在都，屬其」年大通，日夜號訴，良壻興慟，是卜是營。士君子」聞之，莫不抆淚。夫人諱上真，故深州刺史崔」恪之長女，滎陽鄭旦甫之外孫。二十而歸我李」氏，婉而麗，温而和，常絶葷辛，持般若經，誦陁羅」尼咒，内外模楷，宗親女儀。嗚呼！生也有涯，死而」無贖，恐陵移谷變，樹折封摧，不記方塼，遂題圓」石。銘曰：

生在高堂，死居中野，都城之北，邙」山之下。嗟嗟墓門，離離草根，夫人歸穴，天道寧」論！名留列傳，聲著彤史，一旦淒涼，千齡已矣！」

（周紹良藏拓本　河南千唐誌齋藏石）

上元

上元〇〇一

【蓋】失。

【誌文】

唐故朝議郎行内侍省内寺伯上柱國劉府君墓誌銘并序　宣義郎行左金吾衛倉曹參軍翰林院學士賜緋魚袋趙昂撰　從姪朝議郎行衛尉寺丞翰林院待詔秦書

公諱奉芝，其先彭城人也。著姓史策，略而不書。曾祖賓，皇右領軍衛折衝都尉；祖敬，皇左衛果毅都尉；父柱，贈將作監。公監之第二子。夙奉嚴訓，早聞詩禮，謙和仁厚，履信資忠，口不茹葷，心唯奉佛。解褐拜内坊典直，秩滿授内府局丞。無何，轉本局令，尋遷内寺伯。自出身事主，廿餘年，三命益恭，四知尤慎，言辭謹密，體貌魁梧，帶盡十圍，眉間一尺，出入宫禁，周遊里閭，望之儼然，真天子之近臣矣。如何位不充器，天不與年，未及懸車，忽焉就木。以上元元年十二月十九日大漸于輔興里之寢居，時年六十五。公素有通識，不以夭壽嬰心，故自卜龍首原，用開塋域，土周石椁，將反本而歸真。以今上元二年辛丑歲正月丁亥十一日丁酉與前夫人趙氏合祔而同穴。安時處順，不亦禮歟？嗣子景延、庭倩等，號天叩地，泣血崩心，充充有窮，杖莫能起。至於小大斂服，塗車蒭靈，啓殯祖庭，備物致用，皆取制於右監門衛大將軍伯將軍。自公之亡也，怳如有失，憂色慟容，拊膺而哭曰：天乎天乎！奈何不先罰於予而乃降禍於汝？手足云斷，心魂得安。人有聞之，知將軍之爲兄也仁矣。昂學舊史氏，書法不隱，舉善無遺，庶旌恭友之風，以成褒貶之義。銘曰：

劉氏之子，公山正禮，白眉皆良，伯仲一體。同事昭代，威儀濟濟，天何爲乎？奪我令弟。能建生死，自爲石室，啓手知全，長辭白日。合葬非古，周公已來，哲婦早世，同歸夜臺。舟壑忽遷，孰知桑海，唯公令名，終古不改。

（録自《八瓊室金石補正》卷五十九）

唐代墓誌彙編

顯聖

顯聖〇〇一

【蓋】失。

【誌文】

大燕故朝議郎前行大理寺丞司馬府君墓誌銘并序　虞部員外郎賜紫金魚袋鄭齊冉撰」

公諱望，字□卿，河内温人也。其先出顓頊少昊之後，重黎始封于唐堯，羲和嗣」職，代掌天地，克茂勳庸，洎周宣號邑于程，爲大司馬，錫以官族，因而命氏，世有」貴位，昭彰圖牒，雖儒生墨客，更僕進牘，曷足以書之。曾祖玄祚，唐膳部郎中、中」書舍人、禮部侍郎；祖希奭，唐長安、萬年、明堂三縣尉，贈懷州長史；父鍠，兵、吏、中」書三侍郎，贈衛尉卿，謚曰穆；公即穆公第四子也。禀純孝焉敏而達，修至德焉」正而順，未成人之歲，有成人之風。年十五，丁内艱，水漿不入于口者七日，人曰」過禮，禮存乎中，能事其親孝之始，能立其身孝之終。公弱冠專經，以孝廉擢第，」廿八筮仕，授同州參軍。孫楚盛才，公

府藉甚，雖官無正局，而受任則多，决獄問」刑，無小無大。時刺史孟温禮，實邦之良也，望之重者，曾不
以屬官之禮而遇之，」以是五府之命，月交歲□，則知□□□□□猶莫邪之刃，新發硎然，公得辭」其
用乎？故都畿採訪使判□□□□□□□□以分察之命委公巡按焉。出」納使殿中侍御史□雲將□
□□□□□□□□斤斧所施，繩墨所持，曷嘗」不神明其思，會合其宜，□□□□□□□□□□勞，
授公平陽郡司倉，無何，」調遷丹陽郡句容縣令□□□□□□□□□空虛，十室而九。公以淳
朴」之道教化之，以父母之□□□□□□□□□□□販商賈以富饒之，不基月」而政成，傳句容之能事
□□□□□□□□□□□水旱不爲公之憂。何哉？有」無私之政焉，有樂業之□□□□□□□□□
□之邑也，人泰俗阜，化行風」靡。尋有採訪使吳郡太守□□□□□□□□猛相資，招輯有方，流亡
盡復，」改授大理寺丞。表三里之名，□□□□□□□公長兄蒼，扶風郡司馬；次兄」垂，魏郡太守；
次兄益，河南府功□□□□□□以德成名，天倫相輝，雅望攸屬。」時未幾也，前後云亡。嗚呼！積善
之門，天且不祐，人之善者何望哉？公撫孤育幼，」居喪慮事，哀哀之中，不無時難。公志樂於靜，或退
藏於密，士君子由是多公之」賢，有推轂之道。時東京居守崔光遠奏公復舊官，見公隱見之節也。公安
貧樂」道有古人之風，進退其身，必俟乎命達矣！顯聖元年五月五日因遘時疾，以其」月十九日終於洛
陽縣毓德里之私第，春秋五十七。嗚呼！哲人其殄，國人其悲，」薤露興詩，窀穸有期，即以其年六月十
九日葬于河南縣平樂鄉之原，禮也。嗣」子宣、第二子審皆儼然衰絰，杖而後起，儉以封樹，不忘遺訓，
□以爲曾參至性」未可滅身，先聖立言，安得無誌，不腆之筆，直在其中。銘曰：」
以官命族，代有其賢，穆公之後，子男繼焉。嵩丘西偏，伊洛長川，闕塞千古，佳城」鬱然。覩平樂之新

兆，背都門之舊阡，□□□之億萬斯年。」

監察御史柴閎書。」

（周紹良藏拓本　河南千唐誌齋藏石）

顯聖〇〇二

【蓋】　燕故孫府君墓誌銘

【誌文】

故太常寺主簿孫府君墓誌銘并序」

維顯聖二年，歲在壬寅，秋七月十三日，河南府」孫君卒。昔仲謀以雄武應期，龍翔於江表；興公」以文學飛譽，虎步於惟楊。自時厥後，繼生賢哲。」公大諱父嘉之，爲宋州司馬；考諱遜，爲中書舍」人兼刑部侍郎，自西掖掌綸，南臺持憲，歲建二」紀，名蓋一時。府君生而夙成，長而岐嶷，年志學，」以弘文生出身，調補律郎，轉太常寺主簿，不幸」短命，寢疾終於洛陽章善里之私室，春秋廿有」五。即以其年七月十三日，葬於南縣通鄉之原，」時也。烏呼！薤露晨歌，旁無朞功之戚；松風夜起，」永與狐兔爲鄰。今之主祭則誰？鄧侯無嗣；他日」倚門而望，參也不歸。行路之哀極矣，生人之恨」深矣！寮友等痛宿草之將列，懼陵谷之時遷，刊」玄石以紀德，冀清風之永傳。乃爲銘曰：」

昊天不惠，百身莫贖。痛矣孫君，」降齡匆促。方赴幽壠，長辭華屋。」悽慘露影，明滅風燭。」

十月六日書。」

（周紹良藏拓本　河南千唐誌齋藏石）

唐代墓誌彙編

元年

元年〇〇一

【蓋】 失。

【誌文】
唐右金吾郎將馬君夫人燉煌令狐氏墓誌銘并序」
夫人其先出自周文王子畢公之苗裔也。其後」晉侯賜邑令狐，因以命氏。王莽纂漢，將軍邁匡」復漢室，爲莽見敗，子孫避難于燉煌，因爲燉煌」人。自茲厥後，宗葉蕃碩，曾祖文軌，皇汾州長史；」祖思拯，皇利州嘉川令；父同祗，蘭州金城令；并」自家形國，位烈休光。夫人即金城府君之長女」也。昭然天假，清懿典儀，春秋十九，歸于馬氏。乃」家沐清風，將和鳴偕老，豈謂遘疾不愈，積善無」徵，以上元二年七月廿二日終于私第，春秋五」十。有子二人，伯曰文質，前鄉貢明經；季曰文贍，」幼而聰敏；哀以泣血，毀至絶漿，以元年建子月」廿一日措于岐山陽遂鄉之三時原，禮也。即夫」人家邇，非遠先塋，又令歸魂而無依也。獨悠悠」於白日，望悽悽於長川，貞石紀時，而爲銘曰：」
逝往古來，去不可止，代如疾風，歎茲閱水。孤玉」樹於庭中，棄明珠於掌裏，事在生而永歎，悲千秋而
長已。」

（周紹良藏拓本）

唐代墓誌彙編

寶應

寶應〇〇一

【蓋】失。

【誌文】

唐寶應元年歲」次壬申，二月庚」午朔，四日癸酉，」南陽張琛字遺」真，妻彭城劉氏。」

（周紹良藏拓本）

寶應〇〇二

【蓋】失。

【誌文】

大唐故冀州都尉崔府君夫人清河」郡張氏墓誌銘并序」

夫人張氏，本貫清河人也。高曾祖父，代」有顯職。夫人孝睦居心，幽閑守性，門標」樸素，禮出閨庭，方及笄年，歸于崔氏。三從」謹備，四德有聞，内和六姻，外睦九族，效陶」氏之賢，依孟家之教。忽于寶應元年歲次」壬寅六月廿四日，疾終揚州江陽縣德政」里私第，夫人享年四十有七。生二子一」女：長曰守訓，英敏□孝，禮樂無虧；次曰守」基，尚幼；女適姚氏。子女泣血號訴，以其年」十月六日，葬于城東嘉寧縣平原，就府君」之塋而合祔焉，禮也。故刻兹石，乃爲銘曰：」賢哉夫人，令淑彌彰，和順内積，」仁慈外揚。何期逝矣，子女感傷。」松栢蒼蒼兮含愁，冥路茫茫永别。」

（周紹良藏拓本）

寶應〇〇三

【蓋】失。

【誌文】

唐故苗君墓誌之銘」

曾祖，祖能。君仁亮，上黨人也。因官遷改，枝」流萬國，遂加高墟焉。君根照務秘，周王」昔壤之苗；枝幹扶疏，岐伯分邦之族。世間緼雅，畢天下之人能；物外清高，極□堰」之敏。夫人范氏。春秋六十有九，去寶應」元年六月一日殯於私室。夫人風儀絢綵，德苑」□居，雪態凝花，母儀光於六行。其年歲」次壬寅十月景午朔廿八日癸酉，合葬於沁州」東五十里平原，禮也。前抗將軍之塋域。

北」顧尊容，須彌□而不朽；左臨小水，夜聞」□木之聲；西涉峻崗，望見二京之路。由」恐桑田變改，陵谷遷移，勒石紀功，乃爲銘記。乃爲詺曰：

其一：惟祖惟□□」□□記代□恐山□□□非銘非□」

（録自《山右冢墓遺文》）

寶應〇〇四

【蓋】失。

【誌文】

（上缺）禄卿使持節定州諸軍事定州刺史充本州團練守捉使成德軍節（上缺）開國伯食邑七百户程府君墓誌銘并序」

（上缺）寅冬十二月廿五日，有唐銀青光禄大夫、光禄卿兼」（上缺）國伯程公薨於官舍。於戲！我乃祖乃父，保乂周室，翊」（上缺）勤勞王家，罔不克庸茂勳，昭厥懿德，以貽燕翼。」（上缺）州長史讓之曾孫，岐州邵吉府折衝滿之孫，右威衛」（上缺）德仍慶於世不薄矣。公生而象賢，弱不好弄，清」（上缺）昭儒墨，不拘小節，有拯横流之心，既學劍遊於燕趙，」（上缺）以武藝絶倫，授儀州遼城府别將，累遷易州武遂府」（上缺）深巨猾構釁，公陷在寇中，爲元惡所迫，思全身」（上缺）紓禍焉。洎思明怙亂，反辱上國，公再爲脅從，累遷」（上缺）定州刺史北平軍使。僶俛從時，遠害也。公爲政」（上缺）以温慈惠和訓俗，是以兵不瀆民，民無厭兵，民兵樂」（上缺）國政有經焉。天既悔禍，凶渠衂喪，公觀時豹變，悟」（上缺）之元勳，天子嘉□忠毅，疇其庸賞，銀印銅符不」（上缺）□新命元年十一月仗義歸順，十二月遘疾告」（上缺）俗□欺偶隨大化賢愚□之公休問覃於樵牧」（以下尚有字一行，僅末行「國人思」三字可辨。）

（周紹良藏拓本）

寶應〇〇五

【蓋】失。

【誌文】

唐故將士郎守邠州崊川府長史焦公墓誌并序」

公諱璀，字潤，河内廣平人也。蓋夏殷之後。古者建德立功，」因生賜姓，宗氏以兹而起，枝派自此而起。暨夫温玉神」完，蘭芬鬱□，或揚威於漢魏之代，或宣布於齊梁之間，」其後繼之□，雖百代可知也。屬隋季崩淪，天下喪亂，」高祖以義旗輪轉，元從長安，因官平涼，遂爲邠土。曾祖」仁，皇職資陪戎校尉；祖貞，皇勳官上護軍；並積行」累德，修辭立誠，名播於閭閻之間，聲聞於郡邑之内。」父莊，克勤於家，克儉於國，不失色於人而人敬之，不失口於人而」人信之，故得聲聞府縣，譽動軍州。公幼而聰敏，詩禮以得於趨」庭；長而强學，奧義更聞函杖。志學之年，旋霑一命之職；弱冠」之歲，望遷五等之官。何圖福慶外移，不保南山之壽；災纏内」豎，奄歸東岱之魂。以寶應元年十二月十二日遘疾，卒于私家，春」秋廿。歎苗而之有季，痛秀而之無成，妻子頽崩，父母傷割骨之」痛。今卜遠有期，龜筮習吉，遂以唐寶應元年歲次壬寅十二月」景午朔廿七日庚辛殯于邠州三水縣歸義鄉邠邑原，禮也。父莊悲傷」五内，哀感四鄰，但恐田成碧海，水變蒼山，故勒石留文，以旌厥」誌云爾。

於穆遠裔，肇自周秦，惟祖惟考，乃武乃文。念」子聰敏，幼年立身，不幸短命，禍降沉淪。嚴父切骨，慈母割恩，哀哀戀念，泣對孤墳。」

（周紹良藏拓本）

寶應〇〇六

【蓋】失。

【誌文】

大唐故開州録事參軍渤海李君夫人南陽鄧氏墓誌銘并序」

公諱昜，其先渤海人也。古者天子建德，因生以賜姓，胙之以土而」命之氏。曾祖昶，皇銀青光禄大夫、國子祭酒，渤海太守恬之十四」代孫也；世傳儒素，家襲貞廉，則禮義於朝端，振徽猷於國學。祖」裕，皇相州臨河縣令；化洽一同，風清百里。皇考仁皎，皇濮州濮陽」縣令；重光清慎，奕葉衣冠，克嗣先賢，聿脩厥德。公即濮陽府君長」子也。夙承嚴訓，幼禀義方，晦跡混時，吏隱從俗。不以才高而傲物，」不以位卑而易操，時命未偶，風雲尚乖，嗚呼！開元廿五年正月五」日寢疾而終於洛陽私第，春秋五十七，以其月葬於北邙之原，禮」也。夫人鄧氏，南陽人也。曾祖森，皇中大夫、定州長史；祖玄德，皇懷」州王屋縣令；皇考希莊，皇幽州倉曹參軍，風骨高邁，英姿俊傑，屈」居下位，未展牛刀，委質明時，思齊驥足。夫人即府君之季女也。幼」禀殊操，賢和自持，事夫德邁於梁妻，訓子道逾於孟母。讚仰儒術，」崇尚釋門，應物忘疲，施與無倦。所謂百禄是荷，介壽無疆。豈期皇」天不仁，殲我貞淑，嗚呼！享年八十二，寢疾終於梁園官舍。嗣子邈，」志冽寒泉，性唯純孝，侍疾經時，瞬息不離於膝下；居喪過禮，號」慟傷感於人倫。以其年扶護歸都，卜地遷合，爰擇吉日，用啓舊」塋，伏見玄堂之中，根蔓縈覆。時有陰陽人盧皓云：久聞賢達所傳，」此則神理保安，不合驚動。遂以其年十一月十四日附葬於舊」塋之右，禮也。式刊貞石，永播芳猷。銘曰：」

英英李公，世傳儒雅，命與時乖，才高位下，砥名礪節，榮枯一也。其二。」猗嗟夫人，夙承家訓，神假柔和，天資淑慎。雅好緇流，精思智刃，契」彼道樞，得兹心印。其三。所希福祐，永保耆艾，昊蒼不仁，割我慈愛，嗣」子哀號，肝腸縻潰。其四。泉途杳杳，神理茫茫，長歸厚夜，悲怨難量。陳」根掩墜，宿草霑霜，千秋萬歲，松檟成行。

南陽滕少逸撰。」

（周紹良藏拓本）

寶應〇〇七

【蓋】大唐故吕諮議墓誌銘

【誌文】

唐故中大夫趙王府諮議參軍吕府君墓誌銘并序」

府君諱懷俊，字壽，其先東平人。七代祖周陝州副留守蒲臺縣開國男。」因封徙邑，遂家此焉。曾祖徽，隋許州長社縣丞；祖貴成，皇贈尚」書左丞；父藏元，皇贈鴻臚卿；皆碩德孔蔓，邦之傑也。」府君少能聰哲，長富德藝，懷撝謙以内敏，秉方正以外直。杖義以立，體」仁而和，俾躬處休，人不如也。及乎耀穎之歲，筮仕之初，迺昌吉日。夫文者能」以附衆，武者可以却敵，雖世業尊儒，門多秀士，且國有二柄，吾寧闕如，」於是改弦以張，易地而處，故解褐授文城郡吉昌府别將，賜緋魚袋。無」何，遷高平郡安平府折衝，加上柱國，蓋以欲就位也。位以德進，參霍禹之衣」冠；才因時選，佐陳琳之幕府。特拜明威將軍、左驍衛中郎將、邠寧節」度要籍，允諮謀也。所謂楚材晉用，輪輳有歸，又除趙王府諮議參軍，」益中大夫，斯明文武不墜也。加以棠棣之華，當代傑立，故仲也，江陵節度兼御史」大夫諲；季也，秘書監丞儀；兄弟天倫，共欽其三虎；河山秀氣，獨貫於一門。方諸」古賢，未可比也。將蘭芳桂馥，自可保榮；豈金友玉昆，相次而没。以元年四月四」日，薨于私第，春秋六十六。夫人清河縣君張氏，以寶應二年閏正月二日同穴於」首陽南原，禮也。嗣子前澧州别駕季重，星奔几筵，日就喪具。死之以」禮，執親寧異於子臯；善哉爲喪，行古豈同於杜氏。銘曰：」

河山之精，府君挺生；坤德以順，夫人柔貞。宜家宜室，爲範作程，垂芳」不朽，刻石播聲。」

（北京圖書館藏拓本）

寶應〇〇八

【蓋】鄧府君墓誌銘

【誌文】

唐故朝請郎試岳州長史上柱國鄧府君墓誌銘并叙　鄉貢進士鄧□撰」
公諱俊，南陽人也。曾祖□□州司馬，□」王父□□不仕。代居長沙縣州清崙□」□於□□故應視公□
高而軍德□及」府君欲近□冤竟即□□以寶應二年」三月十日終於私第，享年七十有□。是」年四月十
二日葬於益陽縣之南原金」人里先妣朱夫人之塋右。長子郢，次子」□，終生爲孝飲水以勝喪郢兼藝武
欲」元□知不得已而□軍非志也知□少」能叙事命□貞石□不獲乃曰：」
江不□兮山不□温温之德兮崇□□」□□□□兮江山□」

（録自《考古》一九八一年第四期）

唐代墓誌彙編

廣德

廣德〇〇一

【蓋】 失。

【誌文】

大唐京兆府美原縣丞元府君墓誌銘并序　朝散郎行大理□□賜紫金魚袋陳翃撰」

府君諱復業，河南人。其先黄帝之孫，至魏高祖始遷于洛邑，以元」命氏，盛矣哉！東西兩魏，前後八帝，疏封四十七王，襲拜廿五公，族」茂也。曾祖濬，皇隨州刺史、左武衛大將軍、襲雲寧」公；祖乾直，泗州刺史；父思莊，朝散大夫、右肅政臺侍御」史；皆紹以生德，世不乏賢。府君，侍御之第四子。自」天聰敏，少志於學，覽春秋涵江海之浸，讀周易達陰陽之奥。舉孝」廉，射策第一。歷新鄉尉、白水丞，又遷美原縣丞。潔己也，寒泉洌清；」莅事也，新口發硎。三邑之政，備聞厥聲。京畿採訪使、御史中丞盧」公奐再有□狀，舉能官也。及從調，初擬掾於岐陽，會有疾，不成官」而即世。開元廿八年三月廿八日於長安通化里私第瞑目，春秋」六十。嗚呼！府君之爲人也：輿行宅義，純孝茂才，外垢浮華，」中味恬澹，時行時止，知微知章。每休官之暇，常於終南山，悦芬馥，」玩幽奇，松溪月釣，草堂雲宿，賦詩數十篇，陶情性而已。不介乎壽，」空著其名，悲夫！夫人權氏，屯田郎中崇基之孫，會稽令上」相之女。生巽以順，闔坤而靜。少習詩禮，已婉於女儀；孀撫諸孤，更」慈於母訓。深精貫花之句，遽興就木之悲。天寶十四載五月十八」日，終美原常樂里私第，從虆殯也。有子四人，名掩三虎：長日棣，滄」州清池尉；次日啓，大理司直；次日用，右驍衛録事參軍；次日涉，豐」王府户曹參軍；長號不天，灑泣拱木，遂墨灼龜背，壙開馬鬣，以廣」德元年八月十四日，於三原縣落泉鄉長平原祔先塋，禮」也。翊與司直有同官之舊，承命誌之。銘曰：」

嵯峨山頭懸片月，日生蟠桃月又没，□夜一閉無昏曉，蒼蒼萬古」寒松老。」

（周紹良藏拓本）

唐代墓誌彙編

永泰

永泰〇〇一

【蓋】 失。

【誌文】

大唐奉天皇帝長子新平郡王墓誌銘　韓述撰

維永泰元年歲次乙巳二月十七日，新平郡王薨於西京之内邸，春秋四十一。粤以其年五月七日遷窆於萬年縣龜川鄉細柳原，禮也。王諱儼，字伯莊，睿宗之曾孫，元宗之孫，奉天皇帝之長子也。幼而温良，夙乃碩茂，動皆執禮，言必稱詩，皇孫之中，德行推美，周邦右戚，漢典開封，代繼讓王之尊，親承太伯之嗣，先朝友愛，奕葉追崇。常佳南楚之風，每玩西園之月。仁者不壽，遘疾而終。皇上軫棠棣之悲，懷雁行之慘。輟朝震悼，義切天倫；燕隧云封，龜占從吉。俄辭舊邸，言向佳城，近灞陵之高原，當細柳之古地。丹旐將引，元甲啓行，器備飾終，禮有異等。嗣子年在童幼，執喪而哀，詔葬之儀，悲深先遠，豐碑之窆，詞在刊銘。銘曰：

文昭武穆，天孫帝子，好古推賢，樂善歸美。親承太伯，業繼賢王，漢屏斯重，周卿有光。人閲於水，夜遷於壑，長坂蘭摧，小山桂落。細柳之地，灞陵之川，泉扃一閉，幽隧千年。

（録自《古誌石華》卷十三）

永泰〇〇二

【蓋】　大唐故韓夫人墓誌銘

【誌文】

大唐朝散大夫守揚州大都府司馬吴賁故夫人潁川縣君韓氏墓誌銘并序」

夫人潁川縣君潁川韓氏，京兆人也。隋侍中援之曾孫，」唐集州刺史光祚之第五子也。祖、父皆膺大賢，貂蟬」繼世；家傳禮樂，門襲慈愛。夫人少而偏孤，長于嚴訓，」弟恭兄友，天倫數人，迨乎立身，皆至班秩。外族蘭陵蕭」氏，皇京兆尹刑部尚書炅，即夫人之季舅也。夫人」以珪璋之美，令德淑姿，以初笄之年，歸于吴氏。而允穆」戚屬，箴規禮儀，謨明婦德之餘，軌範母師之訓。方期琴」瑟之契，終于歲寒，豈爲神明不臧，遘疾大漸，膏肓莫及，」福履無憑，以廣德二年十一月十一日終於光州官舍，」春秋卅有八。嗚呼！皇天不愸，殲我才良，悲風燭而難留，」歎雲車以絶影。時吴君朝典在職，王事靡盬，他鄉漂」泊，諒非吾土，窀穸匪安，靈櫬歸故。河山眇邈，孤女望而」長號；丹旐翩翩，胤子亡而誰哭？即以永泰元年九月十」三日卜吉葬於信義里之銅人原也。松栢難久，桑田有」移，彤管匪書於此時，玄田將鐫於不朽。銘曰：

天地配德兮二儀合親，死生莫測兮吉凶何因？吴門無祐，韓氏喪珍。木落非秋，花殘正春。骨歸泉壤，魂掩銅人。蛾眉落月，蟬鬢生塵。魚軒□轍，兔穴爲鄰。清暉兮永隔，長夜兮何晨。

通直郎行京兆府雲陽縣丞吴通微述。

（録自《西安郊區隋唐墓》）

永泰〇〇三

【蓋】　失。

【誌文】

大唐故東平郡鉅野縣令頓丘李府君墓誌銘并序　朝請郎行河南府洛陽縣丞韋應物撰

李氏源乎老聃，流乎百代，代有賢嗣，間生將相，豈不以道德之寖，垂乎無窮者哉！公諱璀，字璀。代祖後魏武皇后之兄，以才加戚，王於頓丘，後因爲頓丘人也。曾祖宗儉，隋膠州刺史；祖文禮，皇朝侍御史、尚書刑部員外郎、揚州大都督府司馬；父明允，太中大夫淄州長史；衣冠舊地，儒學門業。公籍累世之美，孝友文質，備成茂才。烏虖！不忝其德者行之修，不繼其位者命之屈。弱冠以門子宿衛出身，選授右司禦率府倉曹參軍，中年出攝漢州金堂縣丞，又改汝州魯山縣丞，滿授亳州司士參軍，復改東平郡鉅野縣令。歲凶，哀其鰥寡，發廩擅貸。朝廷賢汲黯之仁政，寢有司之簡書，其後吏有不謹于法，公當青師之罪，貶武陵郡武陵縣丞。發自司禦，達于鉅野，政隨官昜，在所有聞，且率以清簡，素末榮利，故秩不進而道自居，可謂」遠名親身，祇丞聖祖之教； 和光挫鋭，猶動世人之觀。 器而不任，知者爲」恨，以天寶七載九月十六日終于武陵，養年七十有二。 前以天寶八載別」葬于洛陽北原，長子澣嘗因正夢，左右如昔，垂泣旨誨，俾歸先塋。 旋以胡」羯，都邑淪陷，澣偷命無暇，作念累載，如冰在懷。及廣德二年夏夜，復夢誨」如先日，又期以歲月，授以泉闈。 明年，永泰元祀，澣始拜洛陽主簿，邇期哀」感，聚禄待事，乃上問知者，下考蓍龜，事無毫差，吉與夢叶。 夫見夢遷宅，神」也； 奉先思本，孝也。存則知道，没而不昧，存没之行，卓哉異稱。 以其年十二月九日歸葬于河南府河南縣穀陽鄉先塋之東偏，奉幽旨也。 夫人博陵」崔氏，贈禮部尚書悦之女，先以天寶八載四月廿七日終於滏陽，年五十」六，領族柔德，義當同穴，雙紼齊窆，禮終於斯。 有子三： 澣之仲曰泳，秀才奄」世； 泳之季曰澱，吏部常選。 有女二： 長適博陵崔晤，早歲殂没； 幼適御史中」丞袁傪； 佐奉喪事。 應物與澣爲道術骨肉，加同寮迹親，祇感奉銘，以布其」實。 銘曰：

玄泉之流，寢于頓丘，茂葉之下，生于鉅野。 冠屨詞學，髮膚仁義，所豐于德，」所屈于位。 孝思罔極，雖没而存，見夢遷宅，歸于先人。 淑善中闈，亦隨逝川，」禮以永訖，同斯億年。」

（周紹良藏拓本　河南千唐誌齋藏石）

永泰〇〇四

【蓋】 無。

【誌文】

唐故郁府君墓誌*

府君諱楚榮，兖州人也。淑温崇德，紹繼宗祧，六睦風其興仁，黨塾稱爲嶺岫。爰有高祖貴，祖政義，父懷振，以振長子楚榮，時春秋七十有五，永泰二年五月七日終於兹室，其年五月十二日葬南解浦孔子宅窆塋，禮也。去昆山縣八十里，有子阿扶，厥妻姚氏，歲居永慟，日有長悲。幽泉寂寂，泣血何追。哀哀昊天，□帳空垂。恐陵谷遷改，刻石銘之。

（上海市文物保管委員會藏石）

* 碑後有「一百卌八字。」

永泰〇〇五

【蓋】失。

【誌文】

文林□□安興郡姚公墓誌銘并序

□文林，其先吴興郡人也。公諱貞諒□□貞，先虞帝舜之宗也。後秦王胄之裔，河口鍾氣，世有其人，自高祖因官，今爲西周天興縣人也。烈祖道安，朝散大夫、秦州長史；王父宏，迴樂縣丞；皇考蓋，定安縣尉；並官清德茂，克樹乃聲。公即定安府君之二子也。弱冠娶潁川陳氏，四男二女，箴訓有聞。公初敦儒學，早悟釋門，遂於□德伽蘭鳳臺之上，崇建金閣雁塔，□□□行寶林，爲彼岸舟航，超出世梁棟，西□□安，因趨道門。公春秋八十有六，遘□天寶十三年正月十三日，卒於敷化里之私第。夫人陳氏，享年五十有四，開元二十二年十月二十日，先君而亡。嗣子上寅等，欒棘其形，哀至泣血。即以永泰二年十月三日，於五陵鄉原祔王父舊塋合葬，禮也。銘曰：

莽蒼舊冢，蕭條新墳，庭闈松栢，早夜□□，惟孝生死，不離不分。

（録自《陝西金石志》補遺上）

永泰〇〇六

【蓋】　大唐故鄭府君墓誌銘

【誌文】

大唐故鄭公墓誌銘并序　兵部常選甯□□□」

公諱守訥，字遷，滎陽人也，桓公後，大司農玄之孫。衣冠濟」濟，代襲承軒，家本儒林，糟粕經史，歷朝俊乂，惟斯氏焉，訖」于大唐，簪纓不絶。魯貴族也，士大夫也，公侯伯子，今古滿」朝，葉散條分，九州遍野，尋文王德，美武功成，然據渭陽，永」安宗室，選此郃輔，經餘億春。曾通，上柱國；父澄，陪戎副尉。」公男朝議郎、行國子監直講、上柱國南客；次男將仕郎、試」右内率府兵曹參軍西華。何期公没子飛，班榮清雅，賢言」已之，魂兮有知，君行闇闇，光乎二子，允文允武，弱冠輸忠。」公紫塞登臨，丹墀翊衛，百揆惟叙，五典克從，下筆成篇，發」言爲詠，不干勢要，惟玩詩書，遁跡丘園，自貽伊祖，恬虚靜」性，將永歲年。不意運極命衰，彌留寢疾，形隨電掩，氣逐風」銷，以寶應元年三月四日終于私第，春秋六十有三。宅兆」以永泰二年歲次景午十一月癸丑朔八日庚申，安厝於」清源里也。嗚呼哀哉！殲我吉士，泫涕如頽，何以贈之？勒石」增哀。得其地帶黑龍之勢，偃臥長崗，居其塋據渭陽之原，」□觀流水。從茲埏堂一閉，骨化赤墳；窀穸靡開，筋銷黄」□。用刊銘誌，長固永年。銘曰：」□□閉□土幽陰，黄□隔兮長夜深，棺爲土兮栱成」林，人到此□□□□」

（北京圖書館藏拓本）

* 永泰〇〇七（與建中〇一九重出，此當删）

【蓋】　失。

【誌文】

皇祖雄，忠武將軍□□□□□□□□□□□□□□□□□□」討遼至中山北頓軍，以趫捷□馬□□□□□□□□□□□□□□□」以功遷鎮軍大將軍、行左武衛大將軍、上柱國，還軍定州，請地□□□□」州東北七里，子孫因家焉。王父黄石，朝議郎、行滑州白馬縣令；」烈考神蹇，宣節校尉、行左衛司戈騎都尉；公即司戈之長子也。頃天」寶末，賊臣構禍，幽薊稱兵，傾覆周秦，誅夷豪傑。公避地雲林，晦跡泉石，」志工黄老，心期赤城。洎河朔剋清，下山歸業，術成扣齒，身恥折腰，遂高道」不仕。悲夫！夫人廬江何氏，其先韓人也。韓滅，子孫避難江干，吴人」以韓何聲之相近，因爲氏焉。早日孀居，鞠育偏露，十年之外，三子成名。晝」哭避敬姜之嫌，擇鄰有孟母之訓。晚歲志向玄言，神栖虚寂，修元秉節，受籙」□壇。豈期三山未歸，六氣生疾，望瑶池而心傾王母，瞻洛浦而魂謝宓妃。」哀哉！嗣子庭暉，冠軍大將軍、試太常卿、上柱國；次子從巖，朝散大夫試□」禄寺丞；愛子從芬，忠武將軍、行左威衛翊府左郎將、上柱國等，各襲祖風，」間□文武，荆玉聚美，隨珠共輝，絶漿减曾子之容，臨櫬嘔阮公之血。交深」次子，託誌寡詞，銘德雖及於今時，紀功終慚於永代。詞曰：」周德鴻慶，弈世靈長，鎮軍勃興，爲國之光。七里卜居，河山之傍；三代」以後，子孫其昌。王父滑臺，布政琴堂；烈考禁衛，勳立名揚。不自我先，」不自我後，哀哉杜國，時逢亂寇。晦跡逃名，飧霞養壽，鶴駕未成，鴞飛禍」遘。嗚呼夫人，令淑作嬪，敬夫舉案，爲子擇鄰。修元受籙，苦志栖神。五」雲何在？六氣爲因，靈壇寂寞，厚夜酸辛。移家中山，合祔易水，自南徂北，□」官從子。青烏□時，玄龜□此，四闕雲布，重門山起，夜月悲風，千秋萬□。□」（末行全泐。）

（録自《京畿冢墓遺文》卷中）

唐代墓誌彙編

大曆

* 大曆〇〇一（與建中〇一九重出，此當删）

【蓋】 失。

【誌文】 已殘，依原石行次録。

大唐故兵部常□上柱國王府君（下缺。）維大曆元年歲在敦牂六月廿一日兵（下缺。）州易縣穀桑里私第，春
秋五十有四。建（下缺。）人廬江何氏，卒於易縣崇化里私第，春（下缺。）合葬於州城東南五里平原禮也。
嗚呼（下缺。）□諱□□□孝敬，其先太原晉陽人也。（下缺。）

（録自《京畿冢墓遺文》卷中）

大曆〇〇二

【蓋】 失。

【誌文】

大唐故辛府君墓誌銘并序」

君諱庭，其先隴西郡人也；遠祖仕」魏，遂爲鄴城人焉。祖茂，曾祖亮。」君積慶承家，文儒得性，里仁稱其貞」幹，親友仰其規模。庶期壽繼彭公，豈」謂奄從逝水。僞去天成二年七月十」六日終于私第，春秋五十有四。即以」大曆元年歲次丙午十二月十七日」遷窆於故鄴城西南廿里故縣村南」半里平原，禮也。孤子希逸及女大娘」等，恩深顧復，念切劬勞，爰託貞珉，傳」芳不朽。其詞曰：

其生也榮，其死也哀，千秋已矣，萬古」泉臺！」

（周紹良藏拓本）

大曆〇〇三

【蓋】 失。

【誌文】

大唐故光禄卿王公墓誌銘并序　前秘書監嗣澤王漶撰并書」

公諱訓，字訓，瑯琊臨沂人也。永穆大長公主之中子。」昔周文授圖，靈王纂膺，誕我太子晉。晉有儀鳳之瑞，瑞流子」孫，粤王氏焉，爲異姓首。曾祖知道，皇贈魏州刺」史；祖同皎，皇光禄卿駙馬都尉，贈太子少保，尚定安長」公主；父繇，皇特進太子詹事、駙馬都尉，贈太傅，尚」永穆長公主；龍種鳳鶵，長淮積潤，文武間出，衣冠實繁，譜諜」稱之豪族，鐘鼎傳于不朽。公文備四教，學通六藝，博聞雅」量，厚德高明，三歲尚輦奉御，四轉至光禄卿。早年娶嗣紀王」鐵城之季女也。夫人尋逝，有女方笄，生人之哀，孤遺之極。後」尚博平郡主。癸卯歲，居鄧州别業，因中風疾，遂還京師。」公主罄兹上藥，竭以秦醫，千攘萬療，月衰日羸。若使經方有」徵，公亦保合于永年矣。嗚呼！春秋卌一，大曆二年己月癸」巳，奄終鳳樓之右。中使弔賵，度僧尼以追福。公主」崩心震悼，哀過禮經。孝子郊，柴毁骨立，古今未聞。其年八月」七日，遷厝萬年縣滻川鄉滻川原，之禮也。嗚呼！生涯畢矣，龜」兆斯安，青門始啓，朱輅方引，返哺之聲絶矣。倚門之望休焉。銘曰：

龍渠之右，鳳城之東，岡原夾輔，卜宅叶同。山」開黄壤，地列青松，萬古已矣，千年實封。多才多藝，惟聰惟」惠，如松之盛，如川之逝。陵谷將平，石記爰旌，長懷令德，永」頌英聲。」

（周紹良藏拓本）

大曆〇〇四

【蓋】　大唐故孫府君墓誌銘

【誌文】

大唐中書省主事樂安孫府君墓誌銘并序」

孫公者，樂安京兆人也。諱進，字進，漢太史之裔。」少而聰敏，長而賢聞。忠孝可以立身，節義可以」成德。曾巴，祖□□公之王父也。福既流於後昆，」義行昭於前代，所聞者即公之父矣。諱慈親」扶風馬氏，皆恩嚴兩具，訓育二全，蚌蓄珠而海」靈，石含玉而山潤，遂屬燕然動際□歸□翔，遷」□中書，掌事堂要，遂授京兆府録事尹孔目乃」□除授尚書職方主事，仍直中書。才通識達，兼」濟之道久聞；翰博詞宏，雙美之名遠見。遂特拜」中書主事，以當職矣。公家孝養未盡於甘新，」昏定有離辭於辰夕，享年卌有五，大曆二年□」月八日，終於長安布政里之私第也。推心父母，」淚血妻兒，星沉漢水之濱，劍折酆城之峙。宅兆」□吉龜克，其年十一月三日，遷厝於京西龍首」原，禮也。嗣子硤州參軍少華，小子幼華，號天叩」地，泣血斷腸，銘石詞曰：

於彼樂安，忠於家國，于何」宦遊，實在文墨。文墨所昌，欽承義方，不替金石，無遺棟梁。棟梁其折，風」悲露咽，（下殘缺）」

（北京圖書館藏拓本）

大曆〇〇五

【誌文】塼。

張尊師陰銘」

尊師諱昇虛，青州北海縣人也。大曆二年太歲戊申記。」

（録自《專誌徵存》）

大曆〇〇六

【誌文】

大曆三年五月五日古衍禪師墓誌。僧弟」子達立于東院移日天雨花富地，」白鶴來翔，傳授南宗，承燈不二，□除」心□挺生白樞，法雨潤人，堅冰苦□，」□城陌上，青草路傍，空聞」天香，鵝珠在户，羣生何仰？勒石鐫」□，千秋長想。」

道成法通知寂　空寂　」法悟　道幹等　善寂」

（録自《八瓊室金石補正》卷六十二）

大曆〇〇七

【誌文】

唐故張禪師墓誌銘并序

香山禪師諱義琬，字思靖，俗姓董氏，河南陽翟人。紹嵩岳會善大安禪師智印，法歲廿七，世齡五十九，開元十九年七月十九日，長天色慘，塞樹凝霜，頂白方，面赤方，右肱枕席，左臂垂膝，言次寂默，奄魂而歸，舉體香軟，容華轉鮮，感瑞嘉祥，具載碑録。師未泥洹，先則玄記：吾滅度後，卅年内，有大功臣置寺，度遺法居士爲僧，卅五年後焚身，留吾菓園，待其時也。果廿八年有文武朝綱□國老忠義司徒、尚書左僕射、朔方大使、相國郭公上額於居士，拜首受僧，奏塔梵宮，牓乾元寺。法孫明演授禪父託，葬祖黄金，述德於中書令汾陽郡王郭公徹天請號焚葬，借威儀所由檢校。大曆三年二月，汾陽表曰：義琬禪行素高，爲智海舟航，是釋門龍象，心超覺路，遠近歸依，身殁道存，實資褒異，伏望允其所請，光彼法流。其月十八日敕義琬宜賜謚號大演禪師，餘依。擇吉辰八月十九日荼毘入塔，今卌載，無記不從大禪翁也。行慈悲海，得王髻珠，施惠若春，研芳吐翠，破邪寶劍，見網皆除，業爲學山，萬法包納，練行凝寂，方能動天，塔磨青霄，砌下雲起，星龕月户，面河背山，清淨神靈，庶幾銘曰：

行破羣邪，業爲學海，戒月青空，心珠自在。塔面長伊，鈴摇岳風，動天威力，無住無空。

（録自《陶齋藏石記》卷二十六）

大曆〇〇八

【蓋】失。

【誌文】

唐故鄆州司户參軍李府君墓誌并序」

公諱睦，字瑛，其先趙人也。遠祖恪，永嘉之末，避世南」徙，封江夏王，後因爲郡人焉。曾祖贈隋雲安郡丞；祖」哲，括州括蒼縣令；父昉，魏州魏縣主簿。公承積善之」慶，禀中和之美，才刈其楚，行歸于周，弱冠以宿衛，授」復州司户，歷宋州穀熟縣丞、鄆州司户，無階朝廷，隨」牒郡縣，再臨三語，一就貳同，方籍代耕之禄，匪徒夸」世之譽，則高才無貴仕者，豈虚言哉！以天寶十三年」四月廿五日，終於官舍，春秋八十一。夫人南陽張氏，」須昌縣令嘉禮之女。行爲婦則，言成女訓，始東征以」作賦，終北邙以同穴，以寶應二年十一月十四日終」於海陵官舍，享年八十三。以大曆三年十一月十二」日合祔於洛城西原，禮也。孟子暄，河南府户曹；仲子」咄，舒州望江縣令；叔子曙，未仕；季子焉，右領軍録事；」幼子於，未仕；并世禀義方，天資孝友，因假淺翰，以旌」幽泉。銘曰：

咎繇遠冑，弈世彌昌，其高峻極，其派靈長。挺生我公，」如珪如璋，隨時舒卷，與道翱翔。好仇淑德，宜家有光，」螽羽詵詵，鳳鳴鏘鏘。奄遊東岱，咸歸北邙，于嗟没代，」空有名揚。

河南府功曹參軍姜琬撰。」

（北京圖書館藏拓本）

大曆〇〇九

【蓋】失。

【誌文】

唐故北海郡守贈秘書監江夏李公墓誌銘并序　族子著作郎昂撰」

公諱邕，字太和，本趙人也。烈祖恪，隨晉南遷，食邑于江，數百年矣。」其出未大，及公前人諱善，顯而不榮，宜公興之。公才傑藝能，皆興」器也，而驊騮不可以牛處，角實爲害。初天后朝，以文召試，拜左拾」遺。時廣平公璟爲御史丞，劾易之且撓，公抗音離次，極讜言，軒陛」惴恐，太后不能爲辭，直臣勇於立辟矣。雖出爲南和令，而□禄」者愧。厥後遷御史尚書郎守外臺，其餘貶逐海嶺，豈傷□耶？譙王」之難，韋后之亂，公之忠力，焜燿今昔。故遵化之放也，布衣孔璋，請」以身贖，事雖不從，感之是難。季年理衛州；便人反謗；移青州，又遭」所佞，謬旨陰中，以東宫之姻，妄詞連之，千里獄訊，不得讞報，年七」十三，卒於强死，哀哉！罹禍之後，邊將作亂，故留于鄆東卅里，未及」歸葬。先帝克平，幽顯皆復，尚書盧公訟理，追贈秘書監。公之胤」曰穎、曰岐、曰翹。家之竄也，而岐死矣，二孤流落，未遑窀穸。戊申之」年，葬者通歲，御史大夫揚州長史韋公遇公從子暄，諆葬有闕，以」錢廿萬及蒭靈之物備用。夫人太原郡君温氏，以大曆三年十一」月廿日，同窆于洛陽之北原，從兆順也。嗚呼！流放也孔生請死，」贈雪也盧公上表，故人賵禭，猶子營護，其義分豈獨得之當時哉！」人有不知公者，或以爲外暴内侈，尚華好俠，曾不知泛愛之道，猶」春風入林，不辯嘉木與衆薪也。嗚呼！犀象齒革，賢達監戒，而公易」之，君子以爲恨。銘曰：」

物惡獨勝，高不必全，其道匪直，曷哉乾元。天吏佚德，崑山是焚，公」死青州，其誰不冤！旅殯中路，遭時未墳，今也遷卜，長歸九原。」

（周紹良藏拓本　河南千唐誌齋藏石）

大曆〇一〇

【蓋】失。

【誌文】

唐故金紫光禄大夫試太子詹事兼晉州刺史上柱國隴西郡開國公李公墓誌銘并序」

山有發地崛起者謂之靈岳，木有梢雲挺櫂者謂之長材。然木之秀」也遇驚風或折，山之峻也有朽壤則崩。噫！以人事擬其倫，我李公近之」矣。公諱良金，隴西人也。五代祖儉，佐高皇帝定都於雍，因居豳郊，子」孫不遷，遂傳家于新平矣。皇祖素，寧州真寧宰；大父亨，絳州長祚府折衝；」烈考宗，益州新繁令；或墨綬馳聲，或鶡冠陳力，皆樹德積善而鍾美」於公。公即新繁府君之次子也。幼而鋭敏，長而英奇，氣鬱風雲，心堅鐵石。」弱冠忽投筆太息，杖劍獨遊。時朔方節度副使論公遇公而置之幕下。爾」後出奇破敵，戡難計功，廿年間，累有遷拜。日者受分符之寄於晉也，人」樂其化，吏畏其威，雖迫兇徒，而身處唐郊；亦懷王命，而心馳」魏闕。間歲職營田之務於蒲也，規畫疆理，巡閱耕耘，法立令行，人莫」敢犯。豈意訟因小史，詞忤大臣，蒼黄之際，命歸不測。傷哉！以大曆三」年七月十一日奄終於河中府，春秋卌有七。夫人滎陽鄭氏。芳蘭之」姿，堅冰之操，中年不幸，先公而亡。以廣德元年十一月十四日返□」於晉州官舍，享年卅有一。旋以公即世之歲，十一月廿六日，合葬」於晉城東偏，龜筮叶從也。嗣子季平，弱而在疚，哀不絶聲，」長號終天，愿言報德。銘曰：」

長材國楨，雅望人傑，植性剛毅，守官忠烈。何□□□□」心苦節，汾晉作牧，吏畏人悦。如何生涯，忽焉冥□□□□□□」秀木析。繁霜凝兮芳蘭歇，千秋兮萬□，雙魂兮同穴。」

（録自《山右石刻叢刻叢編》卷七，據《績語堂碑録》補字。）

大曆〇一一

【蓋】失。

【誌文】

唐故杭州錢唐縣尉元公墓誌銘并序」

公諱真，字深，河南人，後魏景穆帝之苗裔。曾祖仁虔，」皇朝疊州刺史；王考思忠，皇朝滑州靈昌縣令；」考瓘，皇朝廬州刺史；皆世有令聞，夙著人望，流」慶後裔，鍾美在公。公即廬州府君之長子也。

爰自成」童，克勤詩禮，洎乎志學，博綜儒書。百氏之言，六經之」要，必窮旨趣，不假師資。尋明經及第，調補潤州參軍。」沉跡下寮，卑以自牧。既而拜杭州錢唐縣尉，邑中疑」滯，悉以咨之，自邇陟遐，策名期漸，未始有極，福謙謂」何？春秋四十，以至德二年五月二日遇疾，終於河陰」縣。秀而不實，昔賢所嘆；歿而無子，冥寞何依？時屬艱」虞，兵戈未息，乃權厝於縣佛果寺菓園内。賊臣思明，」再侵京邑，縱暴豺虎，毒虐人神，丘壟遂平，失其處所。」女二娘，適於侯氏，哀哀泣血，悲主祀之無人；眷眷幽」魂，痛冥寞而無託。遂以大曆四年七月八日，招魂歸」葬於□南金谷鄉焦古村從先塋，禮也。或旌遺」□，□□貞石。銘曰：」

天生良才，宜登寵禄，命不假壽，俄從鬼録。大夜何長？」魂歸北邙，空餘令德，千載不亡。」

（北京圖書館藏拓本　河南千唐誌齋藏石）

大曆〇一二

【蓋】失。

【誌文】

唐故攝楚州長史元公墓誌銘并序」

公諱貞，字潭，河南人也。後魏景穆帝之」苗裔，盛德大業至矣哉！曾祖仁虔，疊州」刺史；王考思忠，滑州靈昌縣令；考瓘，盧」州刺史；咸以賢能，列之牧宰，訓其雅俗，」克有古風。公餘慶所鍾，淑行斯茂，命或」不偶，知如之何。粤以大曆四年正月十」三日寢疾，終于丹楊郡客舍，春秋五十」三。嗚呼！

積善無徵，鞠凶斯降，嗣子構等，」貞以幹事，孝以克家，以大曆四年七月」八日，葬於河南金谷鄉焦古村，祔」大塋，禮也。乃刊貞石，以紀令猷。銘曰：」

河南北山兮金谷鄉，」出自國門兮暮蒼蒼。」苦霧悲風兮生白楊，」送君此地兮大夜何長！」

（周紹良藏拓本　河南千唐誌齋藏石）

大曆〇一三

【蓋】失。

【誌文】

前汝州司馬李華亡妻太原郭夫人墓誌銘并序」

夫人太原郭氏，皇遼山縣丞泰素之」孫，大理司直湜之女，適前汝州司馬隴」西李華。未過中年，奄然長逝。以寶應二」年六月廿一日構疾，終於常州晉陵之」客舍，春秋三十有六。以大曆四年七月」卅日，遷窆於洛陽北原近亡親之塋，禮」也。有子海□八娘等。哀哀孝子，執親之」喪，吾何不□，殃及於汝，臨櫬慟哭，汝其」知之。及爲銘曰：」

妻曰賢妻，女爲賢女，吾何積釁，殃及於」汝。隴隧初開，泉扃永閉，地久天長，千秋」萬歲。」

（北京圖書館藏拓本）

大曆〇一四

【蓋】　唐故竇公夫人墓誌銘

【誌文】

唐濮州臨濮縣尉竇公故夫人崔氏墓誌銘并序　季父檢校吏部郎中兼侍御史祐甫述」

夫人諱緼，字　，博陵安平人也。衛尉少卿暟之曾孫，監」察御史渾之孫，向城縣令孟孫之長女。代業清貴，四海之」式；純懿之風，古今不替。夫人聰令敏洽，知機蹈順，適於事」爲必幹，伸其義而無違。易曰：黄裳元吉，文在中矣。其斯之」謂乎？年廿二，歸扶風竇氏，所奉之主曰叔華，識微通變之」士也。頃屬時難流離，遷徙江介，夫人攻苦食淡，罄心勞力，」綢繆牖户，以成其家；撫育支庶，薦慰嬪妾，不忌不刻，得其」歡心。樛木螽斯之詩，言之而無怍。噫！天資寬綽之量，何命」迫促，生之憂窘乎？竇公嘗櫢崇仁尉，不再周而罷。夫人連丁」二尊憂，泣血終喪，免而猶瘠；又喪二子，積憂傷神，加之以」癘氣薄而爲疾疹，醫藥不之能救，以寶應二年四月三日」終于洪州妙脱寺之尼舍，春秋卅有九。嗚呼！善人爲善定」無報耶？無男，有女一人，年方种孺，攀援而泣，罔晝夜無常」聲。其時中原寇猾未平，權殯於豐城縣。大曆四年，國難方」弭，竇公宦未及，介弟南昌縣丞兟奉以還洛，時歲次己酉」十月乙未朔廿日甲寅，改窆于北邙陶村之北原，依於父」母之塋，權也。故刻石而誌之。其詞曰：

崇蘭發秀兮修竹嬋娟，德馨芬馥兮淑譽方鮮。殞落摧瘁」兮奄在中年，使人疑善兮欲問於天。」

（周紹良藏拓本　開封博物館藏石）

大曆〇一五

【蓋】　失。

【誌文】

唐魏州冠氏縣尉盧公夫人崔氏墓記」

夫人字嚴愛，博陵安平人也。益州雒縣令儼之曾」孫，衛尉少卿皚之孫，右僕射孝公沔仲女。年十」六，歸于范陽盧氏，所奉之主，即河内縣令庭言」之嫡長子諱招，仕爲冠氏縣尉，無禄早世。屬中」夏不寧，奉家避亂于江表，弟祐甫爲吉州司馬。以」乾元二年九月七日寢疾，終于吉州官舍，春秋」卌有三。夫人純孝睦友，聰明仁恕，宣慈克讓，動」必曰禮。輔佐君子，保乂夫家，能敬以和，六姻仰」止。博覽載籍，融心禪慧，立德垂訓，可大可久。如」何昊天，不與眉壽，蒼蒼正色，其可問乎？頃以時」難未平，權殯于吉州廬陵縣界内。今宇内大安，弟」吏部郎中兼侍御史祐甫勒家人啓殯還洛，以」大曆四年歲次己酉，十一月乙丑，廿日甲申，」窆于河南縣平樂鄉杜郭村之北原。夫人無子，」有女三人：長女隴西李安親妻，中女隴西李乂」用妻，合祔之期，更俟他歲。無子，有女三人；長適隴西李安親，次適」隴，皆已吉終；季女滎陽鄭遇妻，從夫家于秦，」道路懸遠，不克送葬，故西李乂用，季適滎陽鄭遇。懼陵谷之無常位也，」故銘云：行依仁，刻石以記之。道□□，季績班誠，千古爲鄰。」*

* 尾部重刻，俱依所刻并録。

（周紹良藏拓本　河南千唐誌齋藏石）

大曆〇一六

【蓋】　失。

【誌文】

唐故左武衛郎將河南元府君夫人滎陽鄭氏墓誌銘并序　陸渾縣丞鄭湶撰」

夫人鄭氏，滎陽人也，左衛兵曹敬愛之孫，陝州」平陸縣令岳之長女，世承官族，時謂盛門。年十」八，適河南元鏡遠，貞姿雅操，爲閨門之表式。夫」人師心道流，早棄華麗，薰茹不味，日唯一飯者，」卅年于茲矣。該宜天祐其福，享以永壽，何神理」之不明而喪此貞善？以大曆四年八月十六日」遇疾，終于緱氏之別業，春秋六十三。有子三人：」長曰溥，次曰涣，季曰鴻，皆夫人鞠育成立，有慈」無成。夫人屬纊之際，敕溥等於龍門安置。溥本」遵其理命，以其年十一月廿一日安厝於龍門」東山南原。單車送終，儉而得禮。恐歲月遐遠，失」其姓氏，敢述平生，誌于貞石。銘曰：

滎水長源，緇衣襲慶，世傳冠冕，人唯貞正。早棄」浮麗，歸心道門，六塵無染，一念長存。伊水之左，」龍門之側，封樹佳城，歲年萬億。」

大曆四年十一月廿一日。」

（録自《芒洛冢墓遺文》卷中）

大曆〇一七

【蓋】 失。

【誌文】

唐故瀛州樂壽縣丞隴西李公墓誌銘并序　守尚書兵部郎中邵説撰」
惟隴西李公湍，地望清甲，冠于邦族。大父季」義，蔡州上蔡令；烈考千石，唐州慈丘丞。仍世」顯茂，允迪休問。公始以經術擢第，署滑州匡」城尉，次補瀛州樂壽丞。理尚剛簡，蓋肅如也。」酷好寓興，雅有風骨。時新鄉尉李頎、前秀才」岑參皆著盛名於世，特相友重。方振雄藻，比」肩英達，孰是異才？而無顯榮。以乾元元年終」於貝丘。凡百文士，載深慟惜。夫人滎陽鄭氏，」蘇州長史暉之息女，詳習禮訓，殁有遺懿。嗣」子前深州鹿城縣丞瑩，次子饒陽縣尉榮，幼」子宥等，充然永慕，罔知攸止。即以大曆己酉」歲冬十二月甲寅，葬我公夫人于邙山之塋。」爰議旌紀素行，刊其銘曰：」於昭李君，貞白在躬，安于下位，文行顯融。孰」是閎深？遘兹艱凶，存有令名，殁有高蹤，表章」泉户，永世清風。」

（周紹良藏拓本　河南千唐誌齋藏石）

大曆〇一八

【蓋】 失。

【誌文】

大唐故李公墓誌銘并序　公内弟大理評事博陵崔元陽撰」

公諱津，字文仲，趙郡贊皇人，壽光縣丞玄慶之孫，遂安縣」尉守虚之子。□詩禮，事交遊，體韻風流，□靈閑逸，小篇□」□□□月下之才；咫尺相聞，吊慶吉凶之□；每見推□□」□□不愧於朋流，以意適爲褰□，以□牽爲籠紲，雖迫□」□□□務入官，嘗舉明經，終不屬意，末，喪親之後，□」□官情，率□高飛，遠集吴地，遊□□□因而卒焉，時年卌」六，□大曆四年，季弟江遷櫬來□□□□月廿七日窆於」東京洛陽縣清風鄉之北茫原□□□之族也。初，公之卒，會」公弟深尉臨安，公之女子尼子真□從，故公之柩殯於臨」□復□卒汾水令，還殯臨安，而深□□氏先歸，營求□卜。」尼子泫然流涕曰：古不遷葬者，□□之義；今戈戟未戢，鄉」□且遷，或慮非常之虞，必從□古之道。若吾涉江登陸，盡」□以西，是旅幽魂而孤丘墓也。吾懷衣落髮，業已出家，請」備□除□□□薛氏不奪，言於所親。公季弟江聞之，嗷」然而哭曰：兄弟孔懷，吾敢忘哉！又何尼子之起予。遂順流」□□，以正丘首。君子曰：尼子純孝也，愛其父施及於江。故」吾自書，銘此泉户。曰：」

□□李君，有質有文。徇禄非志，與時不羣。」□道□會，從其所愛。浪跡江山，終身吴會。」□□□□□□指周，亦愿生女，緹縈之流。」

（河南千唐誌齋藏石）

大曆〇一九

【蓋】 失。

【誌文】

大唐故濮州雷澤縣令太原郭府君墓誌銘并序　季弟登封縣令湜撰」

湜嘗聞：嶽之峻極者可以降神生甫，門之積善者」固多餘慶後昆。我亡令兄稟一氣之靈秀，承累葉」之盛德，著大名於時，無位於世，悲夫悲夫！諱邕字」熙朝，太原人也。」皇祖皇考，忠孝備於家邦；克己復禮，文行光於代」葉。四登列位，三拜甲科，初以超資授江寧，後以常」調署開封、河東、雷澤三邑，卒爲奸臣所陷，貶於臨」賀郡。以天寶九年，終於客舍，朝庭聞之，無不稱歎。」尋以旅櫬歸鄉，天寶十年，遷神於洛陽北原。夫人」隴西辛氏，衣冠族望，禮儀婦道，中外所稱。屬逆虜」背恩，避地荊楚，以乾元年終於客舍，以大曆四年」合窆於舊塋，禮也。嗣子庭，前招城縣令；恭行教義，」克紹文儒，不墜家風矣。乃爲銘曰：」

天之中，邙之東，爲我宅兆龜筮同。生於斯，殁於斯，」幽魂一去無還期。陟崗永望心斷絶，四水東流無」盡時。」

沙門慧雲書。」

（北京圖書館藏拓本）

大曆〇二〇

【蓋】　大唐故李府君墓誌銘

【誌文】

唐李處子墓誌銘并序　處子内兄大理評事博陵崔陽元撰」處子諱琰，趙郡贊皇人，壽安縣丞玄慶之孫，遂」安縣尉守虛之女。體性通敏，風儀淑清，口無擇」言，身無擇行。兄弟□禮，知法度以事親；姊妹出」家，悟因緣而歸道。不嘗葷茹，稍却鉛華。數歲誦」經，六時行道。金剛般若，草契於心；妙法蓮華，常」指諸掌。口資法味，身得道腴。雖非落髮比丘，真」是在家菩薩。天寶末，親殁，隨兄深尉臨安，以天」寶十五年十月廿六日卒於臨安之官舍，春秋」卅四。及大曆三年，深卒分水令。四年，兄江咸舉」來歸葬於東京洛陽縣清風鄉之北茫原。有盧」氏姊送此幽墜，高其行門，哀慟以思，俾余作誌。」其銘曰：」

閑閑處子，容德靜好，知禮悟緣，」在家修道。匪朝伊夕，禮佛誦經，」身謝人代，魂歸杳冥。不矜處俗，」豈慮殁齒，俾誌者誰？盧氏之姊。」

（周紹良藏拓本）

大曆〇二一

【蓋】　失。

【誌文】

唐蘇州別駕李公故夫人蔣氏墓誌銘并序」

庚戌歲八月甲子，蘇州別駕李公葬故夫人」蔣氏于河南縣平樂原，禮也。夫人公旦之胤，」姓系尚矣。先父岑，開元中少司農贈汾州刺」史；冠裘問望。初夫人之歸于李，李胄子也，大」父叔父，世爲相國，而納采求偶，選高門和馨」之子。賢我來聘，宜室正内，廿餘歲，婦道顯，六」姻美，行光二姓。天寶四年二月十八日，終於」幽州，夫子之幽府兵曹參軍故也。嗚呼！壽不」報德，榮屈於命，遭昔否閉，仕者路澀，夫子之」道不行，而夫人困於羈旅。今逢開泰，家有□」□夫子之禄□尊，而夫人逝其焉，往可悲也」哉！長子曰論，揚州録事參軍；次子曰諗，前潤」州參軍。追攀罔及，號慕何恃，謀此窀穸，□□」棘心。季弟晃，尚書户部郎，歸賵會葬，雖良人」限官阻修，子孝弟慎，慰泉矣。銘曰：」

全吴地兮半刺家，食蘭羞兮屋荷花。我今不」□其奈何？秋風切切恨山阿。」

（北京圖書館藏拓本）

大曆〇二二

【蓋】　大唐法律禪師墓誌

【誌文】

大唐荷恩寺故大德敕謚號法津禪師墓誌銘并序　從孫前太常博士驥撰并書」

大德諱常一，俗姓姚氏，其先馮翊蓮芍人也。大舜之後，源」流且長，冠冕相承，事傳譜諜，枝葉浸遠，因宦東周，今爲河」清人也。曾祖綽，隋中散大夫忻州刺史；祖奔信，□任秦」州成紀令；父恭，皇任成州刺史。大德受□獨靈，禀性或」異，聚沙之歲，性□出家，父兄相訓，外書大德，□□□異，香」象之□，壯而不羈，貞松之枝，色不可□，□棄俗依襄陽真」律師，又於江陵受具戒，旋至長安花嚴寺聽經，後隱靈鷲」山修諸佛事。七歲誦經，廿持律，道跡高蹈，宴居山林，日就」月將，多歷年祀，能修妙果，□獻諸天，□□法乘，積而能散。」天寶中，玉真公□因訪古□山，仰其業藝，屈膝邀請，聞於」玄宗，乘傳□□□榮俞其德，一從入侍，綱紀于兹，居安慮」危，幸無他故。及肅宗撫軍北巡，大德平涼扈蹕，累」進衣馬，襄助王師，雖非手執干戈，豈異躬衛社稷。又奉」詔所修功德，皆應禎祥，屢降彩繪，圖諸史册。不然，豈寢」疾之時，御醫□門，謝世之日，嗚呼撤膳。六根斷滅，」三朝一心，終始不渝，生死無替，大漸之日，陳表告終，累足」枕肱，歸全于牖，知去來之非我，豈生憾之在心。大曆五年」八月十七日般涅槃於本寺院，享年七十二，僧臘四十五。」臨終辭表，批云：師久修八政，歷事三朝，至行淳深，精勤不」替。比聞疹疾，尋冀痊除。何期電露不留，忽隨逝水，奄從遷」（以下蓋石背面）化，軫悼良深，錫其束帛，兼致齋祭。表其故也。又降紫泥之」書，復施黄金之地，用崇身塔，以旌德也。以其年九月廿六日」葬於滋川鄉横霸原，從釋教也。弟子思侶等，若喪所天，因」心而泣，無違孝敬，有慕師資，凡曰緇流，莫不哀慟。常住豐屋，」大師力焉。粤有將軍段公、内給事劉公，皆御庖近臣，彌敦」久要，凡所舉措，靡不演成，神理昭彰，豈無報應。驤忝宗族諸」孫，敢紀事而述德。遂爲銘曰：」

噫歟大德，七歲從師。法傳要妙，道契希夷。慈雲所覆，誰不」詠思。其一。帝念精誠，威儀匪□。出入皇家，紀綱淨域。逝」水不留，象罔何得！其二。好才不遺，秉志尚賢。清證果，菩提」應緣，寶塔沙界，松門署煙。其三。」

（録自《考古與文物》叢刊第三號一九八三年《西安東郊新發現的唐法律墓誌及塔銘》）

大曆〇二三

【蓋】唐故王府君墓誌之銘

【誌文】

唐故潞州大都督府潞城縣王府君墓誌并序」君諱休泰，先晉陽人也。曾祖黨，開國公朝大夫。」祖叙，朝授上當壺關侯。父惠，版授潞郡博士。君」志德清雅，藻掞天庭。本族在於太原，因宦寓居」上黨，今子孫爲潞城六龍人也。巍巍峻岳，何頹」截於深溝；森森叢林，忽摧幹於坰野。隟駒不住，」俄爾傾流，春秋八十有四，殞於私第。夫人金城申」氏，東鄰垂棗，秋實不窺；南澗採蘋，春泉屢往，八」十五終於黼帳。嗣子嘉運，爲仁之領袖，鄉黨悌」焉；作君子之模，宗族述其孝矣。號兆罔極，惟崇」終已之憂；泣血重痕，永盡没齡之報。瓴甓新雅，」棺槨絶然。行路聽而傷嗟，邦國聞而發歎。以大」曆六年歲在辛亥仲春廿六日，葬於州北一十五」里平原，禮也。東瞻禹跡，西望漳川，北眺王埠，南」稱瑞閣，卜其勝域，窆而安之。恐桑海交移，故標」其記。嘆曰：

哀哀夫人，嗟嗟君子，幽魂託夢，墳」孤蒿里。陌上行人拭淚看，嗚呼王父在於此！」

（録自《考古》一九六五年第八期）

大曆〇二四

【蓋】失。

【誌文】

唐故大理評事王府君墓誌銘并序　殿中侍御史崔儒撰」

有洛之涘，惟瀍之東，唐大理評事王君之墓。嗚呼！君蹈」跡中和，體剛執柔，敦靜善學，遂居其業，志高識微，恥耀」於名，醇□自安，不與世競，故時人莫能稱已。在」天后時，對策高第，授城都尉。時御史大夫張知泰號爲」知人，薦君拜廷尉評，凡起家再至而秩六百石，君子以」爲榮；易其心，矜其辜，斷獄數十人無怨讟，君子以爲理；」博貫純固，進不違道，君子以爲厚；是宜荷茲世禄，乃唯」高其門，而不幸早逝，命矣。公諱晉俗，太原祁人，隋韓州」刺史繪之孫，故藍田縣令琰之子。娶于蕭氏，生子四人，」曰：恒、怡、悦、惟。悦爲太常博士，惟爲著作郎，皆列清級，有」裕于代，豈高門之效歟？嗣孫墠，以大曆六年辛亥五月」乙未，改葬王父，宅于茲土，乃以玄石，敬銘祖德焉。詞曰：」

穆穆王君，優遊淑真，浩浩同流，强學勵身。揚于」王庭，其道克明；擢于大理，其刑乃清。誕克□□慶洛□」□厥命，所兆是依，高風已敻。」

（周紹良藏拓本　河南千唐誌齋藏石）

大曆〇二五

【誌文】

唐少林寺同光禪師塔銘并序　登封縣令郭湜撰　當寺大德靈迅書」

嘗聞示現有緣，緣隨生滅；色空無性，性盡真」如。契之者即爲導師，了之者如登正覺。契了」之義，其在我禪師歟？禪師法諱同光，晉」人也。道心天縱，法性生知，俯及幼童，已悟無爲之理；纔過弱冠，便歸不二之門。早歲出家，」旋進具戒，以修行之本莫大於律儀，究竟之」心，須終於禪寂，禪律之道，其在斯乎？及持鉢」東山，歸心禪祖大照，屢蒙授記，許爲人師。及」大照遷神，敬終恒禮，乃遁跡林野，敢爲人先。」雖情發於衷，而聲聞於外，辭不獲已，乃演大」法義，開大法門，二十餘年，振動中外，從師授」業，不可勝言。三十餘禪僧，盡了心地，隨身化」度，不離几杖，或往來嵩少，棲息荆蠻，用大自」在之深心，開悟知見；行不思議之密行，拯拔」昏迷。不可得而名言也，則知法輪常轉，經行」豈指於一方；佛法現前，宴坐寧勞於十劫。嗚」呼禪師！嗚呼禪師！既隨緣而生，亦隨緣而滅，」春秋七十有一，僧臘四十有五。以大曆五年」六月二十七日於少林寺禪院，結跏趺坐，怡」然即瞑瞑。弟子等心傳衣鉢，得了義於無生，」淚盡泥洹，示現存之有相。乃於寺東北六十」餘步，列蒔松櫝，建兹塔廟，蒼蒼煙雲，以永終」古。湜在俗弟子也，叨承顧眄之餘，未盡平生」之志，多慚翰墨，有愧荒蕪，乃爲銘曰：」

世尊滅度後，得道轉法輪，于今無量劫，不知」凡幾人。禪師自河汾，杖錫來問道，禪祖爲授」記，可以繼僧寶。三身與三業，如電亦如露，生」滅既有緣，輪迴自無數。唯有成道者，能入諸」禪定，外現泡幻身，内示真如性。一切漏已盡，」無復諸煩惱，過去與未來，皆共成佛道。太室」西兮少室東，風雨交兮天地中，禪師一去不」復返，長夜冥冥空是空。」

大曆六年歲次辛亥六月景辰朔廿七日壬午建。」

造塔弟子寺主僧惟濟、上座曇則、傳法弟子道真、堅」照、真觀、寶藏、法琳、智信、承恩、忠順、超岸、深信等。」

延州金明府别將屈集臣鐫。　造塔博士宋玉。」

（周紹良藏拓本）

大曆〇二六

【蓋】失。

【誌文】

唐故河南府新安縣令張公墓誌　孫子壻水部員外江下李繫撰上」

公諱炅，字仙客，軒轅之後。子指張宿有孕，及誕，拳有張字，因而姓焉。」遠世家其清河，爲清河人也。祖壽禄，皇朝請大夫寧州司馬；父識，」皇大禮出身，慈州司法參軍；淑政當時，嘉名雲外。公孝行天輔，忠良」世拔，質藝孤作，庶其難階。夙齡以制舉見用，初守懷州武德尉，次」授河清尉，又拜貝州司士參軍，尋改瀛州平舒縣令兼平盧節度判」官，轉魏州頓丘縣令。如是法奪横絲，聲移去虎，見初日清狀云：居家」孝友，吏職清平云云；聞中日清狀云：其嚴若霜，其直如矢云云；觀後」日清狀云：萬家臨鏡，千松入霜云云。罔切切焉，將秩秩焉，實無苛畏」人，有異渝古。洎頓丘秩滿，有敕進朝散大夫，除河南府新安縣令。」已去河北，未至河南，路遭喪親，情苦骨立，捧叩屍柩，口舐涎唾，不」怖腐壞，遠近盈耳。便還甲第，七日苫塊，不食水米，少不九旬，行坐泣」血，因是孔瘽。以開元十一年三月十九日，歸人于私第，春秋五十有」八。閭里嗟動，失聲撫膺；國邑駭驚，相顧渝色。夫人孟氏金鄉縣君。」淑行匪督，一德難齊，不驕塼瓦之儀，是吉鳳凰之地。以天寶四載二」月十五日覯疾，後公云亡於私第，時年七十七。以大曆六年歲次辛」亥八月甲寅朔，十九日壬申，合穸於東京北山平陰鄉原，禮也。元子」佃，魏州朝城縣令；第二子侹，汝州録事參軍；第三子偃，魏州昌樂縣」尉；第四子佪，鄭州新鄭縣尉；第五子倜，相州成安主簿。且夫趙氏數」男，有稱繼日；公家五子，皆見昇雲。嗚呼！道在人亡，傷聞遺愛，懼蒼山」浮水，慮碧海爲田，預記泉門，長留石字。銘曰：」
承明學古，襲代樂黔，幾登制舉，六仕貞廉。武德于仙，頓丘負□，清」字欺人，惠恩破的。惟堂泣血，枕塊不食，孔瘽因其，國失忠直。逝」川不返，朱門永辭，青松秋苦，白楊風悲。忙山其北，黄河其南，穴穸兮」胡此？兆其兮可堪。」

（周紹良藏拓本　河南千唐誌齋藏石）

大曆〇二七

【蓋】失。

【誌文】

唐故相州成安縣主簿張府君墓誌并序　子壻水部員外江下李繫撰上」

府君諱倜，字不器，清河人也。曾祖壽禄，皇朝請大夫、寧州司」馬；祖識，皇慈州司法參軍；父炅，皇朝散大夫、河南府新」安縣令；七代宏名，千紀不没，内嫡相嗣，英門永高。府君新安」第五之子。秀質欺瓠，堂堂猶張。其年十四，以明經擢第，自孝」廉郎解褐相州成安主簿。其第一年，顧其當曹，主吏有繩，糺」法無畱；第二年，佐長庸議，上更無私；第三年，臺閣食聲，思與」輯穆。如是惠□廣物，清節苦心，決蹟聽殷，行修聞遠，三考如」雪，四人備恩，德輔中朝，聲揚河北。未三二年，以清狀減考，」見許赴集，於前年冬十月銓授筆硯書判，高出萬人，拭目於」時。吏部簡闕，制命俟行，豈謂坐對金門，軺軒不就。以天」寶十載正月三日不起，微疾返真於長安客舍，春秋卌有二。」朝廷興嗟，舊齒追慕，親將不親，胡不垂涕。夫人裴氏，河南府」濟源縣令第八之女。有色復德，厚賢且貞，少下梁洪之姬，晚」肩文伯之母。以元年十月十三日苦疾君後，終于私第，春」秋卌有二。以大曆六年周十月十九日窆祔于洛陽北山平」陰鄉十里北□□也，用龜其良。嗣子汶，晉州司户參軍。英哲」小庶，方庸出人，忠許亡軀，孝能力輩。嗚呼！嗟寒暑之遷革，以」植松門；噫天地之所行，用沉石字。銘曰：」

世襲門閥，天資才質，折桂未冠，理人有室。清字在左，雄名已」孤，萬乘可寄，黔首來蘇。建良伊何，昨冠今化，嘉跡空佇，芳」規視罷。北山是久，征魂幾長，松楚不盡，于穴何殃！」

（周紹良藏拓本　河南千唐誌齋藏石）

大曆〇二八

【蓋】失。

【誌文】

大唐故洛陽賈夫人墓誌銘」

大曆六年八月十」九日，權殯河南府」洛陽縣平陰鄉千」善里北原。」

（北京圖書館藏拓本）

大曆〇二九

【蓋】失。

【誌文】

大唐故曹州成武縣丞博陵崔氏府君改葬墓誌銘并序　嗣子正議大夫前行定州別駕兼太子僕賜紫金魚袋上柱國玭叙文」

玭昔遊於鎬京、雍、洛、梁、宋、河朔，名山大川秀潤形勝之地，復出入往來」三陵之間，覩古之宰貴重臣祠廟丘塚之所，見其崩摧，便房遺櫬，與朽」壤偕盡，而獨銘誌尚存焉。故諸侯計功，大夫稱伐，勒名金石，所以傳無」窮之歲。況我」先君府君，德邁前古，衣冠茂族，萬代一家。扶風郡太君太夫人河南褚」氏，坤順志柔，和顏清敏，榮因重貴，明德惟馨，安可闕而不書矣。」先父府君諱文修，字文修，宣德郎行曹州成武縣丞，博陵安平人也。先」炎帝神農太公之後胤，食邑於崔，因封賜姓。自大唐受命之初，封陳留」縣侯，因封而家焉，子孫相傳已七代。自漢高帝九年歲次癸卯，爰及大」唐八葉百有五十四年，卌一世，綿歷八百八十四年，自周、秦、漢、魏、晉、宋、」齊、梁、隋、唐，世世爲卿相大夫，至今軒冕尤盛，代爲名臣。」高祖客王，皇朝夔府都督；大王父諱民英，皇襲封太中大」夫、守汴州刺史、陳留縣侯，王父元周，皇宿衛出身拜滄州景城」縣主簿、蜀州晉原縣尉，敕授朝散大夫、蔡州吴房縣令；皆宣風惠□」仁德濟世，以至于先父府君，軌範自天，上善若水，内外三教，窮無何」之要道，知諸行諸，終始不替。承先人餘蔭，宿衛出身，拜潤州參軍，一」任曹州成武縣丞。仁義包含，器凌江海，才高賈誼，位屈桓譚。不幸積善無」徵，奄鍾天罰，開元廿八年九月廿九日遇疾不瘳，崩背官舍，權安厝於汝」南郡吴房縣城西北百步。嗣子勉等昊天罔極，思古敦本而思本焉，以大」曆六年歲次辛亥八月甲寅朔廿九日壬午，龜筮勒從，遷厝於博陵郡安」喜縣城南一里長原，禮也。玭才行無聞，不敢光揚休烈，但直書其事，用表」其千秋，不易於琬琰。其詞曰：」

長原博陵，地横千古，樹兹松檟，再封吾土。哀號先人，掩於泉户，仰天泣血，」伏茹荼苦。永惟世業，爰諸禰祖，忝繼箕裘，悲慙尸主。宅兆有期，塗車已成，像設」九原，分裂五情。日慘寒色，風悽晚聲，叩地長懷，心摧骨驚。刺肝書血，刊石勒銘。」

（周紹良藏拓本）

大曆〇三〇

【蓋】失。

【誌文】

唐故衢州别駕王府君墓誌　前鄉貢進士張造撰」

大曆六年，歲次辛亥，正月五日，銀青光禄大夫、衢州别駕、太原郡開」國男王君遇疾，卒于江都旅舍，春秋五十六。公名守質，字文宗，長安」千秋里人也。曾祖遜，潭州長沙尉；祖炅，代州雁門丞；父慶，太子左贊」善；弈世載德，蟬聯官次，慶鍾後胤，誕生府君，體貌魁奇，容止都雅，」有參也之孝，有回也之行，以營田功釋褐嵐州靜樂尉。天寶季年，北」戎干紀，武臣王承業出□□陽，招□茂彦，同奬王室。於是投迹戎」軒，秉筆參佐，歷事太尉李公、相國王公。暨禄山犯太原，思明寇河□，」造膝獻謀，隨機應變，難可殫述，略而不書。及河洛再清，淄青節使侯」希逸失守廣國，遜于大梁，而三軍將士心懷反側，都統王公遠使□」慰，公懷柔以德，光揚以義，應時安靜，東土底寧，公之力也。策勳懋勤，」封太原縣開國男，食邑三百户，五遷太僕少卿，七遷衢州别乘，屏星」既敞，千里生風，青雲未躋，白日先謝，悲夫！不然將露冕大邦，珥貂」紫闥矣。先夫人馮翊党氏，澡行浴德，淑慎威儀，年十有九，歸于王」氏。鳳皇于飛，琴瑟好合。嗚呼！蕣草早凋，甘井易涸，享年卅八，先公卒」于太原。後夫人北平陽氏秦首蛾眉，婉孌婦德，以再喪所天，晨夜」號慕，舊疾發動，以公卒之後二月十五日，卒于山陽旅次。嗚呼！遠宦」萬里，歸懸雙旐，傷哉！先夫人有子曰塤，右内率府兵曹參軍，早逝；曰」□，左清道副率；曰墿、曰坦，曰埻，并鄉貢孝廉，後夫人有女曰君娘；」悲色養之無由，痛昊天之罔極，欒欒泣血，以其年十月廿一日，合祔于」于河南府洛陽縣清風鄉北邙之原，禮也。恐陵谷漸移，見託爲誌，銘曰：」□矚脩邙兮鬱嵯峨，有哲人兮託山阿，偉才□□□□□，清風景月」豈奈何！山長固兮人代謝，悲莫悲兮赴長夜，逝川一去竟不迴，松風」曉夕隴頭來。」

（周紹良藏拓本）

大曆〇三一

【蓋】失。

【誌文】

大唐故淨住寺智悟律上人墓誌銘并序」

公俗姓劉，諱仲丘，彭城郡人也。緬尋前史，歷討羣經，其先皇帝之孫，爰後公劉之裔，秦時爲戎所逐，乃居於彭城，遂世爲彭城郡人也。至于衣冠弈葉，禮樂風標，史諜具詳，玆難備述。曾祖如愿，志高泉石，脱略軒榮，蒲帛累徵，偃仰蘿薜，貴樂生前之志，殊輕身後之名。祖玄福，皇華州下邽縣令，彈琴爲不言化成，馴翟得魯恭之遺風，不欺庶先賢之美跡。而公則下邽之愛子也。公淳孝自然，博雅天縱，混流俗而不染，處濁亂而哺糟。雅好無爲，深精玄妙，視軒冕如桎梏，等金帛如塵埃。上迫父命，强爲婚媾，晚歲歸道，永愜私心。法宇窮不二之門，蓮宫契三禪之妙。公以持律爲業，一食長齋，久染微疴，心齊生滅，積以成疾，藥物無徵，漸至彌留，奄先朝露。行年六十有五，殞于來庭坊之私第。嗟乎！哲人不永，太山其頽，明鏡忽掩，寶劍長埋。以大曆六年十二月廿日葬于藍田縣鍾劉村之東原，禮也。公在俗有子四人，皆崑山片玉，桂林數枝，信可克昌家門，榮顯宗族。長子會州黄石府别將賜緋魚袋光歸，次子朝議大夫、守内侍省奚官局令、上柱國光順，第三子朝議郎、守内侍省内府局令、上柱國光玭，季子絳州新田府折衝、賜紫金魚袋、上柱國光暉等，自丁酟罰，泣血連裳，號天不展其哀，扣地莫申其戚。爰脩宅兆，以展孝思，懇請誌文，略序遺跡。適時詞理荒拙，輒課虚蕪，乃爲銘曰：

平原莽莽，松栢蕭蕭，哲人斯逝，泉夜無朝，痛經綿於嗣子，嗟玉樹兮先彫。太山俄頽，泉扃永閉，幽明既殊，慈顔永決，呼蒼天兮莫聞，潰肝腸以自裂。

朝散郎前汴州司法參軍裴適時撰。」

（録自《關中石刻文字新編》卷四）

大曆〇三二

【蓋】　失。

【誌文】

唐故吏部常選中山張府君墓誌銘并序」

君諱顔，字雲卿，其先趙中山人也。曾祖壽禄，隋寧」州司馬；祖察，皇少府少監；父敬忠，兵部侍」郎、朔方節度、太常卿；胤葉蕃衍，鐘鼎蟬聯，盛德休聲，」未絶人口。君即太常之第四子也。道識沖邈，孝悌生」知，博辯寡辭，高明柔克。弱冠鍾昊天之酷，柴毁」終紀，殆不勝喪。尋以宿衛階常調，非君之好也，遂下」帷閉關，鍊藻思，緝墳籍，窮彖象，端風雅，亘以年歲，研」精儒林，究先王之微言，入夫子之奧室，常以排金門，」上玉堂，求可得也。始遭羯胡盜國，東周煙塵，吉士寄」命草莽，巨猾遊魂於天邑。君甘食蓬藿，守貞衡門，道」之將廢也歟？命也。粤以元年建卯月九日，考終于都」修善里之私第，春秋卅有七。時亂離斯瘼，權厝城隅，」洎天衢之康，頃需吉兆。君有令弟曰頤，敦穆孝友，撫」孤流慟，竭力喪事，遷神崇邙。以大曆八年，歲在癸丑，」閏十有一月十九日，窆于先塋之東，禮也。昭穆」有位，松栢成行，嗣子詵愿紀門風，立言孤石，銘曰：」

抱利器兮曾不試，有宏略兮曾不議。辭白日於此山，」終布衣而垂翅。彼天道兮如絲棼，回也不年兮命矣」何云！

外生趙植述。」

（周紹良藏拓本　河南千唐誌齋藏石）

大曆〇三三

【蓋】失。

【誌文】

唐故鄂州永興縣主簿中山張府君墓誌銘并序」

府君諱愿，字秦卿，趙中山人也。其先因封受氏，鐘鼎相承，固」以昭鑠圖書，踵武家諜矣。曾祖壽禄，隋寧州司馬；」祖察，皇少府少監；父敬忠，兵部侍郎、朔方節度、太常」卿；弘器大名，文昭武烈，載在方册，溢于人謡。君即太常府君」之第六子也。幼而聰敏，長而孝悌，解褐授福州福唐尉，尋轉」鄂州永興主簿。位匪充量，棘棲于鸞。君之昆曰頤，作吏于鄭，」我念棣蕚，聿來楚鄉，既至，君已遘疾，即日泛舟湍歸，沿江亂」淮，浮泗泝汴，疾轉亟。以大曆八年，歲次癸丑，十月三日，終於」泗州徐城縣之逆旅，享年卌有六。嗚呼！望庭闈而在近，有」綵衣而不及，有足傷也。君生自華宗，卓犖不器，天骨峻發，牆」宇嶷然，尚倜儻而進無流心，好奇特而退守名檢。每至親朋」宴慰，風月高筵，遊濠上者得惠子而忘歸，談稷下者聞魯連」而杜口，雜之以酒德，閒之以琴歌，得曼倩而衆賓解頤，無車」公而滿座不樂。何天假以器，不假以時，錫以才而不錫之壽，」悲夫！粤以其年閏十有一月十九日，附于邙山先塋，禮也。」灼龜食墨，問蓍告祥，塗車芻靈，雖貧具蓋。仁兄纏哀天倫，禮」則加等也。太室南鎮，長河東逝。列列松檟，先大夫之九原；」累累墳丘，昔君子之千古。有子曰詡，年在髫孺，呱呱而號。懼」陵谷或遷，清風不紀，銘曰：」

高明有昭兮志業不究，驥足未騁兮瓊枝未秀。終滅彩於青」春，竟途窮於黃綬。北邙墳丘，長夜悠悠，奉純孝於終古，侍」松檟於千秋！

外生天水趙植述。」

（周紹良藏拓本　河南千唐誌齋藏石）

大曆〇三四

【蓋】失。

【誌文】

唐故太中大夫太常寺丞兼江陵府倉曹張公墓誌銘并序　秘書省著作郎錢庭篠撰　父朝議大夫虢州長史張慆書　姊夫朝議郎秘書丞兼鄧州穰縣令李西華題諱」

公諱鋭，字郯侯，姓張氏，清河人也。派引南陽，光連景宿，儀以」縱横爲秦相，禹以經術作帝師，盛烈茂勳，代有人矣。曾祖志，」鄜州洛交縣令；祖彦昇，贈鄧州長史；父慆，朝議大夫、虢州長」史。公虢州之長子也。生則秀異，幼而聰敏，雅傳黄石之經，深」得臨池之妙。未弱冠入仕，以門蔭宿衛，解褐授右司禦率府」兵曹。至德中，充四鎮節度隨軍判官知支度事，轉恒王府掾，」加朝散大夫，轉光禄丞，賞有功也。屬西蕃未靜，國步猶虞，或從」幸關東；或隨軍幕下。尋奉使宣傳聖旨，陷没賊庭者久」之。公辯説縱横，權謀應變，陳之以禍福，懼之以威嚴。既」迴，有詔特遷太中大夫蜀王府司馬，嘉其節也。公以恭承」睿略，遠仗天威，於我何功，固辭不拜。前後三表方允，乃授」今任焉。由是恩制授太夫人長樂縣太君，禮有崇也。以板」輿迎侍于江陵，申禄養也。公幹於從事，清有吏能，勤勞自公，」出納惟恪。且夫奉使不屈，忠也；揚名立身，孝也。方期積慶，用」以成家，天道何常，降年不永，以寶應二年正月廿五日夭殁」于江陵府之官舍，春秋廿有七。以今大曆九年歲次甲寅三」月四日癸卯，窆於京兆之鳳栖原，從太君之新塋也。澮澮春」雲，垂陰陌樹；冥冥厚夜，獨閟幽泉。嗟雨散以風摇，空父臨而」弟拜。銘曰：後生可畏兮誰與爲徒，」張氏之子兮其庶幾乎？苗而不秀兮有矣夫！庭折芳蘭兮掌碎珠。」太君塋旁兮左愛子，千秋萬歲兮魂不孤。」

（周紹良藏拓本）

大曆〇三五

【蓋】失。

【誌文】

皇五從叔祖故衢州司士參軍府君墓誌銘并序　朝散大夫守常州刺史賜紫金魚袋河南獨孤及撰」

公諱濤，皇唐太祖景皇帝六代孫也。曾祖道立，嘗典隰、齊、陳三」州，封高平郡王；祖景淑，畢國公；父仲康，官至尚書主客郎中、楚州」刺史；世秉懿德，爲公族領袖，語在皇室譜。公純孝忠厚，貞信廉」讓，直而遜，明而晦，朴而不固，靜而應物，克己復禮，時然後言，策名」居官，清畏人知。弱歲爲學，篤志經術，專戴氏禮；晚節耽太史公書，」酌百代之典故，以輔儒行，遂以經明行脩宗正寺舉第一，初仕許」州臨潁縣主簿，曆宋州宋城縣尉，皆以恭寬信惠聞於千室。議黜」陟幽明者，謂公文行吏事，宜登三臺，會河朔軍興，避地江表，相國」崔涣承詔署衢州司士參軍。於時五府辟召之權，移於兵間，務」苟進者，多不由逕而致顯位。公儉德正志，安貞俟時，未嘗以得喪」夷險遷芥方寸，視榮辱晏如也。論者高之。乾元二年六月十六日」寢疾，終于潤州，春秋五十。七月十六日，權窆于衢州。嗚呼！仁可以」師表搢紳而無貴仕，禮可以軌範風俗而不遐壽，沖用休績，卷而」未形，溘與化往，使善人相吊，嗚呼哀哉！公歿後十有六載，從父弟」涵以宗室柱石爲御史大夫，按節江東，痛仁兄之生不登公侯卿」大夫之位，歿不備踰月外姻至之禮，遂茹哀筮日，減月俸以庀喪」具，由是大曆九年夏四月廿八日，公長子居介、支子居佐、居敬、居」易，奉公之輤裧，歸葬于洛陽清風鄉北邙之南陲。凡今孝乎惟孝，」友于兄弟者，於此乎觀禮，及謂知公者宜莫若懿親，今將以無媿」之詞，申報幽路。其詞曰：」天地方否，君子安卑；世道既夷，隟駒莫追。仁而不壽，才既無施；積」善必慶，天何余欺？襜襜裳帷，泝江絶淮；蒼蒼故山，玉樹斯埋。死喪」之威，匪弟兄孰懷？令德家風，與天壤偕。」

（周紹良藏拓本　河南千唐誌齋藏石）

大曆〇三六

【蓋】　失。

【誌文】

唐故隴西李氏廿四娘墓誌文」

有唐李氏少女諱盈，第廿四，故衢州司士參軍」濤之處子，常州刺史河南獨孤及之出也。太」祖景皇帝七代孫，高祖東平王道立，曾祖畢國公景淑，祖楚州刺史、主客郎中仲康，積慶茂緒，」盛有成德，弈葉勳烈，銘于景鍾，洪源靈派，國牒」詳之明矣。處子累代純嘏，懿鍾而生，仁柔明惠，」有彤管含章之美。既笄而行成于內，故戚屬稱其」女德焉。宋子之門，問名者百氏，年未及禮，曷云」有歸，不幸以大曆三年八月十六日遘疾於揚」州之旅次，春秋一十八。母兄奪氣，六姻悼心，秀」而不實，莫不茹歎。以其月權厝於揚州，痛矣哉！」家兄居介，仲兄居佐等以爲女未適人，禮宜從」父，以大曆九年四月廿八日隨先人之旐，遷」窆于洛陽縣清風鄉北邙之南原，順也。白駒不」停，夜壑非保，唯貞石可以示後嗣，故刓石以紀」云。」

（北京圖書館藏拓本）

大曆〇三七

【蓋】 唐太原郭居士墓誌銘

【誌文】

郭嚴者，涪陵司馬之元子也。唐天寶十三載六月廿五日卒于穀陽」之墅，禮從塗壐，機窆園中，潛寐一相，殆將二紀，至大曆九年十一月」廿五日，其弟長子尉遇、鄯州司馬迥，相與祔于邙山之先塋。嗚呼！昔」或戲於閨門，兹得飾於泉壤，成哲兄之曩志，允令弟之友于。容體盡」哀，則存乎書筴，生死致美，實映乎古今。所謂仁人，斯焉弟悌。銘曰：」陟彼崗兮，不見其兄；臨兹穴兮，不」聞其聲。千秋兮萬歲，長寄乎哀誠。」

（録自《芒洛冢墓遺文四編補遺》）

大曆〇三八

【蓋】 失。

【誌文】

阿獴者，涪陵□司馬郭公之季女也。」㢊㾏封性，清明在躬。當公適于涪」陵，與母居于洛汭，屬蛇豕䄶國，荆」榛閉塗，沿上虞而莫由；陟彼岵其」何見！積憂成疾，以至殞身，惜乎春」敗芳蘭，霜凋穠李，既已笄字，未就」人綱，行路傷嗟，母兄啜泣。至大曆」九年十一月廿五日，兄遇弟迥，自」穀陽墅遷祔于先塋，骨肉之恩無」絶也。乃爲銘曰：」
父母兮鞠我不卒，兄弟兮送我永」畢，兹闕地兮及泉，想平生於疇日。」于嗟孤魂，反歸爾室。」

（周紹良藏拓本）

大曆〇三九

【蓋】失。

【誌文】

唐故韋氏墓誌銘并序」

夫人韋氏，京兆杜陵人也。軒冕相襲，載」乎前史。從祖□□，皇朝户部尚書；父」倩，皇朝大理□事。夫人天資聰惠，景」行純結。年十有八，歸于李氏。因屬喪見，」匪由媒娉，悲夫！華而不實，□□見咎。年」廿三，終于江陵□氏□□精舍，時大曆」八年二月之一日□□□子一人，纔過」數歲。李公以夫人能卑讓以睦九族，□」貞固以具四德，乃載其柩。沿江□淮，□」□浮洛，以大曆九年十有二月之二日」　東都洛陽縣清風里之北原禮也。」□□　」□□□華，□□逝水。一向泉臺，千齡已」□。」

（河南千唐誌齋藏石）

大曆〇四〇

【蓋】 失。

【誌文】

□□□□□□主簿杜府君之夫人隴西李氏墓誌銘并序　劉啓撰　弟總書」

夫人姓李氏，隴西狄道人也。軒冕相襲，載乎前史。」曾祖玄弁，皇朝荆州司馬，贈襄州刺史；祖慎名，」皇朝宗正卿，贈工部尚書；父自下，皇朝司門員」外。夫人即員外之長女也。天資柔順，至性温恭，□」讓居身，禮義自度，欲求其偶，不亦難乎？故年廿□，」方歸于杜氏，敬事君子，夙夜匪懈。府君諱佚，京兆」杜陵人也。性耽經籍，志敦節義，以□王罪□，故□」跡荆蠻。及寰宇再清，乃謀調集，授連州桂陽縣主」簿。嗚呼！苗而不秀，童卒斯官，有女一人乎可繼世。」夫人雖絶三從，而無貳志，撫育孤女而依乎少弟。」以大曆八年二月十六日終于江陵縣天皇之精」舍，春秋卅有六。弟慤，以夫人無子，遠遷其柩，□于」洛陽，友于之情，亦無愧矣。以大曆九年十有二月」七日，權窆于東都洛陽縣清風里之□原。以年月」未良，不及合祔，禮也。銘曰：

鬱悒喪志，朝露已晞。悠揚旌旐，□歷江湄。其一。□□」父弟，翩翩羽儀。今朝□誌，千載長辭。其二。」

（千唐誌齋藏石）

大曆〇四一

【蓋】 失。

【誌文】

唐故武氏墓誌銘并序」

夫人其先人也，故夏州都督令」瓌之女，河東節度都押衙兼征馬使、」特進、前行右千牛衛大將軍蘇日榮」之妻。 積世盛族，小多禮則，四德畢備，」六行無虧。 不終天年，中歲夭閼，春秋」卌有六，壽終于家。 比隨夫北征，旅櫬」異土。 今以大曆十年二月九日，大舉」玄寢，祔殯於北邙舊塋之左，禮也。」刻石幽隧，知君子用心，不忘恩也。 銘」曰：

令德淑女，無□音徽，當年禮畢，自嫁」而歸。 松檟祔殯，鴛鴻隻飛，保家之慶，」魂奚所依？」

（北京圖書館藏拓本）

* 大曆〇四二（與殘誌〇四一重出，此當存）

【蓋】 唐國師故如愿律師謚大正覺禪師誌銘

【誌文】

大唐真化寺多寶塔院故寺主臨壇大德尼如愿律師墓誌銘并序　敕檢校千福寺法華道場沙門飛錫撰」

大曆十年歲次乙卯五月廿九日，律師薨於長安真化寺之本院。 律師法」諱如愿，俗姓李氏，隴西人也。

中公之裔，簪裾之盛，真豈寶乎。律師天生道」牙，自然神秀，十一詔度，二十具圓。彌沙塞律，其所務也。分氍之義不」殊，折金之理斯在。律師謹登十臘，聲實兩高，邀臨香壇，辭不見允，望之儼」然，即之溫然。其慧也月照千潭，其操也松寒萬嶺。乃曰：威儀三千，吾鏡之」矣；度門八萬，復焉在哉？遂習以羅浮雙峰無生之觀，位居元匠矣。」我皇帝纂聖君臨，千佛付囑，貴妃獨孤氏葛蕈蘊德，十亂匡」時，受道紫宸，登壇黃屋，因賜律師紫袈裟一副，前後所錫錦綺」繒帛凡數千疋，以旌其高。璨乎盈庭，了無是相，道何深也。由此敕書」壘篋，中使相望，御馬每下於雲霄，天花屢點於玉砌。締構」多寶塔，繕寫蓮華經，環廊繚絙，金刹熠耀，額題御札，光赫宇宙，皆」吾君之特建，亦貴妃之爲國宏哉。噫！律師擲鉢他方，應遽還於」靜室；散花上境，何便住於香天。顏貌如生，若在深定；曲肱右脇，湛然已滅。」春秋七十六，法夏五十六。具以上聞，皇情憫焉，中使臨吊，賻贈之禮，有」加常等。律師累聖欽若，三都取則，意澹江海，心閑虛空，而今而後，恐」難繼美？於戲！六宮誰授其髻寶，八部孰示於衣珠，覺路醒而却迷，人」花茂而還落，哀哉！弟子長樂公主與當院嗣法門人登壇十大德尼常真、」敕賜弟子證道、政定、證果寺大德凝照、惠照、凝寂、悟真、資敬寺上座洪演、」寺主孝因、律師真一、遠塵、法雲寺律師遍照等，凡數千人，則懿戚相門，愛」道花色，而爲上首，忽喪宗匠，如覩鶴林。即以其年七月十八日奉」敕法葬于長安城南畢原塔，之禮也。素幡悽於道路，丹旐慘於郊扃，式揚」國師，敢爲銘曰：

紫袈裟者彼何人？已了如來清淨身。登壇不向明光殿，去去應超生」死津。」

隴西秦昊書。　廣平程用之刻字。」

（周紹良藏拓本）

大曆〇四三

【蓋】 失。

【誌文】

唐故試光禄卿曹府君墓誌并序」

夫大陽不照者幽塗也，閱水潛流者自天也，然知生死定分恒矣。」公字閏國，含州河曲人也。□啓鉅鏕，分枝周後，少小遊俠，英」雄宇内，蘊氣孤邈，武略匡時，且丈夫之志，在乎斯矣。公行旅邊」薊，幼閑戎律，於天寶載，遇禄山作孽，思明襲禍，公陷從其中，」厄於鋒刃，拔擢高用，爲署公雲麾將軍、守左金吾衛大將軍，」俛仰隨代。夫天不長惡，二凶殄喪，皇威再曜，公歸順本朝，」不削官品，改授公試光禄卿，發留河北成德節下，效其忠剋，」守鎮恒嶽。次於大曆十□春，公再屬承嗣起亂中原，傾覆河」朔。公有子房之策，蔡易之勇，委公馬軍都虞候，百戰決勝，將」兵千人，從略顯能，佐輔王國。公□□藝術而遘疾□□□其」年六月十九日薨於冀方城也，春秋四十有七。元戎感其信」竭，追贈賵襚。至八月六日，陪葬於靈壽城西南靈化川界。河」紆山盤，崗埠形勝，□原兹墳也。父嚴父□君與公之幽會，慈」顔在養，痛公之泉夜；男晏清，恨公之早背，夫人石氏、劉氏、韓」氏，悲公之永訣。嗚呼！人生到此，天道寧論。維魂魄將飛，而忠貞」尚在。恐田成碧海，水□蒼山，故勒□爲銘，用旌厥美。銘曰：」

二儀開闢，萬像天然。□□令德，□□□川。如何穹昊，喪此英」賢？勒石旌美，誌之歲年。

大曆缺八月壬戊朔六日丁卯立此銘記。」

（録自《京畿冢墓遺文》卷中）

＊大曆〇四四（與殘誌〇二七重出，此當存）

【蓋】失。

【誌文】

唐故汝州司法參軍裴府君墓誌銘并序　從姪遵鴻撰」

乙卯歲六月十九日，有唐循吏朝散大夫汝州司法參軍」裴君卒于位，門人含悽以啓手，童子向隅而猶」燭，小吏庭泣，行者路悲，於戲！享年六十二矣。君名涓，河東」聞喜人也。氣禀天和，性與道合，克承岳降之慶，不越府趨」之位，殁而猶睆，其如命何！故君子曰：雖未達，吾必謂之達」矣。曾祖德超，皇銀青光禄大夫秦州刺史；祖思簡，」皇金紫光禄大夫司農大卿；父休英，皇兖州鄒縣令。」君則鄒邑府君之長子也。弱齡以祖蔭知禮署，爲太廟」齋郎，不忝古人之儀，深達夫子之問。六載考績，調授滄州」鹽山縣尉，轉幽州歸義縣丞，次任汴州尉氏縣丞，」三命佐」邑，政必有聲，諧聯曹如魯衛，致邑宰於恭賤，析繁剖劇，拂」鍾無聲，天官佳之，俾椽于汝，欲觀政也。片言而滯獄啓折，」直筆而潛枉必申。方將高于公之門，騁驥子之足。而天不」與壽，生也有涯，鄰舂不相，朋執咸慟，白日誰有？玄堂獨歸。」嗣子頵，前試太子通事舍人，扶護靈櫬至自汝，以八月」十一日，陟于邙山之崗，卜於斯，厝於斯，植松栢於斯。慮變」陵谷，式題貞石，以誌之云：

於鑠我先，代襲蟬聯，令問令」望，孰曰不然。恂恂從父，惟儉惟賢，光啓後嗣，策名當年，才多」位下，有志不宣，今則已矣，萬事生前。萬事生前，逝者何有，永謝浮生，」玆焉可久。鬼籙入冥，人寰空晝，唯餘名謚，千古不朽。」

（李希泌藏拓本）

大曆〇四五

【蓋】失。

【誌文】

唐故崔君墓誌銘并序」

誌曰：人者天之靈，地之秀，故能馳驟家則，權衡里閭，既生也有時，亦死」終無限。烏呼！君諱昭，遠祖姜後，屯留侯之胤也。君以仁信孤邈，」天假至聰，鄉閭稱賢，河目海口，爲國展效，加上柱國勳。曾諱章，」祖諱徹，皆遁代縱誕，丘園盡清，躡巢許之高蹤，慕長沮」之至節。父諱藝，禎潔松櫝，道用沖和，不仕而信行自高，無官」而人吏胥悦。君夫人河内常氏，德禀松蘿，笄年下帷，箒禮」方出，行極垂柬，心和採蘋。君春秋七十有七，以天寶十一載五月」十一日卒於家；夫人八十有九，以大曆六年十一月十五日卒於私」室。嗣子長男武騎尉隱居，亦隨君之化，已同其墳。二男管仲，」亦近日殞殁；共同遷厝。今見在季男隱林，次男唐善寺」僧惠暉等，痛深寒泉，泣傷墳隴，哀慈顔以淪没，追古」墓以送終，與姪男右羽林軍飛騎嘉恩，爰卜吉日，以大曆十」年歲次乙卯十月辛酉朔廿四日甲申啓諸舊域，收」彼遺靈，同葬于屯留縣東北廿五里南崔蒙村東北」一里平原禮也。夫其北據浮山，南連積石，漳濱東」度，指大禹以非遥；澤馬西臨，去雍川而已近。量恐劫石」拂盡，桑田屢遷，故勒斯文，以爲銘曰：銘曰：曰：地之久」兮天之長，死與生兮道之常。劍沉水兮空有信，」人之化兮永不望。」

（周紹良藏拓本）

大曆〇四六

【蓋】失。

【誌文】

大唐故高士楊府君墓誌銘并序」

德行以冠君子也，藝術以資廉能也，退身者終」藏其器，守道者先遁其名。粵有高士故弘」農楊公諱崇字崇，乃齊左常侍、駙馬都尉、涇州」刺史孝瑜之雲孫也。祖倩，故代州録事參軍。父」登，故商州上洛縣丞。雖門傳勳緒，而身厭榮禄，」但保其清質玉潤，無求於茂實芳聲。内外稱之，」仁閭閻歌，其惠如何？藏舟不固，逝水傾謝，烏呼」哀哉！日月遄流，星霜屢變，洎皇唐大曆十」年乙卯之歲啓窆於先塋，與故夫人隴西騫」氏合葬於洛陽之北原，禮也。仙崗隱軫，脩壟峨」峨，右澗左纏，背邙面洛，天長地久，永固於斯。長」子浙江東觀察支使、大理評事頒，季女秦氏八」娘，見玄扃欲掩，攀慕無及，哀號擗踴，泣血請誌。」僕才不敏也，輒爲之銘云：」

灑迤重崗，峨峨雙闕，旁臨瀍澗，迴映松雪，勁草」悲風，寒煙慘月。其一。寂寂荒壟，沉沉夜臺，霜凝腐」草，風激寒埃，傷百年兮倏忽，聊一望兮徘徊。其二。」

（周紹良藏拓本）

大曆〇四七

【蓋】失。

【誌文】

唐故左金吾衛大將軍渤海高君墓誌銘」

公諱如詮，渤海人也。曾祖良貴，皇檀州」別駕；祖利生，不仕；父思誨，不仕。公在家孝義，於」國輸忠，仁賢莫比，禮樂儒宗。鶺鴒和睦，資財共」同，温良恭儉，無所不通。安定社稷，榮班累功，倏」忽喪逝，魂魄歸空。解褐授隴州龍盤府別將，再」任易州長樂府折衝，」三任揚州方山府折衝，四」任左清道率，五任左金吾衛大將軍、昭武校尉、」賜紫金魚袋、上柱國、充河南副元帥下散將。豈」謂天不祐仁，忽染斯疾，奄鍾凶釁，皇天降災，以」大曆十一年正月廿五日終于河陽縣之官舍，」春秋六十有八。惸惸孀婦，痛貫五情；恨恨季方，」哀心永結。即以其年二月廿四日權窆于邙山」之原，禮也。恐陵谷遷變，事易時移，故勒石紀文，」用旌不朽。」

鸞鳳之姿，琅玕之枝。道不苟合，」命不遭時。藏名向晦，隟駟遄馳。」

（周紹良藏拓本　河南千唐誌齋藏石）

大曆〇四八

【蓋】 失。

【誌文】

大唐故恒王府典軍賜紫金魚袋上柱國太原王府君墓誌銘并序」

公諱景秀，字景秀，其先太原人也。周文之胤，漢司徒關内侯二十」六代之孫也。公早歲從戎，文武兼備，克和忠孝，風骨稟然，器宇」深沉，朋從噏襲，清規雅量，特立不羣。授恒王府典軍，賜紫魚」袋，冀峻節橫騰，天機永烈，蒼生有望，輔翼邦家。何圖」天不憖遺，奪我忠善，使魂歸野隴，魄散異鄉，迴望故郊，哀」罔絶嗣。悲夫！以大曆十一年八月十三日遘疾，終於幽州客」舍，春秋七十有八。夫人鉅鹿魏氏，立性温和，秉志貞操，」婦德備於儀則，恭讓逾於古今。將謂琴瑟之義永」遷，何乃先鍾斯禍，悲苦重疊，凶釁聚門。以大曆十年」九月十三日寢疾，終於幽州別業，春秋六十有三。嗚呼！」卜兆良日，啓殯有期，歸葬舊墳，合附新櫬，以其年」歲在丙辰八月丙辰朔十九日甲戌葬於薊城北保大」鄉之原，禮也。長女十三娘、次女明德、次女端嚴，次女淨」德等，零丁極塞，所向無依，號訴於天，糜憒肝膽，臨穴哀」叫，五内崩摧。恐千載之後，陵變谷移，刻石紀功，銘曰：」

歸葬伊何兮薊城北，愁雲慘慘兮黯無色，泉門一閉兮永不」開，窀穸幽冥兮云何極？桑乾上，燕臺傍，萬古千秋兮人自傷。」

（周紹良藏拓本）

大曆〇四九

【蓋】　大唐故瞿曇公墓誌銘

【誌文】

唐故銀青光禄大夫司天監瞿曇公墓誌銘并序　屯田員外郎張翃撰」

維唐大曆十有一年歲次景辰夏四月銀青光禄大夫、司天監瞿曇公薨。是」年冬十月乙酉朔，葬於長安城西渭水南原先塋之次，禮也。公諱譔，字貞固，發源啓祚，本自中天，降祉聯華，著於上國，故世爲京兆人也。烈曾諱」逸，高道不仕；烈祖諱羅，皇朝太中大夫、司津監，贈太子僕；烈考諱悉達，」皇朝銀青光禄大夫、太史監、江寧縣開國男食邑五百户贈汾州刺史。公」即太史府君第四子也。宇量則弘，衣冠甚偉，天與粹質，神歆利用，學必造微，」藝皆至極。筮仕之首，以武舉及第，授扶風郡山泉府别將，恩旨直太史」監，歷鄜州三川府左果毅，轉秋官正，兼知占候事。及國家改太史監爲」司天臺，有詔委公。纂叙前業，發揮秘典，以賜緋魚袋，尋正授朝散大」夫守本司少監。廣德初，公質事誤王，削去冠爵。無何，鑾駕幸陝」迴，以公先言後效，詔賜紫金魚袋，仍復舊官。是歲，」先聖欲靜康衢，惡聞殘孽，日華月沴，未測其由。公驗以風星，審其休咎，有」所聞上，言皆可復。」今上登寶位，正乾綱，以公代掌羲和之官，家習天人之學，將加寵位，必籍」舉能，遷司天監。明年，授銀青光禄大夫，率從人望也。每金殿清問，」玉階拜首，敷奏星家，移及兵略，雖三事鼎足，未能居先，昔賢置混儀，作測影，」奚足多也。公妙年從宦，六十五而即冥，於戲！假以多才，奪其眉壽，良可悲」矣！追贈太子詹事，賜絹二百疋，以備哀榮之禮。夫人瑯琊王」氏。朝散大夫、晉州別駕嗣之長女。宜家配合，均養稱賢，早歸道門，深悟禪理。」公大漸之後，逾三月而奄歿，享年五十九。亦以公發引之日，雙輴合祔。有」子六人：長曰昇，次曰昪，昱，晃，晏，昴，皆克荷家聲，早登宦籍，哀纏怙恃，悲集荼」蓼。以僕與先人莫逆，見託斯文，銘曰：」監公特秀，天穀爾生，九籌可復，七曜能精。陬躔失次，歲位阻兵，」實資幽賾，以助皇明。羲和比位，京翼齊名，圖書家業，」青紫國榮。康衢方騁，夜壑忽驚，三號祖奠，雙引銘旌。卜室地吉，」考祥歲貞，松深月苦，長閫佳城。」

前太常寺奉禮郎張士源書。」

（周紹良藏拓本）

大曆〇五〇

【蓋】失。

【誌文】

唐太原府司録先府君墓誌銘并序　遺孤第二子前大理評事杞謹撰并書」

府君盧姓，其先姜氏，范陽人焉。七代祖後魏司徒敬侯尚之之裔，鹽山縣尉知誨之子。諱濤，字混成，年十九，明經擢第，常調補安德縣尉，佐幕遷左監門録事參軍，轉西華縣令、太原府司録，咸以抱德經物，不言而治。示清白而觀國，蘊仁孝以克家，況學富文高，禮崇身儉，穆穆棣棣，夫何言哉！嗚呼！昊天罔極，災我于欒棘；皇天不弔，殃余乎荼蓼。天寶十二年癸巳九月遇疾，精誠無感，禱祠不降，冬十月彌流大漸，五日棄背於官舍，春秋五十有三。長子楹，不幸短命，無禄而終。哀哉！次子杞，前大理評事；栝，前杭州餘杭尉；札，前潤州丹陽尉；楨，槙，構等，不夭在疚，泣血存禮。其年十一月十八日，安厝於河南縣萬安山之陽。夫人滎陽鄭氏，易州司馬曀之女也。至若螽斯之德，鳲鳩之仁，爲三族九姻之靈龜明鏡矣。及先君違世，繄夫人拊鞫教導訓誘，克遂成立，享年六十有三，大曆十年乙卯二月卅日傾背於壽州霍邱縣安定里之私第。杞等殃罰罪苦，號扣崩裂，無顧無腹，何怙何恃？明年景辰十一月乙卯十六日庚子，歸葬于本塋合袝，從周制也。欽若祖德，詒厥孫謀，恭惟懿範，罔敢墜地。於戲！撰德行存圖史，誠孝子之節，著誌銘幽礎，銜酷何申？係曰：

於穆烈考，猗那文母，道光邦國，德振今古。思皇多祜，維清緝熙，休有烈光，子孫其保之。嗚呼蒼天！白日昭昭，青松嫋嫋，冥兮窅。壽堂閉兮切孤藐。

龐英幹鐫。」

（録自《古誌石華》卷十三）

大曆〇五一

【蓋】失。

【誌文】

大唐故衛州新鄉縣令王府君墓誌銘并序」

公諱希晏，字希晏，太原祁郡人也。其先得姓大周，則靈王太子」晉之後也。曾祖寬，幽州漁陽縣尉；

祖稱，莫州文安縣丞；」父相，潞州上黨府折衝。公則上黨府君之長子。聰明神與，」才辨天假，或謂驟褭飛兔，乃爲干將莫耶，能習禮容，又閑」兵法。年弱冠入幕，運籌帷幄之中，決勝千里之外，鴻勳累著，」德業尤彰，軍功出身，解褐深州饒陽縣尉，轉饒陽縣丞，」遷朝散大夫，試鄂州司馬，賜紫金魚袋上柱國。頃屬國家多」難，戎馬生郊，諸侯相侵，守在四境，人墜塗炭，思其撫綏。州牧」楊公擇不羈之才，訪詢謀之士，舉公爲新鄉縣令。下車之後，」招攜士庶，問人疾苦，哀恤鰥寡，禁禦奸邪，踰月政成，黎甿」樂業，閨門有行，德義可尊，忠讜之規，聲流海內；鯁直之」操，譽滿家邦。行旅歌於路傍，故人滿於門下。豈謂災生鶩」影，疾起膏肓，蘭桂之質遽摧，金石之齡匪保。以大曆十二年」六月四日終於官，春秋卌有七。以其年　月　日葬於五陵山之南」原禮也。將恐桑田有變，陵谷遷移，乃爲其銘，以刊貞石。銘曰：」

天地降靈，挺生異人，隨珠在魏，和璧歸秦，爲家之寶，爲國之珍。」歲云暮矣，寒郊一望，松□平臨，闕門相向，千載蕪没，九原悽愴。」

（北京圖書館藏拓本）

大曆〇五二

【蓋】唐故獨孤夫人墓誌銘

【誌文】

故衢州司士參軍李君夫人河南獨孤氏墓誌銘并序」

夫人姓獨孤氏。六世祖永業，北齊司徒、臨川郡王。自」臨川五葉至贈秘書監府君諱通理，門風世德，家諜」詳矣。夫人秘書之第三女。生而純孝，容範淑茂，成於」德門，歸于公族。公族李氏曰濤，故楚州刺史仲康之」子，今御史大夫涵之從父兄也。少有敏才，故祕書府」君以夫人歸之，恪勤婦禮，以正家節，門内之治，夫」人是賴。乾元初，李君參掾信安，遂終于位。夫人罷助」祭之事，專以詩禮之學，訓成諸孤，親族是仰，比諸孟」母。晚歲以禪誦自適，謂般若經空慧之筌，持而爲師，」視諸結縛，猶遺土也。享年五十三，大曆十一年閏八」月十五日寢疾，終于常州，遂權窆于建安精舍，之明」年，□月十七日，卜葬□吉，始遷兆合祔于洛陽清風鄉之」原。嗣子前越府士曹參軍居介、南陵」尉居佐、譙縣尉居敬、孝廉居易等，痛聖善之德之不」可追也，俾肅爲誌。其銘曰：」

温温夫人，貞順而慈，始爲婦儀，終爲母師。仰誠法寶，」穎脱塵穢，身世兩遺，獨□□歸，歸祔伊何，周原舊域。」哀哀令嗣，孝思罔極，作銘片石，以誌窀穸。」

（周紹良藏拓本　河南千唐誌齋藏石）

大曆〇五三

【蓋】　失。

【誌文】

前京兆府藍田縣丞竇公夫人弘農楊氏墓誌銘并序　進士丁翥撰」

夫人諱瑩字諦聽，弘農華陰人也。曾祖沖寂，」皇司衛卿；大父愿，汝州刺史；烈考廙，太子右贊善大夫；」清德儒風，家專盛美，史足徵也，此而不書。夫人即贊善」之第四女也。孩幼之年，嬉戲有度。先舅早命，嚴親」不違，女子有行，成人備禮，出自竇氏，復歸竇家，宣父所」謂因不失親，亦可宗也。嗚呼！舅姑早世，而孝不德」展；孤幼未會，而仁無所施。德行工容，真婦之表，重於親」戚，不亦宜乎？常謂姬姞繁昌，君子偕老，豈意松蘿異質，」霜露先凋。始震而鍾太夫人之喪，□傷毀瘠，殆至」滅性，左右護持而免，終然抱瘵，纏綿枕席。及生子，寢疾」彌留，大曆十二年三月，終于洛陽殖業里之旅舍，春秋」卅有一。以其載十一月廿二日權厝於北芒之南原，禮」也。噫！爲婦二歲，喪親始朞，將歸于秦，竟□于洛，皇天不」弔，福善無徵，念嗣子之嬰孩，致夫君之永痛，行路淒感，」豈唯宗親，嗚呼哀哉！翦忝公周旋，見討銘誌，不文而質，」竊媿非能。銘曰：」

竇家哲婦，楊氏盛族，蘭英蕣姿，垂璫珥玉，享年未遠，天」喪令淑。都門之北，芒山之麓，寒郊莽蒼，連崗重複，右瀍」左陸，宅兆斯卜，魂兮是依，神之所福。胤子孩幼，夫臨慟」哭，雖設封樹，懼移陵谷，勒石爲銘，勿疑來復。」

（周紹良藏拓本）

大曆〇五四

【蓋】失。

【誌文】

故上柱國北海璩公墓誌銘并序」

噫！有唐大曆十有二年，歲次降婁，春壬二月一日壬辰，北海」璩府君卒于縣之私第，享年三百七十二甲子矣，哀哉！」以其年冬十有一月廿四日壬申，葬于潞之附庸尚子城北五里」壬癸之□鮑司隸原禮也。公諱崇胤，謚字紹宗，衛大夫伯玉」之後也。其先蓋筮仕於潞，遂爲長子人。父元貞，大父洪徹，并」性閑不仕，是乃以仁爲己任，不亦重乎？公有道，子孫無忝祖考」也。懿夫！柔服可懷，仲尼稱爲君子；乘車有禮，内主謂之賢人。素」業清風，承家不墜。公年甫强仕，會國步多虞，二紀之間，孰免勞」止？雖底績以□帝錫鴻勳，而儕於準人，蓋取諸隨□兑上震下也。夫其」感激倉鼠者衆矣，豈唯府君而已哉。良圖不果，奠夢斯及。已矣」夫，一死生爲虚誕，可哀也哉！嗣子翼，朔州尚德府果毅。悲摇」風樹，苦集蓼莪；有女簫笄，顧猶在室，移天之禮，竟失資於。」與夫元昆，縱縱葬事，棺櫬唅襚，率惟舊章。志其佳城，」愿刊貞石。銘曰：

已而已而，逝者如斯；早世無禄，皇多有之。悲夫悲夫！命矣何圖？天則不憖，人其怨乎？女也未醮，男兮」早孤，擗踴哭泣，死而復蘇。人而欲□，必也喪親，扶力」襄事，以葬君身。出郭門兮直視，望孤隴兮悲」辛，佳城寂寂君獨卧，空堂愁煞未亡人。」

（録自《山右冢墓遺文》）

大曆〇五五

【蓋】失。

【誌文】

唐京兆尹兼中丞杭州刺史劍南東川節度使杜公墓誌銘并序

九有虞卿，行師貴於衽席；四方取則，鈎鉅資乎浩穰。誰其有之？」則杜公其人矣。公諱濟，字應物，京兆杜陵人。皇主客郎中續之」曾孫，明堂令知讓之孫，贈太子少保惠之第三子。姿度韶舉，心」靈敏達，在家必聞，既蘊睦親之志；所居則化，多稱不器之能。解」褐南鄭主簿，州主司馬垂引在使幕，轉長社尉、隴西法曹。皇甫」侁江西採訪，奏爲推官，授大理司直，攝殿中侍御史，賜緋魚袋，」尋正除殿中。歷宰湄、渭南、成都三縣，綿州，賜紫金魚袋魚袋，户」部郎中，加朝散大夫。廣德中，檢校駕部郎中、上柱國，嚴武劍南南」行軍司馬。杜鴻漸分蜀爲東西川，以公爲副元帥判官知東」川節度，拜大中大夫，緜、劍、梓、遂都防禦使，梓州刺史兼中丞。時」寇盜充斥，公示以威信，八將之不隕，公之力焉。尋拜東川節度」使。俄而移軍，復爲遂州都督，徵拜給事中。間歲，拜京兆少尹。明」日，遷京兆尹，出爲杭州刺史。公務清簡，庭落若無吏焉。不幸感」風疾，以大曆十二年歲次丁巳秋七月二日辛亥，薨于常州之」別館，春秋五十有八。夫人京兆韋氏，太子中舍迪之第三女也。」沉敏精深，高明柔克，斡夫之蠱，以懋厥家。凡生三子四女，而公」即世。夫人星言晝哭，躬護櫬輤，與子肅以冬十一月二十有四」日壬申歸窆公於萬年縣洪原鄉之少陵原，祔先塋也。嗚呼！以」公之志業才力，宜其振揮鱗翮，淩厲清浮。而命迮成山，功虧長」世，吁足恨也！真卿忝居友胥，亟接周行，痛徽音之永隔，感存没」其何已！銘曰：

藹藹禺禺，時維杜公，業光臺省，政洽軍戎。乃尹京兆，乃麾江東，」帝方俟理，命則不融。内子護喪，哀哀送終。

（北京圖書館藏拓本。《校碑隨筆》稱僞刻）

大曆〇五六

【蓋】 失。

【誌文】

唐故處士虞公墓誌銘」

公姓虞，諱景莘，字次耕，吴郡虞山人也。其先爲周大」王仲子曰仲雍，隱于虞山，故又號虞仲。此虞山虞氏」之所由始也。余與公爲總角交，行同趣合，銘公之墓，」其何能辭。公之大父士亨，父廷珍，俱隱德不耀。公生」而穎異，讀書過目成誦。既長，修身勵行，恬淡自安。所」居孟村，門臨流水，室對西山，春雨攜鋤，清波垂釣，與」余步蒼苔，坐危石，辨古今事當否，論人高下，事後當」成敗，往往希吁悼歎，感慨係之。今幾日爾，茫茫衰草，」寂寂松楸，一世交情，從兹逝矣。余能無愴然于懷耶！」公生于景龍元年丁未正月十二日，殁于大曆十年」乙卯八月廿三日，享年六十有九。配沈夫人，温柔淑」慎，與公相敬如賓。公之得以笑傲煙霞，徜徉山水，不」爲塵俗染者，得力于内助多也。子一：師恕；孫二：尚仁，」尚德。今于大曆十二年丁巳十二月二十二日葬于」端委鄉太平塘之原，乃爲之銘曰：」

先生之行樸而淳，先生之品淡而真，外形恬退，内蘊」經綸。遭時不偶，自悔其身，幽光潛德，我懷斯人。」

邑人吴宏度製文。」　玉峰陶峴書并篆蓋。」

（周紹良藏拓本）

大曆〇五七

【蓋】失。

【誌文】

唐故汝州司馬隴□李府君墓誌銘并序　堂内弟朝散郎前行絳州稷山縣主簿郭霸撰」不知者壽也。悲夫！數其中壽，及者猶希。外兄李公，遽掩泉」路。公名華，字士謀，其先隴西人也。分自帝系，固其本枝。曾祖」景嘉，千牛大將軍；祖令珪，高道不仕，隱身自晦，骯髒王侯；父」睦，朝散大夫，曹、蔡二州長史，追贈汾州刺史。朝廷傷絆足」於平生，俾褰帷於冥寞。公性實聰鋭，才雄倜儻，哂小人之齷」齪，無可與言。陪位出身，解褐授左衛率府胄曹，次任尚衣」直長，又轉同州司兵。每以小事專達，吏材有餘。俄屬羯胡憑」凌，社稷危埶。公誓赴國難，思盡臣節，遂詣襄陽節度來公，」因留幕下。後在許州堅壁拒虜，談笑爲事，衆謂魯連之儔。詩」曰宗子維城，此之謂矣。議功特超□政，遂授汝州司馬，賜緋」魚袋。公不之任，東西南北，乘興而往，以酒爲名，以樂爲情。」適公卿之座，昂然神王；遇分義之士，率爾道合。伯仲十人，數」合天倫，並及婚宦，聞于宗祏。嗟乎，數年之間，淪没向盡。公以」大曆十三年正月廿九日終于濟源縣之官舍，春秋五十有」六。夫人太原郭氏，即户部員外郎湜之長女。五可云備，四德」無虧，先某年　月　日寢疾，終于□□里之私第，春秋　權」窆於北邙原。以今年二月十九日，合祔于平陰里，禮也。嗣子」季和，號天靡及，杖而後起；次子夜光，纔離襁褓，呱呱而啼。嗚」呼！丹旐將啓，路人共悲，唯是窀穸，成□長往。銘曰：」

李公平生，素負才器，纔逾下壽，未踐高位。當其全盛，實茂花」蕚，白日不留，春風自落。時有代謝，人有淪亡，遊魂冥寞，託體」山崗。顧親懿兮執紙□涕，痛此别兮永留北邙。」

（北京圖書館藏拓本）

大曆〇五八

【蓋】失。

【誌文】

有唐盧夫人墓誌」

初，夫人之終也，以開元廿五年二月廿八日權窆于河南萬安山北原，叔」太子賓客崔孝公爲誌曰：」

夫人姓盧氏，諱梵兒，字舍那，涿郡范陽人也。爰自本枝炎皇，錫胤齊后，公」子分邑以命氏，尚書崇德以建家，奕載名賢，鬱爲著族。曾祖彦章，隋安」興丞，器範夙成，勳業中謝；祖莊道，皇朝侍御史，刑部員外郎，英表冠時，」休名滿代；考金友，監察御史、大理丞滁州刺史，杖清節以升朝，貽素風」以訓後。夫人即滁州府君之長女也。幼而韶茂，長而端華，撝謙載德，中」和成性。既笄，歸于博陵崔氏，所奉之主即故右御史臺監察御史諱渾」其人也。崔公職司朝憲，才爲時英，夫人敬順莫違，閑淑多裕，奉上純至，」逮下宣慈，不幸年未卅而崔公無禄，清白所遺，家靡兼儲，淪殀之餘，室」滿孩稚。夫人禮貞衛什，誓以泛舟，志厚唐風，期于歸室，克全高節，保乂諸」孤，孝義著於閨門，德問流於邦國，宜享多祜，以永脩期。彼蒼者天，曷賦斯」命，年未及壽，養不待榮，輔仁則虚，與善安在。以開元廿三年六月五日遘」疾，終于少子夷甫所涖河北縣之官舍，春秋五十有六。夫人有二子：長衆」甫，左武衛倉曹參軍事；季夷甫，河北尉；一女適李氏；並孝思罔極，殆不勝」哀，永懷揚名，是用有誌。載刊貞石，式表幽埏。其詞曰：」

于嗟天命兮命不于常，胡不輔仁兮莫祐貞良。猗歟淑德兮韶秀端莊，行」周敬義兮道孚含章，慈和恭孝兮閑家有光。善人爲善兮夫何不臧？坎軻」六極兮纏綿百殃。君子好仇兮夙罹短折，純孝欲養兮不待蕃昌。充窮遠」日兮慟渝翳，孺慕幽埏兮增感傷。圖遺烈於貞石，庶脩名之克揚！」

夫人長子衆甫，服闋授密縣尉，又轉其縣主簿，稍遷濟源縣丞，又遷扶風」郡麟遊縣令，加朝散大夫，拜著作佐郎；少子夷甫，服闋授左千牛衛録事」參軍事、滄州東光縣令、魏州魏縣令。天寶之末年，夷甫卒；寶應之初年，衆」甫卒；衆甫之子滿籝、貞固並未仕，先衆甫卒；貞固之子公度又夭。今有夷」甫之子契臣未仕。越以大曆十三年歲次戊午四月丁丑朔八日甲申，嫡」婦隴西縣君李氏、孫契臣，奉夫人之櫬祔於監察御史府君，禮也。」

以九日乙酉窆。」

（周紹良藏拓本　河南千唐誌齋藏石）

＊　**大曆〇五九**（與殘誌〇五八重出，此當存）

【蓋】有唐著作佐郎崔公墓

【誌文】

有唐朝散大夫行秘書省著作佐郎嗣安平縣開國男崔公墓誌銘并序　從父弟中書舍人祐甫述」

公諱衆甫，字真孫，博陵安平人。自漢侍御史以降，直道正詞，」高名絶節，繼書簡册，暉映今古。曾祖諱儼，皇朝雒縣令；」祖諱暟，庫部員外郎安平縣男；考諱渾，監察御史；皆有師」範。生靈之大德爕諧天人之大量，任位不至，蹇塞於時。公行」符顔閔，器參管晏，奉尊敬順，恤孤惻隱，曰儉與和，服之終始，」惟貞與直，存於夙夜，□入典訓，精通理本，曠兮其廣博，漻兮」其静深。置論於宏遠，必也施教立言於化成；以之體物，自得」禮義之域，居然風塵之外。年十有五，嗣祖爵安平男。踰年，」明經擢第。弱冠，參懷州軍事，丁祖母憂去職。服闋，拜左武」衛倉曹參軍事。屬先妣盧氏有沉痼之疾，公不脱冠帶以」養者將一紀。丁憂服闋。尉河南之密縣，又爲其縣主簿，又丞」濟源，擢爲扶風之麟遊令，凡所爲政，以利人除害爲先，不干」名，不肆直，所居自化。玄宗幸蜀，公棄官以從，因授朝散大」夫、著作佐郎。自蜀之吴，省其家也；優遊累稔，從其好也。享年」六十五，以寶應元年六月六日寢疾，終於洪州豐城縣之秘」館，歸殯于邙山。嗚呼！公動不踰閑，居必謀道，隉阢時故，光華」不鑠，天之獎善，其無緒耶？夫人范陽盧氏，當塗令元珪之」孫，雍丘主簿澹之長女。地高性淑，瑶姿蕙茂。降年不永，以」開元廿二年正月十六日先終于中牟縣盧氏之别業。越以」大曆十三年歲次戊午四月丁丑朔八日甲申，合祔于邙山」平樂原，從先君，禮也。公有子滿籯，次」貞固，皆易直純雅，有其才而無其命，先」公而終。貞固之子公度，童年又殀。公之」次女，范陽盧徵妻，明敏温惠，女子之賢」良者也，不幸短祚，稚齒而殁。易曰：積善」之家，必有餘慶，其誕詞哉？繼夫人隴西」縣君李氏、長女趙郡李潤妻、兄子烍、弟」子契臣等，永惟慎終之義，克舉揚名之」道，故篆石爲誌，銘曰：」

吾家代業之積仁，安平嗣君，之德之純，」懷其道而道不伸，王佐之器，莫試於經」綸。老氏藏室何寂寞，吴江之滸又遼廓，」哲人其萎舟去壑。柔明簡諒，君子之嬪，」□華早落，厚夜無晨，昭昭萬古，共挹芳」塵。」

（周紹良藏拓本　河南千唐誌齋藏石）

大曆〇六〇

【蓋】有唐尚書左僕射崔孝公之墓

【誌文】

有唐通議大夫守太子賓客贈尚書左僕射崔孝公墓誌　潁陽縣丞徐珙書」

初，孝公之薨也，以開元廿九年十二月廿九日權窆于邙山，故人北海太守江夏」李邕爲誌曰：」

觀夫君子者以和爲量，至人者與一爲徒，正氣漫於四支，淳德封於百行，豈曾子」之問，避席以知，金人之銘，緘口乃慎。且柔進後動，巽止後居，」上下淡而克交，中正」順而偕應，則無繩自直，不戒有孚，泯乎大方，叶於全朴者，其惟我崔公歟？公諱沔，」字若沖，博陵安平人也。其先出自炎帝之子伯夷，至太公表於東海，厥嗣食菜於」崔城，因而氏焉。至若南山黄公，濟北子玉，或秉節傲帝，或銘座律人，風烈前修，光」太後嗣者也。曾祖諱弘峻府君，隋銀青光禄大夫、趙王長史；祖諱儼府君，」皇朝益州雒縣令；考諱暟府君，朝散大夫、汝州長史、安平縣開國男，贈衛尉少」卿；並人倫高標，名教華蓋，雅杖憲矩，洊臻德名。公稚無童心，少有大觀，見素抱朴，」知雄守雌，内陽而外陰，内健而外順，每向晦藏密，參寥聚精。儲心清魂，謂羲皇之」代；收視玄覽，讀聖人之書。借如孝移於君，仁勇於義，朋思有未言之信，昆弟有不間之歡。流念汪於恤孤，形政加以子物。所謂情心造極，事必率真。無得而稱，故「言不入境；無私而照，故廣不窮涯。所以好謀而成，舉必弘化；臨事而斷，理無變觀。「務劇而自足於閑，物競而獨安於靜。其有爲也，四時運而無窮；有守也，一言形而「可復。所以順動以悦，流謙而光，明莫人非，幽罔鬼怨者此爾。古人曰：丈夫處其厚，「君子蹈其常，不然，曷以寬服於人，柔制於物，盛德可以鎮薄俗，雅言可以軌後昆。「豈徒懿乎文，典于學，射策科甲，蒞政跡尤，隨手之能，道形始於無作；易御之妙，神「用契於無間。且夫遊上林者，不華於纖草；觀巨壑者，豈壯於餘波。今欲一名出徒，「一事異等，叙尋常之紀，際深廣之端，則恐脩短不侔，巨細相混，存其遠者，實所庶「乎，略其小焉，故可知矣。非夫歷官之次，即穸之辰，誠足稱多，未敢聞命。公廿四，鄉「貢進士擢第，其年封中嶽，詔牧伯舉賢良，公與兄故監察御史諱渾雙名居右，「敕授麟臺校書郎。滿歲，補洛州陸渾主簿。宅汝州府君憂，外除，擢左補闕。無何，拜殿中侍御史，復換起居舍人，纍祠部員外郎，擢給事中。居數月，轉中書舍人，辭「官請侍，優制改虞部郎中，仍都留司，因攝御史中丞，尋即真，充都畿按察使。時「宰反聽，屈著作郎。既而悟焉，累月，檢校祕書少監，遽而正授。前後奉詔再判大「理，又知禮部侍郎，恩加朝散大夫，遷左庶子。丁内艱，彌私制。徵中書侍郎。一歲，「河朔無年，特詔公魏州刺史。皇上有事泰山，觀大禮，加朝議大夫。因上計，分「掌吏部選事。未幾，入爲左散騎常侍兼判國子祭酒。始東都副留守，復秘書監。「上籍田，東都留守昇太子賓客兼懷州刺史。俄而去兼，加通議大夫。終東都副留「守。時春秋六十有七。嗚呼！以開元廿七年十一月十七日薨於居守之内館。門下「省居守以聞，聖上哀悼，追贈禮部尚書，賵以粟帛。太常考行，謚曰孝。註老子道「德經，文集三十卷。嘗以公碩行多才如彼，清資盛業如此，雖蒼生有望，而明神或」欺，三旌未躋，百齡不極，紫綬加於黃壤，陰室啓於玄冬，斯并志士興悲，大雅流歎，」首公者爲國，軌物者在人，職此感多，念茲體大，豈眇小罷市，握齪輟歌而已哉！公」位事則高，家節以約，弊其衣服，糲其員方，雖道際於尊，而儉逼於下。頃以依於佛，」濟於仁，厚祿半於檀那，上農徧於周急，故貲用四壁，人不堪憂，而詩書一牀，獨以」爲泰。及撤瑟初艱，蓋棺他日，聚族之費，崇福之餘，薄葬不足以送終，遠日不足以」集事。長子同州馮翊縣尉成甫、嗣子祐甫等，並至性本天，彝訓過禮，恙極於侍，哀」極於追，柴毀失容，綆淚成血。邕十三同學，廿同遊，晝連榻於蓬山，夕比燭於書幌，」直則爲友，道則爲師。一剛一柔，厥跡頗異；好文好義，職允攸同。情以久深，心以知」盡。今哭位淄水，殯日伊川，懸棺惠顧而應留，弔馬悲鳴而不及，信運斤質死，豈搦」管思存。其詞曰：」

塞默玄造，蒼茫大鑪，道兮而逝，德兮而孤。周仁不祐，濟義不扶，年罔極壽，位弗登」樞。憲矩安仰，名教誰模，四始殆喪，百禮將蕪。已矣已矣，天乎天乎！」

孝公長子成甫，服闋，授陝縣尉，以事貶黜。乾元初，卒于江介。成甫之長子伯良，仕」至殿中侍御史；次子仲德，仕至太子通事舍人；少子叔賢，不仕，並早卒。今有伯良」之子詹彥，並未仕；仲德之子，未名。孝公之嗣子祐甫，仕爲朝散大夫權知中書」舍人事賜紫金魚袋。永泰中，天子有事南郊，旌寵舊德，是以有僕射之贈。越以」大曆十三年歲次戊午四月丁丑朔八日甲申，嗣子祐甫奉孝公之櫬遷于邙」山之平樂原，以夫人太原郡太夫人王氏祔焉，禮也。」

（周紹良藏拓本　開封博物館藏石）

大曆〇六一

【蓋】失。

【誌文】

有唐太原郡太夫人王氏墓誌」

初，夫人之終也，以開元廿三年十月廿七日，權窆於邙山。」夫尚書左僕射孝公爲誌曰：」夫人姓王氏，字方大，太原晉陽人也。其先出於周靈王太子晉。太」子上賓於帝，子孫留焉，時人號爲王家子，因以命氏。周漢以降，代」爲著族。夫人即後魏龍驤將軍慧龍之九代孫也。曾祖仁緒，」隋文林館學士；大父惠子，隱居不仕；考温之，皇朝鄆州録」事參軍事；並當仁由道，命不祐能。夫人淑姿端雅，厚德寬裕，孝友」冥至，恭順夙成。周閑内儀，通識前載。年十有八，歸我崔氏，逮事」先夫人。屬有沉綿之疾，夫人服勤就養，誠孝純深，虔奉諸姑，和敬」娣姒，慈撫猶子，禮協宗姻，至行有孚，休問增茂。貨不藏己，貴而能」貧。衣無珍華，食必蔬素。享年五十，以開元廿二年六月廿六日，暴」終于東都崇政里第，悲夫！周慎安乎苦節，謙約終於短祚，天與善」人何如哉！夫人有一男三女，並至性哀毁，殆不勝喪。刊石表誌，措」諸幽户。其詞曰：」

休門畜德兮詒厥脩令，碩人其頎兮誕敷淑性。含章通理兮端裕」純正，謙慈恭睦兮孝友和敬，天授夫德兮莫永斯命。臨其穴，惴其」慄，冬之夜，夏之日，百歲之後，歸于其室。」

太原太夫人之子祐甫，仕爲朝散大夫、權知中書舍人事、賜紫金」魚袋；長女適芮城尉范陽盧沼；次女適冠氏尉范陽盧招；少女適」臨汝郡司户參軍事范陽盧衆甫；並早卒。永泰二年，祐甫爲尚書」司勳員外郎，屬縣官有郊祀之禮，因廣孝道，追封邑號，是以有」太原郡太夫人之命。越以大曆十三年歲次戊午四月丁丑朔八」日甲申，嗣子祐甫奉太原郡太夫人之櫬祔于尚書左僕射」孝公，禮也。

前侍御史元至書。」

（周紹良藏拓本　開封博物館藏石）

大曆〇六二

【蓋】失。

【誌文】

有唐朝散大夫守汝州長史上柱國安平縣開國男贈衛尉少卿崔公墓誌」

初，安平公之薨也，以神龍元年十有一月廿四日，假葬于邙山，晉陽縣尉吴少微、富嘉」謨同爲誌曰：伊博陵崔公諱暟，歲十有八，以門胄齒太學。明年，精春秋左氏傳登科，冠曰慈明，首拜」雍州參軍事，次左驍衛兵曹，次蒲州司法。中書令李敬玄、侍中郝處俊，國之崇也，時」元良監守，朝於李而暮於郝，以率更職典刑禮，咨公爲丞，俾輯宫事。沛王府功曹曮，公」之仲昆；京兆杜續，公之姊壻，以主客郎中終，而兄亦早殁。公奉嫂及姊，盡禄無匱。其後」相次淪亡，公家貧，庀喪莫給，乃鬻僮馬以葬。羣甥呱呱，開口待哺，公之數子，咸孺稚焉，」彼餐而厭，以餬予子。時咸通歲，關輔大饑，闔門不粒，幾乎畢斃。朝廷嘉之，遷尚書庫」部員外郎，時年卅八。帝有恤人之命，特除公爲壽安令。月給都苑，大走關逵，郵輶無」留，賦訟咸理，使畿教不辱，故人頌石而德之。有後宰杜玄演及繼演者皆嫉我惠能，戕」我圖篆，舉邑號護，訶怒騍撻而不能禁焉。會江介郡縣，吏多貪慝，潭州司馬樂孝初、永」州司馬夏侯彪之，暴猾之魁，黷賄無紀，憲訊累發，皆不敢劾。公以剛直受命，南軺按」罪，親數二墨于朝，咸伏其咎。姦禄者因憚公嚴正故直，徙爲醴泉令。而縣之義倉，舊」多積穀，朝貴與州吏協謀僦餼，以傾我敖廩。公正言於朝，多所訐忤，遂左爲錢唐令。故」老懷愛而憤冤，號訴而守闕者千有餘人。朞而得直，復爲舊黨所搆，卒以是免。閉門十」年，寢食蓬藋，終不自列，久乃事白，授相州内黄令，遷洛州陸渾令。南山有銀冶之利，而」監鼓者不率公董之，復爲鑛氏所罔，免歸。人吏奔訴，而又獲理焉。登除澠池令，遷潤州」司馬，加朝散大夫。汝州長史范陽盧弘懌，雅曠之守也，既舊既僚，政愛惟允。及盧公云」亡，公哭之慟，因有歸歟之志。無何，張昌期乃蒞此州，公喟然歎曰：吾老矣，安能折腰於」此豎子？遂抗疏而歸。惡權兇也。皇聖中興，舊德咸秩，以安平之三百户爵公爲開國」男焉。初公皇考洛縣府君儼在蜀之歲，公年始登十，而黄門郎齊璿長己倍之，與公」同受春秋三傳於成都講肆。公日誦數千言，有疑門異旨不能斷者，公輒爲之辯精，齊」氏之子未嘗不北面焉。由是博考五經，纂乃祖德，則我烈曾涼州刺史大將軍誂、烈」祖銀青光禄大夫弘峻之世業也。累學重光，於赫萬祚。公尤好老氏道德，金剛般若，嘗」誡子監察御史渾、陸渾主簿沔曰：吾之詩書禮易，皆吾先人於吴郡陸德明、魯國孔穎」達重申討覈，以傳於吾，吾亦以授汝。汝能勤而行之，則不墜先訓矣。因修家記，著六官」適時論。神龍元年，公七十有四，秋七月季旬有八日，終於東都履道里之私第。公病之」革也，命二子曰：吾所著書，未及繕削，可成吾志。伯殞季血，敢守遺簡。乃於緘笥中奉春」之遺令曰：吾家尚素薄，身殁之後，歛以時服。吾死在今歲，不能先言，汝知之。公博施周」睦，仁被衆艱，是以有文昌之拜；大惠不泯，是以有宜陽之歌；守正不回，是以有三塗之」歸，海浙之遠。昔十歲執先夫人之喪，十五執先府君之喪，禮童子不杖，而公柴病，」孝也；嘗與博士李玄植善，植無所居，公亦窶陋，辦宅與之，義也；性命之分，人莫之測，而」公先之知，命也。銘曰：」

古先聖宗，莫大乎炎農；今日世禄，莫盛乎禁族。中有齊子，受邑命氏，裔德明明，夏里長」岑，瑗實洪懿之英英，以暨乎安平。北山莽蒼兮封纍纍，蒿棘榛榛兮狐兔悲，城闕傾合」兮洛逶迤，金歌劍蓋兮相追隨。嗟嗟大夫兮獨不偶，已焉已焉終何爲？」

安平公之元子渾，字若濁，居喪不勝哀，既練而歿。御史之長子孟孫，仕至向城縣令；嫡」子衆甫，仕至朝散大夫行著作佐郎，嗣安平縣男；少子夷甫，仕至魏縣令。天寶之末年，」夷甫卒，乾元之初年，孟孫卒；寶應之初年，衆甫卒。衆甫之子滿嬴、貞固，並先衆甫卒；貞」固之子公度又殀。今有孟孫之子銑，仕爲大理評事兼澧州録事參軍事。夷甫之子契」臣未仕。安平公之次子沔字若沖，服闋授左補闕，累遷御史，尚書郎，起居，著作，給事」中，中書舍人，祕書少監，左庶子，中書侍郎，魏、懷二州刺史，左散騎常侍，秘書監，太子賓」客，薨，贈禮部尚書、尚書左僕射，謚曰孝。僕射之長子成甫，仕至秘書省校書郎，馮翊、陝」二縣尉，乾元初年卒。成甫之長子伯良，仕至殿中侍御史；次子仲德，仕至太子通事舍」人；少子叔賢，不仕；并早卒。今有伯良之子詹彦，仲德之一子未名，並未仕。僕射之嫡子」祐甫，仕爲中書舍人，開元十七年，玄宗親巡五陵，謁九廟，將廣」孝道，申命百辟，上其先人之官伐，悉加寵贈。僕射孝公時爲常侍，是以有衛尉之命。初」安平公之曾祖涼州刺史自河朔違葛榮之難，仕西魏，入宇文周，自涼州以降，三」代葬于京兆咸陽北原。安平公之仕也，屬乘輿多在洛陽，故家復東徙。神」龍之艱也，御史僕射以先妣安平郡夫人有羸老之疾，事迫家窶，是以有邙山之權」兆。自後繼代，家於瀍洛。及安平公之曾孫也，爲四葉焉，況屬兵興，道路多故，今之」不克西遷也，亞於事周之不諧北葬。通人曰：禮非從天降，非從地出，人情而已矣。此不」用情，又惡乎用情！越以大曆十三年歲次戊午四月丁丑朔八日甲申，嫡孫婦隴西縣」君李氏介孫中書舍人祐甫奉安平公之櫬遷窆於邙山之平樂原，以」安平郡夫人王氏祔焉，禮也。

以九日乙酉窆。」

（北京圖書館藏拓本）

大曆〇六三

【蓋】失。

【誌文】

有唐安平縣君贈安平郡夫人王氏墓誌　潁陽縣丞徐珙書」

初，夫人之終也，以開元九年十月廿二日權窆于邙山，族孫監察御史頌爲」誌曰：」

夫氏姓王氏，諱媛，字正一，太原晉陽人也。周儲慶靈，舊德光乎百代；魏后定」姓，高門冠於四海。勳賢必復，史牒與能。夫人即後魏征虜將軍廣業之五代」孫也。曾祖賓倫，北齊汾州司馬；祖仁緒，隋文林館學士；父惠子，不事」王侯，德音孔昭，弈葉彌茂。夫人福履幽贊，靈和秀徹，孝敏自衷，寬明達禮，婦」道撿身以柔立，家人宅心以潛化，周防無忝，含章幼成，乃歸我安平公博」陵崔府君諱暟，時年十有三矣。 貞純内炳，緍宣中教。 夫人不逮事舅姑，」府君友于兄弟，將順其美，率由好仁，刻意躬行，服勤利博，衣必命而後襲，膳」有嘉而先饋，若奉所尊焉。 久之，府君頻有天倫之慼，夫人視養生姪，曲成」惠和，宗族歛衽以歸仁，兒童易衣而莫辯。 咸通之歲，關輔阻饑，府君爲率」更寺丞，素業清約，位纔非隱，禄未充家，孤遺聚居，稚孺盈抱。 夫人於是劬勞」自嗛，推美分甘，至樂融而且康，衆心餒而無怨。 府君利用進德，雖容禮闈，」睦親行成，内舉義直。 夫人次兄曰温之，山東儒藝，國庠遊學。 府君感夫人」誠敬克家，益盡心推薦于代，向非輔佐有力，庇宗得所，孰能使六親邕邕，二族」交泰？故君子韙之。 尋以外戚專朝，忠臣削跡，府君因事而退，拂衣就閑。 夫」人清静無欲，聽從有裕，即荆布而安，舍丘園而逸。 是知德曜有隱居之具，於」陵聽箕帚之言，高義充符故也。 抑嘗深見淳薄，不慕榮盛，冑實稱美，姻則惟」親，皆山東素門，罕涉權右，亦夫人雅志也。 府君後起爲汝州長史，以安平」縣開國男加朝散大夫，累踐通班，載榮中饋，受封安平縣君，昭寵命也。 長子」監察御史渾，直指清立，慶長運短，丁安平府君憂，渾居喪孝聞，既練而歿。 夫」人雅好釋理，會通衆妙，雖哭無晝夜，而心照玄空，情禮外敷，道精深入，爰撫」孤弱，濟于艱難。 文伯之母，言不踰閾；展禽之妻，誄足旌行。 古今有之矣。 初少」子沔，除殿中侍御史，職多皇華，慮闕温清，辭不拜職。 夫人誨之曰：汝門緒不」昌，令兄夭喪，宜恭恩命，以承家業，朝廷孝理，亦將及於汝也。 俄而」大君歎美，有命憲曹，俾都留臺，兼遂忠孝。 孝子懷舍肉之賜，母師遇登臺之渥，」彰慈教也。 前年沔自秘書少監遷左庶子加朝散大夫，夫人當進封太君，亟」請申叙。 夫人喟然而言曰：汝以我故也，國恩寬假，從容禄養，外無汗馬行」役之勞，内無危言謇諤之節，而坐致榮進，將何以安之？吾承先大夫餘蔭，」舊封縣君，不願有所加也。卒不許叙。天下稱仁焉。故宜爾子孫，行光邦國，咸」肅膺闈訓，允若家聲，教之和也；門閭可式，鄉黨稱悌，安土忘貧，滿堂常樂，和」之至也。中表聞義而相睦，吉凶習禮而臻仰，德廣所及，豈止於燕翼哉！夫人」本宗清貧，禮葬未克，每撤甘旨，損服用，封樹二尊，洎乎亡姊，舊喪畢舉，備物」飾終，此又夫人之孝也。嘗於禪誦組紃之暇，精陰陽曆算之術，知來以數，自」刻諱年。及初遘疾也，便命具湯沐，易衣裳，發篋中縑綵遺親親告別，不嘗醫」療，精爽自如。兒女進藥，銜悲固請。曰：强爲汝飲之，知無益也。寢疾凡卅六日，」以開元九年四月廿一日終于東都崇政里第，春秋七十有四。知命不憂，德」全終始矣。銘曰：」

帝子豈仙，王家有後，秀生淑德，懿哉慈母！言歸有初，尚柔無逸，惟明克理，用」晦元吉。大夫食邑，內主命朝，姬姜族配，禮樂榮昭。嗟我高行，永終茂祉，祭」有仁粟，膳餘孝鯉。京兆蒼阡，蒸言遠日，邙山宿草，權封此室。」

安平夫人次子沔服闋拜中書侍郎，開元十一年冬至，玄宗有事南郊，」制詔侍從登壇官加一階。侍郎上言請以加階之恩追贈邑號，制贈夫人」安平郡太君。至十七年，又以陵廟巡謁之禮，申錫類施及之私，侍郎時」已遷爲左散騎常侍，故有安平郡夫人之命。越以大曆十三年歲次戊午四」月丁丑朔八日甲申，嫡孫婦隴西縣君李氏介孫中書舍人祐甫，奉」安平郡夫人之櫬，祔于安平公，禮也。以九日乙酉窆。」

（北京圖書館藏拓本）

大曆〇六四

【蓋】 失。

【誌文】

有唐朝議郎守尚書工部郎中寇公墓誌銘并序　中書舍人博陵崔祐甫述　姪鄉貢進士京書并篆額」

嗚呼！尚義含章之士上谷寇錫，字子賜，後漢雍奴侯恂之後，皇朝中書舍」人、兵部侍郎，宋、定等四州刺史，上谷子泚之仲子，享年七十一，以大曆十二」年十月廿五日終于京師永寧里之私第。公之遘疾也，形羸而神不耗，雖氣」如難屬，而言猶有倫，與親賓之問疾者，款曲辭訣。以時更亂離，舊業荒毀，不」能調田構宇，以爲孤兄子庇身餬口之所，唯是爲恨。又遺命家人以棺櫬衾」冒机筵線杖之事，纖芥必至，然後啓手足歸全，可謂慎終哉！二三知舊聚哭」横涕，雖以天命釋之，不能違也。既而謀誄公之門緒官次德行，祐甫與公嘗」同僚，相得頗深，故操筆不讓。公有恭有寬有信有敏有惠，家傳盛業，文章政」事之表；地貴才清，聲華夙振。少以門子爲太廟齋郎，解褐尉鄭之滎陽，入爲」豐王府參軍，遷右領軍衛騎曹，轉左威衛倉曹，改壽安主簿。滎陽控東道之」劇參，壽安主西郊之郵馹，送迎館餼，事無違者。崇高者與歡之，困者倚濟其」勤敏，藉甚於朝廷矣。至於王門禁衛，則優遊其位，淑問有融。天寶季年，虜馬」飲於瀍澗，公拔身無地，受羈僞職，乘輿返正，以例播遷，遷于虔州，爲法□」屈也。復以才能授高安令，俄轉大理司直，擢爲監察御史，風憲克舉；受」命監嶺南選事，藻鑒惟精。遷殿中侍御史，累遷尚書、膳部員外郎、工部郎中，」謹於法度，修其癈缺，臺署之職行焉。寇氏之先，出於宗周，文之昭也。康叔爲」周司寇，封於衛，秦滅六國之際，衛君角歸於燕，因家上谷，以康叔之官爲氏。」角八代孫即雍奴侯； 雍奴曾孫侍中榮，榮生寵，避地秦川； 寵生孟，仕魏爲馮」翊太守，子孫或家焉。 公之曾祖，皇朝歸州刺史覽，王父曹州長史思遠，皆」碩行高節，暉映士林。 上谷公精識曠度，雄詞麗藻，入華省閣，出靜方州，公之」所憑，斯亦厚矣。 平生素懷，與交友盡，晨整賓榻，長者之轍聚門； 晚傾朋酒，君」子之林滿席。 扶危拯阨，不以寒暑險易易心。 真所謂國士之領袖矣。 而括結」中途，迴翔暮齒，郎署清而未貴，豈離乎坎與蹇與？ 悲矣哉！ 夫人隴西李氏，□」蔓蒙棘，凌虛失翼，敬姜之哭也哀無極；子前大理司直永、次子元、小子寬等」如有□而不得，如有望而不至，子游之徒之慕也血爲淚。 以其明年歲次戊午四月丁丑朔廿七日癸卯，歸葬于河南府河南縣邙山之原，從先塋，禮」也。 地之道也，陵不常陵，谷不常谷，苟崇浚之易位，則今之所藏也，人將見之，」欒欒棘心，無不虞也。 求我爲銘，而褒德示後。 銘曰：」

上谷公高朗令終，翼翼才子，承其清風； 工部郎允德蹈常，自□漸陸，其聲鏘」鏘。 中年震遂泥，秋菊徒爲芳，惜乎其若季月之霜何！」

（周紹良藏拓本　河南千唐誌齋藏石）

大曆〇六五

【蓋】 李公之銘

【誌文】

大唐故殿中監李公墓誌銘并序」

公諱國清，字國清，貝州臨清人也。君乎禀河岳之」氣，受川澤之奇，禀乎令名，飄飄逸調，卅而立，負戟」從戎，雄植天資，英秀獨邁，蘊仲尼高待之封，令太」丘純懿之才，文義亦以潤身，名節猶其徇物，詩書」琴酒，用觀先達之風；山水丘園，實爲遺老之賞。豈」圖上蒼匪祐，積染纏痾，藥石無徵，奄遘斯逝。以大」曆十三年戊午歲四月丁丑朔廿七日癸卯權窆」於益都縣西原，禮也。兹地乃前瞻逝水，左控長流，」右歷途原，後依横逕。州鄉且遠，未即言歸，致使」魂瘞外方，□斯窀穸，少妻乃摧悼號絶，孺子也風」樹未攀，親戚同悲，傷於行陌。哀哀孝婦兮泣黄鳥，」瑟瑟悲風兮彫白楊，螻蟻聚兮泉臺下，狐兔窟兮」丘壟傍。痛平生之永隔，就□□之蒼茫，勒石書銘，」以爲詞曰：」

人乎在代，百齡者期，幼子齠□，恩愛長辭。」迢迢里閭，□遇無時，魂遊荒壤，親姻有儀。」飛旐翩翩，背人居而漸遠；白楊瑟瑟，遶孤」墳而衆啼。調乖琴瑟，少婦絶舉案之齊眉；」行路不識而咸慟，魯雲無心而共悲。以爲詞曰。」

（周紹良藏拓本）

大曆〇六六

【蓋】段府君墓誌銘。

【誌文】

大唐故朝議大夫行晉陵郡長史段府君誌銘并序　將仕郎前守青州北海縣尉張諷撰」

兼山者艮，層峯峞峩而千仞；洊水者坎，澄陂𤄷潏而萬頃。慶流崇濬，有自來矣。「公諱承宗，河西武威人也。其先鄭武公之子共叔段之後，諸侯以字爲謚，因以爲族，食邑受姓，「多歷年代，或偃息以蕃魏，或勤勞而屏唐，繼世策勳，咸載國史，言方更僕，不可略而詳焉。皇「鎮軍大將軍、行右衛大將軍、上柱國、褒國公，食邑九百户，贈輔國大將軍，揚、和、滁、潤、常、宣、「歙七州諸軍事七州刺史，揚州大都督，謚曰忠壯公諱志玄府君之曾孫。在昔有隋滅德作威，天「奪神器，羣雄竊命，萬姓毒痛。我太宗文武皇帝是以有陜東之師。府君義貫穹蒼，「謀深巨海，忘身徇忠貞之節，奮勇著干城之勳。較而論功，與日月爭明可矣。皇鸞臺符璽郎「諱瓘府君之孫，皇梓州參軍諱懷昶府君之元子，俱以弱齡從宦，微禄早世，雖卜偃知畢萬之數終，仲「尼歎顔淵之命，餘慶亹亹，及公而隆。公體道玄默，性理明敏，多識前賢之哲行，先聖之微言，遵而行諸，「終顯令譽，解褐授綿州參軍，後調補越府掾，次宰二縣，又佐兩郡，凡所至之邦，必聞其政；所去之邑，「必頌其德；享年六十有八，終于晉陵之官舍。嗚呼！禄維純嘏而天運忽傾，位正緝熙而梁木斯壞。夫「人姑臧縣君契苾氏，皇雲麾將軍、守左威衛大將軍、武威郡開國公崟之季女。禀性温惠，秉心塞淵，「靜執謙和，動爲柔範。當府君朱紱之歲，則受封邑，更能檢身節用，親事組績，手成朝祭之服，躬「采蘋藻之薦，内則充乎茂行，外姻暢乎佳聲。暨梧桐半枯，鳳鳥將殞，再朞晝哭，能持穆伯之「喪；三從其居，終成孟子之教。後公而殁，今迺祔焉。第三子銑，前懷州河内縣尉；第四子全交，試太僕「卿；第五子鎮；皆當世賢良，節義攸著，行參顔閔，孝烈參柴，號彼有旻，泣報恩之罔極；啓兹宅「兆，將安窆之可期。粤以大曆十三年歲次戊午，五月景午朔，十五日庚申，遷祔於雒陽北邙山南「先君之舊塋，禮有終也。靈輴既駕，痛危旐之偏偏；荒隧重開，納神躬於窅窅。夜臺此閉，無復春」秋，玄寢永安，邈終天地。式旌往行，敢綴斯文，刻石幽泉，亦云不朽。銘曰：」維德屆天，厥生大賢，慶流後裔，於萬斯年。赫赫冠蓋，一門攸傳，雝雝禮容，」百世攸全。其一。節彼邙山，有檟依依，鬱彼荒丘，萬族攸歸。精靈雙謝，身世兩違，」蕣華朝落，薤露晨晞。其二。維巖之下，有烈孤墳，黄泉靡晝，白日如曛。」栢暗山霧，松昏壠雲，千齡兮萬代，永瘞兮夫君。其三。」

（周紹良藏拓本）

大曆〇六七

【蓋】失。

【誌文】

（上泐）贈秘書少監趙郡李府君墓誌銘并序」

府君諱休字休烈，本望趙郡，因官北徙，今爲密雲人也。軒冕」弈世，英靈間生，史不絶書，良難備述。府君即皇朝安樂」郡太守忻之孫，皇朝上柱國兵部常選贈幽州潞縣令龍之」子。并弓裘不墜，孝友承家。府君幼習羣書，長精劍術，」皇朝寧遠將軍守恒王府典軍、賜紫金魚袋、上柱國，充范陽」節度經略副使兼節度都虞候，轉平盧節度副使兼都虞」候。每自出師，皆知兩節馬步。多謀和衆，餘勇摧凶，冀漸搏霄，俄悲」夢奠。至天寶九載九月十一日遘疾，終于平盧官舍，春秋五十五，」皇朝贈秘書少監。夫人北平縣君陽氏。禮善閑家，義遵從子。廣」德二年九月六日寢疾，終于磁州滏陽縣之私第，春秋五十有四，」皇朝贈北平縣太君。以大曆十三年歲次戊午七月十七日庚申」合祔于檀州密雲縣東七里之原，禮也。長子進超，皇朝鄧、衛」州刺史，開府儀同三司，行左金吾衛大將軍，試衛尉卿，上柱」國，贈楊州都督；次子進朝，皇朝上柱國。兵部常選；次子進潭，」皇朝銀青光祿大夫、試光祿卿、上柱國，歷邢、濮二州別駕，充昭義」節度左廂兵馬使；咸以良材，俱傷早逝。少子寧遠將軍、守左」金吾衛大將軍、賜紫金魚袋、上柱國、充永平軍節度」押衙進滔，悲同孺慕，禮備塗芻。時大夫朱公特加優問，焯見」哀榮之事，允歸忠孝之門，式誌泉扃，聿刊貞石。其詞曰：」

赫赫府君，龍驤貴仕，幹略匡世，忠貞没齒。猗歟石窌，德茂」蘭芷，逮禄漳川，歸魂故里。至哉仁息，孝以揚名，千里」扶櫬，九原斯升，森森松檟，式備哀榮。」

（周紹良藏拓本）

大曆〇六八

【蓋】大唐故李府君墓誌銘

【誌文】

唐故衢州司士參軍府君李公墓誌銘并序　安定梁肅撰」

公諱濤，皇唐太祖景皇帝六代孫也。曾祖道立，嘗典隰、」齊、陳三州，封高平郡王；祖景淑，畢國公；父仲康，官至尚書主客」郎中、楚州刺史；世秉懿德，爲公族領袖。公純孝忠厚，貞信廉讓，」直而遜，明而晦，朴而不固，静而應物，克己復禮，時然後言，策名」居官，清畏人知。弱歲好學，篤志經術，專戴氏禮；晚節躭太史公」書，酌百代之典故，以輔儒行，遂以經明行脩，宗正寺舉第一。初」仕許州臨穎縣主簿，歷宋州宋城縣尉，皆以恭寬信惠，聞於千」室。議黜陟幽明者，謂公文行吏事，宜登三臺。謂河朔軍興，避地」江表，相國崔涣承詔署衢州司士參軍。于時五府交辟」之權，移於兵間，務苟進者，多不由逕而致顯位。公儉德正志，安」貞俟時，未嘗以得喪夷險遰芥方寸，視榮辱晏如也。論者高之。」乾元二年六月十六日寢疾，終于潤州，享年五十。夫人河南獨」孤氏，贈秘書監諱通理之女。生而純孝，容範淑茂，成於德門，歸」于公族，恪勤婦禮，以正家節。晚歲以禪誦自適，視諸結縛，猶遺」土也。享年五十三，以大曆十一年閏八月十五日，終于常州。至」大曆十三年七月廿三日，卜筮襲吉，始遷兆合祔于洛陽北邙」之東原。嗚呼！仁可以師表搢紳，而無貴仕；禮可以軌範風俗，而」不遐壽；沖用休績，卷而未形，溘與化往，使善人相弔，嗚呼哀哉！」嗣子居介、居佐、居敬、居易等，痛罔極之莫追，俾肅爲誌，其銘曰：」

天地方否，君子安卑，世道既夷，隟駒莫追。仁而不壽，才既無施，」積善必慶，天何餘欺。溫溫夫人，貞順而慈，始爲婦儀，終爲母師，」仰誠法寶，穎脱塵機。哀哀令嗣，孝思罔極，作銘片石，以誌窀穸。」

（周紹良藏拓本　河南千唐誌齋藏石）

大曆〇六九

【蓋】失。

【誌文】

河東節度使檢校尚書左僕射同中書門下平章事金城郡王辛公妻隴西郡夫人贈肅國夫人李氏墓誌銘并

序　朝散大夫檢校尚書倉部員外郎兼侍御史賜魚袋獨孤愐撰　朝議郎守太子中允武陽縣開國男翰林待詔韓秀實書

夫人隴西成紀人也。自保姓受氏，爲天下先，故能世載忠良，休烈有光，嘉言孔彰，此之謂不朽。曾祖微明，微明生審則，皆以肥遯不干于時，有儉德而無貴仕。審則生儒珪，沙州長史，夫人即儒珪之長女也。天生神惠，親戚異之。當其櫛縰之歲也，服勤教導，以詩禮自處；及乎繫纓之年也，恭懿端肅，以淑慎其身。恃此而歸我金城，挺穠華，弘令則，言成禮節，行合圖史，宗族以之惇叙，閨門以之肅穆，非夫人之至賢，其孰能與於此。且以金城當將相之任，作心膂之臣，或有謀之否臧，政之頗類，夫人嘗以義制事，必考而咨之，是以金城終然允臧，大揚休命。天子聞而嘉之，乃下詔曰：李氏宜于室家，是稱哲婦，致兹勳業，實佐良夫，可封隴西郡夫人。宜其宣寵光、膺徽號也，非夫人之至明，其孰能與於此？夫致敬於宗廟，盡心於蘋藻，貞順之義也；睦長幼以序，訓娣姒以德，禮樂之和也；織紝組紃，女工也；婉娩聽從，婦道也；莊敬慈慧，母儀也；昭五美以理内，體三從以飾外，内外正而人道備矣。雖伯姬之守節，敬姜之知禮，無以尚之，非夫人之至柔其孰能與於此？而中年體道，知生生之不可以久恃也，有離俗之志。金城諭而止之，而志不可奪，由是上聞，有詔度爲崇敬寺尼，法號圓寂。以一乘妙用，見諸法皆空，非夫人之至精其孰能與於此？夫富與貴是人之所欲也，夫人視之猶塵垢粃糠焉，則知純德克明不可及也。況始乎從人，中於立身，終以歸真，行之盛也，嗚呼哀哉！天胡不仁，獨與之靈而奪其壽，使貞松落蔭，寒泉不流。以大曆三年閏六月十五日寢疾於太原順天寺，因歸寂滅，時年五十八。比以歲時未吉，權厝晉陽，以十三年六月十日啓殯西歸，有時將葬，聖慈軫念，詔贈肅國夫人，備物典策，及乎哀榮，義之大者。以其年七月廿四日永窆于萬年杜陵之南原，禮也。聖上以相府有保乂之勳，以夫人有明哲之行，護問弔賻，用加恒制。有子曰浩，霜露增感，欒欒棘心，孝之至也。銘曰：

本支茂族，百代良家，實維邦媛，用配國華。才之難得，智也無涯，霜凋蕙草，風落晴霞。天生淑人，深不可測，克邁乃訓，日新其德。冀室風儀，梁門禮則，慎始敬終，温恭允塞。忽悟世諦，因歸善緣，不留彤管，直指青蓮。定水自滿，真容莫傳，應超十地，無恨三泉。

（周紹良藏拓本）

大曆〇七〇

【蓋】失。

【誌文】

唐故信王府士曹崔君墓誌銘并序　蘭陵蕭倫撰　陳郡袁真書」

公諱傑字傑，其先清河人也。始祖肇自太公，資賢輔周，食菜得姓，而」姜氏分派，鬱爲名宗，其英儒碩彥，已光于前史。洎當塗母運，元魏乘」時，羽翼台階，簪裾日盛。曾祖哲，皇朝太原祁縣令，贈國子司業。祖元」綜，鸞臺鳳閣侍郎同平章事；器本瓌異，材惟國禎，語地是令族之」先，論宗爲禮樂之首。父志廉，銀青光禄大夫、太子左庶子，歷洺、魏、襄、」澤、仙等五州刺史，藴江山之奇氣，包太和之粹靈，清規内潤，方直整」於貳宫；偉化外馳，慈愛霑於五郡。下車而詠其來暮，辭職乃悲以去」思。雖龔遂之善，未優其能；而黄霸之明，寧逮其美。公即仙州之長子」也。紹前哲之令望，負天縱之叡德。自幼振名京國，緬繼孔瑜之風；射」策王庭，高邁郗詵之秀。十四，以五經擢第，世補太子校書，以孤直」而尉臨汾，以清白而贊河内，秩終，除棣王府法曹，以丁家艱去官。服」終，授信王府士曹，莊毅肅物，善補於維城；端謹戒躬，能固於盤石。儲」闈論美，雅望亢高，操履清淳，砥勵貞白。天寶十一年十月丙午遘疾，」終於東都，享年五十一。嗚呼！智爲人範，行爲士則，才高位下，道不行」歟？亦有崔駰卒於下寮，趙壹終於計吏，悲夫！古今位不充量者蓋多」矣，惟德是輔之論，余將虚謂歟！夫人范陽盧氏，和州刺史慎思之孫，」洺州武安縣尉贈吏部郎中銑之第二女也。以慈成家，以志守節，義」逾侃母，德邁恭妻。既哀瑟而無琴，亦孤凰而悲鳳。誓以無二，歸于其」終，以大曆七年五月廿四日終于壽安，春秋五十一。於戲！齊眉相敬，」齊壽而歸，諒知冥運之期，宿定同穴之契。以十三年十月癸亥朔十」二日甲申，祔於邙山之先塋，遵遺令也。蕭氏長女、袁氏次女等，血泣」號天，摧心叩地，哀慟鄰里，慘悽松篁，罷市之人，罔不揮涕。倫也晚陪」高媛，闕覯清風，顧無坦腹之才，愧鏤崑山之石。其詞曰：

故洛」西鄙，邙山北林，松門蕭索，泉路幽深。龍劍長瘗，蛇珠永沉，奈何丘壤」埃盡人琴。日暝磎口，雲愁壠陰，顧九原以斷目，痛二女之摧心。」

（周紹良藏拓本　河南千唐誌齋藏石）

大曆〇七一

【蓋】失。

【誌文】

唐故隴西郡李君墓誌銘并序」
君諱嘉珍，隴西成紀人也。因官遂宅，乃爲滏」陽縣人焉。曾祖諱慈恩，石州司馬；祖諱」待文，皇朝任宋州司法參軍、邠州長史；」父仕異，寧州別駕。君皇枝遠胤，分派異邦，」隨官遷居，名傳杞梓。去天寶七年正月五日」終於官舍，春秋六十有七。夫人彭氏，大曆十」三年歲次戊午九月廿七日己巳終蘭閣，春」秋九十有四。三從夙著，四德傳芳，蘭保氲氲，」霜宵夏剪。以其年十月癸酉朔廿五日丁酉」合遷窆於縣西南卌里先祖墳塋，之禮也。東」瞻故鄴，壯氣猶存；西望太行，愁雲夜起。前臨」漳水，如逝川而不停；却枕平原，風雲以之千」里。嗣子峰，恐年移代改，陵谷遷移，刊乎貞石，」析諸不朽。詞曰：」
春去秋來不相待，物華遷兮人事改。日居月」諸兮時勢流，空見山川兮宛然在。」

（周紹良藏拓本）

大曆〇七二

【蓋】失。

【誌文】
唐故□□□魏郡魏縣令崔公墓誌銘　從父弟朝散大夫守中書舍人上柱國賜紫金魚袋祐甫述」
於戲！仁義之道，知或試者，必於字甿隸，正風俗。是以前史言循吏皆牧宰焉。以之觀」忠愛，以之辯條理，聖人之教行矣，君子之風見矣。天寶中，承平歲多，禹縣豐侈，吏有」徇於利者，單車述職，稛載而歸；有徇於名者，立威肆亟，視人如草。靡百姓而不謂之」暴，掛法令而不罪其荒。于斯時也，崔公自左千牛衛録事參軍事出爲滄州東光令。」滄州僻在海甸，東光即其南鄙，控水津陸道，郵軿攸出，近魚鹽蒲葦之藪，聚耕桑之」外，又多業焉。由是富人通於濁吏，僕役貧困，浸以爲常。公潔身而清其本源，端本而」壹其度量，明識内斷，沉機外發，一之歲而徭賦平，獄訟息；二之歲而惸嫠有養，逋竄」言旋；三之歲而市不二價，地無遺力。由是吏拱而待命，人蘇以得性。雖上有急征暴」賦，風馳雹集，我皆閑暇以應之，清明以濟之，是使國與人交暢也。于時安禄山爲河」北採訪使，雖内苞兇慝，而外奬廉平，精擇能吏，唯日不足，遂奏公攝魏州魏縣令。惟」茲大邑，萬商所暨，財雄氣使玉食武斷者，自昔難禦之。公鋒刃所用，不見有盤根錯」節，提其宏綱，衆目咸舉。下車未幾，有恥且格。既而禄山幕府之吏以推薦之故，固求」交結，公曰：吾之盡心理人也，行道而已，非有媚焉。進退之分，所禀於朝也；消長之時，」所關於命也，焉皇皇於其間哉，吾將居易而已。由是執權者不悦，公受代焉。君子謂」公爲政之方，鄭子産宓子賤卓茂魯恭之儔匹也。公諱夷甫，字平孫，博陵安平人。漢」魏以來，文章正直之業，布在惇史。曾祖儼，皇朝洛縣令；王父暟，汝州長史、安平縣男，」贈衛尉少卿；考渾，右臺監察御史；咸有明德至行，遠圖高躅，位屈於時，功業不著。公」生而警晤，氣和以整，機權幹略，見於童孺。好學懿文，卓爾有立。少以門蔭爲太廟齋」郎。年未廿，調補澤州參軍事，轉陝州河北縣尉。丁艱去職。服闋，授千牛衛録事參軍。」既去魏縣，屬禄山肆逆，陷洛陽，公提家族避地南遷，遘疾於路，以天寶十五年三月」十一日，殁於汝陽溱水之上，春秋五十有三。即其所而野殯，難故也。仁而不壽，才不」大展，天之報善其有耶？其無耶？爰以大曆十三年歲次戊午十月癸酉朔廿五日丁」酉，返葬于邙山平樂原從

先塋，以夫人隴西李氏祔焉，禮也。夫人諱喬仙，字摩訶衍，「皇朝倉部員外郎稚川之曾孫，元氏丞思言
之孫，考城丞寔之仲女。瓊華生於崑嶠，「丹鳳鳴於朝陽，貞實高朗，綽有餘地，養尊閑家，其儀不忒。
享年卌一，以天寶十一年七「月十五日，先終于東光縣之私館。嗣子契臣，生三歲而失慈母，七歲而違
嚴父，克和克「劭，遊藝踐言。孝因於心，喪致其慼，楚塞遐遠，邙阜荒涼，繩纓匍匐，泣血埏隧。祐甫
生「之不幸，煢煢獨立，陟彼崗兮，亦何及也。茹痛操筆，以銘幽户。其詞曰：「
敬以立身，惠以庇人，吾兄所履，教義之純。天其若何，作坎作羅，亂離瘼矣，嬰我□□。「華宗淑德，薄
言奉帚，貞明簡諒，納約自牖。百歲有歸，九泉無日，哀哀嗣子，此焉銜恤？」

（北京圖書館藏拓本）

大曆〇七三

【蓋】失。

【誌文】

故賀州長史趙府君妻河東裴夫人墓誌銘并叙　朝請郎前行太常寺主簿李老彭撰「
夫人諱婉，其先河東聞喜人也。自漢魏已還，世有明哲，軒「裳累葉，爲海内冠族，故名諡宗姻，備詳於
國史家諜矣。「皇考曠，克紹前烈，休有耿光，開元中，官至御史中丞。夫人即「中丞府君之第七女，隴
西李氏之出也。誕生德門，禀質純「懿，貞淑外朗，高明内融，行已必資於惠和，奉上無愆於禮「度。爰
自未亂，迄於成人，既笄有行，適賀州長史趙沃心，爲「關右望族，公侯胄胤。自作嬪君子，主饋家人，柔

順以睦閨」門，孝敬以承宗祀，恂恂奉此，罔有墜焉。不幸趙君中年先」逝。嗚呼！共伯早世，鄧攸乏嗣，故夫人情禮加等，憂慼内傷，」以大曆九年七月十八日遘疾，終於長沙從兄宦也，享年」卌二，權窆於長沙。屬中原多故，未克返葬。大曆中，母兄諫」議大夫虬孝思罔極，改兆先塋，遂遷五父之衢，將」置萬家之邑。以夫人夫族凋落，禋祀無主，永念同氣，幽淪」異鄉，乃命猶子繼宗遠赴江潭，歸櫬鞏洛，舟車萬里，旌旐」雙懸。以大曆十三年十一月七日合祔於邙山北原次」中丞府君塋側，從周制也。夫人承積慶之後，體恭懿之德，」宜膺戩穀，克享期頤。而天道匪忱，生涯夭閼，秀而不實，爲」痛曷深，勒銘泉扃，以紀松檟。銘曰：」

婉孌淑女兮唯德之良，穠華不實兮青春隕霜。母兄宅兆」兮猶子護喪，遠自江嶺兮返葬北邙，于嗟斯人兮瘞此林荒！」

（周紹良藏拓本）

大曆〇七四

【蓋】失。

【誌文】

故承務郎守許州司户參軍郭府君之墓誌并序　從兄朝散大夫前陳州司馬賜紫金魚袋從志撰并書」

粵余不敏，少習詩書，或刻意於玄門，或精誠於至理，死生之分，頗」識幽微。既有形生於死形，豈無死不出於有死，事必然也，夫何愷歎。」君諱瑶，字少良，其先太原人也。曾祖時英，皇任遂州刺史；祖全禮，」皇任荊州司馬；父尚淹，皇任宣州涇縣丞；並洪儒碩德，當代英髦，處家」國乃忠孝俱兼，在朋交而言行雙着。君温良恭儉，蘊經濟之美才；節」義忠貞，負救時之善譽。時逢艱阻，兵甲猶興，處靜則士卒凌人，守」職又喧煩日迫。君沖融在掌，縱捨由心，祗膺且計出百端，禮接乃無」虧一介，全生之道，足以嘉焉。將謂壽等丘山，福深河海，於戲！皇」天不憖，降此禍殃，忽染時患，數日云亡。君行年卌有九，以大曆十三」年歲次戊午，季夏建未，四日戊寅，終于汴州開封縣夷門鄉之私」第。炎蒸之月，欲遷厝而難爲；跋涉長途，匪嚴凝而不可。遂以建」亥月癸酉朔發引，歸于河南府之舊里。先王制禮，豈卑亢而能」違；窀穸有期，匪賢愚之所越。又以其年建子月十七日權殯」于上件府洛陽縣谷陽鄉平原，之禮也。慮以山川革易，海竭時移，」改葬之時，無憑啓發，遂刊其石，勒以爲銘。其詞云爾：」

昔之周境，今者荒田，人歸幽壤，物尚依然。尔墓西臨曠野，東據長川，想孤」魂之獨處，悲逝水以潺湲。雖宅兆兮得地，念相見兮何年！其一。」悲風颯颯兮吟白楊，飛旐⿰骨炎⿰骨炎兮辭故鄉。念朝露兮遇朝陽，嗟蕣花」兮無蕣芳。爾歸魂兮依何方？使孤幼兮斷肝腸。其二。峨峨青山，澄澄碧海，歲變時移，孰知其在？魂兮何之？魂兮何」往？慮川涸以丘夷，故鐫石於泉壤。其三。」

大曆十三年八月廿九日匠喬倩鐫。」

（周紹良藏拓本）

大曆〇七五

【蓋】失。

【誌文】

唐開府儀同三司工部尚書特進右金吾衛大將軍安東都護郯國公上柱國高公墓誌銘并序　獻書待制楊憼撰」

大曆八年夏五月廿有七日，右金吾衛大將軍安東都護」公薨于洛陽教業里之私第，春秋七十三。前年四月」十二日，郯國夫人真定侯氏先薨于博陵郡，以十三年十」一月廿四日丙寅祔葬于洛之北邙之陽新塋，禮也。公諱」震，字某，渤海人。祖藏，開府儀同三司、工部尚書、朝鮮郡王、」柳城郡開國公；禰諱連，雲麾將軍、右豹韜大將軍、安東都」護。公迺扶餘貴種，辰韓令族，懷化啓土，繼代稱王，嗣爲國」賓，食邑千室。公竭丹懇以輔　」主，力鬭戰以册勳，雄冠等彝，氣遏獯司，封五級，自子男以」建公侯；官品九階，越游擊而昇開府。斯亦人臣之自致也。」享年不永，榱崩棟壓，地坼沙簏，天落將星。夫人淑質明婦」儀母訓，虹梁墜日，仙郭歛雲，桐折劍沉，鏡移鸞斃，命矣！嗣」子朝請大夫深澤令叔秀，孝逾江革，禮越王祥，扶母兄以」發博陵，就嚴孝而遷洛邑。涉雪千里，銜哀九冬，金石紀」終，文詞見託。銘曰：」

其一曰：朝鮮貴族，弈葉稱王，戡剪獯虜，翊亮皇唐，盧」龍柳塞，都護封疆。其二曰：惟禰克崇勳族，食封苴茅，承家」桂玉，遠赴松檟，邙山南麓。其三曰：一同仁孝，千里扶喪，履」□冒雪，裂膈抽腸，哀號擗地，仰訴穹蒼。」

（周紹良藏拓本）

大曆〇七六

【蓋】失。

【誌文】

唐故郭府君墓誌銘并序」君諱雲，字秦仙，晉陽人也。上承周祖，下係公，枝派滿於周」秦，宗葉傳於漢魏，惟孝即巨，多文則淳，聲振古今，未逾」于泰。曾祖崗，隋任禮部郎中，遷常州刺史；來暮而迎，卧轍」而送。祖藏，兵部常選，朝集來往，有遇南宗，慕道陰緣，方」爲門侶，見善思等，逢愚探傷，親仁擇鄰，清信高義。君」當少歲，勇而多略，曾校於薊北，未謝於李廣；制討於西戎，何辭」於潘黨。在軍有安人和衆之道，在虞能登布徇壘。寨井遘宅，」返耕築室，六軍用欽其善，莫不滕口于軍府矣。於是皇帝乃」側訪庶品，知君多略，遂飛驛馳牒，賜緋魚袋，用君爲征將軍。西」戎殄滅，方歸寧侍，三省吾道，捨武從文，竟日垂帷，門絶三徑，三」移星歲，成葛洪萬卷，蘊于心府矣。然則悟于道不求於仕，識性□」見，延數祀矣。有時與鄉人李元宗等三人同爲壽命，與于偕老，遂相攜」手□三命有兼，同禮五壺，見苦海將臨，方歸八水，具現無相，頂禮而拜，才終」一年，同没窀穸。君大曆十一年二月九日寢疾於堂，掩然遷化。嗣子亮守疚□」今大曆十三年十一月卅日於長子城東南十里高原，禮也。崇山岦岌，逶迤其前，」漣水湯湯，峻流其後。山川形勢，審地浬清平，恐谷變陵移，寄厝文貞石。」其詞曰：

志人學道懼生死，茫茫萬古皆如此，松櫝飀飀不暫停，木□寒」風對流水。」

大曆十三年十一月癸卯朔卅日壬申。」

（録自《山右冢墓遺文》）

大曆〇七七

【蓋】失。

【誌文】

唐故李府君墓誌銘并序　前蘇州崑山縣丞馮良撰」

公諱舉，字幼遷，魏郡元城人也。其先玄元皇帝之裔，枝遠派流，」遂居於魏。曾祖元晧，滄州樂陵令；祖會宗，洛州永年尉；父瓌，鄆」州司功；并登清宦，久著芳名。公即瓌之長子。頃因中華草擾，避」地江淮，混跡汨名，高道不仕。膺揚放曠之性，謔浪冠冕之勢，加」以孝友廉直，温恭忠貞矣。且寒暑遞來，陵谷更變，忽瘿□疹，有」加無瘳，大曆十三年臘月廿一日，卒于惟揚瑞芝私第，享年五十二。」噫！上天降凶，殲我良人，親戚悲酷，兒女摧心。公三女一子，長女」適吴郡顧氏，次女適天水趙氏，并能懇擗過禮。以十四年正」月八日，葬于邗城南平原，禮也。恐歲月遷易，改卜無憑，表列官」秩，勒石爲記。

銘曰：

何意陰陽兮了戾，行辰到此兮妨我賢哲，」妻子慟兮肝膽屠裂，楚挽引兮笳聲嗚咽，獨往泉臺兮空懸」夜月！」

（北京圖書館藏拓本）

大曆〇七八

【蓋】失。

【誌文】

大唐故試大理正兼河南府告成縣令河東裴公墓誌銘并叙」

公諱适，字通玄，河東聞喜人也。其先冀州刺史徽之後，自晉已來，冠冕茂」盛，英賢間起，因爲著族，方至于今，諸氏莫出其右也。高祖隋司隸臺刺」史諱操之；刺史生京兆府司録參軍、贈潞府長史諱弘泰；長史生蒲州刺」史，天官、地官二侍郎，晉城縣開國子諱思義；侍郎生薛王府騎曹參軍、贈」駕部郎中諱歟珍。公即郎中君之第五子，銀青光禄大夫，巴州刺史」薛脩禕之外孫。世業清貞，代傳忠孝，純愨自恃，德禮不衍。吏事冠於當」時，名譽出於希代，典墳精究，豈唯左史之文；草隸工書，不獨右軍之體。年」弱冠，補清廟郎出身，解褐授鄜州洛交縣尉。在位纔未盈考，本使擢充」判官。公廉爲幕下所稱，謀議叶軍中之策，改右衛率府倉曹參軍，旋拜左」領軍衛倉曹參軍。鄜坊節度使兼御史中丞杜冕奏知軍糧，蒙敕授試」僕寺丞，轉左衛長史。在使數年，因遷累職承恩，又改河中府功曹參軍，」續遷河南府法曹參軍。臨曹明案牘之辭，治獄絶寃魂之氣。歲滿調集，蒙」敕授河南府澠池縣令，轉試大理正兼河南府告成縣令。緝理綏人，安農」勸俗，精明玉潔，吐納蘭芬，長吏美其詳能，下寮遵其制度。宰茲兩邑，政有」嘉猷，播雅譽於殽函，扇仁風於嵩潁。從官累載，歲滿歸歟。方期勵羽翮於」赤霄，沐皇恩於丹闕。不謂尺蠖竟屈，應龍困蟠。以大曆十三年戊午」冬十一月癸卯八日庚戌遘疾，終於東都崇政坊之里第，歷官一十政，享」齡五十有七。嗚呼！遠近愕驚，知音痛恨，斯文已喪，蒼蒼奈何。有六子一女。」兒未入仕，女未從人，如何中途，忽然已矣！夫人弘農楊氏。追悼曩昔，哀毁」殆盡，撫育孤幼，晨昏哭聲。嗚呼傷哉！加以資産荒蕪，門風清苦，所爲殮服」喪祭，恭儉而成。室有顔子之謡，家無季孫之馬，以明年己未歲夏四月辛」未廿日庚寅，權窆於河南縣梓澤鄉宣武陵之北原，從其便也，蓋欲歸」于秦焉。胤子簡等，哀窮至理，思負米之無因；號慕摧殘，追庭訓之靡及。痛」感草木，哀傷路岐，乃爲銘曰：」懿兹令德，才行所敦，承家奉國，忠孝雙存。江海喻量，珪璋比尊，人生代」謝，天道寧論。龜筮宅兆，配合乾坤，邙山之陽，宣武之村。崗阜後抱，龍蛇前」奔，蒼茫古木，冥寞幽魂。川原鳥逝，丘壟雲屯，野澤落照，荒郊霧昏。」

（北京圖書館藏拓本）

大曆〇七九

【蓋】　失。

【誌文】

唐故居士河内常府君墓誌銘并序」

德也不德，名也無名，混跡潛機，世莫能識，則常府君之美矣。」府君諱俊，字英俊，河内人也。曾祖諱澈，儒林郎；祖諱忠，宣德郎；」考諱仙，恒王府典軍；并守位以仁，居敬行簡，德以信成，正以從善。」府君早歲悟道，榮寵絶求，蒙難藏諸晦明，脩德閑耶養正。淨」乎天根，虚物存誠，陶空見實，謝名府君」形同於無形，知幻，亡憂樂天，默語行藏。」常處中道而有妻子，俱修梵行而處塵勞，恒瑩真性。心存於無相，淨於無爲，味於無事，知而不知，學而」無迹。修之無因，果胡能測；淨既成矣，曷能久諸？以大曆十有四年」三月廿四日，逝於遼西縣歸化里之私第，享年五十有五。其逝也」精爽如歸，謂其妻子，誡念季弟：爾等而一其無二焉。始終念兹，」無忝斯語。生死者幻，曷足悲乎？淨爾意，焚寶香，於是乎大」稱十念，超間諸禪，俄然無心而歸真也。以其歲閏五月三日，葬於」薊城北高梁河南禮賢鄉之原兆，從宜也。夫人太原王氏，同修梵」行，尤精妙理。彼美淑人，德佐君子。季弟光朝承重，哀過其禮，」孝心天生，世議二龍，花連一寶。嗣子叔清，幼而沖和，以繼父葉，仁」善本性，知之自然，薰雜惡聞，肌骨天淨。並號訴蒼天，血染墳」域，冀垂不朽之文，永旌罔極之德，假手於我，詞無愧焉。銘曰：」間世生兮而可宗，羣英仰兮德可攻，我生萃兮觀其風，」哲人萎兮何所從。

房山野人康濟譔并書。」

（北京圖書館藏拓本）

大曆〇八〇

【蓋】失。

【誌文】

唐故河南府洛陽縣尉竇公墓誌」

公諱寓，扶風平陵人。曾祖孝禮，太子」洗馬；祖璉，京兆少尹；父紹，給事中。」公即給事君之長子也。少而好學，博綜」羣書，孝友承家，忠爲令德，弱冠明經」擢第，調補秘書省正字，歷華原縣尉、」尋陽鄱陽縣令，凡所莅職，以仁恕見」稱，清廉正身，非禮勿動，可謂志行君」子矣。方期積善餘福，以保宗門，豈意」天道不仁，早先霜露，嗚呼哀哉！以大」曆十四年七月廿九日遘疾，終於洛陽審」教里，春秋卌五。孀妻尚少，孤女始孩，痛」切宗親，哀感行旅。即以其年八月廿」三日，權厝於洛陽縣之平樂原，未及」返葬，銘闕不書。」

（周紹良藏拓本　河南千唐誌齋藏石）

大曆〇八一

【蓋】失。

【誌文】

唐故朝散大夫蘇州別駕知東都將作監事趙公墓誌銘并叙　祠部郎中趙驊文」

唐大曆十四年七月廿六日，朝散大夫、蘇州別駕、知東都將作」監事、賜紫金魚袋趙公委順于積善里，至其年十一月十六日，」將卜宅於洛陽縣平陰鄉，與夫人弘農楊氏合祔焉。有子三人：」孟曰著，仲曰褘，季曰隨，奉公之世系官叙，稽顙而後拜，託余□」述，將刻於貞石，以誌玄宮。嗚呼哀哉！公諱益，天水人也。曾祖慈」景，金紫光禄大夫、兵部侍郎、華州刺史、駙馬都尉；當皇家□」命之初，元聖經綸之日，親杖戎律，以佐義師。及出征蒲坂，爲」殘寇所陷，賞功褒德，追謚曰忠，勳在盟府，事具國史。祖質，朝散」大夫京兆府奉天縣令；父曦，朝散大夫越州會稽縣令；業傳清」白，代纘儒風。公少習於禮，長依於德，始於立身，終於從政，行惟」純固，辭無枝葉，君子之道，其殆庶乎？釋褐受邠州永壽尉，轉鹽」州□原令，歷温縣主簿，遷大理評事，出宰寧州之定安，更京兆」之美原、高陵，改洪州司馬，兼贊善大夫，未幾，昇長史兼太子家」令，俄遷試光禄少卿，以洎於兹任。公秉心惟徽，涖事尤敏，能理」煩而去惑，不吐剛而茹柔。故得所至有化，所臨垂聲。上公與能，」會府課善，其間有超授朱紱特加金印者矣，豈非才爲代之所」用，恩有不時之錫者哉？於戲！更職一十三，享齡七十四，秩綰」紫綬，位登郡丞，生爲人之所稱，歿爲人之所慟，在泉途之下，爲」君子之終，亦可以無愧矣！悠悠天壤，萬化齊歸，惟其令名，所謂」不朽，昭示來裔，敢不直書。爲之銘曰：」

人代推遷，生化如旋，同盡此轍，孰知而然。惟兹哲人，道爲君子，」門清業茂，才優行美。秋風忽起，遽敗蘭芷。邙山之上，原曰平陰，」坱莽崗壟，蕭條曠林，一封幽户，萬古傷心。

禕書。」

（北京圖書館藏拓本）

大曆〇八二

【蓋】蕭公墓誌

【誌文】

蕭君墓誌銘并序」

蕭氏之先，蘭陵人也。因高祖釋庸任巖州刺史，」因官遂爲相州安陽人也。名俱興，少而高節，長」而堅强。夫人李氏，當代名流，洛浦之姿，巫山之」質，祖父軒車，一門朱紫，不幸凋殞。公以乾元二」年四月十五日崩背，卒於私家，春秋五十二。夫」人大曆十四年九月十三日喪於寢室，春秋七」十四。即以大曆十五年正月丁卯朔十六日壬」午，啓舊殯，崇新塋於安陽高平村東北半里平」原，禮也。西太行山天地之壯界，東郡城衣冠之」總集，南孫登館宇，北洹水清零。嗣子子昂，海淨」江澄，忠信之士，鄉邦稱美，負土爲塋，三年以杖，」七日絶漿。恐年代改移，故刊石立銘。其詞曰：」

高山萬仞，園木千尋，花葉璀璨，顔色深沉。其一。」夫人李氏，貞潔過人，豐肌南國，美貌東鄰，一朝」零落，化而爲薪。其二。天地運行，萬物迴薄，春日」取榮，秋乃凋落。如何斯人？見此銷鑠。泉門一閉」兮長夜寂寞，看夜臺之如斯，成萬古之蕭索！」

（周紹良藏拓本）

大曆〇八三

【蓋】失。

【誌文】

唐故明府君夫人隴西李氏墓誌銘并序」

府君諱承先，平原人也。祖宗藩茂，國史備焉。」公門蔭解褐蘇州參軍，調補恒州功曹，次授」青州壽光令。政能清白，擢邠州三水令。嗚呼！」府君先夫人早世，夫人隴西李氏，涼武昭王」十一代孫；七代祖虔後魏太尉；高祖君緝，白」水令；曾祖恬德，方輿令；祖光嗣，安東都護；父」□，饒陽丞；孝友爲天下□。夫人年十四，歸于」明氏之門，有姬姜之德，春秋卌，貫孀婦之首。」從子濟佐邑武陟三年。彼蒼不仁，以大曆十四年十一月廿七日寢疾，終于官舍。嗚呼！時」年六十有六，以十五年正月十八日祔葬于」緱氏之原，禮也。猶子秋實，涕零而銘。□曰：」婉嫕夫人，聖祖指李，淑女令婦，謀孫翼子。昔」聞孟母，今比大家，威儀典則，茂族清華。天不」□遺，□摧玉折，子路不忍，高柴泣血。緱山有」□，□□開塋，松門幽扃，泉□銘旌。」

（録自《東都冢墓遺文》）

建中

建中〇〇一

【蓋】失。

【誌文】

唐故郴州刺史贈持節都督洪州諸軍事洪州刺史張府君墓誌銘并序　嗣子給事郎前行汝州葉縣尉士源奉述」

公諱翃，字逸翰，安定人也。前漢駙馬都尉敖之雲孫，隋亳州刺史敏生高」祖文會，皇朝幽州大都督府長史；曾祖處節，常州從事；祖克茂，滁州刺」史；皇考具瞻，兵部郎中；貂蟬相承，磨踐清要。公即兵部府君長子。實天生」德，器宇深厚，非鴻儒碩人不能知。童年以門蔭補齋郎，立志不就，讀書於」緱山玉泉寺，道業大成。廿二，國子明經上第，解褐補郟城尉，敬始宦途，纘」脩緒業。天寶中，復從調集，吏部侍郎席公銓庭激揚，授靈寶尉。清節孤標，」搢紳爲則，江東採訪使蕭公辟爲幕賓。道未及行而蕭公下世，屬中原喪」亂，隨侍板輿，間路南首。江淮都統使李公徵爲支使。時干戈未弭，」太夫人寢疾，固求薄禄，就養于家，表授德清令，改大理評事。丁家艱，外除」詣闕，吏部侍郎王公特爲拜監察御史，轉殿中侍御史，遷屯田員外郎，」轉本司郎中。皇上憂人，選郎爲牧，除郴州刺史。綏緝一年而俗阜」人殷。上天降災，大曆十三年九月廿九日，薨于公館，享年七十。百姓號哭」而去，道路相望。今上聞之，追贈洪州刺史。制曰：訪其遺愛，實結人」心。公仁慈儉讓，孝友謙恭，根于至性。他年客有顛眩疾者，執白刃不利于」季父，童僕畏駭，莫之敢前。公挺身而進，奪其所執，季父由是免難。京邑之」士，感而涕流。既博綜墳籍，兼通子史，尤精意文章，爲中書舍人郄昂所許，」稱風雅六義復起於公。著文集十二卷。夫人滎陽鄭綜靈之中女。」節義高明，過於古昔。執進盥之禮，以事舅姑，卌年間，盡其愛敬承順之道，」及于姻親。永泰中，姑受終時，夫人在遠。姑乃出一箱衣謂侍者曰：長新婦」至與之，表吾平生知其純孝也。德壽不齊，十四年七月十九日，終于荆州」精舍，享年五十七。有子三人：次曰士曄，任長社尉；小曰士倫，任滎陽尉。有」女二人：長適蘭陵蕭氏，少歸京兆韋氏，即公甥也。士源等永惟顧復，無報」恩愛，日月有時，不敢越禮，以建中元年二月十四日合祔于北邙焦固原」先塋，追前賢述德之義，號叫蒼旻，敢爲銘曰：

我公之德，惟靜惟默，弈世文詞，佩印垂龜。惟我公嗣之。夫人範則，」人之母師，祔窆金谷，丘壠逶迤。」

（周紹良藏拓本　河南千唐誌齋藏石）

建中〇〇二

【蓋】 失。

【誌文】

大唐故朝議郎行殿中侍御史賜緋魚袋安定張府君墓誌銘并序　朝請郎守尚書水部員外郎賜緋魚袋獨孤良弼撰」

維大唐大曆十四年龍集己未十一月三日，朝議郎行殿中侍御史」張公以官終于長安宣陽里之私第。其明年，與亡兄故郴州刺史翃」同歸葬於洛陽北邙焦固原，祔于舊塋，即建中元年二月十四日也。」公諱翔，字子翼，安定人也。徽宗襲慶，純哲繼顯。皇朝議大夫、兵部郎」中具瞻之子，太中大夫、滁州刺史克茂之孫，常州録事參軍處節之」曾孫。公服傳景訓，體備六經，宣以文藻，守之恭儉。天寶初，自前齋郎」調補濟王府參軍，歷虢州閿鄉、陝州陝縣二縣尉，改左金吾衛兵曹」參軍、太常寺協律郎、攝監察御史，又改大理評事，特授監察御史。自」陝縣尉以後，皆在名公方鎮之幕，每一人延請，昇拜一官，又爲近密」薦聞，授太子司議郎，改京兆府功曹參軍，理藝克彰，真拜監察御史，」轉殿中侍御史，前後十任，歷十一官，終時年五十六，有文集十卷，爲」當時宗範。惟公動合□□，祇循檢則。前史貴於幕賓者，爲其進以道」德，□交先達，公則五參使務；搢紳敬於執法者，以其志節昭亮，准齊」風教，公乃四持邦憲。而年不登耳順，位未列大夫，則天命抑於人心」何其甚也。有子四人：長曰士防，次曰士陵，次曰士階，小曰沙門，雖聰」秀敏徹，而年皆幼稚；有女一人，先公即世。夫人河南源氏，即故相國」乾耀之孫。內纏荒釁，外處孤儉，瀝血送終，晝哭千里。外甥前河南府」壽安縣主簿韋萬，王賓友之贈，先期葳事；亡女之夫前同州朝邑縣」尉獨孤愿，經道路之費，表裏佑行；皆竭孝敬之深誠，以奉始終之恩」禮。則公純穆之道，其至美哉！銘曰：

生死無機，命不可違，嗚呼伯仲，異穴同歸。粤善殿中，顯德巍巍，始自」門蔭，終于繡衣。豈無射策，重襲餘暉，熟不超榮，居道體微。洛水之北，」邙山之曲，旅櫬南歸，綃帷東哭。古今繼世，松栢相續，月照新塋，風生」古木。時遷運謝，高岸爲谷，刻石陰堂，永播芳録。

女壻前同州朝邑縣尉獨孤愿書」

（河南千唐誌齋藏石）

建中〇〇三

【蓋】失。

【誌文】

唐贈太子司議郎皇甫府君墓誌銘并序」

公諱悟，字悟，安定朝那人也。晉玄晏先生之雲孫，安州應山縣令」貞之第一子。公志氣敦厚，寬裕廉直，材貌魁梧，識量深奥，温潤如」玉，落落如石。雅操懷冰霜之堅，歲寒有松栢之茂。故鄉黨稱悌，執」友稱仁。乃恬素賁于丘園，從容優遊以慠世，高尚名節，不事王侯。」嗚呼哀哉！天不遺耆老，疇昔上元二年十二月十四日，遘疾終于」舒城私館，春秋五十有五。公嚴訓克著，伯魚趨庭。有其子芬，珪」璋特達，天姿文藝，顯揚先祖，光榮其親，孝誠理家，忠勤事上，功勳」丕績，累遷朝議郎，賜緋魚袋、上柱國，行大理寺主簿。 皇帝觀」其行迹，以其有子，幹父用譽，追念遺美，大曆十二年，特贈公太」子司議郎。 夫人清河張氏，禮儀有度，容止可觀，率性閑詳，柔和聰」慧。 六親既睦，四德有聞，宗族稱賢，國有禮命，所以后王，追贈清河」縣太君。 噫嘻！曷期福爲禍所伏，奄忽窆穸，哲人其萎，梁木其壞。一」子既歿，二女承家，慧藏慧凝，至性純孝，號訴哀毁，泣血漣如。 雖少」而修持大乘，曉通内外輕重，悽愴怵惕，有終身之憂，匍匐千里，扶」護届于河南，以建中元年八月十一日，合祔于東都北原邙山之」下禮也。 幼孫孺慕感切，女等罔極過情，望而靡及，思存琬琰，小子」不才，以刊素範，乃爲銘曰：

猗嗟英妙，問望彰聞，安定司議，清河太君。 峨峨青山，萋萋□□，□」歷松風，悠悠壟雲，幽魂窈窈，旌旐紛紛。 昭明焄蒿，悽愴□□，□□」令德，有禮有則，僾然若存，其儀靡忒。 孝子瞿瞿，憂心翼□，□□□」永，見而不得。 嫡係嗣女，氣憊絶力，春秋祭祀，永懷罔極。」

（古文獻研究室藏拓本　河南千唐誌齋藏石）

建中〇〇四

【蓋】 有唐相國贈太傅崔公墓誌銘

【誌文】

有唐中書侍郎同中書門下平章事常山縣開國子贈太傅博陵崔公墓誌銘并序」 吏部侍郎邵説撰　前河南府潁陽縣丞徐珙書國子丞李陽冰篆」

惟天將啓元聖，必先陰騭，克生大賢，以佐興運，故我太傅，爲唐宗臣。公諱祐甫，字貽孫，系于」太嶽，代爲冠族。高祖隋趙王府長史弘峻，曾祖皇洛縣令儼，大父庫部員外郎、汝州長史、贈衛尉少卿暟，烈」考中書侍郎、太子賓客、贈尚書左僕射孝公沔，咸以文行介直稱於天下。公禀象緯之精，受清剛之氣，博厚明」允，宣慈忠肅，天所相也。年纔幼學，有司將補崇文生，公曰：此朝廷賞延所及，非立身揚名之道。竟不之就。」未及弱冠，再有家艱，創鉅所嬰，浸成心疾，寢不能寐，動踰時月。自是每憂傷之至，輒與疾俱。年廿五，鄉貢進士」高第，時輩多朋黨請謁，以務聲華，公獨介然端居以得之。調補秘書省校書郎，轉壽安尉。屬祿山構禍，東周陷」没，公提挈百口，間道南遷，訖于賊平，終能保全，置於安地，信仁智之兩極也。尋江西連帥皇甫侁表爲廬陵郡」司馬，兼倅戎幕。時永王總統荆楚，搜訪儁傑，厚禮邀公。公以王心匪臧，堅卧不起。人聞其事，爲之惴慄，公臨大」節，處之怡然。王果擁兵浮江東下，劫侁愛子，質於軍中。公勵元戎以斷恩，激平察以扶義，兇徒撓敗，繫公之力。」轉洪州司馬，入拜起居舍人，歷司勳、吏部二員外郎。問望素崇，獨步華省，綸誥之地，次當入踐。公歎曰：羈孤滿」室，尚寓江南，滔滔不歸，富貴何有！遂出佐江西廉使，改試著作郎兼殿中侍御史，其厚親戚薄榮名也。轉檢校」吏部郎中，改永平軍行軍司馬，金印紫綬，兼中司之秩，入爲中書舍人，天下望公居此久矣。既在近密，其道乃」光，議政詳刑，多所匡補。有獻猫乳鼠者，百辟皆賀，公獨不賀，立草其奏曰：祀典迎猫，爲除田鼠，今反乳之，是執」法者不能觸邪，理兵者不能禦寇，天戒若此，庸可或乎！代宗深嘉納之，尋知吏部選事，善政洋溢，僉論」以爲能繼先孝公分掌十銓之美。是歲，先皇厭代，聖君纘業，公奉遺詔易月之禮，移書太」常。時宰忌德，閏月癸酉，奏貶公爲河南少尹，羣議已發，溢於上聞，天心感寤，不俟終日，當國以退，」俾公代之。甲戌，超拜銀青光禄大夫、門下侍郎、同中書門下平章事，太清太微宫使，崇玄弘文館大學士。在「昔君臣聖賢相合，皆以周旋草昧，契闊艱難，謀猷著於經始，脊舊形於未躍，然後君任之而不疑，臣奉之而不」媿。惟公作相，卓立無倚，以大順寤明主，以大才發元化，賚予之夢，疇或知之，獨冠千古，惟公而已。有言「上封章者，多疾於相府，勸公擇其才者人用之，不肖者黜退之，無害至公，足以銷謗。公憮然曰：威福之柄，不在「人臣，鄭卿鄉校，吾之師也。天下服其弘量。轉中書侍郎，集賢殿、崇文館大學士，修國史，封常山縣開國子，平章「事如故。公之入相也，屬代宗陵寢初營，今上勤政，事無巨細，悉關決於公。公神隨務勞，疾與時遘，」自秋沮冬，手足半癈，匡牀伏枕，累表自陳。聖上慘然曰：儻遂不起，喪我股肱，奈社稷何！乃下優「詔，許就私第，官爵之讓，終不見聽，而傳察旁午，以召良醫，御府珍藥，相繼道路。自是每軍國大務，」朝廷疑事，輒降中貴就第密訪所安。公手不能書，口占以對，啓沃之迹，人莫得知。自頃執政者一日不覲「龍顔，人情則有異論，故語曰：一日不朝，其間容刀，必爲耳目，以司譏掾。公則閉關移疾，載離寒暑，輕薄利口者「宣之使言，而聖上之恩日崇，百寮之敬彌肅，蒼生之望益重。猗歟偉歟，何施而臻於此，夫盛德大業至「矣！嗚呼！善積于身，胤絶于身，天道神理，大欺我也。以建中元年歲次庚申六月一日薨於京師靜恭里第，春秋「六十。聖情震悼，賵禭有加，衣冠士庶，道路相弔。册贈太傅，以其從子爲後，錫名曰植。賜洛陽腴田十頃，「甲第一區，殊常之澤也。夫人太原王氏，暨厥一女，隴西李緄妻，哀奉紼紖，歸于東周。即以其年十一月廿四日，「有司奉詔，備禮葬於河南邙山之先塋。公率性體道，絶私寡欲，直而婉，清而通，躬儉節用，菲衣惡食，而自「得也。至於文章著述，發言吐論，必以訓代軌物爲可傳也，爲可繼也，有數十百篇，未及編次，斯爲不朽歟？疾亟，」告所知曰：吾爲輔弼，明堂辟雝，未之能建；人中告禪，未之能行；廟舞雅樂，未之能定；以是而歿，其如吞恨」何？君子曰：古之遺忠也，敢宣述茂美，以爲實録，篆刻幽石，誌之下庭。銘曰：

嗚呼元臣，莫究其涯，直而能清，質而不華。揮翰掄材，濟美居多，移書抗議，執禮無頗。人或我疵，帝用我嘉，」乃持國政，國政惟和。百度以貞，九功可歌，道長運速，已矣如何。寵贈斯崇，哀榮則那，永安真宅，畢此山阿！」

（周紹良藏拓本　開封博物館藏石）

建中〇〇五

【蓋】姚公誌銘

【誌文】

唐故棣州司馬姚府君墓誌銘并序」

府君諱子昂，陳留郡人也。姓自帝舜之後，漢魏時有姚萇焉。晉至於唐，」冠冕者幾。祖不尚榮貴，經史□□。考貞，皇朝朝議郎行營録事」參軍；智能其高，文乃多備，知道委命，順行於時。府君則録參軍第四子。」氣量弘遠，幼則文儒，運籌至深，博學多古。上聞聲譽，殊錫功勳，別」敕授易州安義折衝。任職忠勤，固竭其力。尋遷棣州司馬。佐理惟賢，洽曹」寮之靜；仁風高下，將分太守之憂。寶應二年十月十八日，因使遘疾官舍。天降」禍殃，逝矣泉路，享年五十九。嗚呼！邑人贈吊，城肆罷舂，連官慘悲，一時」休務。嗣子殿中監居德，仰天號訴，七日絶漿，傷摧轉多，不□心哭。是歲葬」於幽州城東南一里燕臺鄉之原。夫人康氏，皇朝大寧郡屈産府折衝」賓之女。四德自容，温柔克禮，出言和雅，舉動成規。□崇是用，以善爲務，孝」行□業，長育孤遺，不墜風猷，貞潔從志。何期人命有歸，泉路將逼，寢疾私」第，救藥無何，仁者則亡，哀哉痛矣！建中元年十月廿八日終於盧龍坊，春秋七十」七。人之云亡，城郭風慘，阡陌悽愴，塞門加寒。男正議大夫、試太子中允、兼平州盧龍」縣主簿居正、左威衛翊府中郎將居安等，摧絶何堪，淚變成血，哀聲□□□」孝也何言。以二年正月廿二日合祔先亡墳也。左帶梁河，近矚東流之□；右」臨城郭，□接□□之陵。葬之備儀，朱雀玄武，愴矣增感，勒其銘曰：

府君□綸，□□水鏡，佐理分憂，□□皆靜。惜哉哲仁，喪兹於命，桑乾之」陰悲風起。親戚目淚哀難止，追攀號絶痛其子，葬送備禮多儀軌。」夫人後逝同蒿里，合祔棺帳閟□室，惟德揚揚兮千載無□。」

（北京圖書館藏拓本）

建中〇〇六

【蓋】失。

【誌文】

大唐故宣州宣城縣尉李府君夫人賈氏墓誌銘并序」

夫人諱嬪，字淑容，長樂人也。其先晉唐叔之後，因別封而族焉。遠祖誼，」以文傅長沙桓王，漢帝滕之前席。洎王莽末，裔祖復以創命功遂圖」雲閣，旌美之則，本仁義淬文，質守忠信者，良亦多矣。祖王父藝，易」州遂城縣令；王父玄操，洛州洛水縣令；烈考彥璿，朝請大夫閬州刺史；」皆種德前烈，溫溫其恭，澤流子孫，世濟於美。夫人妙閑閨壼，明練威」儀，婉娩潛會於徽容，工巧冥資於柔德。有行之歲，儀鳳于飛，聞既」見之詩，而誓心永畢。公隴西人也，舉賢良，授宣城尉，其餘官婚，列」於別傳，故不書。遂能宮徵調和，塤篪韻叶，奉蘋藻而脩盥饋，朝舅」姑而事組紃。噰噰喈喈，聞唱必和。豈圖昊天不吊，殲我良人。夫人感恭」姜之遂孤，痛顏子之不幸，至哀而哭不在夜，居喪而動必合禮。遂貞」其節，潔其名，守其嫠矣。以從父之弟住於茲邑，因臻焉。又能恤孤弱以慈，」睦天倫以孝，優遊自得，喜怒不形。誰謂六極俄鐘，遐齡不享，以建中」三年二月十二日寢疾，奄終於趙州元氏縣之官舍。浹族銜哀，舉門抱痛，春秋七十有六。無子，有張氏女一人，泣血毀容，殆將滅性。以其年三」月廿三日窆於七義原，權禮也。合防之志，今則未從；同穴之言，他年□」復。從子文則，哀迫懇到，寄詞于石。銘曰：
於昭祖宗，誕膺明哲，爰洎夫人，克勤禮節。人欽嘉行，」族滿休聲，心存大順，志潔孤貞。嘉行伊何？合於內則，」休聲伊何？軌儀不慝。物終歇滅，道有湮淪，哀哀孝子，」盡我生人，一扃泉壤，萬歲千春。」

（周紹良藏拓本）

後一千三百年爲劉黃頭所發。

建中〇〇七

【蓋】失。

【誌文】

大唐故明威將軍高府君夫人頓丘李氏墓誌　外孫檢校虞部員外郎徐濯撰」

夫人頓丘人也。其先後魏以戚屬茅土者五人，」華□朱輪，珥貂珮玉，則關中七貴，江南四姓，無」以□焉。祖守訥，江王府記室；載筆文雄。父弘，舒」州懷寧縣令；鳴琴政簡。夫人即懷寧府君」第三女也。稟柔成性，婉嫕貞閑，壼則威儀，公宮」禮訓，慈惠恤其幼稚，孝友睦於姻親。明威」府君之薨也，栢舟永誓，蓬首終年，迴心釋門，依」止中岳正公。悟如來妙法，了達真空。昊天不傭，」殲我眉壽，建中二年九月廿五日辛巳遘疾，終」于東京綏福里，享年八十。子令望，不幸無嗣□」亡。濯粤自襁褓，遭罹憫凶，特蒙撫字，爰至成□。」罔極之恩，號思靡及；寒泉之痛，空切中腸。□□」兆吉晨，仰遵歸祔，以建中二年十月十二日□」酉，合祔于明威府君舊墳，禮也。恐松□□」落，陵谷貿遷，誌其泉扃，□謂不朽。銘曰：

陰堂□」閉，長夜悠悠，繫馬松下，霑纓淚流。」

（北京圖書館藏拓本）

建中〇〇八

【蓋】失。

【誌文】

唐故清河房公汲郡尚夫人墓誌銘并序」

公諱有非，字郎子，洛陽河南人也。昔帝堯讓位與舜，舜封堯子」丹朱於房，生子陵，因爲房氏。自虞賓垂裕，道德相承，儀表人倫，」共稱名族。漢有司空植，至晉有將軍諶，隨慕容德至南陽，生子」四人，分爲四祖，並爲雅望夷憂，式迄乎聖朝。衣冠蓋代，高」曾及祖，同稟清虚，能韜不世之才，竟體無名之道。父恩禮，位以」材進，遠任儁州。天命有違，中途遇害。嗚呼！公始孩稚，年未免懷，」以此神柩飄零，孤魂不歸。山川莫測，賴慈親撫育，燥温無虧。及」乎弱冠，仁義咸備，所恨何辜薄祐，唯獨伶仃，以此咸哀。終身不」仕，志惟清憂色養，居常全己，而終無忝厥祖。天寶十載七月十」二日，卒於仁里，春秋五十有五，權殯于邙山之原。夫人汲郡尚」氏，夙承家範，免己存孤，不墜蒸嘗，育成四子。時逢艱阻，戎羯亂」常，河洛沸騰，生靈塗炭。長子南容不勝殘酷，避地大梁；次子南」宇、南察，宇則名拘隴右，察則隨舅征行，生死莫知，關山隔絶。小」女一娘，幼子南賓，左右扶持，温清敬奉，得終餘壽，豈不天之福」歟？上元年三月廿八日，卒於家第，春秋五十有以。其時日月雖」明，道路猶梗，在堂權殯，」二紀于兹。三子哀毁過制，感慕憎深，泣」血號天，逝期遷舉。今遇陰陽和暢，歲月良通，悲慰交懷，歸塋祔」葬，以建中二年，歲次辛酉，十月丙戌朔，廿四日己酉。士嗟乎！禮」終同穴，神理爲安，事克今時，名彰萬古，前臨洛汭，後附邙山，知」逝者兮如斯，保終天而永固。嗣子南容、南察、南空，攀轅痛骨，伏」櫬分腸。恐陵谷垂恒，故勒銘記。詞曰：

自陶唐本枝分散，源派彼長，數朝珠璧，累代珪璋。或居官濟物，」或退靜知常，維公尚氏，道德重光。時逢世亂，運阻存亡，今同宅」兆，祔葬脩邙。崗巒鬱鬱，流水湯湯，嗣子哀兮永痛，思惘極而量量。」

（周紹良藏拓本　河南千唐誌齋藏石）

建中〇〇九

【蓋】失。

【誌文】

貝州青河郡崔府君諱禮弟進葬誌銘」詳夫素質初分，已具遷移之狀；玄黄將」啓，誕彰變化之機。三才運而興𤸫生，五」教隆而榮枯顯。傳芳祖胤，流緒宗枝，用」繼前封，須連後歲。上黨屯留縣積石鄉」東村人也。母馬氏等，寢疾而終，去建□」二年十月三十日，創改葬於家西北壹」伯步。安其地青龍白虎，碧水千峰，披宣」石以無窮，乃名文之不朽。妹翟郎婦，長」子重暉，弟文玘，義軍不迴；下文政、文誼」、文習、文益、文賞、留住、敬憐、醜兒、小哥、賢」留；女兩張郎婦、衛郎婦、曾郎婦、小勝新」婦、史氏、連氏三人、李氏、張氏、史氏、孫男」聖四、婆兒，乞德銘曰：

墳埋荒草裏，」月照獨危俄。兒孫腸斷處，流淚血相和。」

（録自《山右冢墓遺文》）

建中〇一〇

【蓋】失。

【誌文】

鴻臚少卿陽濟故夫人彭城縣君劉氏墓誌銘并序　太常少卿賜紫金魚袋樊系撰」

彭城縣君劉夫人，純粹令德，而罹閔凶，天難忱淑，貞邁短」折，福善何忒。噫！命歟？漢高貴胄，楚元良裔，赫弈蟬聯，爲世」□族。曾祖延景，皇銀青光禄大夫、陝州刺史、贈開府左僕」射、沛國公；祖瑗，金紫光禄大夫、國子祭酒；老姑肅明皇」后。森粲史諜，輝耀宫掖，並博識洽聞，貞固利用，以忠節稱」蓋，匪外戚昇榮。父爲輔，皇朝散大夫、岐州司馬。賈誼多才，」顔回無壽，學有餘業，位屈遷騰。夫人岐州第二女也。冲和」柔順，法度禮儀，皆稟天姿宿成，各合姆師善訓。君子好逑，」作嬪陽氏，執箕主饋，奉養高堂，侍膳問安，竭孝盡敬。」陽公負匡佐之材，藴縱横之略，中外累踐，逾廿載。自頃宦」遊，綿歷江漢，動息出處，常每因依，邕邕和鳴，廿餘年矣。庶」龜齡共固，痛蕣華先彫，建中二年十月廿一日寢疾，終于」安仁里私第，春秋卌。陽公悲梧桐半枯，恨哀年之獨處，將」鼓盆而詎忍，仰遺挂而增哀。宅兆卜叶，以其年十一月卅」日，歸葬於河洛舊塋，列次松楸，祔侍」先遠。悲哉！用書族氏，聊述至行，紀彼鮮原，達于貞石。銘曰：」

族茂彭城，縣君挺生，慶兹令淑，偶彼賢英。」奉侍養於高堂，竭孝敬於至精，庶龜齡之共固，」痛蕣華之早傾。訪窀穸之卜兆，歸河洛之先塋，」□烈貽於永久，俾弈世而作程。

子壻前河東縣尉李幼清書。」

（北京圖書館藏拓本）

建中〇一一

【蓋】 唐故韋妃墓誌

【誌文】

大唐涇王故妃韋氏墓誌銘序　給事郎行河南府洛陽縣丞翰林學士賜緋魚袋臣張周撰」夫必有婦其尚矣，先務德禮，次求容功，兼而有之，方謂盡」善，不爾則不足以侍執巾櫛，宜其家室。故詩稱好逑，傳著」嘉耦，非必獲是，孰媲名王。妃姓韋氏，蓋京兆長安人。祖湜，」皇朝中散大夫、潁王府司馬，贈光禄卿；父昭訓，」皇朝中散大夫、太子僕贈衛尉卿；皆公望自遠，吏才兼優，來」以何暮見歌，去以不留興詠。妃即淮陽府君之第四女也。自漢」及今，門爲望族，男不卿士，女則嬪嬙，蟬冕魚軒，與時間出，騰」光簡諜，昭晰紛綸。妃蕙以爲心，馨其如茝，詞懿而定，服純而」衷。位則千乘小君，行則一人猶母，雖貴無壽，命也如何！」嗚呼！享年四十八，以建中二年十二月己酉薨于寢，以三年二」月庚申葬于原，禮也。存不育男孕女，没無主祀執喪，有足悲」夫！銘曰：

關右著姓，海内名家，氣與蘭馥，顔如蕣華。宜乎作嬪，」于王之室，如何不淑，中路先畢。松檟交植，塗芻共來，一晝朝露，千秋夜臺。目睹原野，心傷堙没，日既光沉，」人亦薰歇。中無可欲，焉慮發掘，但恨長辭，獨歸城闕。」

（録自《續語堂碑録》）

建中〇一二

【蓋】失。

【誌文】

唐故都尉太原王府君墓誌銘并序」

嗚呼！有唐戊午歲大曆十三年十一月十二日，陪戎副尉守」朔州尚德府左果毅都尉賜緋魚袋太原王府君不禄，」春秋五十有七。夫人西河宋氏，以皇壬戌歲建中三年」二月十六日己巳怛化，享年與府君同也。噫！龍劍雙没，」可哀也哉！嗣子左衛率府倉曹參軍儼，祇肅舊章，」卜稽遠日，以其年三月廿七日己酉合葬于長子縣城西北」三里原之舊塋禮也。府君諱景詮，字景詮，徵君士譽」府君之嫡孫，處士思或府君之世子也。夫靈儲命氏，姬周」之族姓；將軍建業，輔晉之良家。代爲公侯，啓沃王者，唪唪」瓜瓞，繩繩子孫，或名鬱青史，或道光白賁，沉潛剛克，」都尉則然。財阜於家，誠竭於國，致身由武，訓子以文，二者」不孤，同底於道。悲夫！死生有分，哀榮何遽，而象賢方」期及禄，旋恨枯魚，過庭追慕於聞詩，升堂攀號於」斷織，以意承孝，以禮居喪，孤心嬛嬛，幹父之蠱。塗車棺櫬，備於」艱難，此生人之竭力也。他山之石，琢以爲銘。銘曰：

緱山中峙，淮水東流，王氏之族，永□于休。」夫人都尉，早媲良儔，死則同穴，葬于荒丘。」丘隴伊何，層城之阿，震馳驛路，離澍鮑河。春草」自緑，春水自波，唯餘孤嗣，殞絶虞歌。」

（録自《山右冢墓遺文》）

建中〇一三

【蓋】失。

【誌文】

唐故成德軍大將試太常卿張公墓誌銘并序」

府君諱懷實，字懷實，本望清河，因官移居，今爲真定人也。其先」系於黄帝，傳於少昊，象觀弧星，職爲弓正，遂以張爲氏焉。自後五代」相韓，七葉榮漢，英靈繼踵，冠蓋相望，史不絶書，良難備述。考奉」忠，皇朝雲麾將軍、試鴻臚卿；仁德馳聲，義方訓子，慶流後葉，名」重當時。府君美映珪璋，氣資純嘏，文鋒武藝，絶衆超倫。自溟海沸」騰，風雲適會，經過險易，累歷崇班，加朝散大夫、試太常卿，充成德軍大將、監知兵馬。屬方隅不静，豪傑相傾，瓜李成嫌，凶災奄及。建中三年閏正」月廿二日，終於定州之官次，春秋卅有八。嗚呼！命也如何，百身寧贖。」太夫人嬴老，幾喪其明。夫人天水趙氏，馬軍都使、開府儀同三司文諸葛」之子，馬軍使日林之妹。禮樂清門，閑和淑德。以府君降年不永，泣」血號天，情痛未亡，哀深成疾，以今年三月廿七日終於恒州私第，時年」卅二。惜哉芳蕣，遽逐驚波，内外親知，莫不流涕。以其年四月十八日合」葬於恒州城東北十里尚德鄉壽陽原，禮也。胤子四人：伯瑶、伯璵等，」年未弱冠，毁能過禮，用旌泉壤，見託爲銘。銘曰：

三張茂族，七葉簪裾，落落才幹，雄雄勇餘。榮加九棘，道富羣書，遇」此時艱，迷於用晦。楚畹蘭歇，荆巖玉碎，空想華亭，難追上蔡。」夫人淑德，晝哭摧心，憂恨成疾，膏肓罔針。蕣花早落，桂魄俄沉，幼」子攀號，慈親鯁咽。孝重如慕，禮遵同穴，刻石泉門，」永旌徽烈哀哉。」

（周紹良藏拓本）

建中〇一四

【蓋】唐故贈户部郎中太原王君墓誌銘并序

【誌文】唐故贈户部郎中太原王君墓誌銘并序　中散大夫試大理評事前兼易州録事參軍上柱國賜魚袋劉常撰」

嗚呼！有唐太原王君之墓。君名士林，字東皐。其先子晉控鶴駕於緱山，喬化鳧舃於」葉縣，靈仙之裔，斯焉可詳，泠泠道風，不墜於地。會先帝尊大道，祖」玄元，以道蒞天下而天下大順，有若君之元兄，爲北京羽客，遊藝於鴻都，有」詔徵入内道場，爲帝修福。其後奏請適莽蒼以求靈仙，入崆峒而問政理，及」夫至止，元戎聞而嘉之，署爲節度參謀，與之參謀軍事，令反初服，奏授廷尉評。」後苻陽王牧于易，移參謀于易上。道合有如於魚水，契同頗際於風雲。屬」元戎薨，後嗣少，朝廷授尚書節鉞以代之。先相公之後嗣，不舉先父之職，」誅夷君子，昵狹小人，殊不知敵國在於舟中，倒戈在於麾下，頭飛千里，魂散九泉。此蓋禍」非天與，孽是自爲，雖結境外之交，不救目前之斃，王師一舉，如火燎原，望風」遁逃，不敢守其壁壘，如鷹鸇之逐鳥雀，如犀兕之拉豺狼，殘孽却保於城德軍」城。嗟夫！遊鼎之魚，自不覺其糜爛；巢幕之燕，自不知其覆亡。我尚書收其輜」重，莫知其數。餘兇未殄，猶冀偷生，今年春王正月，尚書按節鉞入中山，惠行則如」天之再造而人不知，威令則如春之化物而人不見。先是孿噉行人，刳剔子弟，」尚書密表請雪諸家之冤魂，朝廷哀悼之，悉有賵贈。恩深泉路，榮及家人，」由是王少府追贈户部郎中兼一子，官發中使，賵布五十端、絹一百疋。噫！衛人醢子路，」酷毒何深？殷人剖比干，虐害何甚？郎中曾門諱譽，皇任汾州介休府折衝」都尉；大門諱儼，皇任朔州石井府左果毅都尉；皇考諱業，皇贈太子洗馬。郎中洗馬之第四子也。初任定州恒陽縣尉，次轉唐縣尉。建中二年秋九月」十有八日遇害，時年四十有二。悲夫！嵇叔夜以劍解而稱仙，葛稚川以衣空而爲道。郎」中即道家之流也，無乃是乎？以三年夏五月廿日卜葬於定州城西嘉禾山之東南古」原，禮也。嗣子二人：長曰革，年十四；次曰萃，年六歲；咸有因心之孝，或舉崩天之哭。其」吉凶之儀，喪祭之事，皆郎中仁兄主之。君子以爲孝行之心，施于兄弟，可以達於天地，」可以貫於神靈。而由旁求三斗碎金之文，命琢一片他山之石，常愿受哀託，力疾而爲之，實媿情見乎辭。辭曰：

翼翼郎中，家傳令問，實賴仁兄，上纂下訓。纂其道德，訓及子孫，賻賵詔贈，榮□□」門。麥秀兮蒼唐，悲風起兮吹白楊，白楊蔕危，悲風好吹，幢幢過客，孰忍聞斯。」

（周紹良藏拓本）

建中〇一五

【蓋】大唐故贈揚州大都督曹府君墓誌之銘

【誌文】

唐故雲麾將軍左龍武軍將軍知軍事兼試光禄卿上柱國譙郡開國公贈揚」州大都督曹府君墓誌銘并序 前鄉貢進士陳維文」

將軍諱景林，右衛長史秀之曾孫，左衛中郎贈恒王府司馬智之孫，左金吾衛」中郎贈綿州刺史元裕之長子，歷世弘毅，性傳懿淑。 將軍格操崇整，氣識高博，」寬茂明哲，倬爲人長。 天寶五載，由宿衛而漸官階。 至德初，二京陷覆，」肅宗遷幸靈武，以警從授左武衛翊府左郎將。 總干戈以翼主，奮勇烈」以闢國。 皇輿返正，以功授右驍衛翊府中郎，進加雲麾將軍、左龍武軍」將軍。 廣德中，羌戎寇甸，從狩于陝，以勞拜本軍大將軍。 通直上下，詢事秉彝，勤」而逾愿，特遷將軍知軍事。 天官禁旅，職劇誠嚴。 將軍虔恭貞厲，恪慎周」密，執踐恒矩，罔暫荒懈，惠和善恕，人皆稱悦。 若迺郊廟分仗，正至陳儀，輝威振」旅，六師禀則，酌故制宜，曾無違忒，實敏于事也。 既而驚榮寵之地，發厭離之心。」禁葷絶羶，戒酒寡欲，履精純以養浩素，蘊誠明而際空奥，度生滅于識性，視形」骸如逆旅。 建中三年，自春兆疾，涉夏沉痼。 帝居軫情，王人諭問，」賜絹百疋，以供醫救。 藥物莫蠲，竟臻羸亟。 七月甲午，奄終于里第，享年五十三。」聖朝嗟悼，贈絹、布壹佰伍拾疋，充給哀紀。 戊戌，詔贈揚州大都督。 交故」追愴，衛士悲惻。 太夫人太原王氏，以柔嘉母道，有訓勗之義，言念元子，」高年喪之。 將軍孝行表于微隱，真致暢于性情，羽衛四朝，殆逾三紀，敬」懼以奉上，優容以畜衆，出入屯險，忠以立節，通修禪寂，善不異俗，盛迹」遺美，充着周廬。 然不登遐紀，不就終養，固生人之疑痛也。 而知微者以爲淨業」克備，遽真界是往，道不繫於脩短，神不滯於一方。 則將軍之殁，何嗟及矣。 夫人」清河郡夫人張氏，能修采蘋之職，婉娩室家之範，不幸先時而殁。 考龜著與歲」月，未即宜於合祔，以九月己酉葬于萬年縣滻川鄉鄭墟之先塋，禮也。嗚呼！逝」川不□，命莫可留，去人世而倏忽，窀原之茫昧。嗣子右衛兵曹參軍日孚，聰」敏學□，克紹家訓，銜恤血，哀濍靡至，敬譔先人之光績，以志于重泉，亦遠慮」陵谷□變。銘曰：於維將軍，實稟純性，居寬蹈信，體和周正。真粹内凝，貞規外映，自家形國，竭忠」□敬。天造草昧，致身事武，服勤執鋭，爲王扞御。烈烈桓桓，蕩滌區宇，雲」龍□天，斑命顯叙。西巡東狩，出入遭阻，帝嘉厥庸，俾將虎旅。秉律無違，」其儀克舉，豐仁洽衆，周廬樂所。慎滿戒約，棲心恬漠，福善明徵，期頤可託。如何」不憖，中衢殂落，悼軫皇躬，褒贈夜壑。痛矣光華，與時冥寞，漼水洋洋，荒」阡茫茫，陵谷有變，盛烈永芳。嗚呼！」

（録自《西安郊區隋唐墓》）

建中〇一六

【蓋】 失。

【誌文】

唐瀛州景城縣主簿彭君權殯誌銘并序　前幽州潞縣尉王諫撰」

有唐建中二年歲次辛酉十一月三日瀛州景城縣」主簿彭涚字巨源卒于官，明年十有一月，季弟字」長源迎神葬於古漁陽城北采貴里之原，存殁急」難，於此極天倫之慼。君之先世，禄至高祖，弈葉瓊」枝，在邦己聞。曾祖順，皇朝都水使者；祖杲，御史」中丞、嶺南采訪；考棲梧，蒲州司馬；生君，身長六」尺，性倜儻，善屬文，工楷隸，廣德中，有季父仕」於恒，因省遇亂，來遊幽薊，與弘農楊鏻、太原王璠、」河東柳挺以文相友，爲當時高唱。及太尉遂」寧王、司徒義陽公魯衛更榮，秉旄此府，恩殊」寄重，深沉朱户。君嘗儒服曳裾，宴語東閤，雖梁」邸之待孫羊，賓家之歡崔班，彼一時也。無何，張惟」岳以恒趙叛，有詔司徒討逆，議者若師出乎」莫之間，扉屨資糧，佇我文史。君解巾始拜此」職。縣與賊鄰，防虞初闕，雚蒲之盜，起於倉卒。長吏」請避寇，君曰：擊柝待暴，家人有備，況國邑乎？苟逃」下缺。

（録自《京畿冢墓遺文》卷中）

建中〇一七

【蓋】失。

【誌文】

唐故朝議郎守楚州長史賜緋魚袋源公墓誌銘并序　宣德郎守起居舍人樂安蔣鉥撰」

公諱溥，字至道，後魏之裔，舊史可徵，維詰汾垂統，奄有海内；維伊」侯讓位，分王河西。既重世而率禮，以同源而受姓。公即西平王賀」十一代孫也。曾祖翁歸，皇雍州録事參軍；祖修業，皇涇州刺史、贈」相州刺史；父光譽，皇京兆尹、贈太子太傅；仁賢間出，閥閲增華，令」望重於公朝，丕績書於王府。公幼而岐嶷，長而清明，承先葉之善」慶，爲當時之俊選。學綜三玄，才通八政。初以崇玄生及第，調補太」原府參軍，未幾丁太傅府君憂，杖而後起，貌稱其服。既闋，又署舊」職，尋充北都留守判官，遷大理寺主簿，轉大理丞兼滁州長史，又」拜大理丞兼監察御史、充邠寧節度判官，除杭州司馬，改楚州長」史賜緋魚袋。公事上以敬，御人以寬，醜夷不爭，寮吏彼仰，再參幕」府，三佐藩條，奉法而直指不回，理煩而庶務畢舉，適時之要，無往」非宜。嗚呼！朱紱斯皇，將貴仕之可待；玄髮猶壯，何沉痼之無瘳。以」建中三年十二月十四日終於東都觀德里之私第，春秋五十有」五。其明年二月二日，祔于祖塋東九十步河南縣張陽村西二里」之舊塋，禮也。公性仁恕，行簡易，見聖人之旨，有達士之風，名利不」涉於心，得喪不形於色。自遘疾淮上，還醫洛師，將專氣以栖真，因」抗志而入道。月帔掣曳，星冠崔嵬，視塵滓而已遺，想靈仙而可接。」泠然自放，一紀于兹，宜保太和，長享介祉，報應冥昧，謂之何哉！遺」令殮以終服，務從薄葬。有子曰晉，仕爲汝州襄城縣丞，余之自出」也。瘠由哀甚，性以禮全，俾余爲文，于以叙德，感今懷昔，心斷涕零，」允屬難名，多慙不佞。銘曰：

繄高門兮誕華胄，揭士行兮爲時秀，人體道兮天所祐，神何昧兮」公不壽。」

（周紹良藏拓本　河南千唐誌齋藏石）

建中〇一八

【蓋】　宋公之銘

【誌文】

故雲麾將軍守左金吾衛大將軍試鴻臚卿上柱國宋公墓誌銘并序」

祖諱仁貴　男長豐縣丞再興　次子太子　次子再榮。」府君宋公諱儼，西河郡人也。宿著天雅，英雄越風，當才用武，文烈古今，料敵先鋒，」決勝千里，衝突兵衆，煞氣横屍。建中二年七月出薊城，奉恩命，元戎朱公我神將，」府君宋公親領甲兵，收掌恒定，圍深州，剋伏。其年十一月，破恒定節度張惟岳十萬」餘人，積屍遍野，收聚屍骸，埋築丘塚。何期國家負德，不與功勳，反禍燕師，授太原」河東節度馬遂惡奏，先領朔方兵甲。隴右道李懷光領秦兵及殿前兵馬同廿餘萬，」屯營魏、博御河西側。我幽州節度并以恒冀兵馬，建中三年三月，離深州至魏貝，相去秦」兵十里屯營，鞞鼓烈陣，弓矢相交。六月卅日，破馬遂兵馬廿餘萬，積屍遍野，血流御河。我」府君名將節操，衝突先鋒，決命於先，不顧殘軀，名播後世。何期運命將終，逝水」長流，永絶卒於此日陣也，享年春秋卅有八。嗚呼痛哉！哲仁喪矣，愁雲位垂，悲風慘」色，爲此忠效。冀國王封子長豐縣丞，報其名父。夫人公孫氏，孀居亘歲，撫育家業，」禮有曹家之誡，孝絶孟母之慈，齊眉雙明，琴瑟同韻。何期先喪於前。卜筮良日，建中四」年歲次癸亥四月丁未朔廿七日癸酉，葬於幽州昌平縣東北十里武安鄉。墳闕數仞，後擁月崗，堆阜」千重，横瞻玉案。右帶房山之秀，右臨滄海之涯，宜其備矣，鐫石千古萬世。銘曰：名將賢良，貞幹負霜，榮枯萬世，惟德洋洋。」

（周紹良藏拓本）

* **建中〇一九**（與永泰〇〇七、大曆〇〇一重出，此當存）

【蓋】　失。

【誌文】

大唐故兵部常□上柱國王府君□□□」

維大曆元年歲在敦牂六月廿一日兵□□□□□□□□□□□□□□」州易縣穀桑里私第，春秋五十有四。建□□□□□□□□□□□□□」人盧江何氏，卒於易縣崇化里私第，春□□□□□□□□□□□□□」合葬於州城東南五里平原禮也。嗚呼□□□□□□□□□□□□□」□諱□□，字□□，其先太原晉陽人也。□□□□□□□□□□□□□」皇祖雄，忠武將軍□□□□□□□□□□□□□□□□□□□□□」討遼，至中山北頓軍，以趫捷胯馬□□□□□□□□□□□□□□□」以功遷鎮軍大將軍、行左武衛大將軍、上柱國，還軍定州，請地□□□□」州東北七里，子孫因家焉。王父黃石，朝議郎行滑州白馬縣令。」烈考神蹇，宣節校尉行左衛司戈騎都尉。公即司戈之長子也。頃天」寶末，賊臣構禍，幽薊稱兵，傾覆周秦，誅夷豪傑。公避地雲林，晦跡泉石，」志工黃老，心期赤城。洎河朔剋清，下山歸業，術成扣齒，身恥折腰，遂高道」不仕。悲夫！夫人盧江何氏，其先韓人也。韓滅，子孫避難江干。吴人」以韓何聲之相近，因爲氏焉。早日孀居，鞠育偏露，十年之外，三子成名。晝」哭避敬姜之嫌，擇鄰有孟母之訓。晚歲志尚玄言，神栖虛寂，修元秉節，受籙」□壇。豈期三山未歸，六氣生疾，望瑶池而心傾王母，瞻洛浦而魂謝密仙，」哀哉！嗣子庭暉，冠軍大將軍、試太常卿、上柱國；次子從巖，朝散大夫、試□」禄寺丞；愛子從芬，忠武將軍、行左威衛翊府左郎將、上柱國等，各襲祖風，」間□文武，荆玉聚美，隨珠共輝。絶漿滅曾子之容，臨櫬嘔阮公之血。交深」次子，託誌寡詞，銘德雖及於今時，紀功終槧於永代。詞曰：

周德鴻慶，弈世靈長，鎮軍勃興，爲國之光。七里卜居，河山之傍，」三代」以後，子孫其昌。王父滑臺，布政琴堂，烈考禁衛，勳立名揚。不自我先，」不自我後，哀哉柱國，時逢亂寇。晦迹逃名，飧霞養壽，鶴駕未成，鶚飛禍」遘。嗚呼夫人，令淑作嬪，敬夫舉案，爲子擇鄰。修元受籙，苦志栖神，五」雲何在，六氣爲因。靈壇寂寞，厚夜酸辛。移家中山，合祔易水，自南徂北，□□官從子。貴□□□玄□□□，四闕雲布，重門山起，夜夜悲風，千秋萬□。」

（北京圖書館藏拓本）

唐代墓誌彙編

興元

興元〇〇一

【蓋】失。

【誌文】

唐故彭城劉夫人墓誌銘并序　處士田孺卿述」

興元元年秋九月三日哉生明，試壽州長史吳君」夫人劉氏，終于揚州江都縣長壽里之私第，春秋卌」有六。嗚呼哀哉！即以閏十月四日，安厝於縣北禪」智仁祠之東原，遵周禮也。夫人其先彭城人。大父」承俊，皇永州長史；烈考宏，學究五經，道長運短。夫人幼而擢秀，兼備容德，秦晉匹也，作嬪吳」君，詩所謂桃之夭夭，灼灼其華，之子于歸，宜其室家。」雅性表於閨庭，淑問流於邦族，椒聊繁衍，克昌胤」嗣。昊天不傭，與善冥寞，有子四：長曰象，風標夙成，」經藝優洽；仲曰齊，叔曰明，季曰□，□行童稚，居喪」合禮。泣血三載，未極高柴之心；望廬思人，徒有潘生之」慟。以爲宅兆者安其精魄，爲銘者式備遷□，□□棘」人，哀可知矣！銘曰：親結其禰，九十其儀，傷哉不淑，蘭蕙先萎。膏肓□」厲，砭藥無施，生存華屋，零落丘隴，參差野樹，毫末」成拱。寒煙慘日，蔓草凝霜，閉泉□□□□，痛神理之茫茫。」

（北京圖書館藏拓本）

興元〇〇二

【蓋】失。

【誌文】

有唐東都安國寺故上座韋和上墓誌銘并序　河南府鄉貢進士魚宗文述」

世諦之崇，莫先於閥閱；女士之重，孰勝於嬌奢。捨斯浮競之門，詣彼」真如之境，若非習性綿遠，見解自然者，則何能致是也？我上座得之。」上座俗姓韋氏，法諱圓淨，京兆南人也。祈房之祖曰南邳公，譜」□著八族之雄，封勳居五等之最。曾祖知人，皇朝司庫員郎，贈織」□郎中；列祖緄，皇朝散大夫、丹州別駕；物無終盛，時有屈伸。父安時，」皇亳州永城縣丞；德高位下，時望攸孤。上座即永城第二女也。積善」之門，誕斯名德，神標冰雪，量含江海，幼懷奇志，長而彌堅。年十四，辭」家入道，依止本寺李上座爲受業和上。和上即己王之女，玄宗諸」姑。族貴行高，參學匪易。而韋氏特蒙奇之即根機之利，事可知也。半」戒具戒，受必依年，虔心秉持之儀，苦節毗尼之藏。洎乎中歲，學精業」就，思得魚而忘筌，乃□流而捨筏。踰有相之小乘，樂無生之妙理。□」於言下，見識種於心田；行出緇流，植善根於意葉。時議所推，尋爲本」寺大德。建中二年九月廿八日補本寺上座。允門人之望，愜寺衆之」情。衣冠士庶，無不仰其德也。至興元元年十二月十四日棄南閻之」穢境，歸西方之淨域，神捨此而生彼，壽奄然而有終。享年六十，斂柩」於律院之東堂，爲後人會臨之所。長老童蒙無不流涕，以興元二年」正月十日安神于龍門天竺寺西南原，禮也。弟子契虚，上座姊之子」也。幼稚而孤，賴其訓育，繼姨母之高躅，爲□來之律德。哀罔極而難，」哭晨昏而不絕。弟子明粲，上座之從妹也；弟子澄照等，痛陵谷之不」常，託斯文於貞石。銘曰：

真理玄微，無□莫契，惟彼鼎族，誕斯智惠。幼秉志節，長而不替，脱略」世榮，爰求真諦。優遊泯物，洞澈止持，威儀行業，爲時之師。寺之所尊，」實唯上座，□施於人，德歸於我。繼師居位，綱統祇園，訓誡緇侶，敷暢」道源。生滅何常，幻泡非固，恩斷閻浮，業成淨土。毗尼藏下，方等壇邊，」一燈將滅，誰其繼燃？寂滅可樂，塵心自哀，蒸蒸孝子，奉神山隈。悲號」罔訴，顧視徘徊，愿勒銘於幽石，庶□德於後來。」

（録自《芒洛冢墓遺文補遺》）